U0839288

山东省新材料产业年度发展报告
（2019）

山东省新材料产业协会　编著

山东大学出版社
·济南·

图书在版编目(CIP)数据

山东省新材料产业年度发展报告. 2019/山东省新材料产业协会编著. —济南:山东大学出版社,2020.11

ISBN 978-7-5607-6869-4

Ⅰ. ①山… Ⅱ. ①山… Ⅲ. ①材料工业—研究报告—山东—2019 Ⅳ. ①F426

中国版本图书馆 CIP 数据核字(2020)第 240986 号

策划编辑 宋亚卿
责任编辑 宋亚卿
封面设计 高 炀

出版发行 山东大学出版社
社 址 山东省济南市山大南路 20 号
邮政编码 250100
发行热线 (0531)88363008
经 销 新华书店
印 刷 济南巨丰印刷有限公司
规 格 787 毫米×1092 毫米 1/16
15.25 印张 359 千字
版 次 2020 年 11 月第 1 版
印 次 2020 年 11 月第 1 次印刷
定 价 128.00 元

《山东省新材料产业年度发展报告(2019)》

编 辑 委 员 会

賀山東省新材料年度發展報告首發成功

創新体系基本健全
產業發展如日中天
規劃布局雄圖彰顯
支撐保障穩若泰山

時逢中國共產黨誕辰八十九周年之際 干勇

干勇院士题词

贺：

山东省新材料产业协会成立两周年

山东省新材料产业年度发展报告首发

创新合作模式 推动产学研深度融合

发挥学科优势 助力新材料产业发展

践行扎根理念 服务山东新旧动能转换

樊丽明

二零二零年七月

山东大学校长樊丽明题词

前　　言

新材料是“强国之基”，是保障中国制造由大变强的物质基础。习近平总书记指出，新材料产业是战略性、基础性产业，也是高技术竞争的关键领域，我们要奋起直追、迎头赶上。近年来，在省委、省政府的坚强领导下，全省各级各部门以习近平新时代中国特色社会主义思想为指导，认真贯彻落实党的十九大精神和习近平总书记视察山东重要讲话、重要指示批示精神，全面展开新旧动能转换重大工程，将新材料产业作为“十强”产业，高站位谋划发展战略，高起点构建“6 个 1”协调推进体系，高质量推动产业升级。如今，全省新材料产业发展取得了长足进步，创新成果不断涌现，龙头企业和领军企业不断成长，整体实力大幅提升，对重大工程、重大装备的保障能力显著增强，有力地支撑了经济社会发展和国防科技工业建设。但同时也要看到，作为工业大省，我省新材料产业的总量还不够大，引领传统产业转型升级的动能还不够强，产业生态建设还有待完善，需要锚定先进、制定措施、奋力赶超。

为及时应对疫情冲击带来的新形势、新变化，更好地为全省新材料产业发展提供智力支持，省工业和信息化厅会同省新材料产业协会（新材料产业智库）、山东大学，于 2020 年年初启动了《山东省新材料产业年度发展报告（2019）》（以下简称《报告》）的编写工作。在克服疫情影响、广泛调研和收集基础资料、各层面反复沟通对接的基础上，全面梳理和把握我省新材料产业发展现状，科学研判发展趋势和存在问题，并提出对策和建议。通过各方努力，历时近半年，经数次修改，终于完成了这个《报告》。为提高编写质量，《报告》初稿形成后，邀请国家新材料产业发展专家咨询委员会部分专家进行把关。国家新材料产业发展专家咨询委员会主任、中国工程院院士干勇同志，山东大学校长樊丽明审阅了《报告》，并亲笔题词，对山东新材料产业取得的成绩给予了充分肯定，对未来发展寄予厚望。

《报告》除了附录，共分五个章节：第一章简述了国内外新材料产业现状，第二章分析了全省新材料产业重点领域发展情况，第三章介绍了各市新材料产业发展情况，第四章阐述了全省新材料相关重点企业发展情况，第五章汇编了国家和全省关于新材料产业的支持政策。附录中介绍了全省部分重点高校、科研院所和省重点园区等的情况。《报告》内容翔实丰富，较为全面地反映了山东新材料产业发展的脉络，也展现了今后新材料产业发展的重点方向和前景。

当前，正值“两个一百年”奋斗目标的历史交汇期、山东由大到强战略性转变的关键阶段，疫情防控进入常态化，统筹推进疫情防控和经济社会发展的任务艰巨而繁重。新一代信息技术、航空航天装备、海洋工程和高技术船舶、节能环保、新能源等领域的发展，为新材料产业提供了广阔的市场空间，也对新材料的质量和性能、保障能力提出了更高的要求。我们务必牢记习总书记的嘱托，咬定“走在前列、全面开创”的目标不动摇，坚定践行新发展理念，聚焦《山东省新材料产业发展专项规划(2018—2022年)》重点发展领域，发挥新材料产业专班优势，加强组织领导，强化统筹协调，围绕“卡脖子”环节，进一步“建链、延链、补链、强链”，切实提升新材料产业链、供应链的稳定性和竞争力，在高质量发展上奋力趟出一条具有山东特色的路子，为构建新发展格局贡献山东新材料的力量。

由于新材料涉及行业多，技术迭代快，要想形成一个涵盖面广、相对完善的报告难度很大，加之首年编写、经验不足、水平有限，书中难免存在疏漏或不当之处，恳请各位领导、专家学者及社会各界人士多提宝贵意见，积极为新材料产业发展献计献策，共同推动新材料产业扬帆奋进、行稳致远。

本书编委会

2020年10月

目　录

第一章　新材料产业发展概况 …… 1

第一节　国际新材料产业发展概况 …… 1
第二节　国内新材料产业发展概况 …… 2
第三节　山东省新材料产业发展概况 …… 3

第二章　山东省新材料产业重点领域发展情况 …… 6

第一节　先进基础材料 …… 6
第二节　关键战略材料 …… 19
第三节　前沿新材料 …… 40

第三章　山东省各地市新材料产业发展情况 …… 45

第一节　济南市 …… 45
第二节　青岛市 …… 46
第三节　淄博市 …… 48
第四节　枣庄市 …… 51
第五节　东营市 …… 53
第六节　烟台市 …… 56
第七节　潍坊市 …… 59
第八节　济宁市 …… 62
第九节　泰安市 …… 64
第十节　威海市 …… 65
第十一节　日照市 …… 68
第十二节　临沂市 …… 70
第十三节　德州市 …… 72
第十四节　聊城市 …… 74
第十五节　滨州市 …… 76
第十六节　菏泽市 …… 78

第四章　山东省新材料重点企业发展情况 ······ 80

第一节　威海光威复合材料股份有限公司 ······ 80
第二节　山东国瓷功能材料股份有限公司 ······ 81
第三节　东岳氟硅科技集团有限公司 ······ 82
第四节　山东路德新材料股份有限公司 ······ 84
第五节　泰山玻璃纤维有限公司 ······ 85
第六节　青岛云路先进材料技术股份有限公司 ······ 86
第七节　万华化学集团股份有限公司 ······ 87
第八节　山东南山铝业股份有限公司 ······ 88
第九节　山东钢铁集团有限公司 ······ 89
第十节　天诺光电材料股份有限公司 ······ 91
第十一节　山东道恩高分子材料股份有限公司 ······ 92
第十二节　烟台泰和新材料股份有限公司 ······ 93
第十三节　西王特钢有限公司 ······ 94
第十四节　山东鲁阳节能材料股份有限公司 ······ 95
第十五节　潍坊华美精细技术陶瓷股份有限公司 ······ 96
第十六节　山东天和压延铜箔有限公司 ······ 97
第十七节　山东京博石油化工有限公司 ······ 98
第十八节　中材锂膜有限公司 ······ 99
第十九节　海斯摩尔生物科技有限公司 ······ 100
第二十节　山东工业陶瓷研究设计院有限公司 ······ 101
第二十一节　山东宝龙达实业集团有限公司 ······ 102
第二十二节　山东利特纳米技术有限公司 ······ 103
第二十三节　烟台正海磁性材料股份有限公司 ······ 104
第二十四节　凯赛(金乡)生物材料有限公司 ······ 105
第二十五节　烟台万隆真空冶金股份有限公司 ······ 106
第二十六节　蓬莱市超硬复合材料有限公司 ······ 107
第二十七节　山东沪鸽口腔材料股份有限公司 ······ 108
第二十八节　春光科技集团有限公司 ······ 108
第二十九节　济南永信新材料科技有限公司 ······ 109
第三十节　山东恒联新材料股份有限公司 ······ 110
第三十一节　青州市博奥炭黑有限责任公司 ······ 111
第三十二节　济南圣泉集团股份有限公司 ······ 112

第五章　新材料产业相关政策 ······ 113

第一节　国家新材料产业相关政策 ······ 113
第二节　山东省新材料产业相关政策 ······ 162

附 录 …… 222

附录一 山东省部分新材料重点科研院所 …… 222
附录二 2019 年山东省新材料产业重大技术突破 …… 227
附录三 2019 年度拟支持的新旧动能转换重大课题攻关项目 …… 228
附录四 部分新材料重点实验室情况 …… 228
附录五 部分新材料产业园区情况 …… 230
附录六 2019 年山东省新材料产业协会大事记 …… 231
附录七 免责声明 …… 232

第一章　新材料产业发展概况

新材料是指新出现的具有优异性能和特殊功能的材料以及传统材料成分和工艺改进后性能明显提高或具有新功能的材料。新材料产业具有技术密集度高、产品附加值高、发展前景好等特点，主要包括以先进有色金属、先进纺织材料、先进化工材料、先进钢铁材料等为代表的先进基础材料产业，以高性能纤维及复合材料、生物医用材料、稀土功能材料等为代表的关键战略材料产业和以石墨烯、3D打印材料等为代表的前沿新材料产业。新材料产业是工业产品质量升级换代的保证和产业技术创新的前提，也是其他新兴产业发展的基础，在国防建设、航空航天、轨道交通、信息通信、生物医药、新能源等领域发挥着重要作用。

第一节　国际新材料产业发展概况

一、产业概况

新材料是新一轮科技革命和产业变革的基石和先导，是衡量一个国家经济社会发展、科技进步和国防实力的重要标志。美国、德国、俄罗斯、日本等发达国家高度重视新材料产业发展，将新材料作为发展实体经济、抢占新一轮国际竞争制高点的重要手段，陆续出台相关发展战略和研究计划，不断加大对新材料产业重点领域的支持力度。

目前，发达国家仍在国际新材料产业中占据领先地位，全球新材料产业第一梯队为美国、欧洲、日本等发达国家和地区，第二梯队为中国、韩国、俄罗斯等。其中，美国全面领跑国际新材料产业发展，欧洲在复合材料、化工新材料等领域优势突出，日本在电子材料、陶瓷材料等领域全球领先。从新材料市场来看，北美和欧洲拥有全球最大的新材料市场，而在亚太地区，新材料市场正处在一个快速发展的阶段。从发展趋势来看，全球新材料市场的重心正逐步向亚洲地区转移。

近几年，全球经济复苏整体乏力，但在全球新一轮科技革命和产业变革的大背景下，新材料技术领域的研发不断取得新突破，新材料和新物质结构不断涌现，全球新材料技术与产业仍保持增长态势。据公开报道的资料整理，2019年全球新材料产业规模达到2.82万亿美元，近五年年均增长10%以上。其中，先进基础材料产值比重占49%；关键战略材料产值比重占43%；由于3D打印材料、石墨烯、超导等新兴产业技术不断取得突破，前沿新材料比重有所上升，达到8%。

二、发展趋势

随着新材料领域前沿技术、颠覆性技术、关键技术的不断突破以及多学科、多专业、多技术的不断融合,新材料创制、新功能发现和新性能提升等技术创新成果不断涌现,新材料产业发展呈现多功能化、智能化、绿色化、低碳化、复合化、数据化、精细化等一系列特征。

向多功能化、智能化方向发展。随着科学技术的发展,单一性能的材料已不能满足日益复杂的使役条件,急需发展具备多功能、智能化的高性能材料。结构材料向高强度、高刚度、高韧性、高耐温性、高耐腐蚀性等方向发展,实现多性能协同。多材料复合不断突破单一材料的性能极限。而自修复材料、自适应材料、新型传感材料等智能材料往往能够解决传统材料难以解决的技术难题。

向绿色化、低碳化方向发展。以新能源为代表的新兴产业崛起,引起了电力、建筑、汽车等产业的重大变革,极大地推动了绿色、低碳、循环发展。质子交换膜、锂离子电池隔膜、高性能碳纤维复合材料为新能源汽车、海上风电等新能源产业发展提供了保障。绿色、低碳的新材料技术及产业化将成为高能耗污染行业转型升级、经济可持续发展的主要方向。

向模块化、数据化方向发展。多学科交叉、多技术融合正快速推进新材料的创新发展。随着以材料基因工程为代表的材料设计新方法的出现,通过材料的高通量计算、高通量制备、高通量检测及数据库系统等模块,利用材料构象表征、高通量计算及筛选、机器学习、神经网络技术、优化算法和新型的高通量制备及表征技术,不断突破现有思路和方法的局限性,推动新材料的研发、设计、制造和应用模式发生重大变革,大幅缩减新材料的研发周期和研发成本。

第二节　国内新材料产业发展概况

发展制造业是我国提升综合实力、建设世界强国的重要举措,而实施制造强国战略离不开新材料产业。我国新材料产业已形成了全球门类最全、规模最大的材料产业体系,建成了涵盖金属、高分子、无机非金属等结构与功能材料的研发和生产体系。我国新材料产业生产规模庞大,钢铁、有色金属、稀土金属、水泥、玻璃、纤维、先进储能材料、光伏材料、有机硅、超硬材料、特种不锈钢等百余种材料产量居世界第一位。前瞻产业研究院统计数据显示,2019 年我国新材料产业总产值为 4.5 万亿元,同比增长 15.4%。

以企业为主体、市场为导向、"产、学、研、用"相互结合的新材料创新体系逐步建立,新材料领域的国家重点实验室、工程(技术)研究中心、工程实验室、企业技术中心和科研院所的实力大幅提升,在重大技术研发及成果转化中的促进作用日益突出。面向新材料产业发展的重大共性需求,我国开始布局新材料领域的创新中心,加快成果的转移和扩散以及技术工程化、商业化。

近年来,我国新材料产业正呈现出快速集聚并形成特色产业集群的趋势,各地根据自身资源、人才、区位和产业基础,充分发挥比较优势,出台专项规划和行动方案,支持新材料产业特色发展，逐步形成了特色鲜明、各具优势的区域分布格局，产业集聚效应不断增强。环渤海、长三角和珠三角地区研发投入大，新材料品种多，引领产业技术创新能力强，成为全国三大综合性新材料产业集群。中部地区充分利用雄厚的原材料工业基础，大力发展高技术含量、高附加值的精深加工产品，其新材料产业规模不断壮大。西部地区充分利用资源优势，形成了特色鲜明、比较优势突出的新材料产业基地。

"十三五"期间，我国陆续出台了一系列政策支持新材料产业的高质量发展。《新材料产业发展指南》从突破重点应用领域急需的新材料、布局一批前沿新材料、强化新材料产业协同创新体系建设、加快重点新材料初期市场培育、突破关键工艺与专用装备制约、完善新材料产业标准体系、实施"互联网＋"新材料行动、培育优势企业与人才团队、促进新材料产业特色集聚发展等九个方面提出了重点任务；《"十三五"材料领域科技创新专项规划》提出，要紧密结合经济社会发展和国防建设的重大需求，重点发展基础材料技术提升与产业升级、战略性先进电子材料、智能材料、先进复合材料等。自 2017 年开始，我国已连续 3 年开展重点新材料首批次应用保险补偿机制试点工作，促进新材料产用结合，加快推动新材料产业发展。2018 年印发了《国家新材料测试评价平台建设方案》，以全面提升我国新材料测试评价水平。2019 年政府工作报告中提出，要加快新材料等新兴产业集群的培育。

在国家政策的支持和引导下，我国新材料产业发展迅速，规模不断扩大，体系不断健全，竞争力不断提高，在多个领域形成新的增长点。在前沿新材料领域，3D 打印用球形钛合金粉末、超高强 3D 打印铝合金粉末材料方面取得了新突破，摆脱了受制于外的局面。首个石墨烯国家标准正式发布，全球首条纺丝级单层氧化石墨烯 10 吨生产线试车成功。在高性能纤维及复合材料领域，高性能碳纤维用油剂和上浆剂研究开发及应用项目已进入试生产阶段，可实现进口替代。由中复神鹰碳纤维有限责任公司牵头，东华大学和江苏新鹰游机械有限公司共同承担的"QZ6026（T1000 级）超高强度碳纤维百吨级工程化关键技术"顺利通过技术鉴定，即将投产。在先进化工材料领域，集成电路超高纯前驱体和高端光刻胶实现了产业化。全球最大的光固化涂料生产基地在湖北宜昌开工建设。在先进钢铁材料领域，海洋系泊链钢、柔性显示屏用"手撕钢"实现了国产化。

未来我国新材料产业仍将围绕运载工具、能源动力、信息显示、生命健康等重大战略需求，结合 5G、人工智能、材料基因工程等新技术，向精品化、智能化、绿色化方向发展，实现材料进口替代，推进制造业提质升级。

第三节　山东省新材料产业发展概况

山东省是新材料产业强省，具有良好的产业基础，在先进化工材料、先进有色金属材料等领域具有深厚的发展基础和较完整的产业生态。高性能纤维及复合材料、生物医用材料、高端装备用特种合金、稀土功能材料、先进功能陶瓷材料等关键战略材料领域和石墨烯前沿新材料领域处于国内领先地位，部分领域处于国际领先地位。

一、产业规模持续壮大

新材料产业是山东省“十强”产业之一,2019 年山东省新材料产业实现营业收入 7 333.8 亿元,位居全国前列。根据山东省新材料产业协会统计,2019 年山东省新材料产业重点企业达 1 800 余家,其中先进化工材料相关企业占比约 30%,高性能纤维及复合材料相关企业占比约 11%,石墨烯、3D 打印材料等前沿新材料相关企业占比约 5%。根据天眼查统计,在下游应用领域中,聚氨酯相关企业达 3 883 家,碳纤维、芳纶和超高分子量聚乙烯纤维相关企业达 2 169 家,石墨烯相关企业达 1 046 家。

二、集聚化发展态势保持良好

山东省新材料产业区域特色明显,呈现良好的集聚化发展态势。山东省已建成以新材料产业为重点发展方向的产业园区 65 家、国家级高新技术产业化基地 7 家、国家火炬特色产业基地 24 家、山东省“十强”产业“雁阵形”集群 5 个、国家战略性新兴产业集群 2 个,正加快推进世界高端铝业基地和先进钢铁基地建设。当前,已形成以济南市半导体、树脂和粉末冶金材料,青岛市石墨烯及先进碳材料、橡胶材料,淄博市氟硅材料、质子交换膜、功能陶瓷材料,枣庄市锂离子电池隔膜,东营市功能陶瓷材料、高分子复合材料,烟台市聚氨酯、高端铝合金材料、芳纶、有色贵金属、稀土功能材料,潍坊市生物基材料、高性能碳化硅制品,济宁市生物基新材料、石墨烯,泰安市高性能玻璃纤维、土工新材料、生物质纤维材料,威海市碳纤维、生物医用材料,日照市先进钢铁材料,临沂市特种钢铁材料、化工新材料、电子信息材料,德州市制动摩擦材料、焊接材料,聊城市聚碳酸酯、高性能铜合金、高端装备用特种合金,滨州市高端铝合金及制品、化工新材料,菏泽市新能源材料、高性能铜箔等为特色的新材料集聚区。

三、产业技术创新体系建设进一步推进

山东省新材料产业深入实施创新驱动战略,创新支撑体系建设进一步推进。2019 年,山东省产业技术研究院、山东省能源研究院、稀土催化研究院、东北大学钢铁共性技术协同创新中心、北京石墨烯研究院产业化基地、先进海工与高技术船舶材料生产示范应用平台等相继揭牌。建设山东省创新创业共同体 2 家,新增山东省工程实验室(工程研究中心)30 家,新增院士工作站 55 家。截至 2019 年,已建成山东省重点实验室 21 家、山东省示范工程技术研究中心 52 家、国家企业技术中心 37 家、国家工程技术中心 9 家。2019 年,山东省重点研发计划重大科技创新工程共支持新材料领域项目 120 余项,山东省科学技术奖中新材料相关领域奖达 20 余项,产业创新实力显著提升。

四、政策保障体系逐步完善

为加快推动山东省新材料产业发展,中共山东省委、省政府着力构建了“6 个 1”协调推进机制。即由分管副省长牵头,新材料产业专班推进,《山东省新材料产业发展专项规划(2018—2022 年)》引领,山东省新材料产业智库支持,山东省新材料产业协会助力,1 只(或以上)基金保障。为提升规划精准度,以新材料规划为纲,配套编制了 15 个细分行业

实施方案。为指引新材料产业人才培养，编制了《新材料产业人才开发路线图》。为鼓励扶持新材料产业创新，山东省连续 4 年开展新材料首批次保险补偿工作，累计获得省级新材料首批次保险补偿企业数量达 112 家，总金额达 1.65 亿元。截至 2019 年 12 月，山东省共设立新材料产业基金 10 只，基金规模达 535.6 亿元。

五、领军企业不断涌现，中小企业发展提速

围绕新材料优势领域，山东省已涌现出了一批拥有自主知识产权、核心竞争力、在国内外有较高知名度和较大市场份额的新材料领军企业。2019 年，山东省认定和培育新材料产业领军企业 165 家、山东省单项冠军企业 22 家，培育国家单项冠军企业达 7 家。万华化学集团股份有限公司、山东钢铁集团有限公司、威海光威复合材料有限公司、山东南山铝业股份有限公司、山东东岳集团、山东魏桥铝电有限公司、山东京博石油化工有限公司、泰山玻璃纤维有限公司、烟台泰和新材料股份有限公司、山东国瓷功能材料股份有限公司、山东玲珑轮胎股份有限公司、山东天和压延铜箔有限公司、青岛云路先进材料技术股份有限公司等一批新材料领军企业示范带动作用突出。

山东省新材料中小企业发展速度持续加快，提升和增强了山东省新材料细分领域的产业竞争力和创新活力。2019 年，山东省新材料产业新增“专精特新”中小企业 65 家，“一企一技术”研发中心企业 23 家、瞪羚企业 30 家。山东奥福环保科技股份有限公司、山东昊月新材料股份有限公司、蓬莱超硬复合材料有限公司、烟台万隆真空冶金股份有限公司、淄博天恒纳米新材料科技股份有限公司、山东工业陶瓷研究设计院有限公司、山东江山纤维科技有限公司、山东恒联新材料股份有限公司、山东宝龙达新材料有限公司、烟台孚信达双金属股份有限公司、山东利特纳米技术有限公司、济南永信新材料科技有限公司等企业专注于新材料细分领域的产品创新和质量提升，发展速度不断加快。

六、重点项目持续发力

据山东省新材料产业协会统计，2019 年山东省重点建设项目(104 项)中新材料相关领域重点建设项目达 22 项，2019 年发布的山东省新旧动能转换重大项目库第二批优选项目名单(479 项)中新材料相关领域项目达 110 项。半导体材料、高性能纤维、电子级化学品、石墨烯、高端铝合金材料、特种钢铁材料、特种工程材料等一批集群配套、强链补链的新材料产业项目以及山东新材料产业化生产基地项目、山钢集团济钢环保新材料科技产业园项目等一批新材料产业基地项目陆续落地。

山东省新材料产业虽然在近几年发展速度较快，但与其他先进省份相比，仍存在以下问题亟待解决：一是产业规模有待提升，规模以上新材料企业数量较少，领军企业数量较少；二是产业集中度与关联度低，产业较为分散，上下游衔接不够紧密，新材料应用端整体实力不强，带动产业发展能力较弱；三是新材料专业人才匮乏，与广东、江苏、浙江等省份相比，在吸引和集聚人才方面存在较大差距；四是在专项政策保障方面需进一步完善，新材料产业具有高投入、高风险、长研发周期、长验证周期等特点，目前山东省支持新材料产业发展的有效政策较少，与其担当的产业重任不相匹配。

第二章　山东省新材料产业重点领域发展情况

山东省人民政府发布的《山东省新材料产业发展专项规划(2018—2022 年)》(鲁政字〔2018〕246 号)中指出,山东省新材料产业重点发展先进基础材料、关键战略材料和前沿新材料三大重点领域以及先进有色金属、高性能纤维及复合材料、石墨烯等 15 个细分领域。山东省新材料产业特色鲜明,各领域龙头企业众多且体量和实力均位居全国前列,已呈现出"龙头带动引领—汇聚产业链资源—形成产业集群—辐射带动相关产业转型升级"的发展趋势。本章将重点围绕龙头企业、产业集群等介绍山东省新材料产业三大重点领域的发展情况。

第一节　先进基础材料

一、先进有色金属材料

(一)产业概况

先进有色金属材料是指除黑色金属(铁、锰、铬)以外的所有金属,主要包括高性能铝合金材料、镁合金材料、铜合金材料等。先进有色金属材料是国民经济发展的重要基础材料,是提升国家综合实力和保障国家安全的关键性战略资源。

经过近 10 年的高速发展,我国已成为全球重要的有色金属材料供应基地。我国作为全球最大的铝型材生产基地和消费市场,可生产板材、带材、箔材、管材等八大类产品。这些产品被广泛应用于航空航天、交通运输、建筑装饰、包装等领域。随着铝工业的转型升级,我国在汽车用铝合金、轨道交通用铝合金等高性能铝合金产业方面取得了较大突破和发展,如今已拥有山东南山铝业股份有限公司、丛林铝业科技(山东)有限责任公司、山东兖矿轻合金有限公司、忠旺集团、南南铝业股份有限公司、西南铝业(集团)有限责任公司等一批实力强、有影响力的铝加工企业。我国航空铝合金产业与以美国铝业、凯撒铝业、肯联、爱励铝业等为代表的国外领先水平仍存在一定差距,目前国内航空铝合金仍以进口为主。国外对于镁及其合金材料的开发应用主要集中在德国、俄罗斯、美国、加拿大、日本等国家。我国镁合金材料产业已建成"原镁—镁合金制备与加工—回收利用"等较完整的产业链条,形成了西北地区、长三角地区、珠三角地区、山东和环渤海地区等特色产业基地。

（二）山东省产业发展情况

山东省在高性能铝合金、镁合金、铜合金等领域发展速度较快，已成为全球重要的先进有色金属生产基地。山东省在建筑型材、工业型材、箔材、汽车板材、航空板材、锻压件、特种合金等领域发展水平居全国前列，拥有山东南山铝业股份有限公司、山东魏桥铝电有限公司、烟台万隆真空冶金股份有限公司、山东创新金属科技股份有限公司、山东天和压延铜箔有限公司、山东兖矿轻合金有限公司、丛林铝业科技（山东）有限责任公司、威海万丰镁业科技发展有限公司等规模大、实力强、影响力大的先进有色金属材料生产和加工企业。在产业区域分布方面，山东省高性能铝合金产业主要分布在烟台龙口、滨州、济宁等地区，已建立烟台龙口和滨州两大高性能铝合金生产基地。高性能镁合金产业在威海、菏泽、临沂均有分布。高性能铜合金产业分布于烟台、菏泽、聊城、东营等地区。

1. 高端铝合金材料

龙口铝及铝合金加工产业化基地。基地依托山东南山铝业股份有限公司、丛林铝业科技（山东）有限责任公司两大龙头企业，推动铝及铝制品向高性能、高精度、大型化、终端化方向发展。围绕航空航天、轨道交通、汽车、船舶、机电装备、海工装备、工程结构、国防军工等领域战略需求，发展高精度铝板带箔、铝合金航空材料、高速轨道交通车体材料、船舶高性能铝合金材料、铝合金车体模块化零部件、铝合金终端化应用等深加工产品，其中轨道交通车体型材在国内市场的占有率达到 60%。山东南山铝业股份有限公司已形成热电—氧化铝—电解铝—熔铸—（铝型材/热轧—冷轧—箔轧/锻压）的完整铝产业链生产线，上游产品包括电力、氧化铝、铝合金锭，下游产品包括铝板带箔、挤压型材、压延材、锻造件及大型机械深加工结构件。山东南山铝业股份有限公司拥有行业内唯一的国家级铝合金压力加工工程技术研究中心、国家认定企业技术中心等一流的研发检测平台。山东南山铝业股份有限公司在巩固轨道交通、集装箱等原有产品优势的基础上，积极开发适用于航空、汽车等高端领域的铝合金挤压型材及深加工零部件，已成为国内首家批量生产乘用车四门两盖铝盖板的厂商及国内首家为世界顶级飞机制造商供应航空板材的铝加工企业，实现了进口替代，填补了国内市场的空白。在锻件方面，高端、高附加值的研发与批量化生产工作取得了突破性进展。2019 年，山东南山铝业股份有限公司向法国赛峰公司正式交付首批 B737 机轮，成为国内唯一能为民用航空飞机提供机轮产品的公司。该公司已逐步具备航空、汽车用铝材料的全系列、全尺寸覆盖的能力。2019 年，山东南山铝业股份有限公司实现营业收入 215 亿元。丛林铝业科技（山东）有限责任公司是国内从事高端工业铝型材及轻量化装备研发制造的领军企业，自主研发了国内第一台万吨油压双动铝挤压机，率先完成了高速列车车体铝型材国产化，实现了进口替代。

滨州铝液短流程深加工基地。滨州依托山东魏桥铝电有限公司已成为全国乃至世界上重要的铝业生产基地，已形成了“铝矿石—原铝—工业铝型材—铝精深加工制品”上下游配套、较为完整的产业链条。滨州依托完善的产业链体系，充分发挥山东魏桥铝电有限公司的铝液短流程供应优势，从铝土矿到最终制成品，实现铝水不落地，直接运到下游生产企业进行深加工，形成了全球难以复制的集约、节能、高效生产模式。2019 年，集群规模以上企业达 66 家，实现主营业务收入 2 607 亿元。山东魏桥铝电有限公司电解铝核准产能为 646 万吨，是集热电、采矿、氧化铝、液态铝合金、铝合金锭、铝合金铸轧产品、铝母线、高精铝板带箔、新材料于一体的全球最大铝生产企业。2019 年,山东魏桥铝电有限公司实现营业收入 698.61 亿元。山东创新金属科技有限公司依托山东魏桥铝电有限公司的优质铝液,就近建厂,铝加工能力达 400 万吨/年;引进了世界最先进的德国双室熔化炉技术和 EMP(电磁脉冲)泵铝液循环技术,实现了铝合金工艺废料的循环利用。山东宏创铝业控股股份有限公司铝箔产品的产能达 12 万吨/年,其家用铝箔和药用铝箔产量位居全国前列。山东裕航特种合金装备有限公司的大型复杂断面高端铝合金挤压型材及精密加工件等主要产品在技术研发、质量控制、生产制造等核心领域已达到国际先进水平。山东泰义金属科技有限公司拥有年产 300 万平方米铝模板产能的能力,居国内首位。

2. 先进镁合金材料

威海万丰镁业科技发展有限公司是国内镁合金领域的"小巨人"。2019 年,威海万丰镁业科技发展有限公司高强高导热镁合金材料及制品已实现为哈雷、宝马、法拉利等知名主机厂以及中国中铁、中兴通信批量供货。山东华盛荣镁业科技有限公司拥有国内最大吨位专业镁合金挤压机——4 500 吨宽幅挤压机。山东华盛荣镁业科技有限公司在高铁轨道列车镁合金应用方面取得了突破性进展,实现了与中国中车集团的全面合作。挤压型材已独家供应北车长客股份城际市域车辆项目、350 千米统型车,北车唐山车辆卧铺车辆项目,南车四方股份有限公司 350 千米统型车以及南车株洲电力低地板车辆项目等。在汽车领域,山东华盛荣镁业科技有限公司已成为国内能独立开发大型镁合金零部件总成的企业之一,先后开发了大灯壳、仪表盘骨架、方向盘等产品。山东银光钰源轻金属精密成型有限公司的汽车发动机、变速箱镁合金支架类结构件压铸工艺技术已达国际先进水平,并已建成全国最大的镁阳极生产基地。山东省科学院新材料研究所与山东沂星电动汽车有限公司联合开发了国际首量镁合金轻量化电动客车,在成分设计、型材制备、材料连接及表面处理等关键技术领域取得了重大突破。

3. 先进铜合金材料

山东天和压延铜箔有限公司是我国第一家高频高速柔性电路板和新能源汽车锂离子电池用高精电子压延铜箔的专业化研发与生产企业。主要生产厚度为 6 微米以上、宽度为 650 毫米以内的黑化处理箔、红化处理箔、软态箔、锂电箔等高精电子压延铜箔。其线径、线距为 30～50 微米的高档电路板用厚度为 12 微米的银铜合金无胶黑化处理铜箔,已开始批量供应华为、三星电子等用户。其厚度为 6 微米的合金铜箔,打破了国外垄断,填补了国内空白,产品已供宁德新能源科技有限公司试用于研发续航能力在 600 千米以上的新能源汽车锂离子电池新产品。烟台万隆真空冶金股份有限公司是国内首家以"特铜"作为主导产品的企业,主要从事高强高导特种铜合金新材料及制品的研发与生产,其铜铝复合排、铜包铝线、铜包铝漆包线、高性能特种铜合金产能居全国首位。该公司攻克了涉及三代核电、核聚变、高速动车组、非晶高强铜合金冷却辊、水平真空连铸设备和工艺等多项技术,建成了全球首条高铁铬锆铜接触线批量生产线。其动车组牵引电机转子用端环与导条实现了进口替代,大型特种铜合金铸锻件可应用于海工装备、航天等领域。烟台孚信达双金属股份有限公司以铜铝复合排、铜铝复合圆线、铜铝复合扁线、铜铝复合圆棒和铜包铝线作为主导产品,是国内最具有实力的双金属复合导体生产厂家之一,建有世界上首条铜铝复合水平连铸生产线。中色奥博特铜铝业有限公司是国内知名的高精度空调制冷铜管生产企业和高性能、高精度铜合金板带、压延铜箔生产基地。该公司的铜制品产能达18万吨/年，其中铜管的产能为14万吨/年，板带的产能为3.75万吨/年，铜箔的产能为2 500吨/年。

4.其他

山东省在先进钛合金材料领域特色较为突出，拥有鑫鹏源智能装备集团有限公司、东方蓝天钛金科技有限公司、淄博三林新型材料有限公司等企业。其中，鑫鹏源智能装备集团有限公司的钛合金大口径穿轧工艺达到了世界先进水平，其钛及钛合金无缝管的设计产能达8万吨/年；东方蓝天钛金科技有限公司的航空航天用高性能钛合金紧固件已为C919大飞机、MA700、AG600等航空型号提供配套，同时在探月工程、载人航天工程、高分辨率对地观测等多个国家重点型号项目上得到应用。但相对于我省铝合金材料产业、镁合金材料产业和铜合金材料产业，先进钛合金材料产业的整体发展水平还需要进一步提高。

山东省贵金属产业在国内占有重要地位，并在金、银等贵金属材料领域建立了良好的产业基础。山东鲁鑫贵金属有限公司的键合金线的市场占有率居国内前列。烟台招金励福贵金属股份有限公司是国内重要的键合金线和平面银靶材生产企业。长春黄金研究院烟台贵金属材料研究所有限公司成功实现了黄金纳米复合材料产业化，并将其应用于葡萄糖催化氧化生产葡萄糖酸钠。山东建邦胶体材料有限公司拥有360吨/年太阳能电池银浆用银粉的生产能力。

二、先进纺织材料

（一）产业概况

纺织材料是指民生及特种工业领域用的纤维及纤维制品，具体表现为纤维、纱线、织物及其复合物。随着经济和科技的不断发展，人们对高品质生活的追求不断提高，传统纺织材料逐渐满足不了市场的需求，新材料应运而生。先进纺织材料是采用高技术工艺及设备制造生产的具有特殊功能的纺织品，主要包括新型合成纤维、特殊功能性纤维、环保生物质纤维。先进纺织材料的发展，已不再局限于服装、装饰和工业等方面的应用，已进一步应用于医疗、交通、军事、建筑等领域。

近年来，美、日、法、德等发达国家率先意识到先进纺织材料的革命性影响，已通过技术突破、产品革新和跨界融合进行技术和产业布局。2015年，美国提出了“革命性织物和纤维”的概念，开发了“智能纤维”这一重要产品，并将其与国民经济的各个领域紧密结合，产生了大量的全新应用。法国将纺织业定位于未来产业，早在2012年就建立了欧洲纺织技术创新中心，以提升纺织产业集群企业技术和产品的领先优势。2014年，德国启动了以推动东部纺织业转型升级为主要目的的“未来纺织”（Future TEX）项目，将纺织业的转型升级上升到国家战略高度，对该行业进行了全新的定位和面向未来的改造。

顺应国内环保要求提高、生产要素成本增加以及国家战略转型升级的大背景，绿色、多功能化的纤维及纺织品逐步占领国内市场。我国先进纺织材料产业主要集中在长三角地区、福建、山东等地。莱赛尔纤维、聚乳酸纤维、壳聚糖纤维等生物基化学纤维，云母纤维、咖啡碳纤维、蜂窝状竹炭纤维等新型合成纤维以及白竹炭改性黏胶纤维、柔丝蛋白纤维等新型人造纤维均已实现产业化，具有负离子、抗紫外线、可降解、导电、环保、绿色等多种特性,满足了国防军工、航空航天、生活、医疗卫生等领域的要求。保定天鹅新型纤维制造有限公司、山东英利实业有限公司、中纺院绿色纤维股份公司、江苏金荣泰新材料科技有限公司等莱赛尔纤维生产企业产能在逐步扩大,已部分实现进口替代。安徽丰原集团有限公司、浙江海正生物材料股份有限公司、同济大学等聚乳酸纤维生产企业和科研院所正在开发应用于不同领域的环境友好型聚乳酸纤维产品。

(二)山东省产业发展情况

纺织工业是山东省传统支柱型产业,在全国纺织工业体系中具有重要的地位。随着纺织工业进入全面推进“科技、时尚、绿色”高质量发展的新阶段,我省纺织企业积极开展先进纺织材料的研发和应用,已开发出生物质纤维、高技术纤维、智能化纺织品等种类丰富的新材料产品,不断为纺织产业转型升级提供新动能。同时,我省将先进纺织材料纳入《山东省新材料产业发展专项规划(2018—2022 年)》中,提出重点发展导电纤维、石墨烯改性纤维等功能纤维,甲壳素纤维、海藻纤维、麻浆纤维、聚乳酸纤维、高湿模量阻燃再生纤维素纤维等可降解、可再生生物质纤维以及调温、导电等功能纤维和相关智能纺织品,指引我省先进纺织材料的高质量发展。

1. 生物基纤维

生物基纤维具有绿色、环保、可生物降解的特性,符合可持续发展战略。近年来,我省生物基纤维产业逐步扩大,已拥有纺织谷、生物基材料产业园、新型纺织材料基地等产业集聚平台,形成了以青岛、泰安、潍坊、济南、滨州等为重点的生物基新材料产业集群,培育了山东英利实业有限公司等莱赛尔纤维生产企业,青岛源海新材料科技有限公司、恒尼智造(青岛)科技有限公司等海藻纤维生产企业,海斯摩尔生物科技有限公司、山东华兴纺织集团有限公司、青岛即发集团股份有限公司等壳聚糖纤维和甲壳素纤维生产企业以及山东寿光巨能金玉米开发有限公司、济南永信新材料科技有限公司等聚乳酸及制品生产企业。

山东英利实业有限公司主要生产新溶剂法纤维素纤维及制品,技术水平国际先进,拥有年产 1.5 万吨莱赛尔短纤维生产线 1 条,是山东省最大的莱赛尔纤维生产基地,2019 年生产莱赛尔短纤维达 16 575 吨。山东鸿泰鼎新材料科技有限公司、亚太森博(山东)浆纸有限公司目前正在布局建设莱赛尔纤维项目。恒尼智造(青岛)科技有限公司与青岛大学合作并于 2016 年首次将纯天然海藻抗菌纤维应用于服装领域。目前恒尼智造(青岛)科技有限公司已打通海藻纤维从纤维纺纱、织布、染色至成衣的上下游产业链,2019 年海藻纤维产品达 200 万套。海斯摩尔生物科技有限公司拥有纯壳聚糖纤维生产的全套关键技术,是海洋生物再生纤维(海斯摩尔)综合研发基地。海斯摩尔生物科技有限公司壳聚糖纤维产能达 2 000 吨/年,无纺布产能达 10 000 吨/年,拥有从纤维到纱线、纺织成品的完整产业链条,产品被广泛应用于服饰面料、医疗、卫生、航天、军品、过滤防护领域。青岛即发集团股份有限公司作为国内较早从事甲壳素研发的企业,建有专业化的甲壳素纤维研发和生产基地,制备的甲壳素纤维面料、服装等广泛销往国内外。济南永信新材料科技有限公司选用莱赛尔纤维、聚乳酸纤维、竹纤维等生物质纤维为主要原料生产的高端医卫用水刺非织造材料,工艺技术成熟,达到了国际先进水平,产能达 10 000 吨/年。其产品具有抑菌、抗菌、止血、除异味等独特功能,适用于中高端医疗卫生敷料和用即弃类健康护理产品。

2.新型功能纤维

我省在多功能聚酯纤维、石墨烯改性纤维、调温纤维等功能纤维及纺织品领域产业基础较好，具备集群化发展潜力，已建立了“纤维—纱线—面料—纺织品”较完整的产业链条，下游已延伸至过滤材料、医疗卫生、军事等领域。

济南圣泉集团股份有限公司成功地将生物质石墨烯与黏胶纤维、聚酯纤维、聚氨酯、天然乳胶等材料复合，制成“生物质石墨烯多功能复合材料”，将其命名为“内暖”复合材料，并成功实现了其在功能性服装和纺织品等领域的应用。山东魏桥嘉嘉家纺有限公司开发了具有低温远红外等保健功能的石墨烯功能性纤维床品，目前已实现量产。山东泰鹏环保材料股份有限公司作为国内涤纶纺粘非织造材料行业综合实力最强的公司之一，主要产品有涤纶纺粘非织造过滤材料、金属纤维非织造过滤材料，产品的液体过滤、气体过滤等性能已达到国际领先水平。山东银鹰化纤有限公司致力于差别化、功能性再生纤维素纤维产品的研发和生产，产能达 23 万吨/年，已成功研发出阻燃纤维、高强纤维、调温纤维、蛋白纤维、抗菌纤维、异形纤维等八大系列 40 多个品种，其中相变储能纤维、拥有保健护肤的蛋白纤维等产品均达到了国内领先水平。山东岱银纺织集团股份有限公司的高强耐磨纱具有较强的拉伸断裂强力和耐磨性能，既可以用于军队、公安、武警、应急救援等防护服装面料，同时也可以拓展到机车服、户外运动等对面料有高强耐磨、高透气等需求的民用领域。龙福环能科技股份有限公司是国内乃至全世界废旧聚酯循环利用产业的龙头企业，其利用废聚酯瓶片直纺产业用差别化再生涤纶长丝技术，填补了国内空白，达到了国际领先水平。龙福环能科技股份有限公司已形成了“废塑料回收—再生涤纶纤维—再生毛毯、地毯纺织品”完整的节能环保绿色循环经济产业链，拥有年产再生瓶片 20 万吨、功能性差别化再生涤纶长丝 5 万吨、再生涤纶毛毯 1.5 万吨、再生涤纶地毯 750 万平方米的生产能力。

另外，德州恒丰集团、孚日集团股份有限公司、山东康平纳集团有限公司等一批重点企业积极开展多功能化、智能化纤维的研发和生产，建设智能化生产线，打造智慧工厂。德州恒丰纺织有限公司正牵头筹建山东省新型纱线及面料创新中心，开展“亚微米、植物染、海藻”等新型纱线及面料的研发。孚日集团股份有限公司作为中国家纺行业新型纤维开发应用推广基地，近年来积极推广原液着色纤维巾被等绿色纤维制品，向全球提供健康环保产品。齐鲁宏业纺织集团有限公司致力于开发高性能阻燃、抗菌等多功能纤维，其中，“芳纶耐高温面料”等 4 个新产品分别获得省、市科技进步奖。青岛雪达集团有限公司通过创新制造，开发了多组分植物精油纤维功能性针织产品，具有很好的抑菌保湿作用。山东康平纳集团有限公司建成了标准化智能染色工厂。山东正凯新材料股份有限公司正在建设高档新型特种纤维混纺纱智慧工厂项目，产品原料使用甲壳素纤维、海藻纤维等新型纤维，项目建成后将填补国内智能纺纱的多项空白。山东鲁联新材料有限公司依托母公司鲁泰纺织股份有限公司开工建设了功能性面料智慧生态园区，项目建成后将形成年产 3 900 万米高档功能性面料的生产能力。

三、先进化工材料

(一)产业概况

先进化工材料是具有传统化工材料所不具备的优异性能或某种特殊功能的新型化工材料。与传统材料相比,先进化工材料具有质量轻、性能优异、功能性强、技术含量高等特点。它主要包含有机硅、有机氟、聚氨酯、特种工程塑料、特种橡胶、功能性膜材料等。近年来,我国先进化工材料产业取得了较大突破,氟硅材料、聚氨酯材料产量居世界前列,高性能分离膜材料、聚碳酸酯、工程塑料、高性能橡胶、电子化学品等自给率不断提升。然而,我国的先进化工材料产业水平与国外差距依然较大,亟待加快产业转型升级。

(二)山东省产业发展情况

山东省是国内第一化工大省,石油及化学工业所有门类几乎在山东省都有分布,已形成以石油加工、化肥、有机化工、轮胎、精细化工、合成材料七大板块为主相互配套完善的产业体系。山东省雄厚的化工产业基础为先进化工材料产业快速发展提供了有力支撑,而先进化工材料产业也是山东省传统化工产业转型升级的重要发展方向。山东省在氟硅材料、聚氨酯材料、特种橡胶、膜材料等先进化工材料领域已形成了较强的上下游配套及应用能力,具有较好的市场竞争优势。在产业区域分布方面,有机硅材料主要集中于淄博地区,聚氨酯材料主要集中于烟台地区。

1. 氟硅材料

有机硅产业链由有机硅原材料(硅、一氯甲烷)、有机硅单体(甲基氯硅烷等)、有机硅中间体(环硅氧烷等)、深加工产品(硅橡胶、硅油、硅树脂、硅烷偶联剂等)组成。

山东省是国内有机硅材料主要生产省份,拥有山东东岳有机硅材料股份有限公司、山东金岭化工股份有限公司、鲁西化工集团股份有限公司、山东宝龙达实业集团有限公司、山东硅科新材料有限公司等有机硅材料生产企业,已形成从初级产品(单体)到终端应用的较完善的产业链。山东东岳有机硅材料股份有限公司是有机硅行业龙头企业,是我国有机硅行业中生产规模最大的企业之一,具备从硅粉加工到有机硅单体、中间体以及下游硅橡胶、硅油、气相白炭黑等系列深加工产品的一体化生产能力和较完善的产业链。2018年,该公司有机硅单体的生产能力为25万吨/年(折合聚硅氧烷约11.8万吨),约占国内有机硅单体总产能的8.34%。按聚硅氧烷产能计算,位列有机硅行业全球前十、中国第四。2019年,山东东岳有机硅材料股份有限公司的有机硅单体产能已提升至30万吨/年。山东省以山东宝龙达实业集团有限公司等企业为代表的密封胶产能占全国密封胶市场份额的40%以上;以山东大易化工有限公司、威海新元化工有限公司等企业为代表的特种有机硅产品、氟硅材料等在国内占据领先地位;以山东硅科新材料有限公司、淄博市临淄齐泉工贸有限公司等企业为代表的硅烷偶联剂占全国的30%以上。据不完全统计,目前山东省有机硅材料的生产企业达200余家,产能占全国总产能的20%~25%。

山东省依托东岳集团,在有机氟产业方面,已形成从氟化工基础材料萤石到无水氟化氢、制冷剂R22、含氟高分子材料等的高新技术产业链和产品群。山东华夏神舟新材料有限公司的聚全氟乙丙烯、聚偏氟乙烯、氟橡胶三大聚合物的产能分别达5 000吨/年、10 000吨/年、6 000吨/年,连续多年产销量居全国首位,国内市场占有率达40%以上。

山东华氟化工有限责任公司拥有聚四氟乙烯树脂、聚全氟乙丙烯树脂、乙烯-四氟乙烯共聚物、四氟乙烯涂料专用树脂、氟醚等多套生产装置，达到了国内领先水平，部分为国际先进水平。

2. 聚氨酯

聚氨酯是目前各种高分子材料中唯一在塑料（泡沫塑料）、橡胶（弹性体）、纤维（氨纶）、涂料、胶黏剂中均有重大应用价值的合成材料。聚氨酯材料产业链主要包含上游原材料和下游制品。上游原材料主要为二苯甲烷二异氰酸酯（MDI）、甲苯二异氰酸酯（TDI）、聚醚多元醇。下游制品主要包括聚氨酯泡沫塑料、氨纶、弹性体、胶黏剂等，被广泛应用于家电、家具、汽车、体育运动、轨道交通、保温防震等领域。

山东省是全球聚氨酯材料发展最快的地区之一，是国内聚氨酯产业规模最大的生产基地，已形成从 MDI、TDI、聚醚多元醇等原材料至下游制品应用的完整产业链，并拥有世界聚氨酯龙头企业——万华化学集团股份有限公司。以万华化学集团股份有限公司、烟台巨力精细化工股份有限公司为代表的 TDI 生产企业，以万华化学集团股份有限公司为代表的 MDI 和 HDI（六亚甲基二异氰酸酯）生产企业，以万华化学集团股份有限公司、佳化化学（滨州）有限公司、山东蓝星东大有限公司、山东隆华新材料股份有限公司、无棣德信化工有限公司为代表的聚醚多元醇生产企业，均位于国内聚氨酯原材料产能前列，共同构建了我省聚氨酯材料产业的上游产业链。万华化学集团股份有限公司是全球最具竞争力的 MDI 制造商之一、欧洲最大的 TDI 供应商、中国唯一一家拥有 MDI 制造技术自主知识产权的企业。2019 年，万华化学集团股份有限公司实现营业收入 680.51 亿元，其中聚氨酯系列产品为 318.58 亿元，精细化学品及新材料系列产品为 70.88 亿元。

在聚氨酯材料制品及下游应用方面，万华化学集团股份有限公司是亚太地区产能最大、品种最全的热塑性聚氨酯弹性体（TPU）制造商。山东一诺威聚氨酯股份有限公司的聚氨酯预聚体和聚氨酯铺装材料在国内市场的占有率居第一位，热塑性聚氨酯弹性体在国内市场的占有率居第三位，软泡高回弹组合料位居国内市场份额前列。美瑞新材料股份有限公司拥有万吨级热塑性聚氨酯弹性体生产能力，整体市场占有率居行业第四位。

3. 工程塑料

按照用量、性能和使用范围划分，工程塑料可分为通用工程塑料和特种工程塑料。其中，通用工程塑料主要包括尼龙（PA）、聚碳酸酯（PC）、聚甲醛（POM）、聚对苯二甲酸丁二醇酯（PBT）、聚苯醚（PPO）、聚甲基丙烯酸甲酯（PMMA）等；特种工程塑料是指综合性能较高、长期使用温度在 150 ℃以上的一类工程塑料，主要包括聚苯硫醚（PPS）、聚酰亚胺（PI）、聚醚醚酮（PEEK）、聚砜（PSF）等。

鲁西化工集团股份有限公司的聚碳酸酯产能达 20 万吨/年，居全国前列，100 万吨/年聚碳酸酯绿色循环一体化项目建设后，规模优势将进一步显现，可完全替代进口。2019 年，鲁西化工集团股份有限公司实现营业收入 180.82 亿元，其中，化工新材料产品为 128.21 亿元。万华化学集团股份有限公司是第一家拥有自主开发光气化制聚碳酸酯技术的中国企业，该技术打破了国外技术垄断，为高端制造提供了原料保障。该公司已建成聚碳酸酯一期装置（7 万吨/年），二期装置将在 2020 年投产。万华化学集团股份有限公司一期 8 万吨/年聚甲基丙烯酸甲酯项目一次性开车成功并产出合格产品。潍坊振兴日升化工有限公司是国内重要的热塑性聚酯生产企业，拥有 6 万吨/年聚对苯二甲酸丁二醇酯生产能力。山东道恩高分子材料股份有限公司拥有年产能为 10 万吨改性塑料的生产能力，在国内市场的占有率为 4.2%，是江北最大的改性塑料专业生产商，在国内同行业排名第四。兖矿鲁南化工有限公司拥有 4 万吨/年聚甲醛生产能力。山东东辰瑞森新材料科技有限公司的 PA610、PA612、PA1012 等高性能特种尼龙年产量达 5 000 吨，拥有国内第一条长碳链尼龙 1212 生产线，研发生产的尼龙 1212 和 1012 填补了国内空白。

山东浩然特塑股份有限公司作为国内唯一一家可以生产聚苯砜、聚醚砜、聚砜和聚醚醚酮四种特种工程塑料的高新技术企业，2017 年实现了聚苯砜单一产品产能和销量国内第一。山东津兰特种聚合物有限公司、威海帕斯砜新材料有限公司、香港金和化工(莱阳)有限公司、彩虹高新材料(莱阳)有限公司拥有聚醚砜、双酚-A 型聚砜等生产能力。山东赛恩吉新材料有限公司具备 5 000 吨/年改性聚苯硫醚生产能力。山东万达微电子材料有限公司拥有 600 吨/年双向拉伸聚酰亚胺薄膜生产能力，是国内产量较大的聚酰亚胺膜生产企业。山东凯盛新材料股份有限公司通过自主研发实现了聚醚醚酮产业化，年产量达 150 吨。

4. 特种橡胶

特种橡胶是指具有耐高低温、耐老化、抗烧蚀、耐化学介质、可回收等特殊性能或电磁屏蔽、导热、阻尼减振、机电转换等功能的新型橡胶材料，主要包括热塑性硫化橡胶[又称为“动态硫化热塑性弹性体”(TPV)]、溴化丁基橡胶、特种硅橡胶等。山东道恩高分子材料股份有限公司是国内唯一的高性能 TPV 生产商，也是国内唯一的高档 TPV 生产基地，2019 年在国内市场的占有率为 43%，在国内排名第一，在国际排名第三。山东道恩高分子材料股份有限公司开发的丁基橡胶和尼龙(IIR/PA)体系的 TPV，用于无内胎轮胎，可使轮胎气体阻隔层质量减少 80%，气密性提高 10 倍以上。2019 年，山东道恩高分子材料股份有限公司实现营业收入 27.35 亿元，其中，改性塑料类产品达 19.85 亿元，热塑性弹性体类产品达 3.95 亿元。山东京博石油化工有限公司的溴化丁基橡胶已达到国际先进水平，其中，溴化丁基橡胶的年产能达 5 万吨，在国内市场的占有率达 15%。2019 年，山东京博石油化工有限公司新材料产业板块实现销售收入 10.04 亿元。

5. 高性能分离膜

分离膜是一种具有选择透过能力的膜型材料，主要包括特种分离膜、水处理膜、气体分离膜等。山东省是国内特种分离膜和水处理膜规模最大的生产基地之一，其中，淄博桓台县被中国石油和化学工业联合会授予“中国膜谷”称号。山东东岳集团研发和生产了国内第一张氯碱全氟离子膜，打破了国外垄断，其第三代氯碱离子膜 DF2807 产品性能达到了国际先进水平，氯碱离子膜产能达 10 万平方米/年，居国产企业第一位。山东天维膜技术有限公司的离子交换膜拥有自主知识产权，其性能接近国际先进水平。山东招金膜天股份有限公司是国内中空纤维聚偏氟乙烯(PVDF)膜产业龙头企业，是国内最早完成分离膜从实验室到工业化应用的企业，拥有 500 万平方米/年的 PVDF 膜生产能力，2019 年实现营业收入 2.37 亿元。

6. 高端聚烯烃

高端聚烯烃是指具有高技术含量、高应用性能、高市场价值的聚烯烃产品，主要包括茂金属系列聚烯烃材料、乙烯-醋酸乙烯共聚物(EVA)、聚1-丁烯(PB-1)等。目前,国内高端聚烯烃市场仍存在较大的缺口,还需要依赖进口。山东省拥有中国石化集团齐鲁石油化工公司、淄博新塑化工有限公司、联泓新材料科技股份有限公司、山东京博石油化工有限公司等重点企业,在高端聚烯烃领域具有一定的产业发展优势。中国石化集团齐鲁石油化工公司、淄博新塑化工有限公司是国内重要的茂金属聚烯烃生产企业。齐鲁石油化工公司是国内最早、最大的茂金属聚乙烯(mPE)生产企业,是国内唯一茂金属工业化牌号规模化、系列化生产的企业,已开发出耐热聚乙烯(PE-RT)管材料、膜料、滚塑料等mPE产品,产品被应用于地暖管、热收缩膜、大型车用滚塑柴油箱等领域。淄博新塑化工有限公司是国内最早建成100吨/年茂金属催化剂生产装置的企业,主要产品为茂金属聚乙烯催化剂,可生产密度为0.905～0.954克/立方厘米的mPE树脂。联泓新材料科技股份有限公司的乙烯-醋酸乙烯共聚物(EVA)为国内需要大量依赖进口、生产难度较高、附加值较高的高VA含量的产品,处于行业领先水平,产能达12.1万吨/年,在国内市场的占有率为33.96%,被广泛应用于电线电缆、EVA发泡、光伏等领域。山东省是国内聚1-丁烯最主要生产地区,拥有山东京博石油化工有限公司、山东东方宏业化工有限公司和山东省滕州瑞达化工有限公司聚1-丁烯生产企业,理论产能共计12万吨/年。其中山东京博石油化工有限公司成功研发了地暖管材优质专用料聚1-丁烯改性材料,并将其命名为"聚丁烯合金"(PB-A),打破了国外在该领域的长期技术垄断和封锁。

7.其他

济南圣泉集团股份有限公司是我国酚醛树脂材料领域龙头企业,拥有亚洲最大的酚醛树脂生产基地,在国内市场的占有率达30%。2019年,济南圣泉集团股份有限公司相继研发出了5G覆铜板用低介电树脂、高端磨料磨具重负荷树脂、轮胎橡胶补强树脂、抗衰退树脂等新产品。山东昊月新材料股份有限公司、山东诺尔生物科技有限公司、万华化学集团股份有限公司等在高性能吸水树脂领域具有较大的市场占有率。山东昊月新材料股份有限公司的吸血用高吸收性树脂产量达3.5万吨/年,在国内市场具有较高的占有率。山东诺尔生物科技有限公司拥有年产14万吨高吸水树脂生产线,2019年实现营业收入9.77亿元。凯赛(金乡)生物材料有限公司的生物法长链二元酸系列产品是生物法产品取代石油化学法产品的商业成功案例,目前产能达40 000吨/年,在国际市场的占有率达80%以上,在国内市场的占有率达90%以上。

四、先进钢铁材料

先进钢铁材料是在环境性、资源性和经济性的约束下,采用先进制造技术生产的具有高洁净度、高均匀度、超细晶粒特征的钢材,强度和韧度比传统钢材高,钢材的使用寿命有所增加,具有环境友好、高性能、资源节约、低成本的特征。主要包括高技术船舶及海洋工程用钢、新型高强高塑汽车钢、先进轨道交通用钢、新一代功能复合化建筑用钢、高性能工程矿山及农业机械用钢、石化压力容器用钢、能源油气钻采集中储用钢、先进制造基础零部件用钢、高品质不锈钢等品类。

(一)产业概况

经过多年的发展,世界范围内先进钢铁材料技术发展迅速,应用领域逐步拓宽,市场稳定增长。日本、韩国、欧盟、美国等在先进钢铁材料研发及应用领域居于国际领先地位。例如，在海洋平台用钢方面，日本的先进钢铁企业研发、生产了屈服强度为700兆帕的140毫米厚的含Ni海洋平台用钢。在高性能工程、矿山及农业机械用钢方面，日本、欧盟开发的工程机械用钢品种全、质量好，具有高强度、高韧性、优良的焊接性和成形性，欧盟、美国生产的耐磨钢板厚度最小可达到3毫米。

我国钢铁行业经过近十几年的发展，目前已经成为世界第一产钢大国和消费大国，在先进钢铁材料研发和应用方面也取得了长足的进步。尤其是以中国宝武钢铁集团有限公司、鞍山钢铁集团有限公司、太原钢铁集团有限公司为代表的骨干钢铁企业，在先进钢铁材料研发和生产方面取得了一系列重大突破，实现了部分关键先进钢铁材料的进口替代。例如，中国宝武钢铁集团有限公司在新型高强塑性汽车钢方面研发和生产了全球首发的淬火-配分钢(QP钢)、1 180兆帕级别的DP钢、1 700兆帕的MS钢等先进汽车高强钢。鞍山钢铁集团有限公司研发和生产的海洋工程系列钢板强度、低温韧性等指标均达到了国际先进水平。中国宝武钢铁集团有限公司是国内首家批量供应大型液化气船(VLGC)低温钢板的企业，实现了低温船板的进口替代。

(二)山东省产业发展情况

山东省是国内排名第三的钢铁大省，拥有山东钢铁集团有限公司、日照钢铁控股集团有限公司、山东泰山钢铁集团有限公司、石横特钢集团有限公司等钢铁联合企业共19家，2019年粗钢产量为6 356.98万吨，占全国粗钢产量的6.38%。已形成从矿业采选、原燃料加工、冶炼、压延加工到深加工较为完备的产业体系。日照、临沂、莱芜、泰安四地的钢铁产能和主营业务收入占全省的50%以上。近年来，先进钢铁产业品种结构持续升级，空间布局不断趋于合理，以先进轨道交通用齿轮钢、核电用管线钢、超低温压力容器用钢等为代表的高端装备用钢实现了产业化。石横特钢集团有限公司热轧矿用锚杆钢、特高压输电铁塔用高强高韧性角钢，山东泰山钢铁集团有限公司400系热轧不锈钢，山东钢铁集团有限公司齿轮钢等产品的市场占有率均居国内第一位。日照—临沂沿海先进钢铁制造产业基地和莱芜—泰安内陆精品钢生产基地两大产业基地以及日照先进钢铁制造产业集群、临沂临港高端不锈钢与先进特钢制造产业集群、莱芜精品钢和400系不锈钢产业集群、泰安特种建筑用钢产业集群四大产业集群建设正加快推进。

1.两大龙头

山东钢铁集团有限公司是全国著名的中厚板板材、齿轮钢和H型钢生产基地，具备国内生产规模最大和品种规格最全的H型钢生产能力，主打第三代汽车用钢、绿色环保型家电用钢、高牌号电工钢、耐腐蚀船舶钢、海洋平台用钢、优特钢等中高端产品，填补了省内空白，满足了国内需求。2019年，该公司先后研发、生产了LNG罐体9Ni板、高级别管线钢、海洋工程用钢、磁悬浮轨排、桥梁用钢等系列新产品，其中，中低速磁悬浮列车轨道用F型钢及轨排、转底炉技术、氨法脱硫技术等多项成果达到了国际领先水平。承担了北极亚马尔液化天然气(Yamal LNG)、北极LNG2、俄罗斯阿穆尔天然气处理厂(AGPP)项目等众多国际知名油气工程项目用型钢的制备，产品完全替代了进口。山东钢铁集团日照钢铁有限公司成功研发了强度水平达780兆帕级别的车轮钢产品，达到了国内最高强度水平。山东钢铁集团有限公司已经建成的日照钢铁精品基地是国家钢铁产业布局的重大项目,是山东省钢铁产业结构调整试点工作的重要组成部分。同时,其济南钢城精品钢基地升级改造正按照时间节点有序推进。2019 年,山东钢铁集团有限公司实现营业收入 1 891 亿元,利润总额 64.7 亿元,全年生产铁 2 617 万吨、钢 2 757 万吨、钢材 2 709 万吨。子公司山东钢铁股份有限公司累计生产生铁 1 213 万吨、钢 1 379 万吨、钢材(含商品坯)1 351 万吨,实现营业收入 710.92 亿元。

日照钢铁控股集团有限公司是山东省最大的千吨级民营钢铁企业。主营产品包括热轧卷板、热轧薄板、冷成型板、酸洗薄板、镀锌薄板、型钢等,是目前全球最具规模的无头带钢生产(ESP)生产、加工基地,精品钢材占 80% 以上。已建成 4 条无头带钢生产线(全球共 5 条),成功轧制了厚度为 0.6 毫米的热轧卷,创造了全球最薄热轧带钢新纪录。2019 年,日照钢铁控股集团有限公司开发了 7 个系列 17 个牌号的新产品。其中,ESP 高碳钢 65Mn/60 号钢新产品,质量达到了国内一流水平,被广泛应用于锯片、弹簧制品、园林工具等领域。高线冷镦钢 SWRCH22A/SWRCH35K 新产品,达到了行业先进水平,被应用于标准件行业。热成型钢 R1500HS/22MnB5D 系列产品中的 R1500HS 钢实现了“以热代冷”,产品厚度精度、表面质量达到了国内先进水平,被应用于乘用车防撞杆行业;22MnB5D 产品的性能达到了国内领先水平,被应用于商用车轻量化减薄领域。高级别管线钢 X70M/L485M 新产品,达到了国内领先水平,被应用于东营港-广饶天然气输送领域。高强耐候钢 Q550NH/Q450NH/RJ700MC 新产品,达到了国内领先水平,被应用于铁路车厢领域。高强大梁钢 RE700L/RE700MC 新产品,1.1 毫米薄规格为国内首发,被应用于冷弯型钢、厢板行业领域。铁素体 REMY-1/REMY-2/REDT/SPHC-F 新产品,达到了国内同类产品的领先水平,被应用于门业、电梯行业等领域。2019 年,日照钢铁控股集团有限公司实现产铁 1 329 万吨,产钢 1 420 万吨,产材 1 388 万吨,深加工酸洗镀锌产品 454 万吨,产值达 1 077 亿元,实现销售收入 825 亿元。

2. 重点集群

日照先进钢铁制造产业集群是日照市重点打造的千亿元级产业集群,是山东省钢铁产业转型升级的核心区、引领区。目前,已形成以第三代汽车用钢、绿色环保型家电用钢、高牌号电工钢、耐腐蚀船舶钢、海洋平台用钢、优特钢等中高端产品为代表的山东钢铁集团有限公司日照钢铁精品基地以及以“以热代冷”系列用钢、高强减薄汽车钢、高强无花镀锌板等绿色产品、独有产品、超薄规格板材产品为代表的日照钢铁控股集团有限公司特色板材产业园和钢铁配套产业园三大产业基地。2019 年,集群培育企业数量达 122 家,规模以上企业数量达 76 家,实现营业收入 1 597.4 亿元。

临沂临港高端不锈钢与先进特钢制造产业集群。依托山东钢铁集团有限公司、日照钢铁控股集团有限公司、山东鑫海科技股份有限公司等企业,以镍电合一、短流程炼钢为核心,发挥高镍铁资源优势,建设不锈钢“发电—镍铁—不锈钢—不锈钢制品加工”全产业链条,规划高端不锈钢和先进特钢产能 1 400 万吨/年。2019 年 8 月 1 日,临沂临港区域高端不锈钢及先进特钢项目集中奠基仪式举行。临沂钢铁投资集团鑫海不锈钢有限公司高端不锈钢深加工项目(一期热轧工程)、临沂钢铁投资集团不锈钢有限公司高端不锈钢项目、山东钢铁集团永锋临港有限公司先进优特钢产业基地项目、临沂钢铁投资集团特钢有限公司优特钢项目等集中奠基,总投资金额达 690 亿元。

莱芜精品钢和 400 系不锈钢产业集群。莱钢精品钢产业园依托山东钢铁股份有限公司莱芜分公司、莱钢集团有限公司等，在耐低温系列海洋工程用钢、高性能风电用钢板、高强及耐磨钢板、功能复合化建筑结构用型钢、优特钢棒材、高温合金、3D 打印粉末、精密机械零件制造等领域具有较好的发展优势。其中，莱芜分公司高性能海洋工程用钢板产品先后被应用至全球最大液化天然气 Yamal LNG、北极 LNG2、俄罗斯 AGPP 等国际重大项目，成为维斯塔斯、西门子歌美飒、美国通用、金风科技等全球知名风塔制造企业风电用钢板供应商，高强及耐磨钢钢板产量稳居全国第二位。泰安不锈钢产业园依托山东泰山钢铁集团有限公司等，重点发展新能源汽车、海洋工程、高端化工、核电等特殊领域用高端不锈钢以及不锈钢深加工产业。山东泰山钢铁集团有限公司具备年产 400 万吨精品钢、180 万吨不锈钢的综合生产能力，拥有山东省唯一的以铁水为主原料的全流程不锈钢生产线和山东省最大的普碳冷轧薄板生产基地，形成了以不锈钢、普碳热轧和普碳冷轧系列板带材为主的高效节能型产品集群，是全国最具竞争力的 400 系不锈钢生产基地，其核心产品 400 系热轧不锈钢占全国 1/4 的市场份额，在广东市场的占比为 50%。2019 年，该公司实现销售收入 430 亿元、利税 14.3 亿元。

泰安特种建筑用钢产业集群。集群规划产能为 465 万吨/年，依托石横特钢集团有限公司等，重点发展 500 兆帕级、600 兆帕级高强建筑用钢，460 兆帕级特高压输电铁塔用钢，600 兆帕级特种焊丝钢，800 兆帕级高延性锚杆钢、耐海水腐蚀高强钢筋等。石横特钢集团有限公司是国内建材行业用钢品种规格最全的企业，已形成棒材、线材、型材三大产品体系，锚杆钢筋、精轧螺纹钢筋、电力角钢等钢材品种的市场占有率居全国首位。2019 年，该公司实现营业收入 425 亿元、利润 53 亿元，上缴税金 28 亿元。

3.其他重点企业

西王特钢有限公司是国内领先的特钢生产企业，具备年产 300 万吨普钢/特钢的生产能力，其高端轴承钢、先进轨道交通用钢、国家重点工程用钢、高性能海洋工程用钢、特殊领域用钢等特殊钢新材料具有较高的市场占有率。研发的重载货车新型集成制动梁新材料，主要用于制造铁路重载货车核心零部件，依靠核心关键技术实现了国内独家供货，市场占有率为 100%；研发的铁路车轴钢新材料系列，已通过 CRCC(铁路产品认证管理委员会暨中铁铁路产品认证中心)供应商认证，成为中车长江铜陵车辆有限公司、中车沈阳机车车辆有限公司、中车长春轨道客车股份有限公司、中车齐车集团有限公司等战略客户的合格供方；研发的高性能海洋工程用钢新材料系列已供应中国石油天然气股份有限公司宝鸡石油机械有限责任公司等石油钻采装备生产企业；西王特钢有限公司和中国科学院联合研发的高端轴承钢新材料已获得国家发明专利授权，主要应用于精密数控机床轴承、盾构机轴承、轧机轴承等领域，目前正在建设高端轴承新材料生产线，以替代国外品牌高端轴承钢新材料市场份额的 25%～35%。2019 年，西王特钢有限公司实现营业收入 111.7 亿元，其中特钢板块为 17.63 亿元。

青岛特殊钢铁有限公司在 2017 年加入中信泰富特钢有限公司后，依托青岛西海岸国家级新区、董家口港，迅速成长为具有突出竞争优势的临海特钢企业，具备 300 万吨/年特殊钢材料的生产能力。其 97 级以直径为 0.13 毫米为代表的钢帘线、1 900 兆帕级以超高强度单片簧为代表的弹簧扁钢为国内单项销量冠军产品，盐浴大桥缆索、特种焊丝为独角兽产品，196 兆帕级桥梁缆索盘条荣获中国钢铁协会颁发的“中国钢铁工业产品市场开拓奖”。青岛特殊钢铁有限公司在工程机械用钢领域发展最为迅速，产品窄带宽控制等性能达到了国际先进水平，出口量位居前列，并积极开发汽车、石油、风电等能源用特殊钢市场。

第二节　关键战略材料

一、高性能纤维及复合材料

（一）产业概况

高性能纤维及复合材料主要涵盖碳纤维、芳纶纤维、超高分子量聚乙烯纤维、先进陶瓷纤维、高强玻璃纤维和其他有机、无机高性能纤维以及由高性能纤维作为增强体所制备的具备轻质高强及其他功能特性的一类新材料。由于其特有的结构及结构/功能一体化性能特点，已被广泛应用于国防军工及民用工业的各个领域。

国外发达国家非常重视高性能纤维的研发和生产，对关键技术实施严密封锁，长期垄断市场。在高性能纤维领域，日本、美国和欧盟构成了三足鼎立的局面。2019 年，全球碳纤维销售收入达 28.7 亿美元，日本东丽、帝人东邦和三菱丽阳在碳纤维领域具有绝对竞争优势。2019 年，全球芳纶纤维产能为 12 万吨，其中间位芳纶 4 万吨、对位芳纶 8 万吨。全球对位芳纶产能主要由美国杜邦、日本帝人控制；荷兰帝斯曼集团的超高分子量聚乙烯纤维代表全球最高水平。

近年来，我国高性能纤维及复合材料在技术攻关、产业化、品种质量、军民领域工程化应用等方面发展速度不断加快，取得了较大的突破。目前，已实现了 T700、T800 级别碳纤维产业化生产和干喷湿纺 T1000 级超高强度碳纤维工程化，并突破了 48K 丝束碳纤维生产技术。超高分子量聚乙烯超高强、高模、细旦纤维及新一代纤维专用树脂实现了突破，达到了国际先进水平。烟台泰和新材料股份有限公司的“千吨级对位芳纶工程化制备及其特种防护应用技术开发”项目已成功实施。

（二）山东省产业发展情况

山东省高性能纤维及复合材料产业基础较好，而且近十年来发展速度不断加快，拥有碳纤维、芳纶纤维、超高分子量聚乙烯纤维、玻璃纤维、特种陶瓷纤维等全系列纤维品种，已形成威海碳纤维、烟台芳纶、莱芜超高分子量聚乙烯纤维、泰安玻璃纤维以及淄博特种陶瓷纤维等产业集群。总体上，山东省高性能纤维产业处于国内第一方阵上游水平，先进复合材料产业处于国内第一方阵中游偏下水平。

1. 碳纤维

山东省是碳纤维产业强省，在产品性能与规格系列化方面居国内领先水平，产业规模位居全国第三。2019 年，中国碳纤维运行产能为 26 650 吨，碳纤维消耗量为 39 000 吨；山东省碳纤维产量为 3 100 吨，年消耗碳纤维达 9 000 多吨。在碳纤维复合材料产业方面（按碳纤维消耗统计），山东省居全国第三位，略低于江苏、广东两省，远高于并列第四位的上海、福建的 2 500 吨。但在碳纤维附加值方面,山东省位于广东、江苏、上海之后,居全国第四位。主要影响因素是风电用低成本碳纤维消耗量较大,高端碳纤维规模化应用产业成熟度较低。在碳纤维供给军工应用方面,山东省居全国第一位,但碳纤维消耗量在行业整体中占比较小。

山东省碳纤维及复合材料生产基地和集聚区主要有威海碳纤维及复合材料产业集群和德州碳纤维应用基地。济南、泰安、滨州、淄博、东营、济宁、青岛等地也形成了分散的碳纤维及复合材料生产基地。下游产业已涉及民用航空航天、国防军工、风电叶片、体育器材、耐磨材料、汽车及轨道交通轻量化等行业。

威海碳纤维及复合材料产业集群拥有国内碳纤维龙头企业——威海光威复合材料股份有限公司,建立了碳纤维制备及工程化国家工程实验室、国家碳纤维产业计量测试中心、山东省碳纤维技术创新中心等碳纤维研发与检测平台,已形成涵盖原丝、碳纤维、织物、预浸料、复合材料、制品、检测等的全产业链发展模式。威海光威复合材料股份有限公司是国内两家碳纤维上市企业之一,是世界最大风电系统生产商——丹麦维斯塔斯集团的主要供应商之一。2019 年,该公司实现营业收入 17.15 亿元,其中,碳纤维及织物业务实现销售收入 7.98 亿元,风电叶片碳梁业务实现销售收入 6.73 亿元。威海光威复合材料股份有限公司拥有碳纤维行业的全产业链布局。碳纤维产能为 3 500 吨/年,产品范围包括 T300、T700、T800、T1000、M40J、M55J 等系列化的碳纤维、经编织物和机织物等,主要产品为军用碳纤维及织物、民用风电碳梁、民用预浸料。2019 年,其子公司威海拓展纤维有限公司的"湿法纺丝高强碳纤维产业化制备技术"和"高强型碳纤维高效制备产业化技术"两项技术通过鉴定;国产 T800H 级一条龙项目完成了批次性能评价和相关标准等工作,开始小批量供货;高强高模一条龙项目通过某院材料评审;国产 T1000G-12K 级成功进行了工艺性能和军用复合材料产品爆破验证试验。集群产业链中游主要有威海光威复合材料股份有限公司、威海汇兴纤维制品有限公司、威海宝威新材料科技有限公司等预浸料生产企业,并拥有威海光威精密机械有限公司、威海宏程机电设备有限公司等碳纤维装备生产企业。集群下游产业链已延伸至民用航空航天、军用装备、风电叶片、体育休闲等领域,碳纤维制品相关企业达 405 家。威海地区依托以威海光威户外装备有限公司、山东环球渔具股份有限公司、宝飞龙钓具有限公司等为代表的碳纤维渔具和登山杖生产企业,已发展成为全国最大的碳素渔具和登山杖产业化基地。

德州碳纤维应用基地位于德州齐河齐鲁高新技术开发区,拥有山东山大天维新材料有限公司、山东中恒景新碳纤维科技发展有限公司等碳纤维复合材料制品企业 50 余家,年消耗碳纤维 2 000 余吨。基地建设了碳纤维及其复合材料制品研究中心、碳纤维复合材料制品标准技术委员会、碳纤维复合材料制品检测中心、碳纤维及其复合材料制品大数据中心,并拥有配套完善的碳纤维及其复合材料制品研究和孵化基地。

位于济南地区的中国兵器工业集团第五三研究所(山东非金属材料研究所)是军用复合材料及构件的研发单位,研发与生产的轻量化和防热碳纤维复合材料构件已被广泛应用于军工装备,是国内兵器行业碳纤维复合材料及构件最主要的供应商。位于济南地区的山东普阳新材料科技有限公司研发的防弹头盔及防弹胸插板产品具有质量轻、刚性大、强度高、防弹背凸小、耐冲击性能强、冲击惯性小等特点，各项性能均处于国内领先水平，填补了国内空白。

2019 年 3 月 1 日，瑞城宇航高模量碳纤维产业园项目落户济宁，项目建成投产后可年产高模量中间相沥青基碳纤维 20 吨。初试产品已通过航天五院检测，该生产线全部投产后山东瑞城宇航碳材料股份有限公司将成为全球第四家、国内第一家沥青基航天用碳纤维生产商。

2. 芳纶纤维

山东省是全国规模最大的芳纶纤维生产基地，拥有芳纶纤维产业龙头企业——烟台泰和新材料股份有限公司以及芳纶纸行业龙头企业——烟台民士达特种纸业股份有限公司，已建成"原材料—间位芳纶纤维—对位芳纶纤维—芳纶纸及芳纶织物—制品"国内唯一和最完整的芳纶产业链，形成了间位芳纶、对位芳纶、芳纶纸三大产品板块，下游产业链已延伸至电气绝缘纸、安全防护、高温过滤、摩擦材料等领域。

烟台泰和新材料股份有限公司是国内芳纶行业的先行者、引领者，拥有以氨纶、间位芳纶、对位芳纶三大产品板块为主导的十大产品系列，主要产品有纽士达®氨纶、泰美达®间位芳纶、泰普龙®对位芳纶及其上下游制品。间位芳纶、对位芳纶的产业化技术均达到了国内领先、国际先进水平，在国内外享有较高声誉。2019 年，该公司实现营业收入 25.4 亿元，其中芳纶相关业务实现营业收入 10.09 亿元。目前，间位芳纶的产能为 7 000 吨/年，居全球产能第二位；对位芳纶的产能为 1 500 吨/年，居全球产能第三位。在建间位芳纶和对位芳纶项目产能分别为 8 000 吨/年和 3 000 吨/年。烟台泰和新材料股份有限公司以间位芳纶、对位芳纶为核心，向上发展芳纶原料，向下发展浆粕、织物等深加工产品，打造芳纶产品产业集群，辐射带动了山东省新一代信息技术、国防军工、汽车工业、轨道交通、安全环保、高端化工等相关产业的发展。

烟台民士达特种纸业股份有限公司是世界上第二个成功生产出芳纶纸的公司，是国内目前规模最大的芳纶纸制造企业。主要产品为电气绝缘通用芳纶纸和蜂窝芯材用芳纶纸，产能达 2 000 吨/年，扩建后产能将达到 3 000 吨/年。烟台民士达特种纸业股份有限公司上游原料芳纶纤维来自烟台泰和新材料股份有限公司，下游客户已涵盖电气绝缘、电子通信、航空航天及轨道交通等重要领域，是山东省芳纶产业链的重要组成部分。在电工电气领域，烟台民士达特种纸业股份有限公司的芳纶纸产品被成功应用于标准动车组。在电子领域，该公司产品通过了华为、苹果、松下、LG 等公司的认证，对国外产品的替代率超过了 50%。在航空航天领域，使用芳纶纸制备的蜂窝芯材已通过军方认证，被成功应用于国产武装通用直升机。

近年来，山东省芳纶纤维生产基地产业规模不断壮大，实力不断提升。中芳特纤股份有限公司的对位芳纶纤维产能达 2 000 吨/年。山东聚芳新材料股份有限公司的年产 5 000 吨高性能芳纶纸及配套项目，已完成对位芳纶纸中试和对位芳纶纤维工业化生产。2019 年 4 月 26 日，中旭国泰实业有限责任公司年产 1.2 万吨对位芳纶及其应用产业园项目的合作签约暨开工仪式在泰安市高新区举行。位于济南地区的中国兵器工业集团第五三研究所和航空工业济南特种结构研究所（中航第 637 所）是芳纶纤维的重要军工用户。五三所研发和生产的芳纶抗弹复合材料已被广泛用于装甲装备和民用人体防护产品,是国内军用芳纶抗弹复合材料制品最主要的供货商;637 所是国内唯一的航空雷达罩专业研究所,是国内最主要的航空芳纶透波材料及制品研发与生产单位之一,具有较高的高端芳纶蜂窝研发与生产能力。

3. 超高分子量聚乙烯纤维

山东省超高分子量聚乙烯纤维产业基础较好,拥有龙头企业——山东爱地高分子材料有限公司以及山东莱威新材料有限公司、青岛信泰新材料有限公司等重点企业。下游应用已延伸至军工、防弹、防刺、缆绳、户外体育等领域。但近年来山东省超高分子量聚乙烯纤维产业发展缓慢,与兄弟省份之间存在一定差距。

山东爱地高分子材料有限公司超高分子量聚乙烯纤维产能达 5 000 吨/年,居亚洲第一位、世界第二位,仅次于荷兰帝斯曼,产品技术处于世界领先水平。该公司于 2011 年被荷兰帝斯曼收购后,纳入帝斯曼全球发展战略,技术被封锁,产能被限制,这极大地制约了我省超高分子量聚乙烯纤维的创新突破与发展。青岛信泰新材料有限公司采用凝胶纺丝法生产超高分子量聚乙烯纤维,产能达 750 吨/年。山东莱威新材料有限公司在超高分子量聚乙烯纤维产品工艺、制备方法、产品设计标准等方面实现了重大革新和突破,达到了国际先进水平。超高分子量聚乙烯纤维设计产能为 4 000 吨/年,一期为 800 吨/年,主要产品为超高分子量聚乙烯纤维以及无纬布(UD 布)、海洋用绳索、深海网具等。该公司拥有自主知识产权和较强的研发能力,具有较大的发展潜力。北京同益中新材料科技股份有限公司年产 4 060 吨超高分子量聚乙烯纤维产业化项目落户泰安,并成立北京同益中新材料科技股份有限公司新泰分公司。项目建成后,将年产 4 060 吨超高分子量聚乙烯纤维和 500 吨防弹无纬布产品。

4. 高性能玻璃纤维

我省形成了以泰安、济宁、淄博、临沂为主体的玻璃纤维生产基地,带动发展出威海、泰安、德州、潍坊等 4 个复合材料制品产业园,从业人员 10 万余人,年产值 1 200 亿元;产品品种 3 000 余个,覆盖国内外市场,远销欧美、中东、亚太等 80 多个国家和地区。

泰安玻璃纤维产业集群是全国重要的玻璃纤维生产基地之一。集群拥有行业龙头——泰山玻璃纤维有限公司,已形成“原材料—玻璃纤维—玻璃纤维制品—玻璃纤维复合材料—下游应用”全产业链发展模式。下游应用领域已延伸至建筑建材、风力发电、轨道交通等领域。其中,以山东路德新材料股份有限公司为代表的土工格栅材料产业已发展为山东省土工格栅材料主要生产基地和国家土工合成材料集聚区之一。

泰山玻璃纤维有限公司是我国玻璃纤维产业领军企业,现有玻璃纤维制品总规模 100 万吨/年,是全球第三、国内第二的玻璃纤维制造企业。2019 年,该公司累计生产玻璃纤维制品 90 万吨,实现销售收入 59.39 亿元。近年来,泰山玻璃纤维有限公司的产品结构持续优化,开拓风电用高强高模玻璃纤维市场,增加热塑性材料系列产品产销量,扩大 SMC(片状模塑料)和 LFT(长纤维增强热塑性材料)玻璃纤维纱的产销比例。产品的研发创新不断加快:TLD 低介电短切玻璃纤维性能优异,已实现批量销售;成功开发出了超细电子玻璃纤维纱(BC1500、BC300),细纱年产量已达 10 万吨级,除电子材料之外,这些产品还被应用于众多的工业与民用领域;无硼无氟的 TCR 玻璃纤维、HMG 及 S-1 HM 高模高强玻璃纤维及织物,已被广泛应用于大功率风电叶片。

位于济宁电子纱生产基地的泰山玻璃纤维邹城有限公司，年产玻璃纤维纱近 22 万吨、微粉 13 万吨、电子布 0.84 亿米，其主导产品为增强纱、电子纱和电子布。2019 年，该公司生产玻璃纤维 11.86 万吨，电子布 8 680 万米，实现产值 12.61 亿元。其核心产品 G75、E225、D450、D900 等电子细纱在国产市场的占有率近 40%，被广泛应用于航空航天、5G 通信等领域。位于临沂玻璃纤维生产基地的山东玻纤集团股份有限公司拥有 ECR 高性能纤维、ECER 改性纤维等七大类近 300 多个品种的产品体系，玻璃纤维的总产能为 45 万吨/年，织物的总产能为 2.3 亿平方米/年。2019 年，该公司实现营业收入 18.11 亿元。位于淄博玻璃纤维生产基地的中材金晶玻纤有限公司以池窑拉丝生产玻璃纤维原丝为主，主要产品包括直接纱、喷射纱、SMC 纱、短切毡等。

下游玻璃纤维复合材料制品方面，山东是我国乃至全球树脂基复合材料的主要产区，有武城、安丘两大“玻璃钢”城。而占产能 95% 以上的产品都存在着产品低端、无序竞争、环保压力大的问题，急需进行结构调整和产业升级。

5. 其他纤维

山东省高性能陶瓷纤维、玄武岩纤维等产业以淄博和济南为中心，已呈现出初步集聚特征。拥有山东鲁阳节能材料股份有限公司、山东工业陶瓷研究设计院有限公司、山东大学、山东东珩胶体材料有限公司、山东聚源玄武岩纤维股份有限公司等重点企业和科研院所。

淄博市是全国重要的功能陶瓷材料生产基地，拥有国家级工业陶瓷科研院所——山东工业陶瓷研究设计院有限公司、陶瓷纤维行业龙头企业——山东鲁阳节能材料股份有限公司等企业，并以山东工业陶瓷研究设计院有限公司为核心，带动和辐射了一批高性能陶瓷纤维产业相关企业。山东工业陶瓷研究设计院有限公司是全国唯一的国家级工业陶瓷科研院所，在氮化硼陶瓷纤维、氧化锆纤维等领域已取得诸多突破。在氮化硼纤维的工程化技术研究方面，已建设了氮化硼纤维百千克级试验线。山东鲁阳节能材料股份有限公司是亚洲最大的陶瓷纤维制造基地，拥有陶瓷纤维、玄武岩纤维、氧化铝纤维等四大系列、200 余个品种规格的产品，年产各类陶瓷纤维制品 40 万吨、玄武岩纤维制品 18 万吨。陶瓷纤维制品的市场占有率居国内第一位、国际前三位。

二、生物医用材料

(一)产业概况

生物医用材料是对生物体进行诊断、治疗、修复或替代其他病损组织、器官或增进其功能的材料，是人工器官和医疗器械发展的基础，多应用在骨科、心外科、齿科、神经外科、整形外科等医学分支领域。按照国际惯例，其产品管理划属医疗器械。通常所指的生物医用材料与其终端临床产品密不可分。按照临床应用分类，生物医用材料可分为骨科材料、心脑血管类材料、牙科材料、血液净化材料、生物再生材料、医用耗材等。

目前，全球生物医用材料市场被以强生、捷迈邦美、史赛克、美敦力、雅培、诺保科、费森尤斯等为代表的行业巨头垄断。据 Evaluate MedTech 发布的 *WorldPreview 2018，Outlook to 2024* 显示，2017 年全球排名前 20 的跨国企业占全球医疗器械市场的 54.8%，尚无一家国内企业入围。在心血管材料领域，排名前 10 的公司占有 79.9% 的市场份额。

我国的乐普(北京)医疗器械股份有限公司排名第 7 位,2017 年在全球市场的占比为 1.4%。在骨科材料领域,全球排名前 10 的公司占有 88.1% 的市场份额,无一家国内企业。Evaluate MedTech 预测,2024 年全球医疗器械的市场销售额将达到 5 945 亿美元。

虽然我国生物医用材料整体发展较国际落后,但随着研发能力的不断增强,心血管支架、封堵器、生物型硬膜补片、骨创伤修复器等生物医用材料已实现了进口替代,已涌现出上海微创医疗器械(集团)有限公司、乐普(北京)医疗器械股份有限公司、有研医疗器械(北京)有限公司、威高集团有限公司、山东吉威医疗制品有限公司等企业。在骨创伤修复器材市场,威高集团有限公司、大博医疗科技股份有限公司、苏州欣荣博尔特医疗器械有限公司等企业已占据国内市场份额的 67% 以上。《医疗器械蓝皮书:中国医疗器械行业发展报告(2019)》指出,2021—2022 年,中国医疗器械生产企业主营业务收入将有望突破万亿元。

(二)山东省产业发展情况

随着生物医用材料行业整体蓬勃发展,山东省生物医用材料产业也进入了高速发展阶段。我省生物医用材料产业在骨创伤修复器、心血管支架、生物型硬膜补片等领域处于国内领先、世界先进水平,培育出了山东威高集团医用高分子制品股份有限公司、蓝帆医疗股份有限公司、山东吉威医疗制品有限公司、烟台正海生物科技股份有限公司等占据国内较大市场份额、在行业中享有较高声誉的领军企业。在产业分布方面,山东省医疗器械生产许可证获证企业达 1 045 家,主要分布在济南、青岛、淄博、威海、烟台等地区,已初步形成集聚效应。威海、烟台地区拥有威高集团有限公司、山东吉威医疗制品有限公司、烟台正海生物科技股份有限公司等生物医用材料产业龙头企业,已逐步发展为全省和全国生物医用材料生产基地。

1.骨科材料

我省在骨科材料领域发展较快,山东威高集团医用高分子制品股份有限公司与省外大博医疗科技股份有限公司等企业共同占据骨创伤修复器国内市场 67% 以上的份额。山东威高集团医用高分子制品股份有限公司是我国生物医用产业龙头企业,业务涵盖医用耗材、骨科材料、血液净化耗材及设备等领域,并在多个细分领域占据市场主导地位。2019 年,该公司实现营业收入 103.6 亿元,其中,骨科产品为 15.6 亿元、血液管理产品为 4.6 亿元。子公司山东威高骨科材料股份有限公司是国内规模最大的骨科材料制品专业公司,生产规模居亚洲同行业首位。山东威高骨科材料股份有限公司拥有骨科领域创伤产品线、脊柱产品线、人工关节、生物材料、运动医学五大产品线。国家药品监督管理局中注册的骨科医疗器械产品达 43 项,开发的常规 PMMA(聚甲基丙烯酸甲酯)骨水泥、可吸收骨水泥(CPC,人工骨)、生物型骨水泥、可吸收骨科植入物等骨科生物材料已实现进口替代,填补了国内空白。

2.心血管支架

山东省在心血管支架领域已实现"弯道超车",达到国际领先水平。蓝帆医疗股份有限公司通过收购柏盛国际,已成为全球第四大、全国第三大心脏介入器械企业。2019 年,该公司实现营业收入 34.8 亿元,其中,心脏冠脉支架产品为 14.9 亿元、球囊导管等产品为 2.5 亿元。柏盛国际是全球第四大心脏支架研发、生产和销售企业,排名仅次于雅培、波士顿科学和美敦力，在全球90多个国家拥有业务。其下属全资子公司山东吉威医疗制品有限公司研发并推出了全球第一个生物可降解涂层药物洗脱支架爱克塞尔®（EXCEL），占据的中国心脏药物洗脱支架（DES）市场份额高达20%，稳居中国心脏支架品牌前三名，从上市以来至2019年年末累计销量超过220万条。蓝帆医疗股份有限公司在人工心脏（左心室辅助装置，VAD）医疗器械、经导管主动脉瓣置换术（TAVR）植入器械等行业前沿技术和产品方面已取得较大进展，逐渐发展为全球心脑血管介入器械综合性平台。

山东省在新一代血管支架研发方面保持着持续领先优势。山东华安生物科技有限公司研发的新一代生物全降解冠脉雷帕霉素洗脱支架Xinsorb，是解决晚期血栓理想的心血管金属支架。Xinsorb支架已在国内率先进行临床研究，完成了大批临床试验，并进入国家创新医疗器械特别审批程序。山东吉威医疗制品有限公司于2017年推出新一代生物可降解涂层药物洗脱支架心跃TM（EXCROSSAL）。山东百多安医疗器械股份有限公司的全新一代心脏冠脉支架植入人体后2～3年的时间就会被人体全部降解吸收。

3. 生物再生材料

山东省生物再生材料产业稳步发展，在口腔修复膜、生物膜、骨修复材料、皮肤修复膜等领域，已培育出烟台正海生物科技股份有限公司等在国内拥有较高竞争力的生物再生材料生产企业。烟台正海生物科技股份有限公司是山东省生物再生材料龙头企业，建设有山东省医用再生修复材料工程技术研究中心、山东省生物再生材料工程实验室等再生医学材料研发平台。拥有口腔修复膜、生物膜和皮肤修复膜等软组织修复材料以及骨修复材料等硬组织修复材料两大系列产品。2019年，该公司实现营业收入2.8亿元。目前，国内胶原类口腔生物膜市场主要由瑞士Geistlich占据，而烟台正海生物科技股份有限公司的胶原类口腔生物膜占据国产市场份额的第一位。在硬脑（脊）膜补片方面，国内市场已形成了贝朗、强生两家外企和冠昊生物科技股份有限公司、天新福（北京）医疗器材股份有限公司、烟台正海生物科技股份有限公司三家国内企业竞争的格局。烟台正海生物科技股份有限公司的含胶原蛋白骨修复材料于2015年通过国家科技成果鉴定并获得"国内首创"认可，具有与口腔修复膜联合使用的特征，可用于口腔相关科室骨缺损填充和修复等。

山东省新型生物再生材料研发速度不断加快，产业实力不断提升。烟台正海生物科技股份有限公司用于治疗各种原因造成的骨缺损、骨不连等病症的活性生物骨材料已处于注册阶段；高膨可降解止血材料和生物硬脑（脊）膜补片两项新产品先后进入临床试验阶段；处于临床试验阶段的"引导组织再生膜"产品已经完成随访观察，进入到数据搜集和评价阶段；进一步尝试"子宫内膜"等新项目产业化的可行性；"3D打印生物骨修复材料"和"齿科修复材料"等项目均开展了"小样试制"等相关阶段性工作。在仿生结构人工移植物领域，山东隽秀生物科技股份有限公司研发的仿生人工神经移植物在临床研究中表现出了优异的神经修复效果，处于国际领先水平。该公司的"脱细胞基质周围神经修复膜"产品于2019年5月获得了由国家药品监督管理局颁发的第三类医疗器械的"中华人民共和国医疗器械注册证"。

4. 齿科材料

山东省是国内牙科材料重要的生产基地,在义齿和人工种植牙领域处于国内领先地位,拥有山东国瓷功能材料股份有限公司、威海威高洁丽康生物材料有限公司等行业龙头企业。山东国瓷功能材料股份有限公司作为国内最大的齿科用全系列氧化锆材料生产厂家,拥有纳米级复合氧化锆陶瓷材料、瓷块、修复体等系列牙科相关产品,并借助数字化口腔业务打通了从材料到终端、从产品到服务的牙科医美一体化服务产业链。国瓷纳米级复合氧化锆陶瓷材料的产能为 2 500 吨/年,占义齿国内市场的份额达 65%,占全球的份额约为 30%,是国内外知名牙科材料巨头的主要材料供应商之一。山东沪鸽口腔材料股份有限公司的合成树脂牙在国内外享有较高的声誉,其合成树脂牙、弹性体印模材料、光固化模型材料的销售额已连续多年稳居国内占有率第一名。威海威高洁丽康生物材料有限公司在人工种植牙领域综合实力位于国产企业前列。山东迈尔医疗科技有限公司是大型数字化义齿加工企业,致力于 3D 打印、口内扫描、CAD/CAM(计算机辅助设计/计算机辅助制造)等尖端数字化技术的研发与应用。

5. 血液透析材料

血液透析材料主要有聚砜、中空纤维膜等。威海威高血液净化制品有限公司是国内空心纤维透析器产业的龙头企业,主要采用进口组装的形式进行生产。山东浩然特塑股份有限公司正在建设的年产 3 000 吨聚砜系列产品项目中规划了年产 1 000 吨血液透析膜用双酚-A 型聚砜的生产。威海帕斯砜新材料有限公司拥有制造“血透膜”等级的聚砜医用型材料核心技术。

6. 低值医用耗材

山东省在输液器、注射器、PVC 手套等中低值医用耗材领域一直以来都是全国重要的生产基地。山东威高集团医用高分子制品股份有限公司是国内低值医用耗材产业龙头企业,在医用卫生材料及敷料、注射穿刺、医用高分子材料、麻醉耗材、手术室耗材等低值医用耗材领域具有较高的竞争力,2019 年临床护理板块实现营业收入 42.56 亿元、药品包装板块实现营业收入 12.81 亿元。蓝帆医疗股份有限公司是全球 PVC 健康防护手套行业龙头企业,PVC 健康防护手套年产销量及市场占有率均为全球第一,2019 年健康防护手套产品实现营业收入 16.78 亿元,其母公司蓝帆集团及其下属企业可部分供应公司生产所需的主要原材料,使公司拥有产业链配套优势。山东新华医疗器械股份有限公司是国内重要的手术室耗材生产企业。山东英科医疗制品有限公司位于医用耗材出口企业前列。山东侨牌集团有限公司是全国同行业最大的 6 家一次性无菌医疗器械生产企业之一。山东利尔康医疗科技股份有限公司是国内重要的医用消毒产品制造商,也是国内较早的医院感染控制系统解决方案制造商。山东永聚医药科技有限公司年产输液用非 PVC 多层共挤复合膜 3 000 万平方米,产品质量达到了国际先进水平。山东百多安医疗器械股份有限公司在医用高分子材料领域尤其是医用硅橡胶的研发和制造技术达到了国际先进水平,在医用硅胶导管抗菌超滑表面改性技术上填补了国内空白,其经外周插入中心静脉导管的抗断裂、瓣膜导电等性能已经处于国际领跑地位。山东省药用玻璃股份有限公司、山东力诺特种玻璃股份有限公司等在医药包装玻璃领域具有较高的市场占有率,其中山东省药用玻璃股份有限公司已步入全球行业第一梯队阵营并成为全球前三强,

2019 年实现营业收入 29.92 亿元。

7.其他医用耗材

山东百多安医疗器械股份有限公司、山东大正医疗器械有限公司、威海世创医疗科技有限公司在脑室-腹腔引流管系统和脑脊液引流管系统用引流材料领域具有较高的核心竞争力。山东大正医疗器械有限公司的一次颅脑外引流器在国内市场的占有率超过了 20%。威高集团全资子公司山东维心医疗器械有限公司在以胆道支架、食道支架等产品为主体用于治疗消化道等非血管疾病的介入器械领域具有较高的竞争力。同时,山东省在医用高分子原材料、全生物降解聚乳酸改性新材料、高分子合成可吸收缝合线、封合医用胶、透明质酸、海洋生物医用材料、医用透析膜、体外诊断产品等领域也取得了较大的突破和发展。

三、稀土功能材料

(一)产业概况

稀土元素被称为"工业维生素",稀土功能材料是指利用镧系元素以及钪和钇共 17 种元素的独特结构和特性开发出来的一系列具备优异性能的材料。按照应用分类,稀土功能材料可分为稀土磁性材料、稀土抛光材料、稀土光功能材料、稀土催化材料、稀土储氢材料、稀土基础材料等。该类材料现已被广泛应用于新一代信息技术、新能源、轨道交通、航空航天、石油化工、军工等领域,是发展高新技术和国防军工不可或缺的关键战略材料。

在稀土原材料方面,中国是全球稀土资源储量最为丰富、品种最为齐全的国家,产销量位居世界第一。在稀土功能材料方面,中国已确立了稀土永磁材料、发光功能材料等产业规模世界第一的地位。在钕铁硼永磁材料、LED 荧光粉、裂化催化剂等领域发展迅速,主要产品性能已达到国际先进水平,成为全球稀土功能材料科技和产业发展中心。但是在高端稀土功能材料领域,中国和日本、美国、欧洲等发达国家和地区还存在一定差距。

(二)山东省产业发展情况

山东省稀土功能材料产业基础较好,已形成了"稀土原料—冶炼分离—废料回收—稀土功能材料"等比较完整的稀土产业链,在稀土磁性材料、稀土抛光材料、稀土催化材料、稀土光功能材料、稀土储氢材料等稀土功能材料领域已走在全国前列。拥有山东钢研中铝稀土科技有限公司、淄博包钢灵芝稀土高科技股份有限公司、淄博加华新材料资源有限公司、山东中凯稀土材料有限公司、烟台正海磁性材料股份有限公司、烟台首钢磁性材料股份有限公司、微山钢研新材料有限公司等一批行业龙头和重点企业。2019 年,山东省稀土功能材料龙头骨干企业产值约为 70 亿元。在区域分布方面,山东省稀土功能材料相关产业主要分布在淄博、济宁、烟台、东营等地区。其中,淄博地区是山东省稀土功能材料主要生产基地,也是全国重要的稀土深加工基地;济宁地区的微山郗山稀土矿是全国三大轻稀土产地之一;烟台地区是山东省稀土永磁材料和稀土功能发光材料主要生产基地;东营地区于 2019 年 8 月 9 日举行了国家级稀土催化研究院揭牌仪式。

1.稀土磁性材料

山东省烧结钕铁硼永磁材料产业拥有烟台正海磁性材料股份有限公司、烟台首钢磁性材料股份有限公司两大龙头企业,产能均居全国前五位。2019 年,全省钕铁硼实际产量超过 18 000 吨，占全国总产量的 10% 以上。其中，烟台正海磁性材料股份有限公司是国内烧结钕铁硼永磁材料产业领军企业，生产能力达 7 000 吨/年，是国内节能环保和新能源领域高性能钕铁硼永磁材料主要供应商。建设有钕铁硼磁性材料及表面处理技术国家地方联合工程研究中心等科技研发平台，多个成果填补了国内空白，技术水平达到了国内领先、国际先进水平。烟台首钢磁性材料股份有限公司是国内磁性材料行业唯一由国家发展计划委员会批准并通过验收的“高性能烧结钕铁硼永磁材料——国家高技术产业化示范工程”实施单位，率先从包头稀土研究院引进低氧工艺(LOP)，是国内 LOP 的技术领军企业。

2. 稀土抛光材料

山东省是全国重要的稀土抛光材料生产基地，2019 年山东省稀土抛光粉的产量超过 15 000 吨，占全国总产量的 40% 以上。淄博包钢灵芝稀土高科技股份有限公司、山东鑫方园新材料科技有限公司两大龙头企业，稀土抛光粉的产能分别为 10 000 吨/年和 9 000 吨/年，分别居国内第一位和第二位，2019 年实际产量分别为 7 671 吨和 7 061 吨。同时，山东省还拥有山东中凯稀土材料有限公司(产能为 5 000 吨/年)、山东麦丰新材料科技股份有限公司、烟台市高阁抛光材料有限公司(蓬莱市有色金属材料总厂)、蓬莱市北沟镇下朱泮福利化工厂等行业知名企业。

3. 稀土催化材料

机动车尾气净化催化剂主要用于汽油车、柴油车等尾气净化，其核心组件由陶瓷蜂窝载体、具备催化活性的贵金属和稀土催化材料组成。山东省在国内机动车尾气净化稀土催化材料行业占有重要地位，拥有淄博加华新材料资源有限公司(外资控股)、威海佰德信新材料有限公司(美国太平洋工业发展有限公司独资)等稀土催化材料重点企业。淄博加华新材料资源有限公司是国内外重要的稀土应用及深加工产品研发制造基地，是世界单体产量最大的汽车尾气载体催化材料生产企业，深加工稀土富集物和汽车尾气催化材料的处理能力达 8 500 吨/年，技术水平居国际领先。威海佰德信新材料有限公司同类催化剂产量位居国内第五。另外，山东国瓷功能材料股份有限公司和山东奥福环保科技股份有限公司的陶瓷蜂窝载体的产销量居全国前三位。2019 年，山东国瓷功能材料股份有限公司作为全球唯一一家能够为客户提供除贵金属外全系列催化材料解决方案的供应商，已成功实现 GPF(汽油机颗粒捕集器)、薄壁 TWC(三元催化转换器)和 SCR(选择性催化还原技术)等产品的技术突破，相关产品陆续进入下游企业的样品验证和量产供货阶段，尾气催化用铈锆固溶体已开始小批量销售。稀土脱销催化剂是近年发展起来的一类新型催化剂，具有广泛的应用前景。山东天璨环保科技有限公司与中国北方稀土(集团)高科技有限责任公司合作，建设了年产 5 万立方米稀土基 SCR 烟气脱硝催化剂生产基地。

4. 稀土光功能材料

山东省是国内半导体照明产业发展最快的地区之一，也是国内外白色 LED 荧光粉的重要生产基地之一。烟台希尔德新材料有限公司是国内白色 LED 荧光粉龙头企业，是世界竞争力排名第三的 LED 荧光粉供应商，在国内市场的占有率达 28% 以上，并打破了行业一直以来被日本和美国两大厂商垄断的市场格局，首次实现了国内全系列 LED 荧光粉的批量稳定性生产，产品技术达到了国际先进水平，局部指标达到了世界领先水平。山东中凯稀土材料有限公司自主研发的农膜转光粉填补了国内技术空白，可有效促进植物快速生产、早熟和增产。

5. 稀土储氢材料

微山钢研稀土材料有限公司是山东省唯一一家稀土储氢材料生产企业，其主要产品为 AB5 型稀土储氢材料，主要被应用于镍氢电池等领域。微山钢研稀土材料有限公司已建成年产 1 000 吨稀土储氢材料生产线，产品性能达到了国际先进水平，在国内市场的占有率约为 10%，位居全国第五。

四、新一代光电信息材料

（一）产业概况

新一代光电信息材料是指具备信息产生、发射、传输、接受、处理、储存和显示等功能的材料，主要包括先进半导体材料、新型显示材料、电子陶瓷材料等，用于制作集成电路、通信电路、光电子器件、电力电子器件等，被广泛应用于国民经济、国防安全、社会民生等领域，是国际社会科技竞争的焦点之一。

近年来，国内新一代光电信息材料技术水平和产业规模不断提升，在以非线性光学晶体、激光晶体等为代表的人工晶体领域处于国际领先地位，在单晶硅衬底材料、第三代半导体碳化硅衬底材料、溅射靶材、封装材料、液晶材料、压电陶瓷等领域与世界领先水平的差距不断缩小，在 CMP（化学机械抛光）材料、光刻胶、湿电子化学品、电子级特种气体等领域已取得突破，发展速度不断加快。在先进半导体材料市场方面，2019 年全球半导体材料市场的营业收入为 521 亿美元。中国大陆地区的营业收入达 88.6 亿美元，是全球唯一出现营业收入增长的材料市场。中国台湾地区已连续十年蝉联全球最大半导体材料消费地区[源自 SEMI（国际半导体产业协会）]。虽然中国新一代光电信息材料发展速度较快，但由于产业整体起步较晚，因此在技术水平上与美国、日本、法国、德国、比利时等国仍存在一定差距。

（二）山东省产业发展情况

山东省在第三代半导体碳化硅、覆铜板、金属引线框架、键合丝、人工晶体、激光二极管（LD）外延材料、多层陶瓷电容器（MLCC）用材料、液晶材料等领域具有较好的产业基础。近年来，山东省新一代光电信息材料产业发展速度不断加快，但从产业整体来看，与广东、江苏等省份仍存在一定差距。在区域分布方面，山东省新一代光电信息材料在济南、潍坊、淄博、东营、德州、青岛、烟台等地区均有分布。济南地区是山东省乃至全国重要的人工晶体材料生产基地。

1. 先进半导体材料

先进半导体产业链主要包含晶圆制备、芯片制造、封装等环节，涉及衬底材料、CMP 材料、光掩模板、光刻胶、湿电子化学品、溅射靶材、封装材料等关键材料。

山东省第三代半导体衬底材料行业发展速度较快，拥有行业龙头企业——山东天岳先进材料科技有限公司，行业整体处于国内领先、国际先进水平。在第三代半导体碳化硅衬底材料方面，山东天岳先进材料科技有限公司是全球第四家可批量供应 4H-SiC（碳化硅)衬底产品的企业,拥有 4～6 英寸(1 英寸=25.4 毫米)碳化硅半绝缘型和 N 型碳化硅衬底核心技术,产品批量供应国内外企业,达到了国际先进水平。其中,高纯半绝缘衬底全球只有美国 CREE 和山东天岳先进材料科技有限公司可以批量稳定供货。济南市槐荫区以山东天岳先进材料科技有限公司的"宽禁带功率半导体产业链项目"为核心打造的济南宽禁带半导体产业小镇,带动形成了以宽禁带半导体的电力电子、微波电子、大功率半导体照明生产、应用系统为核心的产业集聚区。在第三代半导体氮化镓(GaN)衬底材料方面,山东科恒晶体材料科技有限公司拥有自支撑 GaN 单晶衬底、2 英寸直径蓝宝石衬底外延 GaN 厚膜等核心技术;聚能晶源(青岛)半导体材料有限公司掌握的 8 英寸 GaN-on-Si(碳化硅基氮化镓)与 6 英寸 GaN-on-SiC 外延材料技术,达到了国际领先水平,规划产能为 2 万片/年。

单晶硅衬底材料。山东省单晶硅衬底材料产业已具备"跳跃式"发展基础。2018 年,国内半导体单晶硅龙头企业——有研科技集团有限公司的"集成电路用大尺寸硅材料规模化生产项目"落户山东省德州市,项目建成后将具备年产 276 万片 8 英寸硅片、180 万片 6 英寸硅片、300 吨 12～18 英寸半导体单晶硅的能力。有研科技集团有限公司是国内最早从事半导体硅材料研发的单位,在国内率先完成了 6 英寸和 8 英寸硅片的科研攻关任务,解决了 6 英寸和 8 英寸硅片领域的"卡脖子"难题,建成了国内第一条 12 英寸硅片中试生产线,率先产出 12 英寸硅片。另外,山东科芯电子有限公司具备 3～4 寸单晶硅 N 型轻掺硅片、3～4 寸单晶硅 N/P 型重掺硅片生产能力。

光刻胶材料。光刻胶是国际技术门槛最高的微电子化学品之一。半导体市场上主要的光刻胶有 g 线、i 线、KrF 线和 ArF 线四类,其中,g 线、i 线是市场上用量最大的光刻胶。目前,我国光刻胶国产化水平严重落后,与国外先进技术存在较大差距。我国有超过 10 家光刻胶企业,但产品能够批量进入集成电路的企业只有 3 家,分别是北京科华微电子材料有限公司、苏州瑞红电子化学品有限公司和潍坊星泰克微电子材料有限公司。潍坊星泰克微电子材料有限公司的主要产品包括高端 g 线正胶、负胶,i 线正胶、负胶,反转(lift-off)负胶和 LED 专用圆形衬底 (PSS) 正胶等 20 多种光刻胶及相关的配套试剂,被广泛应用于 IC(集成电路)、TP(触摸屏)、LED(发光二极管)、LCD(液晶显示器)、分立器件等电子行业。在光刻胶用材料方面,济南圣泉集团股份有限公司的光刻胶用线性酚醛树脂填补了多项国内空白,打破了国内电子材料树脂完全依赖进口的局面。

湿电子化学品。山东省在湿电子化学品领域虽然具备一定基础,但整体实力较弱。滨化集团股份有限公司已具备年产 6 000 吨电子级 UPSSS 级别(金属离子含量< 10 ppt)氢氟酸的生产能力,技术水平已达国内一流,成功进入了韩国半导体市场。滨州裕能化工有限公司在超净高纯 N-甲基吡咯烷酮(NMP)研发领域处于国内领先水平,具备年产 5 万吨 NMP 的生产能力。

其他材料。山东伟基炭科技有限公司的半导体单晶硅生长所需的石墨加热器、石墨毡保温材料等产品已在有研科技集团有限公司应用。在覆铜板方面,山东金鼎电子材料有限公司、山东金宝电子股份有限公司等均具有高性能覆铜板批量化生产能力。其中,山东金宝电子股份有限公司的电解铜箔和覆铜板的市场占有率均为国内前十。在封装材料方面,烟台万隆真空冶金股份有限公司、烟台一诺电子材料有限公司、山东鲁鑫贵金属有限公司、山东科大鼎新电子科技有限公司等的键合线已实现批量生产。

另外，在淄博市临淄区规划设立的集成电路材料产业园，是目前国内首个以第三代半导体材料的研发及生产，磁功能材料、芯片及智能制造核心部件的生产为主体的集成电路材料产业基地，产品品级达到国内最强、国际领先水平，为淄博工业加快转型升级、推动新旧动能转换打造新引擎。

2. 新型显示材料

新型显示材料主要包括液晶材料、显示基板材料、偏光片材料、OLED（有机发光二极管）材料、激光二极管（LD）外延材料等。产业链主要包括上游基础材料和零部件、中游面板及模具制造、下游终端应用三部分，其中，上游核心材料和零部件是整个产业发展最关键的环节。

液晶材料是指在一定温度下既有液体流动性又有晶体各向异性的一类有机化合物，是影响液晶面板质量性能的关键材料。山东省液晶材料产业拥有行业龙头企业——中节能万润股份有限公司、烟台显华化工科技有限公司、山东盛华新材料科技股份有限公司等重点企业，具有一定的产业基础、集中度和较大的发展潜力。中节能万润股份有限公司是全球领先的高端液晶单体材料和中间体材料供应商，其高端 TFT（薄膜晶体管驱动液晶显示）液晶单体材料的销量占全球市场份额的 15% 以上，是全球主要的高端 TFT 液晶单体材料生产商之一。2019 年，该公司实现营业收入 28.7 亿元。烟台显华化工科技有限公司是山东省唯一一家混合液晶材料生产企业，是全球最大的液晶中间体和单色混合液晶供应商之一，2019 年实现单色混合液晶销售 26.65 吨，约占全球市场需求量的 40%。

OLED 材料。中节能万润股份有限公司是 OLED 成品材料、升华前单体材料和中间材料领域国内领先企业，在全球该领域占有重要地位。其子公司烟台九目化学股份有限公司为国内 OLED 材料领域领军企业，2019 年该公司 OLED 上游材料产量为 45 吨，居国内企业首位。烟台显华化工科技有限公司在空穴传输、光提取等 OLED 终端材料方面取得了技术突破，具备 OLED 材料全产业链产品的生产能力。

3. 人工晶体材料

用人工方法生长出的晶体称为“人工晶体”，主要包括激光晶体、非线性光学晶体、闪烁晶体、压电晶体、衬底和光学窗口晶体等五大类。我国在人工晶体的研发和产业化方面处于世界前列，具有一定的国际影响力。山东省有着良好的人工晶体材料发展基础，拥有处于人工晶体材料研究领先地位的山东大学晶体材料研究所，培育出了山东大正晶体有限公司、山东华光光电子股份有限公司、山东天岳先进材料科技有限公司、青岛镭视光电科技有限公司等行业重点企业。

激光晶体。山东华光光电子股份有限公司是半导体激光器专业生产商，是国内首家、生产规模最大的半导体激光器外延材料生长、芯片设计制造以及器件封装的企业，技术水平处于国际领先地位，中小功率半导体激光器连续 15 年产销量居国内前列。青岛镭视光电科技有限公司开发了多种以自倍频晶体材料、光电子材料等新型材料为核心的激光模组产品，拥有硼酸钙氧钆（Nd:GCOB）晶体、自倍频激光晶体硼酸钙氧钆铵（Nd:GdCOB）绿光激光器、自倍频全固态黄光激光器等核心技术。

非线性光学晶体。青岛海泰光电技术有限公司和山东大正晶体有限公司的 KTP（磷酸钛氧钾)晶体生产规模居国内前列，被广泛应用于胶合晶体、OPO(光参量振荡器)和SHG(倍频效应)等领域。青岛海泰光电技术有限公司和山东大正晶体有限公司在国内光参量振荡领域的市场占有率分别为50%和30%，在倍频领域的市场占有率均为35%。DKDP(磷酸二氘钾)晶体具有电光系数高的特点，被广泛应用于各种激光器的电光Q开关、普克尔盒等领域。济南地区是国内主要的DKDP晶体生长基地。山东省以济南智和弘盛光电科技有限公司、济南晶众光电科技有限公司、青岛海泰光电技术有限公司等为代表的DKDP晶体生产企业占据着较大的国内市场份额。

压电晶体、衬底和光学窗口晶体等材料。济南晶正电子科技有限公司拥有纳微米级厚度光电、压电单晶薄膜材料的研发和生产能力，在国际上率先开发出并产业化厚度为300～900纳米的铌酸锂单晶薄膜材料产品。山东本源晶体科技有限公司拥有多种特种压电材料配方、适用于极端环境下的压电振动传感器制造及短波成像等核心技术。山东新升光电科技有限责任公司拥有大尺寸、高质量工业蓝宝石晶体生产能力。青岛鑫嘉星电子科技股份有限公司、元鸿(山东)光电材料有限公司(台资)等是蓝宝石LED衬底材料领域知名企业。

4.电子陶瓷材料

电子陶瓷是指广泛应用于电子信息领域中的具有独特的电学、光学、磁学等性质的一类新型陶瓷材料，主要包括介电陶瓷、压电陶瓷、铁电陶瓷、绝缘陶瓷、热释电陶瓷等。产业链主要包括上游电子陶瓷粉体、中游电子陶瓷材料及元器件和下游应用。

电介质陶瓷材料由钛酸钡及添加剂构成，其中钛酸钡粉体占到配方粉的95%以上。山东国瓷功能材料股份有限公司是全球第二家水热法生产纳米钛酸钡的企业，是全球最大的MLCC用电子陶瓷材料生产厂家，拥有年产MLCC用钛酸钡基础粉及介质材料10 000吨的生产能力。在压电陶瓷方面，淄博宇海电子陶瓷有限公司是国内大功率压电陶瓷和无铅压电陶瓷的主要生产企业，为我国人造地球卫星发射、海上第一条等浮电缆研制、海上运载火箭发射、第一颗人造通信卫星发射等重点工程提供了优质的配套产品。

5.其他

春光科技集团有限公司是国内品种最全的锰锌铁氧体电子材料制造商，其中磁性材料粉料突破了4.5万吨，市场占有率达15%，2019年实现销售额5.5亿元，已发展成为全球排名前三的锰锌铁氧体电子材料制造商。其高磁导率特性锰锌铁氧体材料，具有较高的磁导率和平滑的磁导率温度曲线，被广泛应用于通信网络宽带接入等领域。天诺光电材料股份有限公司是国内最大的软体电磁屏蔽材料生产制造商，主要产品有各类软体电磁屏蔽材料、吸波材料、JGYS材料、FDYS材料、多频段WZYS材料等。该公司在电磁兼容、WZYS、模拟仿真、FDYS材料等技术领域处于国内领先水平，拥有国际领先、国内独家的新型软体膜功能材料生产技术，该材料的市场占有率居行业首位；研制的5G通信材料已被成功应用于手机和基站，突破了陶氏化学、3M等国外企业对中国通信行业在5G关键材料方面的制约，成为小米等国内知名通信企业的合格供方。

五、新能源材料

（一）产业概况

新能源材料是指新近发展的或正在研发的促进非化石能源生产和应用的材料，包括锂离子电池材料、燃料电池材料、太阳能电池材料等。

目前，全球锂离子电池产业主要集中在中国、日本和韩国，受益于新能源汽车行业景气和环保需求带动，2019 年中国动力电池的出货量为 7.1 亿千瓦时，同比增长 9.4%。中国锂电池隔膜的出货量仍然保持快速增长的态势，全年出货 27.4 亿平方米，同比增长 35.6%。在氢燃料电池方面，日本、美国、欧洲的氢能产业发展处于领先地位，燃料电池的研发水平全球领先。日本燃料电池的出货量和装机规模占全球市场份额的 60% 以上；美国燃料电池汽车增速快，已经制定零排放目标，氢气管道里程超过 2 600 千米；欧洲除了重视燃料电池汽车外，在可再生能源制氢、天然气管道掺氢、加氢站布局等方面的探索也值得借鉴。我国氢能产业起步相对较晚，氢能产业发展所需的氢能新材料整体水平与美国、日本和欧洲等发达国家或地区相比，仍存在较大差距。

（二）山东省产业发展情况

1. 锂离子电池产业

锂离子电池产业包括集流体材料、正极材料、负极材料、电解液材料、隔膜材料等上游产业链以及锂离子电池生产和应用的下游产业链。山东省拥有雄厚的化工产业和有色金属产业基础，为锂电材料的发展提供了有效的支撑，已发展出青岛乾运高科新材料股份有限公司等正极材料生产企业，中材锂膜有限公司等隔膜材料生产企业，山东海容电源材料有限公司等电解液生产企业，山东德利铝业科技有限公司、山东天和压延铜箔有限公司等正负极集流体生产企业，青岛石墨材料集聚区等负极材料生产基地以及山东玉皇新能源科技有限公司、山东威能环保电源有限公司等 20 余家下游电池生产企业。

集流体材料。锂离子电池集流体主要包括以铝箔为代表的正极集流体材料和以铜箔为代表的负极集流体材料。在正极集流体材料方面，山东南山铝业股份有限公司已批量供货 15 微米铝箔产品，正在开发 10 微米铝箔产品，产品的综合性能指标超过了韩国、日本的同类产品，并率先实现了产业化，填补了国内空白，达到了国际先进水平；山东德利铝业科技有限公司主要开发厚度为 15 微米的高端电池箔，具备年产 5 000 吨的生产能力。在负极集流体方面，山东天和压延铜箔有限公司主要生产锂电箔等高精电子压延铜箔，是我国第一家新能源汽车锂离子电池用高精电子压延铜箔的专业化研发和生产企业，其研发和生产的厚度为 6 微米的合金铜箔，已供宁德新能源科技有限公司试用于研发续航能力在 600 千米以上的新能源汽车锂离子电池新产品，打破了外国垄断，填补了国内空白；威海海鑫新材料有限公司的高档双零铝箔项目，总投资 7 000 万美元，引入了德国阿亨巴赫公司的铝箔生产线，主要生产新能源动力电池箔。

正极材料。正极材料主要包括钴酸锂、锰酸锂、磷酸铁锂、三元材料等。青岛乾运高科新材料股份有限公司拥有年产 11 000 吨锂电池正极材料的生产规模，其中，锰酸锂的设计产能为 8 000 吨/年，三元材料的设计产能为 1 500 吨/年。其中，锰酸锂的产销量连续三年进入全国第一梯队,三元材料的产能位居国内前列。青岛昊鑫新能源科技有限公司是国内目前能够实现石墨烯导电剂规模化生产和销售的少数企业之一,其石墨烯导电剂可作为正极材料导电添加剂,用来改善电极材料的导电性能,提高其倍率性能和循环寿命。山东鲁北企业集团总公司正在创建中国锂电池新材料基地,2019 年 7 月 8 日,其子公司山东鑫动能锂电科技有限公司锂电材料项目一期工程投产,产能为 5 000 吨/年磷酸铁锂正极材料联产 5 000 吨/年磷酸铁。山东丰元化学股份有限公司目前正在实施总投资 12 亿元、年产 2.5 万吨锂电池正极材料项目,该项目由年产 1 万吨磷酸铁锂项目、年产 5 000 吨锂电池三元正极材料项目和年产 1 万吨高镍三元正极材料项目组成。滨州裕能化工有限公司生产的 N-甲基吡咯烷酮(NMP)是制备锂离子电池正极材料、黏结剂的优良有机溶剂。该公司现已建成年产 3 万吨合成 N-甲基吡咯烷酮和年产 3 万吨再生 N-甲基吡咯烷酮的生产装置。另外,烟台卓能电池材料股份有限公司(磷酸铁锂)、久兆新能源科技股份有限公司(磷酸铁锂)、山东精工电子科技有限公司(磷酸铁锂)、肥城正华新材料有限公司(磷酸铁锂)、青岛新正锂业有限公司(改性尖晶石锰酸锂、镍钴锰酸锂)、青岛华冠恒远锂电科技有限公司(锰酸锂)、北大先行泰安科技产业有限公司(钴酸锂、镍钴锰三元材料)、济宁市无界科技有限公司(镍钴锰三元材料、改性锰酸锂)、山东友邦科思茂新材料有限公司(钴酸锂、三元材料)等均拥有锂离子电池正极材料的生产能力。

负极材料。负极材料主要包括人工石墨、天然石墨、中间相碳微球、针状焦等碳负极材料和碳纳米管、纳米合金材料等纳米级负极材料。青岛地区是山东省重要的石墨材料集聚区,依托石墨矿资源优势,已培育了青岛昊鑫新能源科技有限公司等一批锂电池电极材料生产企业。青岛昊鑫新能源科技有限公司拥有从石墨矿开采到最终产品的全套现代化工艺和设备,年产天然石墨负极材料 8 000 吨、人造石墨负极材料 5 000 吨、碳纳米管 500 吨、石墨烯 500 吨。青岛龙迪碳材料科技有限公司的石墨负极材料产能达 3 600 吨/年。莱西南墅镇国家级"碳谷"产业示范基地的 10 万吨石墨纯化和 2 万吨负极材料洛唯纯化石墨生产项目将于 2020 年 6 月建成投产,达产后将定向供应贝特瑞新能源股份有限公司。山东八三石墨新材料厂的负极材料石墨微球年加工能力达 2 000 吨,已与上海杉杉科技有限公司、江西紫宸科技有限公司等建立了长期合作关系。青岛金汇石墨有限公司正在建设年产 10 000 吨的球形石墨项目,目前已形成产能 4 000 吨。在针状焦材料方面,山东京阳科技股份有限公司拥有 10 万吨/年针状焦联合装置,以重芳烃为原料,采用先进的加工工艺,生产出了高附加值的针状焦,可完全替代进口的针状焦产品。枣庄振兴炭材料科技有限公司高功率电极材料一期 4 万吨/年超高功率电极材料项目已投产,二期 8 万吨/年超高功率电极材料项目预计 2021 年 6 月建成,项目建成后将形成针状焦产能 12 万吨/年。另外,山东大展纳米材料有限公司建设有千吨级的纳米材料及其应用生产线,实现了碳纳米管的连续化生产。

电解液材料。锂电池电解液主要由高纯度的有机溶剂、电解质锂盐、添加剂等原料组成。在电解液材料方面,山东海容电源材料股份有限公司的电解液产能为 15 000 吨/年,生产能力占国内总产能的 8% 左右。山东金光高科新材料有限公司拥有 800 吨/年的锂电池电解液生产能力。在电解液用有机溶剂方面,山东石大胜华化工集团股份有限公司是全国规模较大、在国际上有较高知名度的锂电池电解液溶剂供应商,溶剂的市场份额占全球市场份额的40%,拥有庞大的战略合作客户群,通过电池企业为特斯拉、比亚迪、宝马(BMW)、奔驰(Benz)等全球知名新能源车企提供最基础的能源材料。该公司是目前国内唯一双基地碳酸二甲酯(DMC)生产供应商(东营、济宁),2019 年实现营业收入 46.4 亿元。另外,山东利兴化工有限公司、临沂长青化工有限公司、山东鲁化森萱新材料有限公司、山东驰润化工贸易有限公司、巨野众悦香料有限公司、山东松盛新材料有限公司均具有电解液溶剂供应能力。在电解液用电解质锂盐方面,滨化集团股份有限公司拥有年产六氟磷酸锂 1 000 吨的生产能力。在电解液用添加剂方面,荣成青木高新材料股份有限公司、山东永浩新材料科技有限公司、淄博天堂山化工有限公司等企业具有电解液添加剂生产能力。

隔膜材料。中材锂膜有限公司采用先进的湿法双向同步拉伸工艺制备高性能微孔隔膜,主要生产 5～20 微米湿法双向同步拉伸隔膜及各类涂覆隔膜,拥有锂电池隔膜一期项目 4 条年产 6 000 万平方米生产线,并投资 15.5 亿元启动二期“年产 4.08 亿平方米动力锂电池隔膜生产线”。另外,青岛中科华联新材料股份有限公司、山东汇通隔膜有限公司、烟台莱州联友金浩新型材料有限公司等均拥有隔膜材料的批量生产能力。

2. 氢能新材料产业

氢能新材料产业链条涉及的产品主要包括碳纤维、铝合金内胆、加氢站配套压缩机、高压软管等上游储氢材料,质子交换膜、石墨双极板、催化剂等中游电堆材料,整车、备用电源等下游应用。山东省在质子交换膜、储氢材料(碳纤维)、石墨材料(双极板用)方面具有很好的产业基础,具备了加快发展的条件,在催化剂、气体扩散层用材料(炭纸)、密封剂、固态储氢材料等方面尚处于起步阶段,需要进一步提高自主化研发力度,完善产业链布局,提高核心竞争力。

储氢装备用材料。氢气储运是保证氢能产业链快速运转的重要环节,主要涉及气态储氢、液态储氢、固态储氢等装备。山东省在高压储罐用高性能碳纤维(T700S 和 T800S)、铝合金内胆,以及高压储氢瓶/罐、液氢储罐和固态储氢材料等高压储氢装备用材料领域具有较好的发展基础。威海光威复合材料股份有限公司的 TZ700S、TZ800S 碳纤维的力学性能指标已经达到日本东丽相应牌号碳纤维的水平,其高压储氢罐用高性能碳纤维材料已经处于厂商送样阶段。山东奥扬新能源科技股份有限公司 35 兆帕铝合金内胆碳纤维全缠绕气瓶(Ⅲ型)已实现批量生产,并已具备 70 兆帕铝合金内胆碳纤维全缠绕气瓶(Ⅲ型)的生产技术。山东南山铝业股份有限公司、山东魏桥铝电有限公司等铝合金深加工企业拥有良好的铝合金内胆制备基础。微山钢研稀土材料有限公司具有较强的固态储氢材料研发实力。山东中材大力专用汽车制造有限公司在大型高压储氢罐、液氢储罐制备方面具有较大的发展潜力。

氢燃料电池用材料。氢燃料电池主要包括质子交换膜、气体扩散层、催化剂、双极板和其他材料。质子交换膜是质子交换膜燃料电池(PEMFC)的核心关键材料,是我国发展氢能产业必须掌握的核心技术。山东省在质子交换膜产业领域具有较好的发展优势,拥有目前国内质子交换膜技术和商业化水平最高的企业——山东东岳集团。东岳集团的燃料电池质子膜 DMR 系列产品已实现量产和一定的商业化应用,并进入奔驰汽车等知名车企的供应链。东岳集团的质子交换膜产品包括长支链全氟磺酸膜、短支链全氟磺酸膜、复合膜等。在性能方面，与戈尔公司等国际龙头企业的差距较小；在寿命方面，已通过了奔驰公司的寿命评价，短堆寿命超过 6 000 小时。在催化剂领域，山东省的燃料电池催化剂还处于起步阶段，仅山东大学、济南大学、青岛大学等高校在催化剂领域具有一定的技术储备。在气体扩散层用材料（炭纸）领域，凭借碳纤维产业优势，炭纸产业具有较好的发展潜力。在双极板领域，山东伟基炭科技有限公司生产的石墨双极板性能已接近国外同类产品。青岛岩海碳材料有限公司采用模压双极板工艺，已经小批量研发出样品并用于评测。

六、高端装备用特种合金

（一）产业概况

高端装备用特种合金是指具有高强度、高韧性和耐高温、抗腐蚀等性能，可用于主承力结构、主功能结构的金属材料，包括高强高韧铝合金、高强高导铜合金、高强度钢、高损伤容限钛合金等。高端装备制造业是衡量一个国家工业先进水平的重要标志，目前我国高端装备业核心竞争力不强，进口依赖较严重。高端装备用特种合金是提升装备制造水平的核心因素，突破高端装备用特种合金技术是实现高端装备制造业高速发展急需解决的问题。近年来，由于积极的政策支持和产业战略发展需求，我国高端装备用特种合金产业保持着较快的发展速度，已涌现出北京钢研高纳科技股份有限公司、永兴特种材料科技股份有限公司、山东南山铝业股份有限公司等一批具备国际水平的高端装备用特种合金生产企业，并取得了较多成绩。

（二）山东省产业发展情况

山东省高端装备用特种合金产业初具规模，在海洋工程用钢、轨道交通用钢、核电装备用特种合金、航空航天用高性能铝合金等领域具有较大优势，拥有西王特钢有限公司、山东南山铝业股份有限公司、烟台台海玛努尔核电设备股份有限公司、烟台万隆真空冶金股份有限公司、蓬莱超硬复合材料有限公司等重点企业。烟台地区是山东省高端装备用特种合金产业集聚程度较高的地区，拥有山东南山铝业股份有限公司、烟台台海玛努尔核电设备股份有限公司、烟台万隆真空冶金股份有限公司、蓬莱超硬复合材料有限公司等企业。

海洋工程用钢。山东钢铁股份有限公司莱芜分公司是国内唯一批量供应 H900～H1000 系列耐低温极限超大规格 H 型钢产品的单位。继为北极圈内的俄罗斯亚马尔 LNG 项目供应欧标系列耐低温海洋工程用钢 6 万余吨后，又将作为国内唯一钢材供货商，为俄罗斯北极 LNG2 项目提供近 4 万吨钢材。同时，承担了国家“十三五”重点研发计划“高强度、大规格、易焊接海洋工程用钢及应用”项目子课题，正在开发高强度、大规格、易焊接海洋工程用 H 型钢。西王特钢有限公司研发的高性能海洋工程用钢新材料系列已供应中国石油天然气股份有限公司宝鸡石油机械有限责任公司等企业。

轨道交通用钢。山东钢铁股份有限公司莱芜分公司开发出了世界上第一支中低速磁浮轨排用高精度热轧 F 型钢、轨枕 H 型钢，实现了原有焊接与机加工轨排用钢生产工艺的全替代，成为国内唯一中低速磁浮轨排从原材料供货到系统集成的全产业链供应商，生产的轨排系统已被成功应用于北京 S1 中低速磁浮线并顺利通车。西王特钢有限公司通过与中国科学院、中国铁道科学研究院集团有限公司等科研院所进行深入合作，成功研发了铁路货车和地铁车辆用车轴钢坯、铁路重载货车用新型集成制动梁方钢、高速重载高强度钢轨等先进轨道交通用钢，并替代了进口且独家向铁路供货近 10 种重载货车制动梁新材料。

航空航天用铝合金。山东南山铝业股份有限公司作为国内首家能够稳定批量生产航空级板材的企业，拥有先进的设备、专业的技术团队及雄厚的技术积淀。目前，我国所需航空铝合金板材以进口为主，材料国产化及自主可控是国家飞机制造业的发展趋势。2019 年，山东南山铝业股份有限公司继续深入开展国产材料替代进口工作，承担了工信部民机上下游合作机制的多项研发任务，向着全尺寸、全合金牌号的方向发展。向法国赛峰公司正式交付首批 B737 机轮，成为国内唯一能为民用航空飞机提供机轮产品的公司，向世界航空业界展示了中国企业在航空材料制造和零部件加工方面取得的最新成果。与世界知名的航空发动机制造商罗尔斯·罗伊斯(Rolls-Royce)公司合作推进轴类锻件产品认证，完成罗罗某型号盘、轴件 COSAP 检测。

核电装备用特种合金。烟台台海玛努尔核电设备股份有限公司是目前世界上唯一能够同时生产二代半堆型和三代堆型核电站一回路主管道的制造商，也是全球首先具备三代核电主管道全流程生产能力的制造商。拥有掌握 100 吨级大型不锈钢电渣钢锭冶炼工艺、核电奥氏体钢主泵泵壳整体铸造技术、四代快堆主泵奥氏体材料制造技术、四代快堆蒸发器管板锻件材料制造技术、超级双相钢大型海水循环泵叶轮铸造技术、海洋工程装备大型支撑节点制造技术、超高压容器制造技术、火电超超临界汽轮机转子材料制造技术等一系列高端材料制造技术。2019 年，该公司先后研发出了二代半主管道奥氏体铸钢材料、三代主管道 RCC-M(压水堆核岛机械设计和建造规则)、ASME(美国机械工程师协会)标准锻造材料、超级双相钢材料、低碳耐热钢材料、深海装备材料等，并在乏燃料后处理技术和乏燃料储运容器制造技术上取得了重大突破。烟台万隆真空冶金股份有限公司研制的核聚变托卡马克环向场装置用大型特种铜合金铸锻件，国内独家供应核工业西南物理研究院“HL-2M”(中国环流器二号 M)装置、新奥集团“玄龙-50”装置。目前正在承担国际热核聚变实验堆(ITER)项目用特种铜合金铸锻件的研制任务以及三代核电 AP1000、CAP1400 系列特种铜合金铸锻件的国产化任务。

超硬材料。蓬莱超硬复合材料有限公司已实现从碳化钨粉料的制备，到硬质合金辊环及复合轧辊、硬质合金工程及盾构齿、硬质合金棒材及道具三大类产品的高性能硬质合金材料全产业链建设，产品被广泛应用于长型钢材轧制、矿山隧道掘进、高精密机械加工等领域。其开发的高强高韧超细晶硬质合金刀具基体材料和超硬纳米结构梯度涂层刀具，可应用于航空航天、国防军工、汽车工业和信息产业等先进制造业中各类难加工材料和复杂工况用超硬材料的加工，替代同类进口产品，填补省内空白。其硬质合金辊环产品的产能达 1 500 吨/年，产量位居全球前列，产品在国内市场的占有率达到 40%，在全球市场的占有率达到 26%。2019 年，企业实现销售收入 4.47 亿元。山东开泰抛丸机械股份有限公司开发的抛丸器用硬质合金叶片和高耐磨钢材质机加工叶片，寿命较传统材料提高了 50% 以上，低合金金属磨料填补了省内空白。

七、先进功能陶瓷材料

(一)产业概况

先进功能陶瓷材料由于其特定的精细结构和高强度、高硬度、高耐磨性、高模量、耐腐蚀、抗热震、耐高温、导电、绝缘、磁性、透光、半导体以及压电、铁电、声光、超导、化学、生物相容等一系列优良性能,被广泛应用于国防、化工、冶金、电子、机械、航空、航天、生物医疗等国民经济的各个领域。

全球范围内先进功能陶瓷技术快速进步,应用领域不断拓宽,市场稳定增长,年平均增长率总体为6.3%,其中,亚太地区(包含日本)为7.4%,美国为4.6%,欧洲为5.2%。美国、日本、德国、法国等在先进功能陶瓷材料的研制开发及应用领域居国际领先地位,其中,日本先进功能陶瓷材料研发成果产业化效率和市场份额居于世界领先水平,美国在基础研究、部分基础技术和通用技术上处于世界领先地位,以德国、法国、英国、意大利、瑞典等为代表的欧洲各国在大型装备和特种应用等方面的先进功能陶瓷材料领域占据较高的国际市场份额。

我国在大尺寸陶瓷器件的成型、烧结技术,低成本规模化技术,陶瓷精密加工技术等领域不断打破国外的技术垄断和封锁,超、特高压支柱绝缘子,氮化硅轴承球,高性能陶瓷膜,高性能纳米氧化物陶瓷粉体,超大尺寸石英坩埚等产品已经打破国外垄断,并获得了应用。

(二)山东省产业发展情况

山东省是国内先进功能陶瓷材料重要的生产基地,具有基础陶瓷粉体、先进功能陶瓷材料及器件、下游应用完整的产业链条。高纯氧化铝粉体、高纯氮化硅粉体、碳化硅陶瓷、陶瓷膜、特种陶瓷等领域发展速度较快,在国内外享有较高声誉。山东省先进功能陶瓷材料主要分布在淄博、东营、潍坊、烟台等地区,已呈现出集群化发展态势。其中淄博地区建设有国家火炬计划淄博先进陶瓷特色产业基地,是山东省先进功能陶瓷材料重点产业集聚区。

1. 国家火炬计划淄博先进陶瓷特色产业基地

国家火炬计划淄博先进陶瓷特色产业基地拥有陶瓷粉体制备、陶瓷机械设备、先进陶瓷产品及应用、仓储贸易和展览等完整的产业链,聚集了中材高新材料股份有限公司、山东硅苑新材料科技股份有限公司、山东鹏程特种陶瓷有限公司、山东天璨环保科技有限公司、淄博华创精细陶瓷有限公司、淄博博纳科技发展有限公司等一批先进陶瓷骨干企业。基地产业特色领域突出。在陶瓷粉体、原料制备方面,山东恒世科技发展有限公司生产的氮化硅粉体材料达到了国际先进水平,在国内首先实现了规模化生产。山东工业陶瓷研究设计院有限公司是国内唯一实现量产连续氮化硼纤维的单位。淄博启明星新材料股份有限公司引进北京航空材料研究院的先进技术生产氧化锆粉体材料,产品性能达到了国内领先水平。在结构陶瓷领域,中材高新材料股份有限公司的主导产品熔融石英陶瓷辊和超、特高压耐污型棒形支柱瓷绝缘子产品以及陶瓷透波天线罩、防隔热材料,淄博华创精细陶瓷有限公司的陶瓷柱塞和缸套,山东硅元新型材料有限责任公司的微晶陶瓷耐磨脱水元件和特大型陶瓷除砂器等产品，性能达到了国内领先水平。在功能陶瓷领域，山东统一陶瓷科技有限公司自主创新攻克的防静电陶瓷砖，先后被“神舟七号”载人航天飞船控制装配中心、航母基地等诸多重点工程和高科技领域采用。山东硅元新型材料有限责任公司生产的陶瓷系列压力传感器融合了电子陶瓷技术、集成电路技术和厚膜电路等技术。山东合创明业精细陶瓷有限公司拥有年产 3 万片整体氧化铝防弹陶瓷板的生产能力。

2. 东营功能陶瓷材料生产基地

东营地区拥有国内先进功能陶瓷材料生产基地，其中，山东国瓷功能材料股份有限公司是全球第一家水热法生产纳米氧化锆、第二家生产纳米钛酸钡的企业，全球最大的 MLCC 用电子陶瓷材料和陶瓷墨水生产厂家，国内最大的牙科用全系列氧化锆材料、移动源蜂窝陶瓷以及锂电池隔膜涂覆氧化铝材料生产厂家，拥有年产 MLCC 用钛酸钡基础粉及介质材料 10 000 吨、牙科和消费电子外壳用氧化锆粉 2 500 吨、汽车用锂电池隔膜粉 3 000 吨、蜂窝陶瓷载体 2 000 万升等的生产能力。2019 年，该公司实现营业收入21.5 亿元。

3. 潍坊结构陶瓷生产基地

潍坊地区是山东省重要结构陶瓷生产基地，其碳化硅陶瓷材料产业已形成“原料冶炼—微粉加工—陶瓷制品生产—制品精加工”产业链发展模式，拥有潍坊华美精细技术陶瓷股份有限公司、潍坊六合新材料有限公司、山东金蒙新材料股份有限公司等碳化硅粉体生产企业，潍坊盛润特种陶瓷有限公司、山东金鸿新材料股份有限公司、山东百德陶瓷科技有限公司、潍坊华美精细技术陶瓷股份有限公司、潍坊六合新材料有限公司等碳化硅制品生产和加工企业。潍坊华美精细技术陶瓷股份有限公司是国内第一家高性能碳化硅陶瓷材料制造商，是国内碳化硅陶瓷行业首家登陆“新三板”的企业，已形成碳化硅“初级原料—微粉—陶瓷”全产业链布局，年产量可达 300 万件(套)，占国内生产总量的 36% 以上。该公司已成为国内规模最大的反应烧结碳化硅制品生产商之一，高技术碳化硅陶瓷制品的市场占有率居国际前列，产品涵盖耐高温、耐热震、耐磨损和耐腐蚀材料等工业领域。

另外，威海、烟台、德州等地区均有先进功能陶瓷材料重点企业分布。威海圆环先进陶瓷股份有限公司生产的氮化硅陶瓷微珠直径可达到 0.3～1 毫米，其中直径为 0.5 毫米及以上的微珠实现了批量生产；同时，成功研发了氮化硅电路基板，突破了国外先进基板制造的技术壁垒，产品性能达到了国际先进水平。烟台核晶陶瓷新材料有限公司的熔融石英坩埚产品达到了国际先进水平。山东金麒麟股份有限公司拥有年产 2 500 万套陶瓷型刹车片的生产能力，生产规模居全国首位，2019 年实现营业收入 16.04 亿元。

在新型无机非金属材料领域，山东省是全国最大的在线低辐射镀膜玻璃生产基地，拥有威海中玻镀膜玻璃股份有限公司、山东金晶节能玻璃有限公司等龙头企业。

第三节　前沿新材料

一、石墨烯

(一)产业概况

石墨烯，世界上第一个二维碳材料，被称为“神奇材料”。作为一种新型碳材料，自发现之日起，石墨烯就受到了各国科学家的广泛关注，成为了各种终端使用行业的理想选择。作为目前世界上已知的最薄、强度最高、导电性最好且拥有强大灵活性的碳材料，石墨烯被业界视为引领未来产业革命的关键性材料，人们对石墨烯在电子、储能、复合材料、航空航天等诸多领域的应用充满了期望。华为、三星、苹果和谷歌等巨头开始积累各种与石墨烯相关的专利，未来之战已在实验室打响。

石墨烯是世界高技术发展的战略制高点，引起了世界各国的高度关注，尤其是在研发方面竞争激烈。包括美国、欧盟、日本等国际发达国家和地区在内的 80 多个国家和地区开展了石墨烯材料研发，美国、英国、韩国、日本、欧盟等将石墨烯研究提升至战略高度，期待石墨烯带来巨大的市场价值。据不完全统计，全球超过 800 家大型公司涉足与石墨烯相关的研究和开发，其中包括 IBM、英特尔、美国晟碟、陶氏化学、通用、杜邦、施乐、三星、洛克希德·马丁、波音等科技巨头。

我国石墨烯材料在复合材料、能源及环保等领域已初步实现产业化，出现了特种涂料、石墨烯导电剂、热管理(散热产品与健康产品)、大面积导电薄膜、超级电容器等系列产品。据 CGIA Research 统计，2018 年我国石墨烯产业应用市场规模达到了 100 亿元，石墨烯粉体产能增长到了 5 100 吨，薄膜产能为 650 万平方米。预计石墨烯产业的市场规模在 2025 年有望达到 1 000 亿元。根据天眼查显示，我国石墨烯相关企业数量达 12 000 余家，主要集中分布在东部沿海地区。东部沿海地区汇集了国内 70% 以上的石墨烯企业，形成了山东、长三角和珠三角三个石墨烯产业集聚区。

(二)山东省产业发展情况

山东省凭借丰富的石墨资源，建立了独特的石墨烯产业发展优势，产业发展水平一直处于全国第一梯队，并在部分领域处于国际领先水平。山东省已形成从石墨烯制备到下游应用较完整的石墨烯产业链，拥有山东利特纳米技术有限公司、山东欧铂新材料有限公司、济南圣泉集团股份有限公司、青岛华高墨烯科技股份有限公司、青岛昊鑫新能源科技有限公司、青岛德通纳米技术有限公司、山东七维新材料有限公司等重点企业，在石墨烯粉料、石墨烯浆料、石墨烯锂离子电池材料、石墨烯防腐涂料、石墨烯复合材料等领域具有较好的产业基础和较高的竞争力。产业链上游，山东利特纳米技术有限公司、青岛德通纳米技术有限公司(浆料折合粉体)和青岛昊鑫新能源科技有限公司的石墨烯粉体产能共计 1 000 吨/年，居国内前列。产业链下游，山东欧铂新材料有限公司、青岛昊鑫新能源科技有限公司、青岛德通纳米技术有限公司等的石墨烯导电浆料被广泛应用于锂离子电池制备，山东利特纳米技术有限公司的石墨烯材料已经在国内某知名品牌高端手机中成功应用，山东七维新材料有限公司的水性石墨烯环氧富锌涂层材料进入2019年石墨烯“一条龙”应用计划，济南圣泉集团股份有限公司的生物质石墨烯已在纺织品和服装等领域中应用。在产业区域分布方面，山东省石墨烯产业主要分布于青岛、济南、济宁等地区，其中，青岛地区已初步形成石墨烯产业集群。

青岛石墨烯产业集聚区。青岛地区是国内石墨烯产业化聚集区之一，已初步形成了石墨烯原材料—石墨烯装备—下游应用的产业链雏形，已成为国内石墨烯产业领域快速崛起的创新中心。青岛石墨烯产业领域的发展重点主要集中在石墨烯锂离子电池和超级电容、石墨烯防腐涂料、透明导电薄膜及薄膜沉积装备开发、石墨烯纤维复合材料、碳纳米管复合材料等五大应用领域。产业链上游，在石墨烯原材料方面，青岛是国内三大石墨矿产地之一，青岛昊鑫新能源科技有限公司、青岛华高墨烯科技股份有限公司和青岛德通纳米技术有限公司等企业已实现多种石墨烯粉体和浆料的规模化制备，其中，青岛德通纳米技术有限公司已有年产超过5 000吨石墨烯导电浆料、青岛昊鑫新能源科技有限公司已实现年产超过500吨石墨烯材料的生产能力；在石墨烯装备方面，青岛赛瑞达电子装备股份有限公司等企业在CVD(化学气相沉积)设备及微波设备方面已达到国际先进水平，拥有系列化卷对卷石墨烯薄膜连续生长装备的核心专利，为高端石墨烯薄膜材料的制备提供了技术与工艺装备条件。产业链下游，青岛昊鑫新能源科技有限公司的石墨烯导电剂已被比亚迪、国轩高科股份有限公司等国内主流锂离子电池厂商进行规模化、批量化应用，青岛华高墨烯科技股份有限公司的导电剂也获得了国内主流电池厂商的认可；青岛华高墨烯科技股份有限公司(高速公路收费站智能取暖系统)、青岛墨金烯碳新材料科技有限公司、青岛德通纳米技术有限公司等企业依托石墨烯的散热功能同时瞄准煤改电取暖市场，并进行了电热炕板等产品的布局；青岛华高墨烯科技股份有限公司与青岛森麒麟轮胎股份有限公司合作的首条石墨烯导静电轮胎获得了国家工信部重点推荐，生产线基本建成。

位于济宁地区的山东利特纳米技术有限公司是石墨烯产业化先行者之一，拥有全球首张“石墨烯材料”产品认证证书。现已建成具备国际先进水平的吨级石墨烯生产线，年产石墨烯材料200吨，已逐步实现了在基础先进材料、电池和超级电容器、汽车轻量化材料与聚合物复合材料、柔性电子和可穿戴设备、智能涂料与膜材料等领域的工业化应用。首款应用山东利特纳米技术有限公司石墨烯材料的国内某知名品牌高端手机已正式上市销售。2019年6月17日，山东利特纳米技术有限公司和北京石墨烯研究院正式签约合作，在济宁高新区共同打造北京石墨烯研究院山东产业转化基地。

济南圣泉集团股份有限公司是济南地区石墨烯产业的主要代表企业，其由生物质石墨烯制备的“内暖”系列新材料及多功能服饰是石墨烯在消费品领域商品化应用的经典案例。

二、3D打印材料

(一)产业概况

3D打印又称“增材制造”，是指通过逐层增加材料的方式将数字模型制造成三维实体物件的过程，具有制造周期短、易于复杂结构成型、节材节能、可以个性化定制等优势，已被广泛应用于航空航天、医疗器械、电子消费品和工业机械等领域。3D打印材料的品类和品质决定了打印产品及服务的质量。3D 打印材料主要包括有机高分子材料、金属材料、无机非金属材料和生物材料四大类。

目前,国外 3D 打印材料产业发展迅速,欧美等发达国家都在积极开发 3D 打印材料与设备,专用材料已达数百种。其中,3D 打印用高分子材料发展得比较成熟,金属 3D 打印材料也在快速发展。根据市场研究机构 IDC(国际数据公司)分析,3D 打印材料中塑料的占比为 46.5%,金属耗材的占比为 39.4%。

近年来,随着 3D 打印商业化应用的持续推广,打印材料的重要性愈发凸显。专利分析表明,我国在 3D 打印材料领域的研究主要集中在高校,生产企业相对较少,3D 打印材料整体发展仍处于初级阶段。目前,国内 3D 打印用高分子材料的生产企业主要有北京太尔时代科技有限公司、浙江闪铸三维科技有限公司等,树脂打印材料的生产企业主要有珠海正邦科技有限公司、上海联泰三维科技有限公司等,金属打印材料的生产企业主要有有研粉末新材料股份有限公司、西安铂力特激光成形技术有限公司、西安欧中材料科技有限公司、湖南华曙高科技有限责任公司、星尘科技(广东)有限公司、中航迈特粉冶科技(北京)有限公司等。我国的基础 3D 打印材料已基本满足国内市场的需要,但高端打印材料仍需进口,如高性能金属粉末耗材 90% 来源于进口。

(二)山东省产业发展情况

山东省在 3D 打印材料领域的发展相对滞后,但在消费级增材制造设备、特种增材制造设备生产及公共服务平台建设方面具备一定优势。虽然山东省尚未形成有效的 3D 打印材料产业集群,但也涌现出一批特色企业。TPU(热塑性聚氨酯弹性体)是十分优良的柔性打印材料。万华化学集团股份有限公司作为全球第二大 TPU 制造商,已形成以“WANFAB”为商标品牌的“聚合物线材系列”“聚合物粉末系列”“光敏树脂系列”等产品系列,耗材种类几乎覆盖了目前主流的 3D 打印成型工艺。2019 年,匹克联合万华化学集团股份有限公司推出了“WANFABTPU”3D 打印运动鞋的鞋面材料,该材料不含增塑剂,拥有美国食品药品监督管理局(FDA)等权威机构的多重环保认证,可以实现 100% 回收与循环利用。山东道恩高分子材料股份有限公司开发的可完全生物降解 3D 打印材料具有收缩率低、力学性能好、可完全生物降解等优点,可提供聚乳酸、聚乳酸/聚己二酸/对苯二甲酸丁二酯合金、聚乳酸/聚丁二酸丁二醇酯合金等不同类型的可生物降解 3D 打印材料,可以满足多种 3D 打印产品的性能需求。山东玲珑轮胎股份有限公司开发出了 3D 打印聚氨酯轮胎,使用邵氏硬度为 80A 的聚氨酯通过熔融沉积法(FDM)完成了 3D 打印。山东博兴县日升塑化有限公司研制生产的 3D 打印微球 RSPA1200 尼龙粉末,应用于选择性激光烧结快速成型工艺,力学性能优异,已在国内外设备上进行应用。青岛宏飞达塑胶科技有限公司是专业研发和生产 3D 打印用线材的企业。山东康普锡威新材料科技有限公司是专门从事 3D 打印用金属材料等球形金属粉末材料生产、研究、开发的企业,年销售各类球形金属粉末 3 000 吨以上。其增材制造用低成本球形钛粉制备技术研究及应用项目总体技术达到了国际先进水平,其中细粉收得率、气液比等重要技术指标居国际领先水平。开发的航空航天用铝合金粉末,填补了国内空白。莱芜钢铁集团粉末冶金有限公司、青岛云路先进材料技术股份有限公司等目前正在研发 3D 打印用金属粉末。

三、超高温材料

（一）产业概况

超高温材料是指熔点在 3 000 ℃以上并具有优良的高温抗氧化性、耐烧蚀性和抗热震性的一类陶瓷材料和合金材料，主要包括过渡金属的硼化物、碳化物、氮化物和合金等。

超高温材料主要被用于航天飞行器、空间返回舱等的超耐热部件上。作为航空航天飞行器上的关键材料，超高温陶瓷材料一直扮演着保驾护航的角色，受到世界各军事大国的高度重视。国外对超高温陶瓷的研究始于 20 世纪 60 年代初期，由美国空军首次开发，主要用于高超音速导弹、航天飞机等飞行器的热防护系统。目前，美国国家航空航天局（NASA）的 Ames 研究中心、美国能源部（DOE）的桑迪亚国家实验室（Sandia National Labs）均在开展 HfB_2-SiC 超高温陶瓷材料方面的研发工作，其中 Sandia National Labs 研究的 HfB_2-SiC 超高温陶瓷材料具有较大影响力。欧洲也在大力开发新型的超高温材料。

国内从 20 世纪 70 年代开始开展超高温材料的探索工作，主要将其应用于我国的航空航天领域。中国航天科技集团公司第 701 研究所、中国航天科技集团公司第 703 研究所、中国航天科技集团公司第一研究院第十四研究所、哈尔滨工业大学、中国科学院金属研究所、中国科学院上海硅酸盐研究所、北京理工大学、武汉理工大学、山东大学等单位都开展了超高温材料的研究工作，虽然取得了一些进展，但并没有实现产业化。例如，硼化铪、硼化锆-碳化硅是碳/碳（C/C）复合材料上重要的涂覆材料，上海硅酸盐研究所合成了二硼化锆，但仅将其用于研究课题；秦皇岛一诺高新材料开发有限公司虽然开发了硼化锆、硼化铪等产品，但是也未实现量产。

（二）山东省产业发展情况

山东省在超高温碳化物和氮化物材料领域的研究较少，仅有少部分高校和企业在研发和生产。莱芜亚赛陶瓷技术有限公司依托山东大学材料科学与工程学院开展了硼化物材料的研发和生产，主要产品有 ZrB_2-SiC 复合超高温粉体、HfB_2 粉体。淄博启明星新材料股份有限公司承担了山东省重点研发课题，开展碳化锆（ZrC）材料的研究，研发制备的超高温碳化锆-碳化硅（ZrC-SiC）复合材料，可以直接满足我国航天工业对 ZrC、SiC 及 ZrC-SiC 复合粉体的迫切要求，打破了国外技术封锁。整体来看，山东省在超高温材料领域的研究还处在起步阶段。

四、新兴功能材料

（一）产业概况

新兴功能材料作为前沿新材料之一，主要以智能仿生材料、形状记忆合金、超材料及液态金属、自修复材料、非晶合金等为代表。虽然我国的新兴功能材料还处于研究阶段，但国家高度重视新兴功能材料的发展。“十三五”规划纲要提出：要大力发展形状记忆合金、自修复材料等智能材料，为集成电路、机器人、生物医药等产业发展提供支撑。有研半导体材料有限公司已具备镍钛形状记忆合金的生产能力。据前瞻产业研究院报道，截至 2018 年，我国拥有全球最多的超材料技术专利，达到 4 718 件，位于全球前列，从事超材料研发与生产的高校与企业有电子科技大学、东南大学、深圳光启理工研究院、光启技术股份有限公司等,其中光启技术股份有限公司在电磁超材料产业市场具有绝对的竞争优势。

(二)山东省产业发展情况

山东省在新兴功能材料领域研究得较少,基本处在研究阶段。但山东省在先进有色金属材料、先进化工材料、先进功能陶瓷材料方面有较好的基础,对发展新兴功能材料具有较大的支撑作用。

山东大学在电磁超材料、自修复材料、形状记忆合金等方面均有研究,已发表学术论文多篇,为山东省新兴功能材料的产业化发展奠定了基础。青岛云路先进材料技术股份有限公司自主研发并产业化的非晶带材产品在全球市场的占有率超 40%,为全球第一大供应商。2019 年,公司在国内首次突破厚度为 14 微米的超薄纳米晶带材的批量生产技术,实现了纳米晶超薄带的连铸式生产。山东格物新材料科技有限公司作为一家专门从事自修复防腐防爆涂层研发及销售的企业,与中国科学院、中国科学技术大学等研究机构联合构架了自修复涂层技术从实验室原始创新、产品验证至规模生产及商业化应用的创新价值链,研发的智能纳米自修复材料可填补国内空白。

第三章　山东省各地市新材料产业发展情况

第一节　济南市

一、基本情况

截至2019年，济南市共有规模以上新材料企业63家，在山东圣泉新材料股份有限公司、莱芜钢铁钢粉末冶金有限公司、山东天岳先进材料科技有限公司等一批骨干龙头企业的带动下，新材料产业呈现快速发展态势，发展的质量和效益不断提高。全年新材料产业实现营业收入862亿元，同比增长12%。

（一）新材料产业种类及领军企业情况

济南市新材料产业涉及金属材料、无机非金属材料、先进高分子材料、高性能复合材料、前沿新材料等多个门类。其中，宽禁带半导体材料、酚醛树脂、高吸水性树脂、改性尼龙、粉末冶金材料等新材料处于国际先进、国内领先水平。碳化硅晶体生长和衬底加工技术达到了世界先进水平。型钢产品覆盖国标、日标、欧标、英标、美标系列，齿轮钢产销全国最大，不锈钢产品品种丰富，在国内市场上占有率高、竞争力强。建设有国家火炬计划有机高分子材料特色产业基地、粉末冶金特色产业基地、新材料特色产业基地和全国规模最大、规格最全的H型钢精品生产基地。

莱芜钢铁集团粉末冶金有限公司具备年产20万吨钢铁粉末的生产能力，2019年钢铁粉末的产量为141 214.393吨，是目前亚洲规模最大、品种齐全、质量前茅、工艺先进、装备精良且同时拥有还原制粉、水雾化制粉、高性能合金特种粉末材料生产线的钢铁粉末生产企业。山东圣泉新材料股份有限公司的酚醛树脂规模位居世界第二、亚洲第一；特种环氧树脂产品技术水平国内领先；改性酚醛防火保温板年产能居世界第一位；酚醛空心微球作为隔热材料被连续用于神舟系列飞船返回舱；酚醛复合材料“轻芯钢”被用于“复兴号”中国标准高铁等轨道交通、航空航天及相关领域。山东天岳先进材料科技有限公司作为我国宽禁带半导体材料领域的龙头企业，是国家工信部主管的“中国宽禁带功率半导体及应用产业联盟”理事长单位。公司累计投资12亿元建成国际领先的碳化硅半导体衬底材料生产基地，具备年产5万片碳化硅单晶衬底的生产能力。

（二）园区建设情况

经过多年发展，济南市形成了以济南新材料产业园、明水经济技术开发区刁镇化工工业园等为主要载体，以骨干企业园区为重要支撑的“多区多园”先进材料产业空间布局。

济南新材料产业园区重点发展新材料产业，瞄准胶体材料、光通信材料、特种金属功能材料等门类，打造产业链条，提升产业能级。明水经济技术开发区刁镇化工工业园是科技部认定的国家火炬计划有机高分子材料特色产业基地，是以化工新材料为主体，以电子化学品、高性能树脂及复合材料、特种橡胶和弹性体、高性能纤维、生物化工、精细化工等为特色的新材料产业生产基地。钢城区粉末冶金产业基地是科技部批复的国家新材料产业化基地，被确定为全省八大汽车零部件、粉末冶金材料生产和出口基地以及第一批“山东省新型工业化产业示范基地”。

(三)重点项目建设情况

为培育壮大特色产业，自 2019 年以来，济南市重点储备了总投资约 187 亿元的 19 个新材料产业项目，并分别将它们纳入市级重点项目库和市级新旧动能转换重大项目库统筹推进扶持。其中，济南晶正电子科技有限公司于 2019 年年底与国内四家单位共同入选国家重大科技专项 03 专项“新一代宽带无线移动通信网”，联合项目总投资为 3.6 亿元，其中国家财政支持资金 1.2 亿元。公司生产的厚度为 500 纳米的钽酸锂薄膜材料，填补了行业空白。山东天岳先进材料科技有限公司投资 4.5 亿元进行的高品质 4H-SiC 单晶衬底材料研发与产业化项目，攻克了碳化硅晶体生长、衬底加工等一系列世界性难题，达到了国际先进、国内领先水平。

二、存在的问题

一是产业集中度与关联度低，部分新材料产品产量居行业前列，但精深加工不足，普遍没有建立起上中下游协同的产业链，产业链条还不完整。

二是尚未形成有明显特色的主导产业，集聚发展能力不足。虽然粉末冶金、酚醛树脂等产业在国内外有一定的市场，但是企业主导产品少，存在单打独斗现象，没有形成产业聚集区，没有充分发挥优势技术的带动作用。

三、下一步发展重点

一是积极推动《济南市先进材料产业发展专项规划(2019—2022 年)》落地，打造创新能力强、市场规模大、发展潜力强的先进材料产业集群。

二是制定《加快全市先进材料产业发展实施方案》，通过产业细分，在精品钢、不锈钢、先进高分子、粉末冶金、石墨烯、晶体材料六个方向延伸扩大产业链，形成产业发展合力。

第二节　青岛市

一、基本情况

截至 2019 年，青岛市共有规模以上新材料企业 103 家，总从业人数为 1.7 万人，实现工业增加值 50.2 亿元。2019 年，新材料产业实现营业收入 365.8 亿元，占全市规模以上工业企业营业收入的 3.5%，同比增长 9.4%。

（一）新材料产业种类及领军企业情况

青岛市新材料企业主要集中在化学原料和化学制品制造业、非金属矿物制品业、金属制品业、橡胶和塑料制品业、黑色金属冶炼和压延加工制品业五大行业领域。其中，青岛国恩科技股份有限公司、青岛云路先进材料技术有限公司、海洋化工研究院有限公司 3 家企业入选 2019 年度省新材料产业领军企业 50 强。

青岛国恩科技股份有限公司是改性塑料粒子及制品、高分子复合材料及制品的专业制造商，其产品主要应用于家电升级和汽车轻量化领域。2019 年，公司实现营业总收入 50 亿元，累计取得专利 79 项，近三年研发费用投入累计达 4 亿元以上。

青岛云路先进材料技术有限公司作为国内磁性材料行业少数同时具备材料基础研究与评价能力、极端条件装备设计及工艺实现能力、产品应用拓展能力的新材料领军企业，其主营产品以非晶合金薄带及制品、微米级球形金属粉末及制品、纳米晶超薄带及制品为主，非晶带材产量和销量已居全球首位。2019 年，公司实现销售收入约 7 亿元。

海洋化工研究院有限公司主要从事海洋涂料、重防腐涂料、功能涂料及功能材料的研究、开发、生产、检测、销售及服务，为国防重点装备建造和维护提供了有力保障。2019 年，该公司实现营业总收入 2.3 亿元。

国合通用（青岛）测试评价有限公司是承担国家新材料测试评价平台主中心项目主要建设单位。测试评价平台主中心于 2019 年 1 月 29 日启动试运行，目前拥有化学分析、性能测试、组织结构和无损检测四个专业实验室，并正在逐步建设汽车整车及零部件实验室、轨道交通实验室、船舶与海洋工程实验室、环境实验室、食品实验室、纺织品实验室等专业实验室。

（二）特色园区发展情况

董家口化工产业园。作为山东省具有深水港口优势的化工园区，董家口化工产业园于 2018 年 9 月被认定为省级化工园区。园区充分发挥国际深水大港优势，顺应全市产业总体布局，依托海外轻烃资源，重点发展轻质原料制烯烃、化工新材料、高端化学品与专用化学品等产业，初步形成以海湾化学为龙头的乙烯产业、以金能化学为龙头的丙烯产业两大产业链条，集聚了一批骨干项目。2019 年，该产业园实现化工产业产值 110.4 亿元。

青岛市轨道交通示范区。示范区以规划建设 1 335 亩（1 亩≈667 平方米）的轨道交通高端配套产业园为主要载体，依托国家高速列车新材料应用示范平台建设，构建从技术、工艺方法到产业化应用的完整技术研发链条。目前，示范区已引进中兴通高铁新材料、青岛中钛轻量化研究院等新材料领域重点项目 4 个，计划总投资近百亿元，着力打造一批集技术研发、试验验证、产业孵化、生产于一体的新型产业园区。

莱西石墨烯新材料产业园。莱西市规划了远期目标为 10 000 亩、近期目标为 5 000 亩的石墨新材料产业园，目前已建成 1 200 亩。产业园现已入驻青岛德通纳米技术有限公司、青岛青北碳素制品有限公司等石墨新材料企业 18 家，其中投资过亿元的项目 11 家。青岛德通纳米技术有限公司总投资 1 亿元，年产石墨烯浆料 5 000 吨，是江北最大的石墨烯浆料生产基地。该公司产品主要被应用于高品质电池电极导电剂、高导热石墨烯复合材料、海洋工程重防腐涂料和电磁屏蔽涂料。

(三)重点项目建设情况

金能化学(青岛)有限公司总投资203亿元的新材料与氢能源综合利用项目,将建设丙烷脱氢装置、高性能聚丙烯装置以及联产丙烯腈、MMA(甲基丙烯酸甲酯)生产线和氢能源综合利用等。该项目达产后预计年可实现营业收入300亿元。

青岛海湾化学有限公司总投资19亿元的高端聚碳酸酯用双酚A项目,将建设双酚A装置,配套异丙苯装置、苯酚丙酮装置、异丙醇装置。项目达产后可年产24万吨双酚A和6万吨异丙醇产品。

青岛蓝科途膜材料有限公司总投资13亿元的新型湿法锂电池隔膜生产线(二期)建设项目,将新建湿法锂电池隔膜生产线10条。项目建成后将具备年产锂电池隔膜6.7亿平方米的生产能力。

二、存在的问题

近年来,青岛市新材料产业总体保持平稳发展态势,但与其他先进城市和地区相比,还存在不少问题:一是产业规模偏小,领军企业偏少;二是支撑产业发展的项目不足;三是产业财政扶持政策有待建立和完善。

第三节　淄博市

一、基本情况

截至2019年,淄博市共有规模以上新材料企业531家。在山东东岳集团、淄博齐翔腾达化工股份有限公司等一批骨干龙头企业的带动下,新材料产业呈现快速发展态势,发展的质量和效益不断提高。

(一)新材料产业种类及领军企业情况

淄博市新材料产业主要包括先进高分子材料、无机非金属新材料、特色金属新材料三大产业方向群,围绕三大领域重点打造“6+3+3”的产业链群。在先进高分子材料领域,重点打造聚氨酯材料、新型催化剂和助剂、有机氟材料、有机硅材料、高性能工程塑料、特种橡胶6条产业链;在无机非金属新材料领域,重点打造先进陶瓷材料、功能玻璃及玻璃纤维、高档耐火材料3条产业链;在特色金属新材料领域,重点打造高端铝基新材料、稀土功能材料、高端合金新材料3条产业链。

山东东岳集团作为淄博市氟硅行业龙头企业,在新材料领域掌握了大量自主知识产权,在氟硅材料、氯碱离子膜等方面打破了多项国外技术垄断,实现了国产化替代。主导产品绿色环保制冷剂、有机氟材料及有机硅材料等,市场占有率分别为36%、38.2%和20%。

山东工业陶瓷研究设计院有限公司在先进功能陶瓷材料领域处于行业领先地位,设有国家工业陶瓷材料工程技术研究中心,主要产品为高温陶瓷膜装备及元件,年产量达3

万平方米以上。

山东金晶集团在特种玻璃领域技术水平处于国际先进，主要产品有超白玻璃、低辐射镀膜玻璃、阳光膜玻璃，2019 年产量分别为 684 万重量箱、681 万平方米、564 万平方米。

淄博市鲁中耐火材料有限公司着力向工程陶瓷和特种无机功能新材料领域发展，主导产品有镁铁铝尖晶石砖、镁铝尖晶石砖、低导热镁铝尖晶石砖、低导热抗剥落系列，其中，镁铁铝尖晶石砖的研发处于国际领先、国内独有水平。

（二）园区情况

截至 2019 年，淄博市共建成 6 个特色产业园区。

1. 以先进高分子材料为主的产业园

（1）东岳氟硅材料产业园区。东岳氟硅材料产业园区位于淄博市桓台县，是亚洲规模最大的氟硅材料生产基地。该园区以氟硅为主导产业，围绕氟化工、硅化工和膜树脂配套，建成了从氟矿石到氟化工基础材料，从甲烷氯化物到环保制冷剂，从氟硅烷到有机硅，再到含氟高分子及其深加工材料以及尖端技术离子膜等的高新技术产业链和产业集群，形成了基础化工、含氟 ODS（消耗臭氧层物质）替代品、含氟聚合物及单体、氯碱离子膜、燃料电池膜、含氟精细化工、有机硅系列产品的生产能力和出众的产品、技术研发能力。

（2）齐鲁化学工业区。齐鲁化学工业区位于淄博市临淄区，是山东省政府与中国石化集团的重要合作项目，是国家正式批准设立的国内第三家专业化工园区，分为炼油化工区、乙烯联合化工区、精细化工区、塑料加工区、核心区 5 个功能园区。依托园区乙烯、丙烯、碳五、碳九资源，大力发展高端聚乙烯、聚丙烯、聚氯乙烯产品，同时提升碳五、碳九石油树脂发展水平，发展高端树脂、胶乳、SIS（苯乙烯-异戊二烯-苯乙烯）等产品，提高产品附加值，大力开发定制类聚烯烃产品。

（3）桓台马桥化工产业园。马桥化工产业园内将进一步完善丙烯—丙烯腈—工程塑料产业链，打造国家级化工新材料产业基地。

2. 以先进陶瓷材料为主的产业园

（1）周村无机非新材料产业园。该园区依托山东耐材集团鲁耐窑业有限公司等骨干企业，重点发展人工合成莫来石、人工合成堇青石、高性能长寿命连铸三大件等产品，以焦宝石矿为基础的高价值无机非金属矿物功能新材料等，进一步拓宽产品应用领域，延伸产业链，打造国内先进高温新材料产业高地。

（2）博山经济开发区新型材料产业园。该园区以淄博工陶新材料集团有限公司、山东鲁桥新材料股份有限公司、山东耐材集团鲁耐窑业有限公司、淄博琳赛姆新材料有限公司、淄博八陡耐火材料有限公司为核心载体，重点发展玻璃、钢铁、水泥行业用高档功能耐火材料，使新型材料产业园区真正形成以高新技术、优质复合材料和特种功能性耐火材料为核心的优质高效耐火材料生产基地。

3. 铝基新材料产业园

铝基新材料产业园以位于张店区沣水镇、南定镇及淄川区罗村镇中铝齐鲁工业园铝基新材料产业园为核心载体，规划总面积为 21.57 平方千米。按照“234”的发展战略，建设铝基新材料和资源综合利用两大产业链条，打造国内领先、国际一流的铝基新材料产业集群，实现先进铝基新材料国产化、产业发展绿色化。铝基新材料产业重点发展低钠微晶新材料煅烧氧化铝、板状刚玉、精细分子筛、亚白氢铝、3N级电子陶瓷用氧化铝等新材料；资源综合利用产业以赤泥综合利用为重点，发展填料、PVC（聚氯乙烯）新型复合材料、烧结透水砖、蒸压加气混凝土砌块等产品。

重点园区建设情况如表3-1所示。

表3-1　重点园区建设情况

序号	区县	园区名称	产业规模	主要企业和主要产品
1	桓台县	东岳氟硅材料产业园区	2019年，园区主营业务收入175.22亿元，利润16.58亿元、税收14.41亿元，实现就业8 000人左右	主要企业：山东东岳集团(下设东岳化工有限公司、东岳高分子材料有限公司、东岳氟硅材料有限公司、东岳有机硅材料有限公司、东岳神舟新材料有限公司、山东明川环保材料有限公司、山东东岳未来氢能材料有限公司等子公司)、山东宝源化工有限公司等； 主要产品：绿色环保制冷剂、四氟乙烯、有机硅、氯甲烷等
2	临淄区	齐鲁化学工业区	—	主要企业：中国石油化工股份有限公司齐鲁分公司、淄博齐翔腾达化工股份有限公司、淄博鲁华泓锦新材料股份有限公司等； 主要产品：高端聚乙烯、聚丙烯、聚氯乙烯、丁苯橡胶、聚异戊二烯橡胶、丁二烯橡胶、丁腈橡胶、高苯乙烯橡胶等
3	桓台县	桓台马桥化工产业园	—	马桥化工产业园将进一步完善丙烯—丙烯腈—工程塑料产业链，打造国家级化工新材料产业基地
4	张店区	铝基新材料产业园	—	主要企业：中铝山东有限公司； 主要产品：铝基新材料、赤泥综合利用建材产品

二、存在的问题

近年来，淄博市出台了诸多鼓励企业创新发展的扶持政策及实施细则，但从实际来看，还有很多企业对政策的理解和把握不到位，没有享受到政策“红利”。部分企业仍存在重技术引进、轻消化吸收再创新的传统理念，科技创新意识不强，在关键技术等方面的突破力不够，制约了全市新旧动能转换工作的快速推进。

三、下一步发展重点

突出重点项目带动。针对淄博市新材料产业发展需求，大力引进上下游关联产业、配套产业和支撑产业，积极推进补链、延链和强链项目建设。以天辰齐翔尼龙新材料项目等8个列入省重大、省新旧动能转换重大项目库的项目为引领，建立工作推进台账；重点抓好35个新材料产业项目跟踪调度和全程服务，推动项目快落地、快投产、快见效。

加快骨干企业培育。以培养行业领军企业为目标，大力培植行业领军企业，争取使更多的企业列入全省新材料领军企业50强、潜力企业培育库。筛选20家左右骨干企业重点培育，制定“一企一策”实施方案，明确企业近、中、远期发展目标、路径举措、瓶颈问题、政策诉求。

开展"树标对标夺标""升级进优"活动,提高企业整体发展水平。以台塑集团、万华化学集团股份有限公司、淄博齐翔腾达化工股份有限公司、安徽海螺水泥股份有限公司等优秀企业为标杆,开展"树标对标夺标"活动,引导企业在日常管理、战略发展、节能降耗等各方面对标提升,提升企业管理水平,促进产业转型升级。

打造产业创新平台。按照《淄博市新材料产业发展行动计划(2020—2025年》的要求,积极打造企业技术创新平台,力争建成国家级创新平台1家、省级创新平台2家。每年与行业权威高等院校和科研单位开展产学研交流合作洽谈活动2~3次,力争使2~3项行业关键共性技术研发及产业化项目列入市"双十项目"。

第四节 枣庄市

一、基本情况

截至2019年年底,枣庄市共有新材料企业40余家。初步形成了以中材锂膜有限公司、山东丰元锂能科技有限公司、山东精工电子科技有限公司为代表的锂电新能源产业集群;以联泓新材料科技股份有限公司、山东鲁南化工有限公司为依托的化工新材料基地;以山东联润新材料科技有限公司、山东正凯新材料股份有限公司为代表的高端精纺基地;以北玻电力复合材料有限公司为代表的聚氨酯复合材料及制品基地。产业集聚度进一步提升,产业链条不断拉长,企业自主创新能力不断增强。全年实现新材料总产值200亿元。

(一)新材料产业种类及领军企业情况

在先进钢铁材料方面,代表产品有高品质不锈钢制品、钢帘线等,骨干企业为山东腾达不锈钢制品有限公司和滕州东方钢帘线有限公司。2019年,山东腾达不锈钢制品有限公司销售收入为9.6亿元。

在有色金属材料方面,主要产品包括高品质铝材、挤压型材、管材等和键合银丝合金线材等,骨干企业有山东天衢铝业有限公司、山东铭世铝业股份有限公司、山东尧程科技股份有限公司、山东晨晖电子科技有限公司和山东赢耐鑫电子科技有限公司。其中,山东赢耐鑫电子科技有限公司2019年度销售收入为1.3亿元。

在锂电产业方面,已形成了包括电极材料、电解液、隔膜、控制系统及检验检测在内的一系列完整的产业链条。建成了以山东精工电子科技有限公司、中材锂膜有限公司、山东丰元锂能科技有限公司、枣庄振兴炭材科技有限公司为代表的正、负锂电极及隔膜生产企业等。其中,山东丰元锂能科技有限公司2019年度销售收入为2.5亿元,中材锂膜有限公司2019年度销售收入为2.59亿元。

在化工新材料方面,代表企业有兖矿鲁南化工有限公司、联泓新材料科技股份有限公司、山东泰和水处理科技股份有限公司等。其中,兖矿鲁南化工有限公司主要生产性能优良的聚甲醛工程塑料,2019年销售收入为63亿元;联泓新材料科技股份有限公司是以甲醇为源头、生产高附加值产品的烯烃深加工产业链企业,2019年销售收入为60亿元;山东泰和水处理科技股份有限公司是国内最大、具有国际影响力的水处理剂及助剂领军企业,2019 年销售收入为 11.66 亿元。

在无机非金属材料方面,主要产品有特种玻璃制品类的中空玻璃、真空玻璃、夹层玻璃,电子专用材料类的铁氧体磁芯、磁芯,硅基高活性吸附材料类的水晶猫砂硅胶,轻质建筑材料类的石膏板、复合保温板等,新型墙体材料类的新型烧结砖、隔热隔音材料等;拥有一批骨干企业,如滕州金晶玻璃有限公司、山东恒瑞磁电科技有限公司、山东辛化硅胶有限公司、北新建材有限公司枣庄分公司、山东天畅环保工程有限公司等。其中,山东恒瑞磁电科技有限公司、山东辛化硅胶有限公司 2019 年销售收入分别为 1.66 亿元、5.52 亿元,并入选 2019 年度山东省新材料领军企业。

在高性能纤维及复合材料方面,主要产品有轨道交通复合材料、电力复合材料、高压绝缘纸、玻璃纤维复合型材、纺织新材料等;拥有一批骨干企业,如北玻院(滕州)复合材料有限公司、山东联润新材料科技有限公司、山东正凯新材料股份有限公司等。

(二)园区建设情况

鲁南高科技化工园区。园区内有企业 32 家,形成了化工原料及化工新材料生产聚集区和基地,并开始建设相关产业链下游产品项目。其中,兖矿鲁南化工有限公司主要产品甲醇/醋酸的规模为 30/40 万吨/年,亚磷酸的规模为 1 000 吨/年;联泓新材料科技股份有限公司主要产品 DMTO/PP/EVA/EO/EOD(甲醇制烯烃/聚丙烯/乙烯-醋酸乙烯共聚物/环氧乙烷/环氧乙烷衍生物)的规模为 100/20/10/12/12 万吨/年;新能凤凰(滕州)能源有限公司主要产品甲醇的规模为 75 万吨/年;滕州中盛化工有限公司主要产品醋酸乙烯的规模为 5 万吨/年;山东国正化工有限公司主要产品甲醛/乌洛托品的规模为 20/1 万吨/年;山东鲁化天九化工有限公司和山东天瑞化工有限公司主要产品 3,4-二氯苯胺的规模分别为 1 万吨/年和 0.5 万吨/年。

中国建材集团(枣庄)新材料产业园。2019 年 9 月,中国建材集团(枣庄)新材料产业园揭牌,举行了新材料产业园以及园内所属山东省无机功能材料与智能制造创新创业共同体、无机功能材料与智能制造国家重点实验室(筹)、中建材科创新技术研究院、中建材光芯科技有限公司 6 家机构的揭牌入驻仪式,内容涵盖特种工程材料、生物光导识别芯片材料、产业投资和检验认证等领域。中国第一条生物光导识别芯片生产线的正式启动投产标志着产业园正式启动。

高新区智光产业园。武汉市的烽火通信科技股份有限公司是中国最早从事光通信传输设备、光纤光缆研发、生产的企业。2018 年,烽火通信科技股份有限公司首选光纤拉丝项目在枣庄高新区建设,建成塔高达到 44 米,拉丝的速度为 3 500 米/分钟,突破了 3 000 米/分钟的世界目前最高拉丝速度的光纤拉丝塔。2019 年 1 月,山东智光通信科技有限公司与烽火通信科技股份有限公司就全面深化合作达成共识,投资建设山东智光产业园,并分别投资 20 亿元和 12 亿元建设光纤预制棒项目和光纤元器件项目,构建全光网产业链,建成一座国内单体最大、年销售收入达 150 亿元的光通信产业基地。

锂电及锂电新材料产业集群。按照锂电产业链划分,枣庄市形成了包括电极材料、电解液、隔膜、控制系统及检验检测在内的一系列完整的产业链条,拥有锂电及锂电材料相关生产企业 10 余家,产品种类达 160 多个,产业链较为完善。属于新材料产业的有山东丰元锂能科技有限公司的高镍三元材料、山东金光高科新材料有限公司的电解液、枣庄振兴炭材科技有限公司的超高功率电极材料和中材锂膜有限公司的隔膜。目前，正、负极材料的产能为5万吨，隔膜的产能为2亿平方米。

二、存在的问题

新材料产品类别偏少，部分产品层次偏低。一是在产品类别上，现涉及钢铁材料、有色金属材料、高分子材料、无机非金属材料和复合材料四个方面，缺少前沿新材料类；二是在产品种类上，缺少特种功能钢材、高端聚合物及高分子新材料、技术玻璃、特性陶瓷、高端纤维及人工晶体等高品质新材料；三是多数产业核心竞争力还不够强，企业缺少具有自主知识产权的关键技术和核心技术，处于高新技术消化发展阶段。

高端人才仍然缺乏。高级管理人才、高级技术开发人才及高级复合型人才仍然缺乏。全市的企业和环境对高端人才的吸引力不够，尤其是中小型企业，很难吸引、留住高级人才。

三、下一步发展重点

（一）加大培育力度，推进新材料产业高质量发展

一是新材料人才培育工程方面。采取政府引导、企业激励等更加有力的举措，既引进“高精尖缺”境外人才，又注重培养本土专业人才，打造新材料高端人才队伍，充分发挥人才在创新能力提升中的核心作用。

二是新材料领军企业培育工程方面。围绕新材料优势领域、骨干企业，大力培育一批拥有自主知识产权、核心竞争力强的领军企业。积极推荐企业申报国家和省重点项目，将领军企业打造成具有较强创新能力和影响力的龙头企业。

三是新材料特色集群培育工程方面。根据新材料发展现状，按照全省新旧动能转换整体布局，依托现有新材料园区和特色集群，同时考量差异化发展，规划近期一段时间的特色集群培育计划，壮大特色新材料产业发展。

（二）继续推进抓好新材料产品保险补偿工作

进一步梳理现状，对有省级以上企业技术中心、有自主研发能力的新材料企业，积极推选其列入国家、省补偿目录，推进新材料产业化和研发投入等项目的优惠政策得到落实。

第五节　东营市

一、基本情况

截至2019年，东营市共有规模以上新材料企业71家，从业人员1.2万人。在山东国瓷功能材料股份有限公司、胜利油田新大管业科技发展有限责任公司、利华益维远化学股份有限公司等一批骨干龙头企业的带动下，新材料产业呈现快速发展态势，发展的质量和效益不断提高。2019年，新材料产业实现营业收入236.9亿元，利润11.7亿元，同比分别增长43.4%和168.4%。

(一)新材料产业种类及领军企业情况

东营市新材料产业形成了以氧化锆、高纯度钛酸钡等产品为主的功能性陶瓷材料,以聚碳酸酯(PC)、聚甲基丙烯酸甲酯(PMMA)、高吸水性树脂(SAP)等产品为主的高分子聚合物新材料,以对位芳纶、碳纤维及玻璃纤维复合材料等产品为主的高性能纤维材料,以聚酰亚胺薄膜、水处理膜等产品为主的高性能膜材料。另外,石墨烯及石墨烯改性超级活性炭等碳基新材料项目也在东营市布局。

山东国瓷功能材料股份有限公司生产的产品涵盖电子陶瓷介电材料、结构陶瓷材料(纳米复合氧化锆和氧化铝等)、建筑陶瓷材料(陶瓷墨水、釉料)、电子金属浆料(银浆、铝浆、铜浆、镍浆等)、催化材料(蜂窝陶瓷、分子筛、铈锆固溶体等)等。公司自主研发的项目——“多层陶瓷电容器用钛酸钡基介电陶瓷材料的产业化关键技术及应用”获得了国家科技进步奖二等奖。2019 年,公司被工信部评为第四批制造业单项冠军示范企业。胜利油田新大管业科技发展有限责任公司的主要产品有超大型中空结构复合材料舟桥板、碳纤维连续抽油杆、柔性复合连续管道、汽车轻量化板材、复合材料双层油罐等,是国家复合材料工业协会会长单位,新大商标是国家驰名商标。承担国家级科技项目 5 项,主导和参与编写国家及行业标准 10 项;拥有自主知识产权 190 项。山东石大胜华化工集团股份有限公司作为国家重点高新技术企业,主要产品有碳酸二甲酯、碳酸丙烯酯、碳酸乙烯酯、碳酸甲乙酯、碳酸二乙酯等碳酸酯类产品和六氟磷酸锂、各类添加剂等,是国内最大、国际知名度最高的电解液溶剂供应商,公司电解液溶剂的供应量约占全球的 40%,出口量约占国内电解液溶剂出口量的 80%。通过电池企业为特斯拉、比亚迪、宝马(BMW)、奔驰(Benz)等全球知名新能源车企提供最基础的能源材料。利华益维远化学股份有限公司生产的产品有双酚 A、聚碳酸酯和乙二醇等高端化学品,现拥有 12 万吨/年双酚 A、13 万吨/年聚碳酸酯、20 万吨/年合成气制乙二醇等装置,工艺技术、产品质量、环保能耗达到了国际领先水平,是国内最大的非光气法聚碳酸酯全产业链生产基地。

(二)园区情况

截至 2019 年,东营市共建有东营经济技术开发区新材料产业园和东营港经济开发区化工新材料产业园 2 个特色产业园区。

东营经济技术开发区新材料产业园正在全力打造“一园四区”空间发展布局:“一园”即千亿元级的新材料产业园,“四区”即正在重点建设的“高端功能陶瓷、先进复合材料、铜基新材料和高性能纤维材料及制品”四大产业集聚区。目前,园区已投产新材料企业 18 家,2019 年实现营业收入超过 50 亿元。其中,胜利油田新大管业科技发展有限责任公司、山东国瓷功能材料股份有限公司分别入选工信部第一批和第四批制造业单项冠军企业,国家级稀土催化研究院于 2019 年 8 月正式落户开发区,将为稀土催化相关产业培育和集聚发展提供强大的科技支撑。园区拥有 1 个国家级研究院、1 个国家级企业技术中心及 6 个省级实验室和研究中心。

东营港经济开发区化工新材料产业园布局了化工新材料、高端精细化学品两大主导产业。截至目前,新材料产业园共入驻企业 50 家,主要包括山东戴瑞克新材料有限公司高性能橡胶助剂建设项目、东营市科德化工有限公司碳四深加工项目、山东冠森高分子材料科技股份有限公司二氨基二苯醚项目、山东汇通利华生物科技有限公司乙基麦芽酚项目等重点企业的重点项目。产业园已发展成为鲁北高端石化产业基地的重点园区和重要发展载体，是省政府首批认定的综合性化工园区之一，是中国石化联合会评选的首批"中国智慧化工园区试点示范(创建)单位"。

(三)重点项目建设情况

为培育壮大新材料产业，东营市紧紧抓住项目建设这个"牛鼻子"，将其纳入省市重点项目予以统筹推进，加速项目投产达效。山东东珩国纤新材料有限公司总投资 6 亿元建设的 1 000 吨高性能氧化铝短纤维及其制品和 100 吨高性能氧化铝长纤维系列产品项目，达产后预计可实现年产值 15 亿元，利税 5.5 亿元。山东国瓷功能材料股份有限公司投资 3.6 亿元建设了年产 5 000 吨高纯超细氧化铝材料生产线项目和投资 3.2 亿元建设了年产 5 000 吨消费电子陶瓷外壳材料生产线项目，电子陶瓷材料项目建成后将成为全球最大的专业智能手机和穿戴电子产品用陶瓷材料生产基地。

东营经济技术开发区投资 5 亿元建设的国家级稀土催化研究院是国内稀土催化领域唯一的国家级研究机构，研究院由中国工程院原副院长、国家新材料产业发展专家咨询委员会主任干勇院士等 10 名院士和多名行业专家组成。研究院的研发成果优先在东营转化，将为东营引进一批具有世界级水平的科技领军人才与团队，培育一批具有国际影响力的稀土催化关键材料企业，带动具有国际竞争力、300 亿～500 亿元的稀土催化产业集群。

二、存在的问题

一是产业集中度低，布局分散。新材料企业布局较为分散，难以形成集聚效应。除东营经济开发区外，其他县区尚未规划建设专业的新材料产业园区。

二是产业链不完善，市场供需互动性差。多数新材料企业相互之间关联度不高，新材料应用终端企业与新材料行业之间缺乏有效的产业交流与融合渠道，新材料上、中、下游企业间缺乏社会化专业协作，配套率低。

三是技术基础积累薄弱，龙头企业偏少。71 家规模以上企业中大部分是产品附加值偏低的材料生产企业，而附加值高的前沿新材料生产企业数量少、规模小。

四是研发能力不强，高端人才匮乏。从整体看，产业人才总量不足、层次不高，特别是领军人才严重缺乏，造成了企业普遍重生产轻研发，重模仿轻创新。

三、下一步发展重点

一是鼓励企业研发创新。推进自主创新示范，聚焦前沿新材料、关键战略材料、先进基础材料三大领域，以行业骨干企业为主体，瞄准本行业关键技术，以国际、国内技术领先，打破国外垄断、替代进口为目标，开展自主创新试点项目建设，研发一批具有自主知识产权的关键核心技术。推进创新平台建设，按照政府引导、企业主体、市场化运作的原则，努力完善新材料创新链条薄弱环节。

二是支持骨干企业做强做优。围绕优势领域，大力培育一批拥有自主知识产权、核心竞争力强的领军企业，发挥它们的引领、带动作用，促进新材料产业加快发展。对企业在研发平台建设、重大技术攻关应用、高端人才引进培育、创新政策落实、知识产权管理等方面给予大力支持。

三是发展特色产业。推动优质资源向聚集区集聚,做大总量、提高质量,实现新材料产业协调发展、错位发展。依托东营港化工新材料产业园,打造"长链条、短流程、高附加值"的精细化工新材料产业。依托东营经济技术开发区新材料产业园,全力打造高端功能陶瓷、先进复合材料、铜基新材料和高性能纤维及制品四大产业链,以专业化园区建设为载体,构建制造、研发与服务三者并重的新材料产业体系,将园区打造成为世界一流的功能陶瓷引领区、全国知名的特色新材料产业集聚区。

第六节 烟台市

一、基本情况

近年来,烟台市新材料产业在多个领域实现了技术和产业化突破,培育了以万华化学集团股份有限公司为龙头的化工新材料产业链,以山东南山铝业股份有限公司为龙头的高端铝材料产业链,以烟台万隆真空冶金股份有限公司、烟台孚信达双金属股份有限公司为代表的铜合金产业链,以烟台泰和新材料股份有限公司为龙头的特种纤维产业链,以山东鲁鑫贵金属有限公司为代表的贵金属深加工产业链和以烟台正海磁性材料股份有限公司、烟台首钢磁性材料股份有限公司为龙头的稀土永磁材料产业链等。行业发展呈现出产业门类不断增多、新技术不断成熟、产业化速度逐步加快、局部优势越发突出的良好发展态势,形成了具有鲜明烟台特色的新材料产业。

(一)产业规模位居国内前列

烟台市是我国金属材料和贵金属生产大市,具备一定的竞争优势。新型金属材料产业拥有高端铝材、磁性材料、钛合金、铜合金、贵金属合金、电子材料、特种钢等众多细分领域,产业优势突出。在纺织新材料、新型无机非金属材料等领域拥有一批具有自主知识产权、在国内具有一定影响力的重点企业。

(二)高端产品特色鲜明

以万华化学集团股份有限公司为龙头的化工新材料产业链:万华化学集团股份有限公司是国内唯一一家同时拥有 MDI、TDI、ADI 全系列异氰酸酯制造技术自主知识产权的企业,是全球产能最大的 MDI 供应商,在国内市场的占有率达 40%,连续十年居首位,在国际市场上也占有重要的地位。在高性能橡胶材料领域,山东玲珑轮胎股份有限公司具备完善的研发体系和强大的新产品开发能力,成功开发出了石墨烯补强胎面轮胎、3D 打印超低生热与高抗切割聚氨酯轮胎、赛车胎、缺气保用轮胎等,参与了国家大飞机子午线轮胎先进复合材料及结构的设计与制造基础研究,并自主研发出了城市轨道交通专用产品,打破了国际一线品牌产品的垄断,实现了关键零部件轮胎的国产化、本地化生产。

以山东南山铝业股份有限公司为龙头的高端铝材料产业链:烟台市大力发展航空航天、轨道交通等领域用高端铝材,形成了车体、罐体等高端铝材的系列化、规模化、集约化的产业格局。其中轨道交通车体型材在国内市场的占有率达到 60%。

以烟台泰和新材料股份有限公司为龙头的特种纤维产业链：已形成包括氨纶、间位芳纶、对位芳纶、锦纶丝、差别化纤维等特种化纤材料产品，具备较为完整的，国际领先、国内唯一的特种纤维产业链条。

以烟台万隆真空冶金股份有限公司、烟台孚信达双金属股份有限公司、山东金宝电子股份有限公司为代表的铜合金产业链：高端覆铜板、铜箔、紫铜管锭排、铜铝复合材料、高强高导高弹高纯耐磨耐蚀特种铜合金新材料等产品在国内有较强的竞争力。铜铝复合排、铜包铝线、高性能特种铜合金的产能居国内前列。

以烟台正海磁性材料股份有限公司、烟台首钢磁性材料股份有限公司为龙头的稀土永磁材料产业链：高性能烧结钕铁硼磁性材料及其他磁性材料元器件的生产居全国前列，产品性能国内领先、国际先进，并凭借其良好的性价比得到了高端应用领域尤其是新能源和节能环保应用领域中高端客户的广泛好评。

以山东鲁鑫贵金属有限公司、烟台招金励福贵金属股份有限公司为代表的贵金属深加工产业链：键合金丝、金盐、靶材、首饰等产品已具备一定规模，其中山东鲁鑫贵金属有限公司生产的键合金丝在国内市场的占有率高达 60%。2019 年，烟台贵金属研究所有限公司完成了黄金纳米复合材料 30 千克/批生产线的工艺设计及设备研发，目前该生产线已稳定运行并生产出了合格产品，公司正在进行市场应用开发。

（三）产业集聚度高

在高性能铝合金材料领域，龙口市已经形成了以南山、东海工业园区为核心，以“能源—铝土矿—氧化铝—电解铝—精深加工—终端产品”完整产业链为主的铝加工产业基地。在高性能铜合金材料领域，烟台市拥有烟台国润铜业有限公司、山东恒邦冶炼股份有限公司、山东国大黄金股份有限公司、山东方泰循环金业股份有限公司 4 家铜冶炼企业，山东金宝电子股份有限公司、山东中佳新材料有限公司、烟台孚信达双金属股份有限公司、烟台万隆真空冶金股份有限公司等 7 家规模以上铜加工企业，基本形成了从铜冶炼到精深加工的产业集聚。在贵金属材料领域，招远市有各类黄金企业 190 家，形成了黄金机械、黄金精炼、工业用金、首饰加工销售等较为完整的产业链，是中国北方最大的黄金交易中心和全国最大的金银生产地，被中国黄金协会授予“中国金都”称号。在稀土功能材料领域，烟台市依托烟台正海磁性材料股份有限公司等稀土永磁材料生产企业，初步具备了高性能稀土永磁材料生产基地的建设基础。

（四）产业配套体系较健全

烟台市工业体系健全，产业协作机制完善。山东南山铝业股份有限公司等企业联合省内外致力于高端铝合金材料研究与生产应用的企业、科研机构、高校成立了“山东省铝合金材料研发及应用技术创新联盟”，为促进山东省高端铝合金材料研发及应用，全面提升山东省铝产业技术创新能力，在平等互利、优势互补、资源共享、合作共赢的原则下，积极推动高端铝合金材料研究理论与应用技术的自主创新与科学发展，共同建设、共享成果。山东金宝电子股份有限公司牵头组建的“烟台市高端电子功能材料产业技术创新战略联盟”，建设了以国家需求和市场为导向、以高端电子功能材料龙头企业为主体、跨行业产学研相结合的创新平台，整合行业科技资源，融通行业的技术研发，组织瓶颈技术创新攻关团队，加快研究成果共享与转化，优化烟台市高端电子功能材料产业链，推动高端电子功能材料产业整体升级,提高烟台市高端电子功能材料行业在国内外的竞争能力和市场占有率。

二、存在的问题

经过多年的发展,烟台市新材料产业总量迅速膨胀,与省内、国内同类城市相比也形成了一定的比较优势,基本解决了“有”的问题,但“优”的问题日益突出。尤其是面对经济新常态,烟台市新材料产业已步入提质换挡、从量变到质变的关键时期。目前主要存在以下问题:一是产业结构整体层次还有待提高,主要依赖劳动力的低成本优势参与市场竞争的劳动资源密集型产品还占有相当大的比重;高新技术产业虽已占较大比重,但主要依靠少数大企业拉动,仍有很多企业处于产业链低端环节,产品附加值偏低。二是烟台市技术创新体系虽然较为完善,但创新能力仍待提高,产品的科技含量和装备的现代化程度不高。多数企业还处于技术引进与应用层次,原始创新和集成创新依然缺乏,全市拥有自主知识产权产品的企业比重仍较低。三是链式产业发展不足。虽然块状经济已初具规模,但还是缺少像 MDI 和高端铝产业链这样能够带动大量产业配套的延展型产业链条。四是高层次人才特别是领军型人才比较缺乏。复合型高技术人才稀缺,人才质量有待进一步提高。

三、下一步发展重点

建设产业基地和园区,推动产业集聚发展。规划建设新材料产业园区,通过新材料园区和基地建设,改变新材料产业发展零星布局的不利局面,优化资源配置,为产品的结构调整和招商引资提供新的机遇和发展平台,为新材料产业高技术项目的孵化和促进创新成果的产业化提供平台。重点建设烟台化工产业园(含万华工业园)、龙口市“有色金属(铝精深加工)国家新型工业化示范基地”、福山贵金属新材料基地等。

大力推进重点化工项目发展,加快新旧动能转换。筹划建设 3 个千亿元级新材料基地,同时集合技术先进、资金密集、规模较大三要素,实现高科技项目的规模突破。一是烟台万华产业园,规划总投资 1 100 亿元,规划面积 12.5 平方千米,一期工程已经完工,二期工程主要建设百万吨级的乙烯项目和自主研发的 20 余项高附加值的化工新材料项目。建成投产后,烟台万华工业园将成为全球最大的聚氨酯制造基地,并成为我国化工新材料领域产业转型升级的示范园区,到 2025 年,将成为全球聚氨酯行业的市场领先企业、全球涂料行业的主要原料供应商、中国重要的烯烃供应商。二是龙口裕龙岛炼化一体化项目,面积为 35.23 平方千米,承接全省地炼企业整合重组,总投资为 1 800 亿元,建设年产 400 万吨的炼化一体化项目;同时,配套建设一批精细化工和新材料企业,形成一个产值为数千亿元的石化、化工新材料基地。目前,项目正处于筹备阶段。三是国家级贵金属新材料基地项目,由烟台与中国黄金集团合作建设,纳米级黄金等贵金属新材料的技术处于国际先进水平,基地规划中期目标是 2025 年达到 100 亿元,远期目标是 2030 年达到 1 000 亿元。目前,该项目已进入产业化生产阶段。

加大新材料科技创新,培养高科技人才队伍。大力推进新材料领域自主创新基础能力建设,进一步提高新材料产业的整体技术水平。采取政府资助,高校、科研院所和企业共建的原则,在重点新材料领域,组建和完善一批国家和省级重点实验室、工程技术研究中心及企业技术中心,以骨干企业为依托,加强产学研联合,推进科研成果产业化。加强新材料产业行业中创新平台和公共服务体系建设，在科研开发、专利授权、成果转化等方面给予重点扶持，发挥新材料产业自主创新的集群效应。造就高素质人才队伍，打造国内一流的科研队伍。

强化政策支撑，加大创新投入。新材料技术是一项高投入、高风险的技术，在研发推广过程中有很多困难。新材料产业的发展依赖于持续的投入、不断的技术创新，有效的资金投入是新材料技术和产业发展的必要条件。下一步，烟台市将进一步落实国家、省、市等相关政策，加大对新材料产业发展的扶持力度。

第七节　潍坊市

一、基本情况

近年来，中共潍坊市委、市政府高度重视新材料产业的发展，把新材料产业作为十大产业之一进行重点培育，潍坊市新材料产业取得了长足发展，创新成果不断涌现，培育了大批龙头企业以及以高性能纤维材料、高分子新材料、功能性膜材料、碳化硅陶瓷材料等为主导的优势产品，在国内同行业中处于领先地位，具有较高的市场知名度和认可度。2019 年，新能源新材料产业实现营业收入 843 亿元，居全省前列，同比增长 4.2%。

（一）新材料产业种类及领军企业情况

潍坊市现已形成了高性能纤维复合材料、高分子新材料、先进有色金属材料、先进无机非金属材料四大类发展重点。在领军企业方面，近两年，先后有山东金鸿新材料股份有限公司、潍坊华美精细技术陶瓷股份有限公司等 7 家企业入选山东省新材料领军企业 50 强。山东金鸿新材料股份有限公司的主导产品碳化硅工程陶瓷在全国市场的占有率为 35%，在山东省市场的占有率为 48%，碳化硅防弹陶瓷在国内市场的占有率居国内前列。潍坊华美精细技术陶瓷股份有限公司的主营产品主要分为耐高温陶瓷、耐磨损陶瓷、耐腐蚀陶瓷、集成电路芯片及液晶玻璃基板生产用陶瓷、国防军工及航空航天用陶瓷等 20 多个种类。潍坊市宏源防水材料有限公司拥有国内首条改性沥青防水卷材两米生产线和三元乙丙最大硫化生产线。山东恒联新材料股份有限公司以天然纤维为原料，与中国科学院化学研究所合作开发的以离子液体为溶剂的纤维素膜的生产技术处于国际领先水平。山东龙港硅业科技股份有限公司的环保型纺织品用硅系阻燃材料打破了日本技术垄断。山东旭锐新材有限公司的无卤环保膨胀型阻燃母料技术获国家技术发明二等奖，产品打破了跨国公司对该类产品的技术垄断，在国内市场的占有率达 20% 以上。

（二）园区发展情况

潍坊生物基新材料产业园位于寒亭区固堤街道，总投资 110 亿元，总规划占地面积为 6 117 亩。其中，一期占地面积为 1 385 亩，计划投资 46.7 亿元，先期主要建设高性能功能化纤维孵化器、年产 8 万吨差别化纤维、年产 3 万吨生物基可降解绿色纤维素膜、年产 5 000 吨生物纤维素肠衣、年产 6 万吨特种纸等 8 个生物基纤维新材料项目，并同步配套建设热电联产设施、公用型污水处理厂和水电设施，力争用 2～3 年时间建成百亿元级生物基纤维新材料产业园,形成国内领先的新材料研发和生产基地,争创国家级循环经济示范园区。

鲁清橡塑新材料产业园位于寿光市羊口镇,总投资 50 亿元,规划占地面积为 1 000 亩,按照"培育新产业、新动能、新增长极"的发展要求,加快打造橡塑新材料产业园。该产业园主要围绕鲁清产业链上下游企业,大力发展高端医用材料、弹性体材料、3D 打印材料等新材料产业,延伸石油化工精深加工产业集群,形成产业群孕育企业群、企业群支撑大产业的格局,加快开发区新旧动能转换,实现经济的高质量发展。

寿光生物基新材料产业园位于潍坊寿光高新技术产业开发区,是寿光高新区规划的发展生物基新材料产业的专业化园区,园区规划用地面积为 5 300 亩,其中工业用地面积为 4 500 亩,主要用于安置生物基新材料产业项目的建设、生产和研发。重点吸收运用生物技术研发新型材料的科研团队、利用现有成熟生物技术进行新材料生产的加工型企业入园创业。园区已安置山东寿光巨能金玉米有限公司入驻,该公司的主要产品有尼龙 56、淀粉基降解塑料、高纯光 D-乳酸等。

安丘新材料产业园总投资 60 亿元,位于安丘市新安街道。该产业园于 2018 年年底启动,通过加强与行业领军企业、顶尖专家、国家级协会交流合作,引进新材料尖端人才及前沿技术、新型产品,培育行业龙头,把安丘市打造成为全国知名的新材料生产基地。项目规划占地面积为 9 933 亩,其中起步区的面积为 2 000 亩,计划投资 60 亿元。

临朐高端铝加工产业园总投资 150 亿元,位于临朐县东城街道工业园,产业园总规划面积为 12.24 平方千米,共分四大组团(涉铝装备制造组团、门窗加工组团、配套服务组团、物流组团)。目前,园区已落户山东华建铝业集团有限公司、中欧节能门窗产业园、山东优嘉节能科技有限公司、江北物流城等重点企业。全县现已培育起山东华建铝业集团有限公司、山东伟盛铝业有限公司、潍坊广华铝材有限公司、山东建美铝业有限公司、山东新裕东铝业有限公司、山东米兰之窗系统门窗幕墙有限公司等技术先进、实力雄厚的铝型材生产企业 67 家,关联配套企业 260 多家,市场专业经营业户 500 多家;铝型材年产能达 160 万吨,整个集群实现年产值 320 亿元。

昌乐佳诚数码新材料产业园位于昌乐县经济开发区,总投资约 13.7 亿元,规划占地面积为 417 亩,是依托潍坊佳诚数码材料有限公司建设的数码新材料产业园区。该产业园分期完成现代化新材料涂层车间、新材料整理车间、新材料织造车间、新材料研发实验室、现代化物流中心及办公楼等设备设施建设,主要生产数字打印介质新材料,以涂层纺织品材料替代传统的 PVC 材料,产品安全、环保、阻燃,倾力打造行业第一、亚洲领先、世界前列的自动化智慧园区。

昌邑中国超纤产业基地以山东同大海岛新材料股份有限公司、潍坊创信超细纤维有限公司为核心,以昌邑誉华纺织材料有限公司、昌邑雅辉超纤材料有限公司等企业为龙头,重点发展水性聚氨酯合成革、易染生态合成革、超棒皮系列高性能超纤革、功能性超纤革等高档超纤革,研发超棒皮系列鞋革、汽车革、服装革等产品。延伸产业链条,加深与化工、非织造布、箱包等全产业上下游的衔接,建设集技术研发、市场销售于一体的中国超纤产业基地。预计到 2022 年,超纤合成革产业实现主营业务收入 30 亿元,新材料占比达到 60% 以上,高铁、汽车、服装、鞋革等高端超纤革主营业务收入占比达到 50% 以上。

寿光新型防水材料产业基地以宏源防水科技集团有限公司、潍坊市宇虹防水材料(集团)有限公司、山东汇源建材集团有限公司等企业为龙头，依托山东省弹性防水材料工程技术研究中心、潍坊市宇虹防水材料(集团)有限公司和宏源防水科技集团有限公司省级企业技术中心、山东汇源建材集团有限公司和宝源防水材料股份有限公司"一企一技术"研发中心、潍坊市新型防水材料工程实验室等平台。重点发展弹性体改性沥青、高分子防水卷材、环保型防水涂料等新型防水材料，研发生产弹性体改性沥青、塑性体改性沥青、聚氨酯防水涂料等新型绿色环保防水材料产品。延伸发展轻质建筑，打造从钢铁水泥、防水涂料、建筑板材、阻燃材料到墙体材料等全产业上下游衔接的产业链条，建设集技术研发、设备制造、市场销售、工程施工于一体的高端防水材料产业基地。预计到 2022 年，新型防水材料产业实现主营业务收入 70 亿元，高铁、地铁、机场、水利等高端防水材料主营业务收入占比达到 50% 以上。

(三)重点项目建设情况

自 2018 年以来，寿光金玉米生物科技有限公司氨基酸生产线项目、欣龙生物材料有限公司生物基新材料产业园年产 16.5 万吨生物基高性能纤维等 16 个新材料项目先后被列入省新旧动能转换重大项目库。2020 年，重点推动俊富非织造材料有限公司超细多纤共混"幻影"新材料项目建设。项目总投资 5.9 亿元，主要引进幻影技术，一期建设产能为 15 000 吨的超细多纤共混"幻影"新材料生产线，二期新增产能 15 000 吨，最终实现 30 000 吨产能。项目建成后，预计年新增销售收入 9.5 亿元，新增利润 2 亿元。

二、存在的问题

一是土地指标和资金因素制约项目进展。土地指标制约是首要问题，小型技术改造可能在"零用地"的情况下就能实现，但是转型升级，特别是大型企业和大项目的转型升级就面临着较大的土地制约。以临朐的中欧节能门窗产业园项目为例，项目总占地面积为 3 600 亩，目前仍有较大的土地指标未落实，影响施工进度。

二是人才问题成为产业转型的重要制约因素。引进的人才数量偏少，高端专业人才相对缺乏，企业研发团队主要与高校联合，或是从外部引进，企业深度研发对外依赖性较大。如宝龙达实业集团有限公司反映，有机硅高分子材料缺乏产品研发的高端技术人才，新产品研发生产效率受限。

三是大项目、龙头项目少，对产业的集聚效应差。潍坊市新材料产业项目规模和层次还不高，并且分布分散，缺少有带动力的大项目、龙头项目，投资额及收益与预期还有一定差距，招商引资工作效果不理想。

四是国家政策需进一步倾斜。潍坊市企业反映，国家在可降解生物基材料方面缺乏有效的政策鼓励，建议在政策上进行倾斜和支持，加强对传统材料的环保控制，在限塑等方面采取更加严格有效的实际行动。

三、下一步发展重点

对接国家、省新材料产业发展重点和方向，按照潍坊市新旧动能转换要求，结合潍坊市新材料重点企业中长期发展目标以及潍坊市新材料产业集聚程度、技术水平、产品定位等方面的实际,重点推动新材料产业向高性能化、多功能化、智能化、绿色化方向发展。

高性能纤维及复合材料。大力发展聚丁二酸丁二酯、聚乳酸、生物基纤维等产品。提升壳聚糖止血、复合水凝胶等人体止血修复材料和防粘连材料产品的技术水平,大力发展壳聚糖海洋生物医用敷料材料。大力发展高性能超纤革功能性超纤革以及高模低缩工业长丝、涤纶长丝、芳纶纤维骨架材料。

高分子新材料。大力发展新型高分子功能材料、特种橡胶及弹性体,研发可完全代替传统邻苯类增塑剂的新型生物基增塑剂。大力发展新型安全、节能、环保的功能型有机硅新材料以及高分子复合新材料和汽车塑料配件,推动"以塑代钢""以塑代木""以塑代铝"。加快新型涂层材料的研发,发展具有可降解、无重金属、阻燃、抗划伤等特性的数字打印介质新材料。

先进有色金属材料。围绕轨道交通、汽车制造、医疗器械等行业需求,研发先进的型材、管材、薄板和零部件,以临朐县、安丘市为重点,打造先进铝基、铜基复合新材料基地。

先进无机非金属材料。大力发展碳化硅工程陶瓷、碳化硅微粉和碳化硅防弹陶瓷新材料以及弹性体改性沥青、高分子防水卷材、环保型防水涂料等新型防水材料。大力发展热塑性复合材料,打造江北最大的热塑性玻璃钢生产基地。

第八节 济宁市

一、基本情况

新材料产业作为济宁市的新兴产业,近几年得到了快速发展,形成了化工新材料规模膨胀、生物新材料国内领先、石墨烯新材料和稀土新材料加速发展的格局。济宁市拥有规模以上新材料企业 60 余家,主要涉及化工新材料、生物基新材料、稀土新材料、石墨烯新材料、玻璃纤维复合新材料、高性能碳纤维新材料等领域。2019 年,新材料产业实现营业收入 137.4 亿元,实现利润 14.3 亿元。

(一)重点产品规模效应显著

生物法长链二元酸、绿色尼龙、沥青基碳纤维、新工艺炭黑、新型石墨烯纳米材料、硅烷偶联剂、电子级玻璃纤维等重点新材料产品规模效应凸显,骨干企业支柱作用明显。山东凯赛(济宁)生物技术有限公司的生物法长链二元酸产能位居世界第一,2019 年总产量达到 40 000 吨,产品的国际市场占有率达到 80% 以上,国内市场占有率达到 90% 以上,下游发展生物基戊二胺和生物基聚酰胺项目的市场前景广阔;山东金利特新材料有限责任公司拥有山东省首条石墨烯生产线,利用自主开发的多种生产控制技术,实现了石墨烯原材料定制化生产,具备年产石墨烯粉体 200 吨的生产能力;泰山玻璃纤维邹城有限公司拥有年产玻璃纤维及制品 22 万吨、电子布 0.84 亿米的生产能力,位居同行业前列。

(二)创新能力逐步增强

济宁市现有国家级研发中心 2 家、省级研发中心 10 家、市级研发中心 12 家。山东利特纳米技术有限公司拥有多项国际和国内专利技术,参与了多项石墨烯国家标准的制定，发起成立了中国石墨烯产业技术创新战略联盟、山东省石墨烯产业技术创新战略联盟。泰山玻璃纤维邹城有限公司拥有国家级企业技术中心，其主导研发的高 Tex 数无碱无捻玻璃纤维直接纱项目获国家科技进步奖二等奖。济宁碳素集团有限公司拥有国家级企业技术中心、国家级碳素实验室、国家级煤化实验室，研发出了国内唯一的高纯度浸渍剂沥青、高软化点沥青等精细化工产品，并实现了规模化生产，产品填补了国内市场空白，部分替代了德国和日本进口产品，“JNCARBON”（济宁碳素）也获批中国驰名商标。山东鲁泰控股集团有限公司石墨烯高分子复合材料研发中心，建立了石墨烯高分子复合材料研发团队，与美国普林斯顿大学、清华大学等多家院校联合研发。

（三）园区建设情况

目前，以重点企业为龙头，济宁新材料已初步形成了化工新材料、生物基新材料、石墨烯新材料等特色产业集聚区。济宁新材料产业园区以山东凯赛（济宁）生物技术有限公司为龙头，发展长链二元酸系列产品；以山东金利特新材料有限责任公司为龙头，发展石墨烯相关系列产品；以园区高端化工为依托，发展化工新材料产品。邹城化工产业园以泰山玻璃纤维邹城有限公司为龙头，生产玻璃纤维电子纱等产品。梁山稀土新材料产业园依托中稀天马新材料科技股份有限公司，新引进山东南稀金石新材料有限公司、天津瑞卡特电子科技有限公司、宁波中杭磁材有限公司等大项目落地建设，形成了集稀土氧化物、金属冶炼、磁材加工于一体的闭合产业链。高新区新材料产业园以加睿晶欣第三代半导体（氮化镓）产业园项目、远山半导体、瑞城宇航高模量碳纤维产业园项目为依托，发展半导体和碳纤维系列产品。

二、存在的问题

新材料产业总体发展层次不高。一是济宁市新材料产业规模不大、突出企业不多、创新能力还需加强，在补充、拉长产业链条招商引资方面对市外企业吸引力较差，实现招商引资难度较大。二是高附加值产品品种较少、技术水平总体不高、主要原料等生产要素配套能力急需加强。三是产学研合作不够紧密、科技成果工业转化能力较弱。在新材料应用市场拓展、产品示范应用方面亟待加强。

政策支持力度不够。新材料产业发展环节多、周期长、技术复杂度高，具有很高的不确定性，对政策的依赖性很强。总体来看，目前支持新材料产业发展的有效政策较少，与其担当的产业重任极不匹配。新材料产品的研发、产业化及应用都面临较大的风险，需要资金、政策支持，打通科技链、金融链、产业链，使三者真正联动起来，这是新材料产业发展的当务之急。

三、下一步发展重点

聚焦化工新材料、石墨烯新材料、生物基新材料、稀土新材料、玻璃纤维复合新材料等领域，依托山东益大新材料股份有限公司、山东凯赛（济宁）生物技术有限公司、山东钢研中铝稀土科技有限公司、中稀天马新材料科技股份有限公司、泰山玻璃纤维有限公司、山东利特纳米有限公司等核心重点企业，以济宁新材料产业园区、邹城化工产业园、梁山稀土新材料产业园、高新区新材料产业园等园区为平台，以重点项目为支撑，实施强链补链工程，拉长产业链，以编制《制造业“十四五”发展规划》为契机，加大产业研究，编制新材料产业集群培育方案,打造生产集聚区。

第九节 泰安市

一、基本情况

截至 2019 年,泰安市共有规模以上新材料企业 153 家。在泰山玻璃纤维有限公司、泰山石膏有限公司、山东路德新材料有限公司、山东泰鹏集团有限公司等一批骨干龙头企业的带动下,新材料产业呈现快速发展态势,发展的质量和效益不断提高。2019 年,新材料产业实现营业收入 543.9 亿元,同比下降 3.4%;利润总额 40.9 亿元,同比下降 39.1%。2019 年,新材料产业累计实现税收 26.52 亿元,占全市税收收入的 9.1%,较去年同期增长 19.26%。

(一)新材料产业种类及领军企业情况

泰安市新材料产业已初具雏形,主要包括土工新材料、先进纺织材料[包括生物基化学纤维、非织造材料和功能性绳(缆)网]、建筑新材料、高性能纤维、稀土永磁材料、光通信材料和锂电新材料 7 类。泰山玻璃纤维有限公司的主导产品无捻粗纱、短切毡、方格布、多轴向经编织物、热塑性纤维、电子细纱及电子布、耐碱玻璃纤维等系列产品,现有总规模达 100 万吨/年,是全球三大玻璃纤维制造企业。山东泰鹏集团有限公司主要研发和生产家纺、无纺、家居用品,拥有 3 个国家级高新技术企业、31 项省级以上科技成果、4 项省级以上科技进步奖、2 项国家火炬计划项目、2 项科技部创新基金项目。其中,“再生涤纶纺粘无纺布”等 3 个项目先后被工信部、国家发改委列为工业振兴和技术改造专项。该公司是“泰安市工业领军企业 50 强”“58 家省工信厅双向联系服务企业”。鲁普耐特集团有限公司是全球高端绳网集成化服务商、国家级高新技术企业、中国绳网研发基地,目前已成为中国规模最大、技术力量最强、产品种类最齐全的综合性集团公司,出口量居国内前列。山东路德新材料股份有限公司系国家级制造业单项冠军示范企业,主要生产玻璃纤维土工格栅、涤纶经编土工格栅、钢塑复合土工格栅等基础设施建设专用新材料,产品主要被应用于高速公路、隧道、岛礁工程等,市场占有率稳居同行业前列。

(二)重点项目建设情况

泰山石膏有限公司投资 13.18 亿元的山东泰安 40 万吨护面纸及配套续建项目已基本建设完成;泰山玻璃纤维有限公司投资 11.8 亿元的年产 12 万吨无碱玻璃纤维池窑拉丝生产线项目已于 2018 年年底点火。华能山东泰丰新能源有限公司光纤预制棒、光纤制造项目被列为市 2019 年重点任务插旗事项,正积极有序推进,一期项目建设已完成 70%。中旭国泰实业有限责任公司年产 1.2 万吨高端芳纶及制品产业化项目为儒商大会签约项目,总投资 50 亿元,已投资 5.69 亿元。目前,项目已进入施工阶段,正在进行塔吊的基础处理和塔吊进场安装。

二、存在的问题

产业链条较短。部分企业以生产初级产品为主，产业链延伸不够；大部分企业以生产中间产品为主，后续精深加工不足，尚未形成一个有机联动的全产业链。

企业规模较小。泰安市新材料企业中 69.2% 的为小型企业，产业专业化分工不明显；52.5%的企业同时涉及研发、制造、销售环节，产业规模较小导致创新能力较弱。

三、下一步发展重点

抓好新材料规划落实。推进新材料产业高质量发展，切实把新材料产业打造成泰安市支柱产业。积极实施“二二三一工程”。做强建筑新型材料和高性能纤维产业，做大土工新材料和先进纺织材料产业，培育光通信材料产业、稀土永磁材料和锂电新材料产业，拓展前沿芳纶及相关材料产业。在实施“二二三一工程”的基础上，通过建链、补链、延链，打通产业间的“隔离墙”，进行产业组合创新，努力打造新型建筑材料、新能源材料和光通信材料三大产业集群。

抓好重点项目建设。完善新材料专班运行机制，加强对插旗重点项目的调度，及时了解其进展情况和推进过程中遇到的问题。重点抓好投资 89 亿元的国泰大成新材料科技产业园碳纤维项目、投资 110 亿元的正威泰安新材料产业项目、投资 21.5 亿元的泰山玻纤产业园项目、投资 2.5 亿元的山东泰鹏集团有限公司聚酯纺熔非织造复合滤材项目、投资 5.2 亿元的山东路德新材料股份有限公司高性能碳纤维土工格栅及高性能复合材料项目等十大新材料产业插旗项目。

加强与中国建材集团的合作，推动“双招双引”。中国建材集团下属的泰山石膏有限公司、泰山玻璃纤维有限公司、泰安中联水泥有限公司均为泰安市新材料产业的骨干企业，新材料专班将全方位做好对接服务，协调解决生产经营中存在的问题，使之起到龙头带动作用。积极开展与中国建材集团的对接交流，争取使更多更好的项目落户泰安。

第十节　威海市

一、基本情况

截至 2019 年，威海市共有规模以上新材料企业 133 家，从业人员 27 000 余人。在威海光威复合材料股份有限公司、山东浩然特塑股份有限公司、威海万丰镁业科技发展有限公司等一批骨干龙头企业的带动下，新材料产业呈现快速发展态势，发展的质量和效益不断提高。2019 年，新材料产业实现营业收入 227.8 亿元，利润 31.2 亿元，同比增长 16.5%。

（一）新材料产业种类及领军企业情况

威海市新材料产业的主要产品有碳纤维及其制品、镁合金汽车轮毂及零部件、聚砜系列特种工程塑料等上千个品种，基本形成了以碳纤维及其复合材料、医用新材料、铝镁合金材料为主要支撑，以新型化工材料、耐磨材料等为补充的产业体系。

威海光威复合材料股份有限公司是我国第一家从事碳纤维研发与生产并率先突破碳纤维生产技术、实现产业化的民营企业,是国内碳纤维行业第一家 A 股上市企业。企业拥有碳纤维制备及工程化国家工程实验室、国家级企业技术中心等研发平台,主持起草了《聚丙烯腈基碳纤维》《碳纤维预浸料》两项国家标准,先后申请专利 249 项,承担国家和省市级高科技项目百余项。

威高集团有限公司是中国企业 500 强中唯一上榜的医疗器械企业,近年来,企业开发了医疗耗材、骨科、血液净化、心内、生物科技等 50 多个系列、700 多种产品,其中高端医用耗材、血液净化系列产品、骨科材料系列产品等 100 多种产品打破了国外垄断,30 多个项目被列入国家计划,聚烯烃材料、输注与介入医用耗材、心脏支架 3 个项目获得了国家科学技术奖。

威海万丰镁业科技发展有限公司作为山东省镁铝合金深加工领域的龙头企业,先后承担了国家科技支撑计划、工业强基、国际合作等省级以上重大科技专项 10 余项,并先后荣获省部级以上科技奖励 4 项,起草镁合金国家标准 3 项。

山东浩然特塑股份有限公司是国内唯一一家生产聚苯砜(PPSU)、聚醚砜(PESU)、老聚砜(PSU/PSF)和聚醚醚酮 4 种特种工程塑料的高新技术企业,拥有国内首条(唯一)具有完全自主知识产权的千吨级高品质聚砜树脂生产线,是世界上继美国苏威、德国巴斯夫公司后第三家聚砜树脂供应商。

威海金威化学工业有限责任公司是国内最大的紫外线吸收剂系列产品和磷腈阻燃剂生产商,紫外线吸收剂的生产能力为 5 000 吨/年,磷腈阻燃剂现年生产 1 000 吨;紫外线吸收剂的产量占全球同类产品的 60%。

威海多晶钨钼科技有限公司是一家专注于钨、钼、铼及其合金材料的研发、生产与销售的高新技术企业。企业的钨钼产业链完整,从粉末制备、烧结、锻造轧制到机械加工的整套钨钼深加工生产线技术处于国内领先水平。主导产品高压气体放电灯钨电极组件(钨阳极、阴极、支撑杆)、耐高温抗下垂钨丝等,在国内市场的占有率超过了 15%。部分产品替代了进口,满足了国内高端市场的需求。

威海晨源分子新材料有限公司拥有亚洲首条也是目前唯一一条树枝状聚酰胺胺和超支化聚合物的产业化生产线,实现了树枝状聚合物的规模化生产,填补了国内空白,打破了欧美技术垄断。树枝状及超支化聚合物的年产能达到 5 000 吨,占领了国内 80% 的市场份额。

(二)园区建设情况

临港区碳纤维产业园作为威海市碳纤维产业集聚发展的重要载体,规划布局创研与成果孵化区、碳纤维生产区、复合材料生产区、智能生活配套区四大板块,定位打造国家碳纤维及其复合材料产业基地以及国家创新中心。截至 2019 年,园区新引进产业项目 4 个、科研平台 3 个,累计入驻企业 17 家,叁星飞荣、飞牛高分子、金贝壳刀具等 8 个产业化项目已经建成投产。

南海新区石墨烯产业园规划建设以特高纯石墨材料为基础,以石墨烯功能材料、核级石墨材料、新能源碳材料为核心的高新技术产业先行区。目前,该园区拥有威海南海碳材料有限公司、威海南海新能源材料有限公司、山东威林特新能源科技有限公司等一批高新技术企业，成功引进产业项目 7 个，其中，电堆双极板、三合永超级电容器、坤龙新材料等 3 个项目已建成投产，石墨烯技术研究院实验室已投入使用。

中欧水处理及膜技术创新产业园于 2019 年 7 月正式开园，园区规划定位为世界一流的水处理及膜技术创新创业中心，集研发、孵化、生产、展示、交易、投资于一体的国际化、专业化新型产业园区和国际水处理及膜技术产业研发、转化、生产、配套基地。截至目前，已累计对接包括世界 500 强、国内外上中下游企业和高端人才等 46 个项目，其中山东中欧膜技术研究有限公司、威海格润环保科技股份有限公司等的 16 个项目已落户园区。

（三）重点项目建设情况

为培育壮大新材料产业，自 2019 年以来，威海市重点储备了总投资为 283.8 亿元的 37 个新材料产业项目，并分别将它们纳入市级重点项目库和市级新旧动能转换重大项目库统筹推进扶持。其中，威海金泓集团有限公司总投资 8 亿元的年产 10 万吨新型丙烯酸类系列助剂产业化建设项目，建成后可填补国内空白，打破国际垄断；威海海鑫新材料有限公司总投资 10 亿元的高档双零铝箔生产项目，投产后可新增销售收入 7 亿元；拓展纤维干喷湿纺高强型碳纤维高效制备技术等 2 个项目获批全省第一批新旧动能转换重大工程重大课题攻关项目计划；聚丙烯腈基高强高模型碳纤维产业化制备关键技术攻关、无色透明聚酰亚胺树脂及其薄膜的研发及产业化等 7 个项目通过山东省重大创新工程竞争类项目获批立项。

二、存在的问题

虽然威海市新材料产业具有较好的发展态势，但仍存在一些影响产业发展的问题。一是企业创新能力不足，部分新材料企业核心技术与专用装备水平相对落后，存在产品性能不稳定、高端品种产业化水平低等问题。二是高端人才较为缺乏，企业普遍存在人才引进难、留住难的问题，新材料企业尤为突出。三是受地理区域和环境等因素的制约，本地的生产供应链配套能力较弱，在一定程度上制约了企业生产资源的满足和发展。

三、下一步发展重点

下一步，威海市将以提高自主创新能力为核心，以高性能纤维及复合材料、先进高分子材料、高端金属材料、无机非金属功能材料、高性能冶金材料、石墨烯材料为发展重点，突破新材料规模化制备的成套技术与装备，加强军民共用新材料技术双向转移，引领新材料上下游产业相互衔接，致力于打造全国最大的碳纤维生产基地、国内知名的先进高分子材料产业基地，推动新材料产业成为构建具有威海特色现代化产业体系的重要支撑。

实施创新提升工程，推动关键技术研发。强化企业创新主体地位，加快构建政、产、学、研、用、金、服一体联动的创新模式。编制《威海市产业关键共性技术发展指南》，强化政策引导，鼓励和支持企业整合创新资源，突破高性能碳纤维材料低成本化等一批关键核心技术。

培育龙头骨干企业，加快产业规模扩张。搭建资源对接平台，在财税、土地、人才、培训、金融、信用等方面研究制定扶持政策，对列入冲击新目标行动的入库企业和后备库企业予以重点支持，鼓励企业延伸产业链条、提高细分市场占有率，努力打造一批“单项冠军”“隐形冠军”“瞪羚企业”。同时,加快推进碳纤维等复合材料产业的军民融合工作,加快军民共用新材料产业化、规模化发展。

拓展延伸产业链条,推进产业集聚发展。围绕产业发展的关键领域,结合产业链薄弱环节,依托儒商大会、威商大会、产学研展洽会等对接交流平台,有针对性地开展“建链、补链、强链”招商。充分发挥碳纤维产业园、南海石墨烯产业园、中欧水处理及膜技术创新产业园等高端园区的集聚优势,进一步优化新材料产业发展布局。

建立人才培养体系,支撑产业质量提升。一是加强企业家队伍建设。开展民营企业“青蓝接力”行动,不断提升企业家决策管理能力。二是引进和培养产业创新人才。实施泰山产业领军人才、威海市产业工程特聘专家支持计划,选拔引进一批能够突破关键技术、引领产业发展的高层次技术创新人才及创新团队。三是加强蓝领工人队伍建设。推动新材料企业与职业学院共建产教融合实训基地,大力培育高精尖人才和实用型、技能型人才。积极弘扬劳模精神和工匠精神,引导各类优秀人才向制造业集聚。

实施绿色制造工程,推动产业可持续发展。实施“工业绿动力”计划,推动节能新技术、新产品在制造业领域的应用。开展生态(绿色)设计企业试点工作,培育和实施一批绿色制造系统集成、绿色园区、绿色工厂、绿色产品工程和项目的建设。大力开展化工产业安全生产转型升级专项行动,加快化工企业“进区入园”,推动新材料产业实现低碳环保、节能高效、循环安全、可持续发展。

第十一节　日照市

一、基本情况

近年来,日照市高度重视新材料产业发展,目标明确、重点突出、效果初显。在日照钢铁控股集团有限公司、山东沪鸽口腔材料股份有限公司等一批骨干龙头企业的带动下,新材料产业呈现快速发展态势,发展的质量和效益不断提高。截至2019年,全市新材料企业40余家,其中规模以上新材料企业33家,规模以上新材料企业完成的工业总产值为479.4亿元,同比增长3.5%。

(一)发展格局初步形成

目前,日照市已形成了以日照钢铁控股集团有限公司、山东钢铁集团日照钢铁有限公司为主的先进钢铁材料,以日照宝华新材料有限公司、山东万方板业有限公司等为主的高端金属材料,以日照岚星化工工业有限公司为主的先进石化化工新材料,以日照中博化工有限公司、日照广大建筑材料有限公司等为主的先进高分子材料,以日照亿鑫电子材料有限公司、日照市华业玻璃有限公司等为主的先进无机非金属材料,以山东日能超硬材料有限公司为主的高性能纤维及复合材料,以山东迈尔医疗科技有限公司、山东沪鸽口腔材料股份有限公司为主的前沿新材料的产业格局。

创新水平有所提升,骨干企业优势突出。日照市以突破和掌握具有独立知识产权的核心技术为目标,以强大的科研创新团队为依托,以价值创造为核心,加强研发攻关,积极培育自主创新能力。日照众邦电子有限公司与国防科技大学合作，开展了不同用途导电银胶的制备和应用技术研究，填补了高端银浆产品的国内空白；山东中泰阳光电气科技有限公司建有省级“高压绝缘新材料”工程技术研究中心，其复合屏蔽封闭绝缘管型母线产品达到了国际领先水平。日照钢铁控股集团有限公司 2019 年研发投入 9.92 亿元，成功轧制出了厚度仅为 0.6 毫米的热轧卷，创造了全球最薄热轧带钢的新纪录。山东钢铁集团日照钢铁有限公司已成为全国规模最大、规格最高的 H 型精品钢生产基地，2019 年成功研发出了强度水平达到 780 兆帕级别的车轮钢产品，达到了国内最高强度水平。山东沪鸽口腔材料股份有限公司专注于国际先进口腔材料的研发，其研发的合成树脂牙和口腔印模材料在中国市场上处于领先地位。山东迈尔医疗科技有限公司是与德国 Meedeex 公司共同出资成立的大型数字化义齿加工企业，致力于 3D 打印、口内扫描、CAD/CAM 等尖端数字化技术在中国的研发与应用。

（二）重点项目推进情况

山东聚力焊接材料有限公司年产 30 万吨军民两用高端焊接材料项目总投资 11 亿元，全部达产后，年可产高端焊接材料 30 万吨，产品可满足军工产品的需要，且性能指标国内领先，可替代进口，可被广泛应用于军工、船舶、航天、高铁、海洋工程、桥梁等国民经济重要行业。项目投产后，可实现年产值 21 亿元，利润 1 亿元，税收 0.68 亿元。亚太森博（山东）浆纸有限公司莱赛尔纤维项目总投资 9.3 亿元，年产能为 2.5 万吨，于 2019 年 3 月开工建设。项目投产后，预计每年可增加销售收入 6 亿元，税收 0.50 亿元，还将带动纤维素纤维、特种纤维、纺纱、无纺布、高档纺织面料等新兴产业的发展，助力日照成为国家级生物基新材料产业基地。

山东奥莱电子科技有限公司金属掩膜板项目总投资 2 亿元，主要建设无尘厂房及其配套设施、普通金属掩膜板（Open Mask）生产线一条和精密金属掩膜板（FMM）生产线两条。项目建成后，预计年产金属掩膜板可达 36 000 条。

二、存在的问题

规模层次不高。从统计数据看，日照市新材料产业占比较低，2019 年，规模以上新材料产业企业的数量仅占规模以上企业总数的 4.78%，且创新产业培育相对滞后，绝大部分是从传统产业中剥离出来的，实质上的新技术、新市场、新产品、新业态占比小，层次不高，自主创新能力不足，科技成果转化不够，产业配套能力弱，总体上仍处于新材料产业的中低端环节。

骨干企业不多。新材料产业企业在专利、标准、品牌建设方面滞后，产品附加值低，企业议价能力弱，盈利空间小，缺乏在全国范围内处于领先地位的产业集群和骨干企业。龙头骨干企业较少，全市产值过亿元的新材料产业企业仅有 13 家。

三、下一步发展重点

抢抓国家和省大力发展新材料产业的历史机遇，以领军企业为主体，以重大项目为抓手，以技术人才为支撑，以改革创新为动力，突破一批关键核心技术、创建一批自主知识产权和知名品牌、培育一批大型企业集团，形成点面结合、优势互补、错位发展、协调共享的发展格局。

突出产业第一,进一步促进企业创新升级。深入实施"工业强市"战略,加快传统产业转型升级的步伐,继续拉长钢铁、石化等主导产业的产业链条,充分发挥新材料领军企业在钢铁、化工、无机非金属等各个领域的作用,加大技术改造和技术创新力度,提高新材料产业高技术制造水平,提升产品竞争力。在技术创新方面,进一步完善创新平台建设,加速与高校、科研院所等创新主体的协同创新,加快产学研基地科研项目的转化和产业化推广,促进一批创新型企业扩大产能规模、形成技术优势、拓展市场份额、做大做强;瞄准前沿技术,按照"一业一平台"的标准,布局建设产业研发及公共服务机构,支持企业突破核心技术,形成具有自主知识产权的高端产品,提升企业创新效能。

强化规划引领,进一步加大政策扶持力度。充分利用国家、省新材料保险补偿财政专项资金等财政扶持政策,重点支持日照市新材料产业关键共性技术攻关、创新平台建设、重点领域新材料产品首批次示范应用、高附加值应用产品的开发和推广应用等。贯彻落实好日照市出台的《关于加快工业强市建设的意见》《日照市工业强市战略行动方案(2017—2021 年)》以及《日照新材料产业倍增计划实施方案》等一系列政策措施,严格落实各级产业优惠政策及引导政策,降低企业成本,对主动引进新设备、转型升级的企业给予资金奖励。积极搭建融资平台,引进战略投资者,吸引民间资本投入,激发企业创新活力,加快企业转型升级。加大营商政策支持力度,进一步优化企业营商环境,一站式完成企业项目审批等需求。在人才投入方面,聘请知名专家、学者,设立新材料产业发展智库,就新材料产业发展方向、重点、对策等提供意见和建议,帮助企业健康发展。同时,优化日照市政策和基础设施环境,吸引更多高校和科研院所入驻,为企业的新技术研发提供人才支撑。

聚力招大引强,进一步加大"双招双引"力度。围绕优势产业大力推进"双招双引",把科技含量高、经济效益好、带动能力强的大项目、好项目引进来,加快"建链、强链、补链",生成数个在行业内举足轻重的龙头企业和骨干企业。发挥重点项目的辐射带动作用,吸引更多新材料项目落户日照。实施总部经济、楼宇经济发展战略,大力引进一批职能总部、区域总部,发展百亿元楼宇、千亿元产业。通过政策的支持、配套的提速,促进招引来的新材料重点项目早开工、早投产、早达效,构建开放型经济新优势。

第十二节 临沂市

一、基本情况

截至 2019 年,临沂市共有规模以上新材料企业 102 家,完成产值 618.6 亿元,增长 12.5%。在临沂江鑫钢铁有限公司、山东鑫海科技股份有限公司、山东临港有色金属有限公司、山东玻纤集团股份有限公司、临沂春光磁业有限公司等一批骨干龙头企业的带动下,新材料产业呈现快速发展态势,发展的质量和效益不断提高。

(一)新材料产业种类及重点企业情况

临沂市新材料产业包括先进钢铁材料、镍铁合金、铝合金型材、镁合金产品、高性能纤维及复合材料和先进高分子材料等多种产品，已形成优特钢材料、有色金属新材料、高性能碳化硅新材料等国内一流产业集聚区。钢铁新材料已经形成“红土镍矿 — 镍铁”“不锈钢轧制—不锈钢板—不锈钢卷—不锈钢制品—批发市场”产业链条，目前已具备百万吨以上镍铁合金的生产能力、百万吨不锈钢轧制的生产能力。铜行业发展以再生铜回收、精炼、加工为主。金升有色金属产业基地被列为全国“城市矿产”示范基地，主要产品为高纯阴极铜及光亮铜杆。铝合金型材以建筑型材为主，镁合金产品以牺牲阳极、压铸件、挤压型材为主。

山田研磨材料有限公司每年可生产碳化硅陶瓷 1 000 吨，在行业内处于国内领先水平。春光科技集团有限公司生产高磁导率软磁铁氧体材料，是全国最大的制造商。山东玻纤集团股份有限公司生产的 ECR/ECER 玻璃纤维总产能为 40 万吨，在国内同行业排第四位、全球排第六位。山东中瑞电子股份有限公司的主导产品环形电感在全国市场的占有率为 1.25%。山东国铭球墨铸管科技有限公司的主导产品球墨铸管在全国市场的占有率为 25%，居全国第二位。山东银光钰源轻金属精密成型有限公司的镁合金牺牲阳极产品在全国市场的占有率为 10%。山东金升有色集团有限公司主要从事再生铜回收、加工，主导产品有高纯阴极铜、光亮圆铜杆，在全国市场的占有率为 7.3%。

（二）重点项目情况

为培育壮大新材料产业，自 2019 年以来，临沂市重点储备了总投资 524.57 亿元的 24 个新材料产业项目，并将它们分别纳入市级重点项目库和市级新旧动能转换重大项目库统筹推进扶持。其中，临沂钢铁投资集团有限公司总投资 243.3 亿元建设的临沂高端不锈钢和先进特钢基地一期项目，达产后预计销售收入 285 亿元，利润 48 亿元，税收 30 亿元，带动就业 5 000 人，将致力于打造国内领先、世界一流的先进优特钢长材及精深加工基地，建设临沂钢铁新城；山东山田新材料研有限公司总投资 7.11 亿元的年产 30 亿米复合钻石线锯项目，建成后可实现销售收入 8.54 亿元；山东金宝诚管业有限公司总投资 5.68 亿元的精密特种合金钢管生产项目，建成后可实现销售收入 35 亿元，可有效填补山东省高端精密特种合金钢管制造领域空白，进一步引领钢管行业的技术改革；山东旭美尚诺装饰有限公司总投资 10.2 亿元的 OSB（定向结构刨花板）研发、生产项目，建成投产后单线产能预计将居国内首位，年可实现产值 20 亿元，利税 2.75 亿元，将成为技术水平、产能、产量全国领先的行业“隐形冠军”企业；宏旺不锈钢有限公司总投资 6 亿元的不锈钢彩钛新材料项目，建成后可实现销售收入 30 亿元，填补国内空白，打破传统单张生产工艺，实现不锈钢彩板整卷生产工艺。

二、存在的问题

新材料产业作为临沂市的战略性、基础性产业，虽然近几年在深入推进供给侧结构性改革、加快新旧动能转换等方面做出了一定贡献，但也存在产业总体规模偏小、整体创新能力有待进一步提高等突出问题。主要表现在以下方面：一是企业数量少，单体规模小，产品结构单一。新材料企业的数量仅占规模以上工业企业的 3.54%。生产的产品之间无法形成关联性，不能产生产业集聚效应，产业链配套能力差，无法形成新材料行业的全产业链条。二是新材料资源优势没有发展成产业优势。对镁、钛、石英砂等临沂市优势储备资源的开发仅停留在原料筛选及初级加工上，由于产业链上游冶炼技术水平低、下游深加工能力弱，使整体产品附加值低。三是新材料产业链条短。临沂市的新材料产品大多属于产业链条的前端，基本上没有向下游延伸，在本地形成核心产业链的难度比较大，与生产高附加值、高科技含量的终端产品之间还有很大的差距。四是缺少公共平台支撑。新材料产业具有高技术的特点，产品研发需要大量高端检测检验设备及仪器，临沂市尚无新材料产业公共服务平台，对新材料企业的创新创业服务支撑能力不足。五是高端人才集聚不足。受限于区位因素，新材料企业难以吸引、留住高端人才。新材料企业规模偏小，研发能力薄弱，制约了企业新工艺的研发和新材料的推广应用。

三、下一步发展重点

实施创新平台建设工程。依托临港高端不锈钢与先进特钢产业基地，通过以政府为主导建设包含产品研发、成果孵化、质量检测、现货交易、期货交割等功能的研发中心和交易中心；根据区域产业特色，建设软磁复合材料等新材料制造业创新中心，吸引社会资源参与，采取市场化运作模式，加快科技成果转化。

实施领军企业培植工程。围绕不锈钢、铝合金、聚氨酯、高性能铁氧体磁性材料等优势领域，重点培育一批“单项冠军”“隐形冠军”“瞪羚企业”；在研发平台建设、重大技术攻关应用、高端人才引进培育、创新政策落实、产学研合作、知识产权管理等方面给予支持和服务。鼓励山田研磨材料有限公司、祎禾科技有限公司等创新型企业继续加大与高校、科研院所等创新主体的合作，加快产学研基地科研项目转化，形成技术优势、拓展市场份额，将企业做大做强。

实施特色产业集聚工程。重点打造优特钢材料、有色金属新材料、高性能碳化硅新材料等国内一流产业集聚区。一是打造临港钢铁新材料产业集群。重点发展高端不锈钢、先进特钢和高端铸铁，形成上游冶炼、下游精深加工的完整产业链条，研发、生产高性能钢铁产品。二是建设六类有色金属新材料园区。即以经济开发区为核心打造再生铜产业园区，以罗庄区、高新区为重点打造铝型材深加工园区，支持罗庄区不锈钢智造产业园建设，支持费县、沂水县和兰陵县围绕镁、钛、铁矿等资源，做好深加工工作，打造镁合金深加工、钛精粉加工和铸造新材料产业园区。三是打造碳化硅新材料基地。以临沭县为核心打造高性能碳化硅新材料园区。

第十三节　德州市

一、基本情况

德州市新材料产业规模以上企业有120余家，已形成以山东格瑞德集团有限公司、山东双一科技股份有限公司为代表的高分子及复合材料，以山东奥福环保科技股份有限公司、索通发展股份有限公司、晶华玻璃有限公司为代表的无机非金属材料和以山东聚力焊接材料有限公司、德州市立尊焊丝有限公司、山东远大特材科技股份有限公司为代表的特种金属材料产业体系。

（一）新材料产业种类及重点企业情况

高分子及复合材料领域：2019 年，规模以上企业有 67 家，实现营业收入近 125 亿元。主要分布在德城区、禹城市、乐陵市、临邑县、武城县、德州经济技术开发区，其中武城县已初步形成碳纤维复合材料产业集群。重点企业有德州亚太集团有限公司、山东格瑞德集团有限公司、红石极威实业集团有限公司、山东金麒麟股份有限公司、山东双一科技股份有限公司等，现有两家上市龙头企业。主要生产玻璃钢风机叶片、玻璃钢管道、玻璃钢罐等产品，被广泛应用于空调、风电、汽车等领域。同时，在传统玻璃钢复合材料的基础上，山东格瑞德集团有限公司、山东双一科技股份有限公司等龙头企业也在长纤维增强热塑性材料、碳纤维复合材料等先进复合材料方向进行了产业升级。

无机非金属材料领域：2019 年，规模以上企业有 48 家，实现营业收入近 61 亿元。主要分布在德城区、禹城市、临邑县。重点企业有山东奥福环保科技股份有限公司、索通发展股份有限公司、晶华玻璃有限公司、山东旭日石墨新材料科技有限公司等。德州晶华集团有限公司与中国建材集团有限公司合作建设，共同组建凯盛晶华玻璃有限公司，对德州晶华集团有限公司位于主城区内的浮法玻璃生产线实施搬迁升级改造，淘汰普通浮法玻璃低端产品，大力发展优质超白玻璃、高档汽车玻璃原片、光伏玻璃及绿色节能 Low-E（低辐射）深加工玻璃等高端玻璃产品。

特种金属材料领域：2019 年，规模以上企业有 7 家，实现营业收入近 22 亿元。主要分布在德城区、齐河县、德州经济技术开发区。主要代表企业有山东远大特材科技股份有限公司、山东聚力焊接材料有限公司和德州市立尊焊丝有限公司。山东远大特材科技股份有限公司是研发和生产高端特种金属材料及其制品的专业化企业，年产高端特种金属材料及其制品 2 万余吨。山东聚力焊接材料有限公司年产各类焊接材料 16 万吨。

二、存在的问题

一是新材料产业影响力、带动能力不强。德州市新材料产业总体处于产业化核心技术攻关阶段，关键设备尚未突破，质量和性能不稳定，高端规模化生产技术尚未成熟，各个领域只有 1～2 家龙头企业，对整个产业链的带动作用不强，未形成产业链条，缺乏核心竞争力，发展瓶颈较多。

二是自主创新能力不足。新材料处于科技研发前沿，前期投入高、开发周期长、风险大，要保持领先，更需要将大量的财力、物力、人力持续投入到研发中。目前，德州市在新材料关键技术的联合开发、新材料创新公共研发平台建设、新材料产业投资融资渠道和基金配套等方面的支持相对滞后，新材料企业规模普遍较小，科研人员少，研发投入不足，除少数领军企业和产品外，大部分新材料企业和产品主要以跟踪模仿为主，以基础原材料或中间体为主，下游产品开发不足，产品种类少，高附加值产品开发得较少。

三是人才短缺。人才是产业发展的第一资源，高端技术助推产业发展，而发展高端技术必须拥有高端人才。但是目前，德州市新材料相关企业较少，人才资源全部依靠引进，高端人才比较短缺，缺乏自主技术，尚未形成人才集聚优势。人才、技术的短缺也是制约本市新材料产业发展的重要因素。

三、下一步发展重点

下一步,德州市将依托新材料产业的基础和优势,加大新产品研发、新技术应用、新成果转化,重点发展高性能纤维复合材料、特种金属材料、无机非金属材料等领域。

高性能纤维复合材料:重点依托山东格瑞德集团有限公司、山东双一科技股份有限公司等龙头企业,开发低成本工艺提高性能、高性能工艺降低成本,提高可回收率,积极探索热塑性复合材料、长纤维复合材料、生物质复合材料、碳纤维复合材料等先进复合材料工艺。

特种金属材料:以山东远大特材科技股份有限公司、山东聚力焊接材料有限公司等企业为依托,以轻质、高强、大规格、耐高温、耐腐蚀、耐疲劳、可降解为发展方向,积极发展高性能轻质合金、粉末金属材料、稀有金属材料和特种功能合金材料及制品。

无机非金属材料:依托德州晶华集团有限公司,加快开发生产新型建筑材料,发展易洁镀膜、低辐射镀膜、光伏建筑一体化玻璃及深加工产品,建设重要的新型建材生产基地。依托山东奥福环保科技股份有限公司等优势企业,推动先进功能陶瓷材料的发展。

第十四节　聊城市

一、基本情况

近年来,随着区域产业融合的加快,新旧动能转换成效初显,聊城市新材料产业呈现出强劲的发展势头。截至 2019 年,聊城市共有规模以上新材料企业 62 家。在鲁西集团有限公司、中色奥博特铜铝业有限公司、鑫鹏源智能装备集团有限公司等一批骨干龙头企业的带动下,新材料产业呈现快速发展态势,发展的质量和效益不断提高。2019 年,新材料产业实现营业收入 427.66 亿元,利润 21.65 亿元,同比增长 11.9%。

(一)新材料产业种类及领军企业情况

聊城市新材料产品种类较多,涉及聚碳酸酯、己内酰胺、有机硅、钛合金、高性能钕铁硼、金刚石合成块组件、人造金刚石单晶、12 微米黑化铜箔、玻璃纤维复合材料、碳纤维等上千个品种,基本形成了以化工新材料、金属新材料、前沿新材料为主要支撑,以高性能复合材料、无机非金属材料、耐磨材料等为补充的产业体系。

从全市高端新材料企业的调查统计来看,金属新材料主要分布于东昌府区、茌平区、临清市和阳谷县,代表企业包括鑫鹏源智能装备集团有限公司、山东友升铝业有限公司、中色奥博特铜铝业有限公司、山东祥瑞铜材有限公司等;化工新材料主要集中于高新区、莘县,代表企业包括鲁西集团有限公司、山东莘县瑞森石油树脂有限公司等;无机非金属新材料主要分布于东昌府区、冠县等地,代表企业包括山东聊城莱鑫超硬材料有限公司、山东上达稀土材料有限公司、阳谷金晶玉玻璃有限公司、山东古云阳光岩棉集团有限公司。

鲁西集团有限公司是国内首家拥有聚碳酸酯自主知识产权核心技术的企业。中色奥博特铜铝业有限公司年产集成电路引线框架用精密铜带、新型造币铜合金、铜箔、精密铜管等产品 12.7 万吨;研发的铜镍锡系列产品,打破了国际垄断,填补了国内空白。该公司生产的 12 微米黑化铜箔、HA 系列压延铜箔是当前较高端的产品,是高端手机弹性元器件的关键材料。鑫鹏源智能装备集团有限公司研制出的目前舰船用世界最大口径无缝钛合金产品——TA31,填补了世界空白。公司主持起草制定了钛合金舰船用无缝管行业国军标双重标准,奠定了该公司的行业地位。山东聊城莱鑫超硬材料有限公司具备年产 300 万套合成芯柱和 700 万套叶腊石配件产品的生产能力。

(二)园区建设情况

截至 2019 年,聊城市共建有 1 个特色产业园区——聊城化工新材料产业园。园区以鲁西集团有限公司为主体,形成了较为完整的“煤、盐、氟、硅和石化”相互关联的产品链条,产业链横向耦合,资源得到了较为充分的利用,并向聚碳酸酯、尼龙、氟聚合物等新材料领域和精细化工领域延伸。园区 2013 年被国家环保部确定为全国 10 家安全环境应急防控试点单位之一;2016 年被工信部和中国石油与化学工业联合会授予“中国智慧化工园区试点示范单位”;2018 年被山东省人民政府认定为第一批化工园区,被工信部认定为全国首批绿色园区。

二、存在的问题

产业领域狭窄,企业规模偏小。全市新材料产品主要集中在铝合金材料、铜合金材料、化工新材料、无机非金属材料等领域,主要以中小企业为主,龙头企业较少,品牌优势不明显,带动力不够强;新材料产业中没有单项冠军,更没有独角兽;个别有技术优势的领域,受多方面外部条件的限制,尚未形成较大的经济规模。

企业资金紧张,发展后劲不足。新材料产品的研发具有投入大、周期长、产业风险大的特点,没有长时间的持续投入,没有专业的科研团队和研发中心,很难开发出稳定的产品,而这所有的前提是企业必须具有雄厚的资金实力。聊城市新材料企业多为中小型企业,年产值多在 1 亿元以下,而且多为初创型或发展期企业,资金紧张制约着企业的后续发展。

创新能力不强,科技人才匮乏。新材料行业属于知识密集型的新兴产业。聊城市新材料企业科技创新能力不强,跟踪仿制现象较多,缺乏拥有核心技术的产品,在高端领域缺乏竞争力。同时,聊城市新材料产业科技力量分散,缺乏高层次、高水平的科研机构。科技成果转化滞后,缺乏综合管理人才和学科带头人。

产业耗能严重,环境保护压力大。聊城市的新材料企业中,金属材料和化工新材料企业占据了很大的比重,这两类企业存在着耗能高、空气污染严重等问题。随着环京津冀地区环境治理力度的加大,聊城市的能耗容量和环境容量接近饱和,大多数中小企业面临着很大的生存困难。

三、下一步发展重点

为打造在全国具有重要影响力的新材料产业基地,未来三年聊城市在新材料产业方面将以产业资源禀赋、现有产业布局为基础,以产业集聚发展为方向,依托各类开发区、工业园区,发挥骨干企业的辐射引领作用,着力构建新材料产业的“三带七基地”空间布局。

“三带”，即布局三个新材料产业带，发挥阳谷县、茌平区、临清市的产业基础和优势，打造先进有色金属材料产业带；依托莘县、阳谷县、高新区、茌平区的化工园区优势，打造化工新材料产业带；发挥冠县、东昌府区、东阿县的资源和区位优势，打造无机非金属材料产业带。

“七基地”，即打造七个新材料发展基地，依托阳谷祥光铜业有限公司、山东祥瑞铜材有限公司等龙头企业，发展高品质阴极铜、高强高导高铁用架空铜导线等产品，打造高品质铜新材料基地；以鲁西集团有限公司为核心，发展工程塑料、氟、硅等产品，打造化工新材料基地；依托中色奥博特铜铝业有限公司，发展高性能铜合金、电子铜箔等产品，打造铜合金新材料基地；以鑫鹏源智能装备集团有限公司为中心，发展高性能钛合金等产品，打造钛合金新材料基地；依托山东上达稀土材料有限公司等骨干企业，发展高性能钕铁硼稀土永磁材料等产品，打造稀土永磁材料基地；以恒通晶体为主，发展高纯氧化铝、蓝宝石晶体等产品，打造高纯氧化铝材料基地；依托太平洋光缆，发展光纤预制棒、光纤、光缆等产品，打造光电信息材料基地。

第十五节　滨州市

一、基本情况

滨州市 2019 年度全市新材料产业实现主营业务收入 319.69 亿元，实现了较快增长。新材料产业依托铝加工、化工和纺织三大优势产业，已逐步形成了以高端铝及铝合金制品、化工新材料、绿色建筑材料、先进纺织材料、先进钢铁材料、新能源材料和前沿新材料七大领域为代表的新材料产业体系。

在高端铝及铝合金制品方面：滨州市是全球重要的铝生产基地，已形成以山东魏桥创业集团有限公司为龙头，以邹平市、滨州经济技术开发区、北海经济开发区为核心，辐射沾化、惠民、阳信等县区的铝加工产业集群，培育出了一批规模宏大、技术领先的高端铝及铝合金制品生产企业。产品覆盖汽车零部件、高端制造、航空航天、轨道交通、电力电子、生物医药等领域。山东创新金属科技有限公司作为滨州市体量最大的铝深加工企业，铝加工能力达 400 万吨/年，占滨州市铝加工产量的 55% 以上。山东宏创铝业控股股份有限公司的家用铝箔和药用铝箔产量在国内市场占有较大份额。

在化工新材料方面：化工产业是滨州市的支柱产业，通过传统产业转型升级、技术工艺创新，滨州市化工新材料产业初具规模。滨化集团股份有限公司已具备年产 6 000 吨电子级 UPSSS 氢氟酸的生产能力，技术水平已达国内一流，产品已成功进入了韩国半导体市场。山东京博石油化工有限公司的溴化丁基橡胶、聚 1-丁烯改性材料等高性能新材料均已达到国际先进水平，其中溴化丁基橡胶的年产能已达 5 万吨。佳化化学(滨州)有限公司的高品质聚醚多元醇产品质量和规模均处于世界领先水平，出口占比达 80%。山东赛恩吉新材料有限公司具备年产 5 000 吨改性聚苯硫醚(PPS)的生产能力以及 5G 基站天线振子、PCB(印制电路板)低介常数和低介电损耗 PPS 关键材料的生产和研发能力,产品可替代进口。

在先进钢铁材料方面:滨州市先进钢铁材料的生产技术和产品已达国际同步水平,产品特色明显,被广泛应用于轨道交通、海工装备、新能源装备、汽车零部件等领域。西王特钢有限公司打造了国内唯一一条高品质轴承钢生产线,建立了全国第一条清洁智能化制备高端装备用特殊钢示范生产线,现已具备年产 300 万吨特钢的生产能力。其研发的高速重载高强度钢轨达到了国际先进水平,研发、生产的海洋钻采用特种钢填补了国内空白。山东国创风能装备有限公司研发的大功率风电装备铸件已达国内领先水平,年产能为 30 万吨,产量占国内市场总产量的 45% 以上,其主导的百吨级核乏燃料储运一体容器研发项目也已达到国内先进水平。

在新能源材料方面:滨化集团股份有限公司拥有年产 1.6 万吨的高纯氢气和年产 1 000 吨的六氟磷酸锂的生产能力。山东鲁北企业集团总公司主要生产碳酸锂、磷酸铁、磷酸铁锂、钛酸锂、三元材料前驱体、镍钴锰、镍钴铝、六氟磷酸锂等锂电池新材料以及新型动力电池、储能电池。山东海容电源材料股份有限公司攻克了低熔点溶剂、低界面阻抗添加剂、低晶格能锂盐等技术难关,研制出了低温型电解液,产能为 1.2 万吨/年,产品质量处于国内先进水平。

二、存在的问题

滨州市新材料产业发展面临的瓶颈和挑战主要有以下几个方面:一是发展粗放,高端产品匮乏。滨州市新材料产业主要依靠材料和能源资源优势直接输出,终端产品应用得较少,产品附加值低,产业链条较短。二是布局分散,同质化竞争突出。滨州市新材料产业布局分散,比如铝和化工产业在各个县区均有企业,但是产品类型雷同,尚未形成上下游产业链,集聚效应弱。三是缺“新”少“智”,缺乏有效支撑。滨州市多数新材料企业以跟踪研制为主,自主研发和成果转化能力弱,导致其产品在国际市场上缺乏竞争力。

三、下一步发展重点

为培育壮大新材料产业,滨州市在 2019 年组织编制的《滨州市新材料产业发展规划(2019—2023 年)》,制定印发的《关于加快推进新材料产业集群化发展的实施细则》的基础上,谋划储备了 2020 年重点推进的 35 个新材料产业项目,并将它们分别纳入市级重点项目库和市级新旧动能转换重大项目库统筹推进扶持。其中国科天骥(滨州)新材料有限责任公司的超高精细光刻胶项目,万华禾香板业(阳信)有限公司的年产 25 万立方米无醛人造板及 800 万平方米贴面板项目,航桥新材料科技(滨州)有限公司的汽车、航空航天用高性能铝合金锻件深加工项目等 3 个项目被列入 2020 年省新旧动能转换第一批优选项目;山东祥海钛资源科技有限公司的年产 6 万吨氯化法钛白粉项目、山东宏和轻量化公司的轻量化挤压结构件项目、滨州裕能化工有限公司的电子级溶剂及导电浆料生产项目、山东腾鹰凯诺铝业有限公司的年产 12 万吨高端彩涂铝卷项目等 4 个项目被列入 2020 年省“双招双引”重点签约项目。

第十六节　菏泽市

一、基本情况

菏泽市新材料产业呈现快速发展态势，发展的质量和效益不断提高。截至 2019 年，菏泽市共有规模以上新材料企业 35 家，从业人员 4 300 余人，新材料产业实现营业收入 142.5 亿元，利润 1.9 亿元。

(一)新材料产业种类及领军企业情况

菏泽市新材料产业拥有以特种金属材料、高性能纤维材料、半导体材料等为主导的科技含量较高、竞争能力较强、在同行业具有一定优势的新材料产品，培育了中信国安化工有限公司、山东天和压延铜箔有限公司、朗峰新材料(菏泽)有限公司等一批优势企业。朗峰新材料(菏泽)有限公司在全球纳米晶行业的排名位列前五，技术打破了日本专利垄断，生产的新能源汽车电控 EMC(电磁兼容性)系统占国内市场 75%的份额；建有年产 55 000 吨纳米晶电机用高饱和磁感应纳米晶超薄带及纳米晶电机生产线、新能源汽车电机控制器生产线。山东天和压延铜箔有限公司是全国首家、国际一流的高精压延电子铜箔生产和研发企业，也是亚洲第一、世界第二的散热器精密铜带箔行业龙头企业。公司投资近 10 亿元，引进了具有世界先进水平的高精电子压延铜箔生产设备和尖端实验检测仪器，建成了国内首条高精电子压延铜箔生产线，形成了年产厚度为 0.006 毫米以上、宽度为 650 毫米以内的高精电子压延铜箔 5 000 吨(3 000 万平方米)的生产能力。山东拓新新材料有限公司可年产钢化玻璃、中空玻璃、智能调光玻璃、复合防火玻璃和磨砂玻璃共计 600 万平方米，年总产值约 0.4 亿元。山东德通新材料科技有限公司主要生产高铁及动车组制动闸片，年产能可达到 40 万片。

(二)重点项目建设情况

为培育壮大新材料产业，自 2019 年以来，菏泽市重点储备了总投资 84 亿元的 8 个新材料产业项目，分别为：朗峰新材料(菏泽)有限公司总投资 15 亿元的纳米晶电机及新能源电机控制器项目；山东安恒华盛石墨烯科技有限公司总投资 7.8 亿元的千吨级高品质石墨烯工业化量产项目；山东中厦电子科技有限公司总投资 6 亿元的石墨烯生物传感器项目；摩信新材料有限公司总投资 4 亿元的智能传感器项目，建成后将实现销售收入 5.75 亿元，产品可替代进口，达到国内领先水平；山东菏泽德通新材料科技有限公司总投资 7 亿元的高铁刹车片及减震器项目；巨野天运新能源科技有限公司总投资 5.1 亿元的年产 20 000 吨三元前驱体项目，建成投产后预计每年可实现销售收入 16 亿元，年实现利税 3.2 亿元；东明华谊玉皇新材料有限公司总投资 10 亿元的三期年产 10 万吨聚甲基丙烯酸甲酯(PMMA)项目；山东天睿玻纤复合材料有限公司总投资 30 亿元的高端玻纤产业园项目，建成后预计每年可实现主营业务收入 60 亿元。

二、存在的问题

环保压力不断增加。随着国家对环保监管力度的不断加强，环保的准入门槛逐渐提高，已经成为制约企业落地和发展的大问题。受水源地保护、规划环境影响评价尚未批复的制约，一批项目环境影响评价无法批复，影响了项目的落地和生产。

产品档次低。菏泽市新材料产业链条短，上游粗加工产品多，下游精深加工少，产品附加值不高，产业链深度开发得不够。部分生产技术和设备不够成型和配套，很多关键技术、前瞻性技术尚未突破。

专业技术人才紧缺。山东省内的人才扶持政策多数偏向于顶尖人才，对于中高层技术、管理人才的扶持较少；本市新材料行业发展时间短，技术人才紧缺且现有技术人才集中在沿海发达地区，其他内陆城市想要引进专业人才不仅困难而且用工成本较高。

三、下一步发展重点

抓好重大项目建设。对列入省重点建设项目和省优选项目的新材料项目，强化要素供给和调度督导，及时解决项目建设中的困难和问题。同时，聚焦“四新四化”，策划论证一批科技水平高、经济效益好、带动能力强的好项目、大项目，推动新材料产业向价值链前后两端延伸。

大力培育重点企业。对重点新材料企业，采取“一企一案”，精准施策，分类指导，促进企业提质增效，并采用新技术、新设备、新工艺等，加大技术改造力度，推进企业转型升级。

拓宽筹资融资渠道。充分利用新旧动能转换基金，加大对新能源新材料产业的支持；加强政银企三方合作，争取金融机构的支持；强化招商引资，引进一批实力强大的战略投资者；鼓励企业发行债券和上市融资，构建政府引导、社会资本进入、市场化运作的多渠道融资机制。

鼓励发展高端产品，促进产业优化升级。鼓励高端化工新材料、专用精细化学品等高端产品的发展。对于国家重点鼓励发展的产品、区域战略性新兴产业急需的产品，在园区进行建设时，在土地、税收等方面给予一定的政策优惠。

第四章　山东省新材料重点企业发展情况

第一节　威海光威复合材料股份有限公司

一、基本情况

威海光威复合材料股份有限公司成立于1992年，下设威海拓展纤维有限公司、威海光威精密机械有限公司、威海光威能源新材料有限公司三个全资子公司。

公司是国内碳纤维行业第一家A股上市、第一家突破高性能碳纤维连续稳定化生产、第一家供应军品碳纤维、第一家实现碳纤维装备国产化的致力于高性能碳纤维及复合材料研发和生产的高新技术企业。公司以高端装备设计制造技术为支撑，形成了包括原丝、碳纤维、织物、树脂、高性能预浸材料、复合材料制品的完整产业链布局，是目前国内碳纤维行业品种最全、生产技术最先进、产业链最完整的龙头企业之一。

二、2019年度发展情况

（一）营收情况

2019年，公司实现营业总收入17.15亿元，同比增长25.77%；营业利润6.23亿元，同比增长46.08%；利润总额6.03亿元，同比增长42.65%。公司投资近3亿元的先进复合材料研发中心已部分投产，AV500系列无人机总装首架完成，逐步转入批量生产阶段。热塑性复合机、超声波浸胶机、自动接布复合机等生产装备不断推陈出新，储运包装箱、单双轴转台、外挂塔形存放架等复材箱体和地面保障装备市场全面打开。自主研发出的风电叶片碳梁业务稳定增长，目前，公司已成为世界上最大风电叶片制造商之一丹麦维斯塔斯的主要碳梁产品供应商。

（二）技术创新情况

2019年，企业研发投入1.9亿元，占比达到了11%。先后通过了“湿法纺丝高强碳纤维产业化制备技术”“高强型碳纤维高效制备产业化技术”两项技术鉴定。成功开发出了工装预浸料、热熔法酚醛树脂预浸料等高性能预浸料产品。自主研发生产的105型风电碳梁较之前的产品提速25%，新型风电碳梁产品和建筑补强板的研发工作顺利推进。通过干喷湿纺制备的国产GQ4522（T700S、CCF700S级）碳纤维原丝纺速达500米/分钟，产品经碳化后各项性能指标及稳定性与进口的同类产品相当。其主导研发的“高模量碳纤维石墨化炉技术”和“碳纤维高温碳化炉技术"正式通过国家工信部科技司"行业标准"的评审和认定。

(三)对外投资、合作和项目建设情况

2019年,公司在包头投资建设大丝束碳纤维项目,面向民品市场,建设更具成本优势和竞争力的大丝束碳纤维生产基地。与北京化工大学合作申报的"湿法纺丝高强碳纤维产业化制备技术"项目获得了中国纺织工业联合会科技进步奖一等奖。与山东大学合作申报的山东省重点研发计划项目制备出的M55J级碳纤维,填补了该型号碳纤维的批量生产空白。投资建设的国内最先进的智能化复材加工中心已实现部分投产,具备大型C扫描检测、喷漆、大尺寸零件数控加工能力,能够承接大尺寸蜂窝夹层壁板类零件和垂尾、平尾等部段的生产和装配任务。

第二节 山东国瓷功能材料股份有限公司

一、基本情况

山东国瓷功能材料股份有限公司成立于2005年4月,是山东省新材料领域集研发、生产、销售于一体的高新技术企业。产品主要包括电子陶瓷材料、催化材料、生物医疗材料、结构陶瓷材料、建筑陶瓷材料,被应用于电子信息、通信、生物医疗、建筑、汽车、工业催化、太阳能光伏、航空航天等现代高科技领域。

公司目前拥有7项关键核心技术、9项核心产品,拥有年产MLCC(多层陶瓷电容器)用钛酸钡基础粉及介质材料10 000吨、齿科和消费电子外壳用氧化锆粉2 500吨、汽车用锂电池隔膜粉3 000吨、蜂窝陶瓷载体2 000万升的生产能力,是全球第一家水热法生产纳米氧化锆、第二家生产纳米钛酸钡的制造企业,是全球最大的MLCC用电子陶瓷材料和陶瓷墨水生产厂家,是国内最大的齿科用全系列氧化锆材料、移动源蜂窝陶瓷以及锂电池隔膜涂覆氧化铝材料生产厂家,是全球唯一一家能够为客户提供除贵金属外全系列催化材料解决方案的供应商。

二、2019年度发展情况

(一)营收情况

2019年,公司实现营业收入21.53亿元,比上年同期增长19.76%;实现营业利润6.21亿元,比上年同期增长1.92%。纳米级钛酸钡粉体材料和纳米级复合氧化锆粉体材料是公司业绩增长的主要方向。虽然电子陶瓷粉体材料受到了下游客户去库存的影响,但得益于相关战略性新兴产业的快速发展,电子材料板块的整体市场需求依旧保持较高的增长速度。

(二)技术创新情况

2019年,公司研发投入1.38亿元,占营业总收入的比例为6.41%。新增发明专利申请67件,PCT(专利合作条约)国际专利申请6件,在蜂窝结构陶瓷、生物及消费电子用氧化锆、氮化物陶瓷材料等领域有了新的突破,利用核心技术成功实现了GPF、薄壁

TWC 和 SCR 等产品的技术突破,相关产品也陆续进入下游企业的样品验证和量产供货阶段。

第三节　东岳氟硅科技集团有限公司

东岳氟硅科技集团有限公司的前身为东岳集团,创建于 1987 年,2007 年在香港主板上市。33 年的时间,集团沿着科技、环保、国际化的发展方向,成长为氟硅材料高新技术企业。集团坚持科技创新,在新环保、新材料、新能源等领域掌控了大量自主知识产权,在新型环保制冷剂、氟硅新材料、离子膜等方面打破了多项国外技术垄断,实现了国产化替代,是格力、美的、海尔、海信、大金、三菱、长虹等国内外知名企业的优秀供应商。

东岳氟硅科技集团有限公司目前下设六大新材料生产企业和多个原材料及下游处理企业,主导企业有山东东岳化工有限公司、山东东岳高分子材料有限公司、山东华夏神舟新材料有限公司、山东东岳有机硅材料股份有限公司、山东东岳未来氢能材料有限公司、山东东岳氟硅材料有限公司。各个企业的主导产品形成了上下游配套、产业链高度耦合的氟硅材料产业链条,形成了山东省主要的氟硅材料产业基地。现以山东东岳高分子材料有限公司、山东华夏神舟新材料有限公司、山东东岳有机硅材料股份有限公司为代表,介绍东岳氟硅科技集团有限公司的发展情况。

一、山东东岳高分子材料有限公司

(一)基本情况

山东东岳高分子材料有限公司创建于 2001 年,现有员工 1 128 人,其中研发人员 123 人。公司经过近 20 年的发展,已成为全球规模最大的 PTFE(聚四氟乙烯)生产基地,PTFE 的年产量为 4.5 万吨。公司的主要产品为 PTFE 系列树脂以及含氟气体。公司产品的应用范围覆盖广且质量稳定,多年来凭借过硬的质量获得客户的一致认可,市场占有率达 40%。公司自 2001 年建成全国首套 3 000 吨 PTFE 装置起,一直重视科技创新,先后承担了多项省市重大科技攻关项目。企业已通过国家高新技术企业认定,拥有山东省氟化工工程技术研究中心、山东省氟硅材料工程研究中心两个省级研发创新平台。凭借多年在含氟材料领域的精耕细作,公司先后获得氟硅行业十大领军企业、山东省省长质量奖、制造业单项冠军示范企业、山东省制造业高端品牌培育企业等荣誉称号,已培养和形成了一支以氟化学品研发、生产为主体的队伍,具备雄厚的技术实力。

(二)2019 年度发展情况

1. 营收情况

2019 年,公司实现销售收入 22.80 亿元,缴纳税金 0.98 亿元。

2. 技术创新情况

公司开展了 PFOA(全氟辛酸)替代技术的开发,目前所产分散树脂及浓缩液产品不含 PFOA,符合环保要求。同时,开展了 5G 通信、医疗健康、人工智能、物联网等高端领域的 PTFE 开发,并取得了一定的成果。

二、山东华夏神舟新材料有限公司

(一)基本情况

山东华夏神舟新材料有限公司始建于 2004 年 7 月，拥有国家级创新型试点企业、国家级高新技术企业、国家级知识产权示范企业、国家制造业单项冠军示范企业等荣誉称号。

公司致力于含氟新材料的研发、生产，产业链配套齐全。产品主要有含氟聚合物、含氟精细化学品两大系列几十个品种：含氟聚合物包括聚全氟乙丙烯(FEP)、聚偏氟乙烯(PVDF)、可溶性聚四氟乙烯(PFA)、聚三氟氯乙烯(PCTFE)、含氟聚酰亚胺(FPI)等可熔融加工的氟树脂以及含氟弹性体氟橡胶(FKM)、氟硅橡胶(FVMQ)系列产品；含氟精细化学品包括氢氟醚(HFE)、六氟丙酮(HFA)、六氟异丙醇(HFIP)、抗指纹剂等，均属新型材料中的贵族产品。公司产品聚全氟乙丙烯、聚偏氟乙烯、氟橡胶三大聚合物的产能分别达 5 000 吨/年、10 000 吨/年、6 000 吨/年，其中聚全氟乙丙烯、聚偏氟乙烯均是制造业单项冠军产品，连续多年产销量居全国首位，在国内市场的占有率达 40% 以上，近五年实现销售收入 41.61 亿元，被广泛应用于国防军工、航空航天、电子电器、半导体、汽车医药等各个领域，公司客户遍布美国、日本、加拿大等 30 多个国家和地区。

(二)2019 年度发展情况

1. 营收情况

2019 年，公司实现销售收入 12.91 亿元、利润 1.99 亿元，缴纳增值税 0.20 亿元，缴纳企业所得税 0.18 亿元，研发费用为 0.70 亿元。

2. 技术创新情况

2019 年，公司完成了 PVDF 产品全部牌号的 PFOA 替代技术开发；完成了 1 种聚合物的中试化生产；共授权发明专利 6 项，发表文章 4 篇。以第一起草单位提出了 1 项国家标准，参与了 1 项国家标准的制定，提出了 2 项行业标准，发布了 6 项团体标准，通过了 3 项团体标准立项。其中，《含氟弹性体及其制备方法》获得了 2019 年中国氟硅行业专利一等奖，《柔性低熔点聚偏氟乙烯聚合物及其制备方法》获得了 2019 年中国膜行业专利优秀奖，团体标准《水性交联型三氟共聚乳液》获得了中国工业和信息化部百项团体标准应用示范项目。

3. 对外投资、合作和项目建设情况

2019 年，公司与大连理工大学盘锦产业技术研究院共建了大连理工大学盘锦产业技术研究院东岳分院，就气体分离膜在氟化工方面的应用等方面展开合作；与浙江工业大学共建氟化工催化联合实验室，在催化合成偏氟乙烯等方面展开合作；与中国科学院过程工程研究所建立“氟化工过程工程联合实验室”，在化工过程工程研发方面展开合作。

2019 年，公司新建了三个项目：5 000 吨/年聚全氟乙丙烯、2 000 吨/年可溶性聚四氟乙烯及配套 10 000 吨/年四氟乙烯项目，6 000 吨/年氟橡胶及配套 20 000 吨/年偏氟乙烯项目，10 000 吨/年聚偏氟乙烯项目。

三、山东东岳有机硅材料股份有限公司

(一)基本情况

公司主营业务包括聚硅氧烷中间体、硅油、室温硫化甲基硅橡胶、甲基乙烯基硅橡胶、混炼胶、气相白炭黑等。公司单体产能为30万吨/年(折合聚硅氧烷约14.1万吨),位列有机硅行业全球前十、中国第四。2019年年底,公司总人数为871人,其中具有大专以上学历者有264人,具有本科以上学历者有121人,从事研发的科技人员有199人,约占公司员工总人数的23%;公司现有正高级工程师1人、高级工程师1人、工程师23人,全职研发硕士研究生28人。

(二)2019年度发展情况

1.营收情况

2019年,公司实现营业收入27.33亿元,净利润5.53亿元,出口额3.05亿元,营业收入和净利润处于较高的水平。

2.技术创新情况

2019年,公司大力提升和优化单体合成工艺,稳定二甲选择性、降低原材料消耗和综合能耗。公司通过持续改进适合物料生产技术特性的设备,优化催化剂体系,提升装置自动化水平并配合严谨科学的操作工艺,使单体合成装置的运行效率大幅改善,原材料的单位耗用量不断下降,二甲平均选择性达到国内先进水平。

公司不断加强副产物的综合利用,努力建设有机硅新材料循环经济,通过对标国外先进单体装置,对现有合成装置的工艺参数、催化体系进行优化,在保证生产稳定的基础上,降低副产高沸物的产生量。公司实施的高沸物减排项目,取得了显著成效,实现了经济、环保效益双赢,同时也为新建项目积累了成熟的操作经验。

3.对外投资、合作和项目建设情况

为加快有机硅材料领域科技创新的发展,公司十分重视内部技术研发与对外合作交流。先后与北京化工大学、山东大学、杭州师范大学等高等院校开展产学研合作交流。

新建30万吨/年有机硅单体及20万吨/年有机硅下游产品深加工项目,进一步扩大有机硅单体产能,充分利用产业链优势,发展深加工,拓展新产品线,增加产品附加值。

第四节　山东路德新材料股份有限公司

一、基本情况

山东路德新材料股份有限公司主要生产经营基础设施建设专用新材料,包括玻璃纤维土工格栅、涤纶经编土工格栅、塑料拉伸土工格栅、钢塑复合土工格栅、三维土工网垫、土工布、复合土工膜等土工合成材料。公司现拥有2个行业科研平台、4个省级科研平台、1个省级院士工作站、1个国际科技合作基地。目前,已申请国家专利100余项,获得省级以上科技成果奖15项,起草或修订各类标准31项。

公司拥有一支由72人组成的内外部联合研发团队，其中有国家"万人计划"人才1人、山东省泰山产业领军人才2人、泰山英才领军人才4人，本科以上学历人员占90%以上。

公司系国家级制造业单项冠军示范企业、土工合成材料行业领军企业，公司产品在国内市场的占有率为19%，在同行业中排名第一位。公司是国家高新技术企业、国家级"守合同重信用"企业、国家知识产权优势企业，山东省优秀企业、山东省瞪羚企业、山东制造·硬科技品牌50强企业、山东省建材新材料产业集群龙头骨干企业，被列入泰安市工业领军企业50强。

二、2019年度发展情况

(一)营收情况

2019年，公司实现销售收入14.67亿元，实现利润总额1.69亿元。"新基建"的兴起，将给公司带来广阔的市场空间。

(二)技术创新情况

2019年，公司投入研发费用约0.63亿元，约占销售收入的4.3%。申请发明专利3项，参与编写国家标准2项、交通行业标准1项、企业标准5项，研发成果获山东省科技进步奖二等奖1项、中纺联产品开发贡献奖1项、纺织行业军民两用技术优秀创新成果奖1项、泰安市专利奖一等奖1项、泰安市科技进步奖一等奖1项，并获得中国建筑材料工业规划研究院建院40年合作共进奖。

(三)对外投资、合作和项目建设情况

2019年，公司与有关高校、科研院所签订了技术开发合同，共同进行"高性能格栅产业化技术开发""新型土工格栅成型技术研究及产业化应用"项目开发。公司新征土地123亩，开展"高性能碳纤维土工格栅及高性能复合材料项目"扩规建设。本项目的实施可实现高性能纤维土工格栅及高性能复合材料的国产化生产，打破国外垄断，替代进口，实现产品的升级改造，大幅提高企业的技术水平和经济效益，满足国家重大基础设施建设项目的需求。

第五节　泰山玻璃纤维有限公司

一、基本情况

泰山玻璃纤维有限公司隶属于中国建材集团有限公司，是我国专业从事玻璃纤维及复合材料制品研发、生产、销售的大型国有企业。公司现有玻璃纤维制品的总规模为100万吨/年，是全球第三大、国内第二大玻璃纤维制造高新技术企业，拥有玻璃纤维行业国家级企业技术中心、国家认可实验室(CNAS)、DNV-GL认证实验室、博士后科研工作站等创新平台，现有各类专业技术人员721人，其中按学历分，博士研究生有2人，硕士研究生有72人，本科生有386人，先后有4人获国务院政府特殊津贴。

公司现拥有具有自主产权的节能环保玻璃配方及高性能玻璃配方、大型池窑设计及建造、纯氧燃烧节能技术、大漏板弥散技术、全自动物流输送、大卷装拉丝与络纱工艺技术、废丝回收利用等核心技术。近年来,自主研发新技术、新产品 400 余项,其中承担国家“863”计划 3 项、国家科技支撑计划 1 项、国际合作项目 3 项;20 项产品被列为国家重点新产品;拥有 153 项专利技术,其中发明专利 12 项;获得省部级科技进步奖 17 项,其中“高 TEX 数无捻粗纱的研制”获得国家科技进步奖二等奖。公司于 2013 年被工信部和财政部认定为“国家技术创新示范企业”,2015 年被工信部认定为全国首批“智能制造”示范企业,2018 年获得国家“制造业单项冠军培育企业”称号。

二、2019 年度发展情况

(一)营收情况

2019 年,公司累计生产玻璃纤维制品 90 万吨,实现销售收入 59 亿元,利税总额 10 亿元;公司总资产为 160 亿元,资产负债率为 52.43%。

(二)技术创新情况

2019 年,公司完成申报国资委 2020 年国有资本经营预算专项项目 1 项、国家发改委 2020 年增强制造业核心竞争力专项项目 1 项;承担国家、省科技项目等 15 项,其中承担山东省重点研发计划 1 项、山东省工业转型发展项目 1 项、山东省技术创新计划 8 项、山东省节能专项 1 项、其他省市项目 4 项。年内公司自主研发新技术、新产品、新工艺 90 项;获得授权专利 37 项,其中发明专利 5 项、实用新型专利 32 项;主持或参与修订标准 8 项,其中国家标准 3 项、行业标准 3 项等,颁布实施国家标准 1 项、行业标准 1 项。

(三)对外投资、合作和项目建设情况

为进一步提升公司科技创新能力,2019 年,公司技术中心把产学研工作列为重点,围绕技术提升、人才引进与培养、科技项目合作等方面,面向国内外高校、科研院所广泛开展深层次、多维度的产学研交流与合作。4 月,公司与山东科技大学等联合共建泰山复合材料产业技术研究院,并先后与北京化工大学、南京工业大学、山东科技大学、济南大学、齐鲁工业大学等开展专项交流与互访,达成合作项目 10 余个。2019 年,公司完成固定资产投资 13 亿元,重点实施泰安新区年产 12 万吨无碱玻璃纤维池窑拉丝生产线(F06 线)、年产 9 万吨高性能玻璃纤维生产线(F07 线)、年产 4 万吨耐碱玻璃纤维生产线(F08 线)、粉料加工项目等配套产业项目,邹城公司年产 9 万吨无碱玻璃纤维池窑拉丝生产线技术改造 3 号线、超细电子纱产业化项目、年产 6 700 万米电子布生产线等项目。

第六节　青岛云路先进材料技术股份有限公司

一、基本情况

青岛云路先进材料技术股份有限公司是中国航空发动机集团下属控股子公司,注册资本 9 000 万元,现有员工 500 余人,是一家以先进软磁材料及其制品的研发、制造和销售为核心的高新技术企业。公司自主研发并在售的三大系列产品非晶合金带材及制品、高品质磁性粉末及制品、纳米晶带材及制品，被广泛应用于电力配送、新能源汽车、无线充电、移动通信、轨道交通等领域。其中非晶带材产品在全球市场的占有率超过了40%，公司为该产品的全球第一大供应商。

二、2019年度发展情况

(一)营收情况

2019年，公司实现营业收入7.2亿余元，新材料产品实现营业收入7.1亿元。

(二)技术创新情况

1.开展国内第二代非晶产业技术研究

公司协同下游厂家开展了国内第二代非晶产业技术研究，研制具有噪声低、抗突发短路能力强的新型非晶立体卷铁芯，有效缓解了传统平面铁芯噪声大、抗突发短路能力差等问题。

2.在国内首次突破厚度为14微米的超薄纳米晶带材的批量生产技术

依托10余年精密连铸技术的基础，公司攻克了厚度为14微米的超薄纳米晶带材的制备技术，实现了纳米晶超薄带的连铸式生产。

(三)对外投资、合作和项目建设情况

2019年，公司与山东大学、中国科学院沈阳金属研究所等高校、科研院所开展了技术交流或合作，以产学研结合方式提升了公司的基础研发实力。

第七节　万华化学集团股份有限公司

一、基本情况

万华化学集团股份有限公司是一家全球化运营的化工新材料公司，业务涵盖MDI、TDI、聚醚多元醇等聚氨酯产业集群，丙烯酸及酯、环氧丙烷等石化产业集群，水性PUD(聚氨酯分散体)、PA乳液、TPU(热塑性聚氨酯弹性体橡胶)、ADI(脂肪族异氰酸酯)系列等功能化学品及材料产业集群。所服务的行业主要包括生活家居、运动休闲、汽车交通、建筑工业和电子电器等。公司已在全球建成烟台、宁波、欧洲匈牙利三大一体化化工工业园，已经发展成为极具竞争优势的聚氨酯、石化、精细化学品及新材料供应商以及全球领先的MDI供应和服务商，TDI、ADI、聚醚、TPU等产品主流供应商。公司已进入丙烯、乙烯产业，逐步做大石化产业集群。大力培育高技术、高附加值的精细化学品及新材料产业集群，通过技术创新，构建上下游一体化的产业链，提升对客户多元化、定制化产品需求的供应和服务能力。

二、2019年度发展情况

(一)营收情况

2019年，公司实现销售收入680.51亿元，净利润101.30亿元。在全球经济增速放缓的大环境下,聚氨酯、石化和精细化学品三大产业板块的经营仍取得了良好的业绩。同时,公司在产业整合、技术创新、市场营销、卓越运营等方面的能力也得到了提升。2019年,公司成立了聚氨酯事业部,统一全球聚氨酯营销策略、全球供应链资源协同,统一聚氨酯多产品、一体化服务全球客户,通过内部组织架构优化、管理效率提升,进一步提升全球客户服务效率,为客户创造价值。在MDI方面,公司在全球各区域根据市场需求情况,采取了针对性的销售策略,保持了较好的利润。

(二)技术创新情况

2019年,公司的研发经费支出达17.05亿元。公司已经建立起了完善的流程化研发框架和项目管理机制,形成了从基础研究、工程化开发、工艺流程优化到产品应用研发的创新型研发体系,成功组建了国家聚氨酯工程技术研究中心、聚合物表面材料制备技术国家工程实验室、国家认定企业技术中心、企业博士后科研工作站等行业创新平台。通过自主研发,公司完全掌握了具有自主知识产权的"乙苯共氧化法高效绿色制备环氧丙烷成套技术";公司自主研发的MMA装置,PMMA装置,TDI加合物、DIB(二异丁烯)、MIBK(甲基异丁基酮)等工业化装置顺利投产。MDI装置自动化水平持续提升,可实现一键开停车,技改扩能工作稳步推进;TDI装置实现了高负荷、稳定运行;丙烯酸及酯生产装置的运行周期达到了行业领先水平。在新技术成果转化上,DIB、MIBK等自主研发产品成功投产,尼龙-12和柠檬醛产业链开启产业化进程,聚醚胺等一批新产品中试开车成功。全年新申请国内外发明专利553件,新获得发明专利授权116件。

(三)对外投资、合作和项目建设情况

2019年,公司完成了对瑞典国际化工100%股权和福建康乃尔聚氨酯有限责任公司的收购。2020年3月,公司与福建石油化工集团有限公司达成了相关的股权合作和收购事宜。在生产领域,公司在国内的烟台、宁波、珠海三大生产基地稳定运营,并拥有了自己的海外生产基地——匈牙利BC公司。在研发领域,烟台、北京、宁波、上海等地的研发中心已逐渐成形;2017年,北美技术中心在休斯敦正式投入使用。另外,公司在欧洲、美国、日本等10余个国家和地区均设有公司和办事处。目前全球范围内拥有员工近15 000人(含BC公司),近1/3为外籍员工。

第八节　山东南山铝业股份有限公司

一、基本情况

山东南山铝业股份有限公司成立于1993年,于1999年12月23日成功在上海证券交易所上市。公司形成了热电—氧化铝—电解铝—熔铸—(铝型材/热轧—冷轧—箔轧/锻压)的完整铝产业链生产线。主要产品既包括氧化铝、合金锭等基础产品,也包括型材、铝箔、冷热轧件、锻件等高端加工产品。同时,公司依托成熟的产业链优势,向下游深加工产品延伸。在氧化铝方面,公司拥有冶金级砂状氧化铝生产技术,并在印尼投资,依托当地丰富的铝土矿及煤炭资源优势,生产低成本氧化铝。在铝型材产品方面,由建材向工业材转型，在巩固轨道交通、集装箱等原有产品优势的基础上，积极开发适用于航空、汽车等高端领域的铝合金挤压型材及深加工零部件。在板带材方面，继续巩固市场主导地位，积极开发瓶罐料等新产品；同时，公司积极研发航空板、汽车板、高性能动力电池箔等产品，并成为国内首家批量生产乘用车四门两盖铝板的厂商及国内首家为世界顶级飞机制造商供应航空板材的铝加工企业。在锻件方面，高端、高附加值锻件的研发与批量化生产工作取得了突破性进展，航空发动机用锻件的研发工作稳步推进，赛峰起落架机轮锻件实现了批量生产，填补了国内空白。

二、2019 年度发展情况

（一）营收情况

2019 年，公司实现营业收入 215.09 亿元，较上年同期增加 6.36%；净利润 17.36 亿元，较上年同期增加 14.04%。根据市场需求，调整产品销售结构，增加高附加值产品销量，减少中端低附加值产品销量，逐步优化产品结构，拓展航空板、汽车板产品销售领域。同时，公司加大了研发投入力度。

（二）技术创新情况

2019 年，公司开展了针对中车青岛四方股份有限公司和北京轨道交通技术装备集团的轨道交通车用铝合金结构材料的研发项目工作，并已达到可批量供货状态。为国际一流主机厂提供的极具竞争力的产品解决方案，现已通过波音公司、中国商用飞机有限责任公司及中国航空工业集团有限公司的认证，下一步将重点加强国内外主流主机厂的认证与批量供货，使成熟产品不断优化、提升，新合金、新尺寸全部覆盖，使公司具备完善的航空用铝材料批量供货能力。研发的旋开方式开启、可重复密封的“铝瓶罐”产品、食品用铝制二片扩颈方罐料、超薄罐料，成为全球金属包装领域的前沿产品，实现了国内瓶罐料的自主供应，在国内市场上处于领先地位。开发出的高强度、高伸长率的单零铝箔，其合金设计可通用于 8021B、8021 合金，有利于降低批量生产时的金属占用。其技术指标远高于现有的铝箔产品数据，已在多种用途的高强高成型铝箔方面得到批量应用。

（三）对外投资、合作和项目建设情况

2019 年，印尼宾坦南山工业园 100 万吨氧化铝生产线建设项目正式动工。该项目完成后，公司将能够利用印尼当地丰富的铝土矿及煤炭资源生产氧化铝，为公司提供原材料保障。中厚板项目已完成生产线初步建设，开始进行试运行。投资建设的 2.1 万吨高性能铝箔生产线，提高了高附加值产品的市场占有率。汽车轻量化铝板带生产线技术改造项目生产线建设工作也正在按计划推进。

第九节　山东钢铁集团有限公司

一、基本情况

山东钢铁集团有限公司组建于 2008 年，是山东省国资委和省社保基金理事会共同履行出资人职责的有限责任公司,是经山东省批准改建的国有资本投资公司。旗下有济钢集团有限公司、莱钢集团有限公司、山东钢铁集团股份有限公司、山东钢铁集团矿业有限公司等子公司(单位),其中山东钢铁集团股份有限公司、山东金岭矿业股份有限公司为上市公司,在马来西亚、越南、新加坡等多个国家设立了实体企业和贸易公司。截至 2019 年年末,公司注册资本 111.93 亿元,资产总额 3 557 亿元,国有控股公司在岗职工 4.8 万人。

公司积极构建"1+N"(1 个国有资本投资公司加若干产业公司)的发展格局,形成了金融采矿、冶炼及加工,钢铁贸易及服务,新材料、高端装备制造及技术服务三大主业,培育发展产业金融、钢结构建筑、产业园区开发运营、信息技术等战略性新兴产业。钢铁产业坚持"突出沿海、优化内陆,精品与规模并重",在日照市、莱芜区、淄博市、德州市布局四大生产基地,拥有全国先进的中厚板、冷热轧薄板、型钢、优特钢、棒线材生产线。其中日照钢铁精品基地工艺装备和专业技术达到了世界领先水平;莱芜片区是全国重要的型钢、结构钢和特殊钢生产基地,拥有全国规模最大、规格最全的 H 型钢精品生产线。钢材品种包括全部 22 个标准分类中的 14 个,30 多项钢铁产品被评为中国名牌、山东省名牌或获得全国冶金产品实物特优质量奖和"金杯奖"。

二、2019 年度发展情况

(一)营收情况

2019 年,公司实现营业收入 1 891 亿元,利润总额 64.7 亿元。钢铁板块高效运行,全年生产铁 2 617 万吨、钢 2 757 万吨、材 2 709 万吨,同比分别增长 16.67%、18.82%和 20.83%。公司的品牌知名度、美誉度不断提升,综合竞争力排名稳居 A+ 第一梯队,并荣膺"2019 年卓越钢铁企业品牌"。

(二)技术创新情况

2019 年,公司的研发投入为 35.01 亿元,占营业收入的 1.85%,与 2018 年同期相比增加 20.70 亿元,增幅为 145%;研发费用为 24.06 亿元,占营业收入的 1.27%,与 2018 年同期相比增加 16.89 亿元,增幅为 236%。公司下达项目计划数量 364 项(其中结转 141 项、新立项 223 项),各单位在研项目 595 项,其中重大项目 13 项;组织申报 2019 年度山东省重点研发计划(重大科技创新工程)8 项,其中日照公司牵头的"超高强韧汽车钢的关键制造技术及产业化应用"项目已获批立项。全年获市级及以上科技奖励 61 项,其中省部级 3 项、市级 58 项,主要权属公司新申请专利 820 件,其中发明专利 433 件;新获得授权专利 471 件,其中发明专利 147 件。全年完成标准制修订项目 9 项,其中国家标准 2 项、行业标准 4 项;参与在编标准制修订项目 13 项,其中国家标准 3 项、行业标准 8 项、地方标准 1 项、团体标准 1 项。截至 2019 年年底,公司共拥有省级以上科技创新平台 23 个、高新技术企业 14 家、瞪羚企业 3 家、科技型中小企业 6 家、山东省"专精特新"中小企业 3 家、山东省科技创新中小企业 1 家、山东省"一企一技术"创新企业 1 家、山东省众创空间 1 家、山东省科技企业孵化器 1 家。

第十节　天诺光电材料股份有限公司

一、基本情况

天诺光电材料股份有限公司位于天桥区济南新材料产业园区内，是专业从事新型功能复合材料及器件的设计、研发并致力于产业化发展的高新技术企业，在电磁兼容、WZYS、模拟仿真、FDYS材料等技术领域达到了国内领先水平。公司入选了2017年度国家发改委"民参军"企业推荐目录，现由济南生产基地、北川生产基地及山东省软体膜功能材料工程技术研究中心三部分组成，拥有授权专利56项，牵头起草国家标准2项、国家军用标准2项、行业标准1项，参与制定国家标准、行业标准多项。近几年持续承担国家级、省部级、市区级科研或产业化项目40余项。

公司的主要产品为各类软体电磁屏蔽材料、吸波材料、JGYS材料、FDYS材料、多频段WZYS材料等，拥有国际领先、国内独家的新型软体膜功能材料生产技术，市场占有率居行业首位。目前，主导产品的生产、销售规模居国内首位，产品质量达到了国际领先水平。公司拥有自主知识产权的软体电磁屏蔽材料生产工艺及设备，达到了国际同类产品的先进水平，满足电子、通信、军工、航天航空、医疗仪器以及重要精密仪器屏蔽件用导电织物的技术要求，是国内最大的软体电磁屏蔽材料生产制造商。公司研制的5G通信材料已被成功应用于手机和基站，突破了陶氏化学、3M等国外企业对中国通信行业在5G关键材料方面的制约，成为了小米等国内知名通信企业的合格供方，发展潜力巨大。

二、2019年度发展情况

(一)营收情况

2019年，公司实现新材料产品总产值0.8亿元。在JP业务上全面开花，多JZ多领域进行产品应用拓展。公司的JP业务经过近几年的研发储备和市场开拓，大的JP订单陆续中标落地，为公司未来业绩的提升起到了稳定器的作用。公司在终端客户品牌的开发上取得了实质性突破，小米业务实现了批量供货交易，业绩将在未来年度逐步显现。

(二)技术创新情况

2019年，公司申报的5G通信用高性能电磁屏蔽薄膜材料产业化项目，被列入山东省重点研发计划(重大科技创新工程第一批)项目；同时，公司积极推进技术创新的产业化工作，部分产品进入了量产阶段。FSYS和JDYS等复合材料的已发货总产值约0.25亿元。WZW完成了正样机的鉴定和相关测试，实现了小批量供货，2020年将实现大批量供货；小米业务完成产品交付，产值约0.1亿元。吸波材料实现了批量供货，其中吸波布26 635平方米，吸波贴片2 956平方米，小米柔性吸波贴片3 230.84平方米。

(三)对外投资、合作和项目建设情况

公司年产2 700套的电磁屏蔽装置高仿真假目标及全波段3D隐身装置总装线及测

试平台项目，为山东省新旧动能转换重大项目库第二批优选项目，主要承担电磁屏蔽装置、高仿真假目标、多功能伪装网的生产，拟新购置 ϕ4 m×10 m、ϕ1.5 m×3 m 热压罐各 1 套，用于雷达天线罩、防弹隐身板、单兵防护产品生产。项目达产后，每年可实现销售收入 5 亿元以上，具有较强的盈利能力和抗风险能力，对公司和地方经济的发展都具有重大的战略意义。

第十一节　山东道恩高分子材料股份有限公司

一、基本情况

山东道恩高分子材料股份有限公司是一家专业从事高性能热塑性弹性体(TPV)、改性塑料、色母粒等产品的研发、生产、销售与服务的高新技术企业。公司的热塑性弹性体年产能达 4.6 万吨，在弹性体材料领域已经掌握了 10 多项原创性新型弹性体材料制备关键技术，如"完全预分散-动态全硫化"TPV 关键制备技术、"新一代"TPV 制备技术、丁腈橡胶氢化技术等多项核心技术。公司是国内唯一的高性能动态全硫化 TPV 生产商，也是国内唯一的高档 TPV 生产基地。2019 年，TPV 在国内市场的占有率为 43%，在国内排名第一、世界排名第三。公司已申请国家发明专利 34 项，现已获授权发明 11 项，8 项在研产品的核心技术处于国际先进水平；先后承担国家和省部级重大科技计划项目和产业化项目、课题 28 项；主持制定的《动态全硫化热塑性弹性体(TPV)三元乙丙橡胶-聚丙烯型》行业标准于 2016 年颁布实施。公司的改性塑料年产能为 10 万吨，在国内市场的占有率为 4.2%，是江北最大的改性塑料专业生产商，在国内同行业中排名第四。改性塑料产品涵盖汽车专用料、阻燃塑料、阻燃增强塑料、玻璃纤维增强塑料、合金塑料、熔喷无纺布专用料、导电塑料、填充塑料、高填充母料、降温母粒料、染色料、特种工程塑料等 12 大系列上千种牌号，12 种阻燃塑料通过了美国 UL(保险商试验所)安全认证(E203989)，7 项核心技术处于国际先进、国内领先水平，已申请国家发明专利 53 项，现已获授权发明 19 项，并先后受邀参与制定国家、行业标准 10 项。

二、2019 年度发展情况

(一)营收情况

2019 年，公司实现营业总收入 27.33 亿元，比上年同期增长 100.57%；截至 2019 年年末，公司总资产为 18.83 亿元，较上年增加 8.72%。

(二)技术创新情况

公司自主开发的"完全预分散一动态全硫化"制备 TPV 的成套工业化技术，形成了包括产品配方、生产工艺和制造装备在内的成套 TPV 制备工业化技术，通过了 NSF(美国国家卫生基金会)国际认证。公司生产的改性塑料产品和 TPV 产品先后被认定为"国家重点新产品"。公司拥有 20 余项发明专利，受邀主持或参与制定了 20 项国家标准和行业标准，先后承担过包括国家 "973"计划、国家"十一五"、国家"十二五"科技支撑计划项目等在内的多项国家和省部级科技计划项目。

公司通过整合TPV、改性塑料、色母粒三个类型的产品资源，为下游企业提供了更多的设计和产品解决方案，可以满足下游企业多元化的需求，增强了公司的综合竞争力以及客户对公司的依赖性。例如，公司在TPV产品方面的价格和服务优势得到了汽车生产商吉利汽车、长城汽车等的认可，带动了改性塑料的销售。目前，公司已经与鬼怒川（日本）、库博公司（美国）、和仁宝利得（韩国）、井上华翔（日本）等全球汽车密封系统、汽车防尘罩系统行业龙头企业建立了合作关系，产品被应用于日产汽车、本田汽车、通用汽车、神龙汽车、现代汽车、长城汽车等。

第十二节　烟台泰和新材料股份有限公司

一、基本情况

烟台泰和新材料股份有限公司专业从事氨纶、芳纶等高性能纤维的研发、生产及销售，主导产品有纽士达®氨纶、泰美达®间位芳纶、泰普龙®对位芳纶及其上下游制品。公司是国内首家氨纶生产企业，目前产能居国内前五位，分布于烟台及宁夏两个基地。纽士达®氨纶主要被应用在纺织、医疗卫生领域，用于增加织物的弹性，且在纺织领域已得到了普及应用。随着人们对时尚潮流和舒适性的追求以及消费观念的升级，市场需求量总体呈增长态势。公司是我国芳纶产业的主要参与者，主要产品包括泰美达®间位芳纶、泰普龙®对位芳纶。泰美达®间位芳纶具有优异的耐高温、阻燃、绝缘性能，被广泛应用于安全防护、环境保护、轨道交通、电气绝缘等领域；泰普龙®对位芳纶同时具有耐高温、阻燃、高强度、高模量等优异的综合性能，被广泛应用于光缆、汽车、防护等领域，具有广阔的市场前景。

二、2019年度发展情况

（一）营收情况

2019年，公司共实现营业收入25.42亿元，同比上升17.01%；营业利润2.46亿元，同比上升55.25%；利润总额2.48亿元，同比上升57.04%。

（二）技术创新情况

公司是国家创新型试点企业，拥有国家级企业技术中心、国家芳纶工程技术研究中心，先后研发形成了氨纶、间位芳纶、对位芳纶的国产化技术，引领了国内相关行业的发展；公司建有国家高性能芳纶纤维动员中心，是相关领域国家和行业标准的制定者，先后承担国家级科技项目18项，荣获国家科技进步奖二等奖2次，牵头和参与编写了40多项国家和行业标准，被中国化学纤维工业协会授予全国首家“国家高性能纤维材料研发生产基地”；公司拥有完备的氨纶、芳纶产品体系，产品质量及技术指标均处于国内领先水平，其主导产品纽士达®氨纶、泰美达®间位芳纶、泰普龙®对位芳纶在国内外享有较高声誉。

(三)对外投资、合作和项目建设情况

公司计划在烟台园区实施防护用高性能间位芳纶高效集成产业化项目、高效差别化粗旦氨纶工程项目,在宁夏园区实施高性能对位芳纶工程项目、绿色差别化氨纶智能制造项目,相关资金计划通过自有资金、合资合作、银行贷款等方式解决;计划吸收合并烟台泰和新材集团有限公司,发行股份收购烟台民士达特种纸业股份有限公司,并通过烟台民士达特种纸业股份有限公司实施高性能芳纶纸基材料产业化项目,相关资金拟通过资本市场解决。

第十三节　西王特钢有限公司

一、基本情况

西王特钢有限公司始建于 2003 年 12 月,于 2012 年 2 月在香港联交所主板上市。公司自与中国科学院实施战略合作以来,通过转方式、调结构、降成本、提效益,加大科技创新研发力度,加快科技成果向生产线转换的步伐,成功研发出了高端轴承钢、先进轨道交通用钢、国家重点工程用钢、高性能海洋工程用钢、特殊领域用钢等特殊钢新材料。新产品研发借助中国科学院的科研实力占据了行业制高点,正在邹平打造国家级高端轴承钢新材料保障基地,重新调整产业布局,持续保持了稳健高质量发展的良好态势。

公司研发的重载货车新型集成制动梁新材料,主要用于制造铁路重载货车核心零部件,依靠核心关键技术实现了国内独家供货,市场占有率为 100%;研发的铁路车轴钢新材料系列,已通过 CRCC 供应商认证,成为中车长江铜陵车辆有限公司、中车沈阳机车车辆有限公司、中车长春轨道客车股份有限公司、中车齐车集团有限公司等战略客户的合格供方,目前国内给中国中车集团有限公司供货的企业有西王特钢有限公司、马钢(集团)控股有限公司、太原钢铁集团有限公司、北满特钢集团有限公司四家,市场占有率为 20%左右;研发的高性能海洋工程用钢新材料系列,已成为中国石油天然气股份有限公司宝鸡石油机械有限责任公司等战略客户的合格供方,目前供货单位有西王特钢有限公司、北满特钢集团有限公司、长城特钢(集团)有限公司三家企业,西王特钢有限公司在该产品领域的市场占有率达到 30%左右;研发的国产化高端轴承钢新材料系列,主要用于制造精密数控机床轴承、盾构机轴承、轧机轴承、高铁轴承、国防领域轴承等,满足我国高端装备制造所需的高端轴承市场需要,目前公司和中国科学院联合研发的高端轴承钢新材料已获得国家发明专利授权,共同在国内建设高端轴承新材料生产线,替代了国外品牌高端轴承钢新材料市场份额的 25%～35%,为高端轴承的国产化和解决“卡脖子”问题做出了贡献。

2019 年 7 月,企业技术研发中心荣获“中国钢铁工业先进集体”荣誉称号、中国兵器工业集团授予的集团级供应商授牌;同年 9 月,荣获中国知识产权发展联盟成员单位授牌,并荣获中国知识产权发展联盟冶金专业委员会委员单位证书;同年 10 月,荣获中国机械工业科学技术发明一等奖。

二、2019 年度发展情况

（一）营收情况

2019 年，公司实现销售收入 111.7 亿元，其中特种钢板块收入为 17.63 亿元。

（二）技术创新情况

公司与中国科学院金属研究所自 2015 年开展全面战略合作以来，金属研究所以处于国际先进水平的 10 项关键技术入股公司，成为了公司的新股东，目前已成功开发出高品质特殊钢、高性能海洋工程用钢、高端装备用特种合金钢、核心基础零部件用钢等“特、精、高”关键品种 120 余个，加快了公司金属新旧动能转换和产品结构的转型升级。

公司和中国科学院金属研究所联合成立了中科西王特钢有限公司，注册资本 10 亿元，其中西王特钢有限公司以厂房和设备资产出资占 65%，中国科学院金属研究所以技术及技术使用权出资占 35%。中科西王特钢有限公司在西王特钢有限公司建立了国家稀土特种钢保障基地，拥有中国科学院特殊钢新技术使用的优先权，独家拥有中国科学院特殊钢核心技术的使用权，以独创的特殊钢稀土新技术、高均质化特种钢制备新技术等国际领先的创新技术，解决了我国高端特种钢的“卡脖子”问题；同时，公司加快推进特种钢新材料国产化，替代进口，不断研发“特、精、高”高端特种钢新产品，持续优化生产线品种结构，淘汰盈利水平低的产品，高起点调整产业布局，实现企业的可持续高质量发展。

（三）对外投资、合作和项目建设情况

公司正在进行高端轴承钢新材料生产线建设，项目一期计划投资 25 亿元，投资运营模式为公司出具项目建设资金的 16.5 亿元，其余资金拟通过接受入股、银行贷款、政府投资等各种方式筹集。项目建成后将由公司按照股份合作的模式进行运营。目前，项目一期已完成变电站、软水处理站、煤气系统改造升级等配套工程建设。截至 2019 年 12 月，高端轴承钢新材料生产线已完成主体设备订货合同 69 台套，合同金额约 10 亿元。项目一期计划在 2021 年 6 月完成。

第十四节　山东鲁阳节能材料股份有限公司

一、基本情况

山东鲁阳节能材料股份有限公司始建于 1984 年，主要从事陶瓷纤维、玄武岩纤维等节能环保材料的研发、制造、销售、施工服务，于 2006 年在深圳证券交易所上市，总资产 30 亿元，注册资本 3.6 亿元，是国家高新技术企业、行业和国家标准起草单位、国家新材料产业化骨干企业。拥有陶瓷纤维、玄武岩纤维、氧化铝纤维、轻质莫来石砖等四大系列、200 余个品种、规格的产品，年产各类陶瓷纤维制品 40 万吨、玄武岩纤维制品 18 万吨，是亚洲最大的陶瓷纤维制造基地，连续 20 多年在国内同行业中保持着规模、技术、品种与效益名列前茅，产品被广泛应用于重化工耐火隔热、船舶防火、高温绝热、建筑防火保温、环保除尘、防火隔音等领域。陶瓷纤维制品在国内市场的占有率稳居第一，在国际市场的占有率位居前三。

公司现有员工 2 100 余人，其中科研人员 248 人，占员工总数的 11% 以上。拥有国家认定企业技术中心、博士后科研工作站、国家认可实验室(CNAS)、山东省陶瓷纤维工程技术研究中心等研发平台。共获得授权专利 132 项，其中发明专利 62 项。拥有科技成果 54 项，荣获山东省科技进步奖 4 项、淄博市科技进步奖 7 项、淄博市技术发明奖 2 项。主导、参与制定或修订相关领域国际标准 2 项、国家标准 13 项、行业标准 10 项。

二、2019 年度发展情况

(一)营收情况

2019 年，公司实现营业收入 21.47 亿元，同比增长 16.54%；实现净利润 3.43 亿元，同比增长 11.88%。

(二)技术创新情况

2019 年，公司投入研发费用约 0.73 亿元，占销售收入的 3.97%。全年研发课题立项 38 项，完成验收 16 项。在纳米材料产品的开发、高端陶瓷纤维产品的研制等领域取得了较大进展。25 毫米厚氧化铝纤维毯新产品研发成功，无机板新品的研发具备了批量生产能力。顺利通过了知识产权管理体系认证。对氧化铝纤维、纳米系列产品、钙长石砖等多个项目进行专利布局，共申请专利 32 项。积极参与标准化工作，制定或修订行业标准 2 项。

(三)对外投资、合作和项目建设情况

公司与中国船舶工业综合经济技术研究院、山东科技大学在技术标准制定、应用技术方面进行了合作研究，取得了良好的效果。陶瓷纤维针刺毯生产线智能化改造项目基本完成，自动打卷、自动计量、自动包装等自动化程序实现了稳定运行。智慧车间项目也取得了阶段性进展。

第十五节　潍坊华美精细技术陶瓷股份有限公司

一、基本情况

潍坊华美精细技术陶瓷股份有限公司成立于 1995 年，是全球领先的碳化硅材料解决方案供应商、国内同行业领先者和规则制定者、高新技术企业，开发和制造碳化硅产品超过 20 年。现注册资金 8 256 万元，拥有碳化硅“原料冶炼—微粉加工—陶瓷制品生产—制品精加工”全产业链、30 余条生产线，年产量可达 300 万件(套)，几乎跨越市场上所有耐高温、耐热震、耐磨损和耐腐蚀材料领域。

公司的主要产品是“KCE”牌碳化硅陶瓷制品，具有高强度、高硬度、耐磨损、耐腐蚀、耐高温、抗氧化、抗热震以及导热性好、耐急冷急热、抗高温蠕变等优良性能，被广泛应用于军工、航空航天、核电、液晶以及冶金、化工、机械、汽车、造纸、医药等领域，现已远销美国、德国、日本、韩国、阿联酋、南非、中国台湾等40余个国家和地区。

公司建有市级特种陶瓷工程技术研究中心、省级企业技术中心、省级工业设计中心、省级特种陶瓷工程研究中心、省级“一企一技术”研究中心、中国陶瓷行业高技术碳化硅陶瓷应用技术研究中心以及山大华美精陶技术研究中心等科研机构，并先后与国内多家科研机构和高等院校开展了产学研技术合作。公司研制开发的几十种高新技术产品，打破了国外技术垄断，填补了国内空白；累计申请专利近90件；主导制定2项国家标准和7项行业标准；产品荣获“中国陶瓷行业名牌产品”“山东名牌产品”称号，“KCE”商标为山东省著名商标。公司是国内碳化硅陶瓷行业首家登陆“新三板”的企业、山东省首批制造业单项冠军企业、山东省中小企业“隐形冠军”企业、省级“专精特新”中小企业、国家级知识产权优势企业、2017年度中国轻工业专项能力百强企业、2017年度中国陶瓷行业十强企业、2018年度山东省新材料领军企业50强、2019年度山东省新材料领军企业培育库入库企业，并作为多元化高性能工程陶瓷基地被列入山东省新旧动能转换重大工程实施规划。

二、2019年度发展情况

(一)营收情况

2019年，公司实现销售收入1.14亿元，其中新材料产品占比为100%，在国内市场的占有率为36.5%，资产总额较期初增长23%，总体经营状况呈现出逆势良好增长态势，继续在行业领跑。

(二)技术创新情况

2019年，公司的研发投入为700余万元，研发项目涵盖了制备工艺技术研究、高端应用领域用产品的研制与开发等；主导制定的行业标准《砂磨机用反应烧结碳化硅内衬》(JC/T 2516—2019)于2019年11月1日正式颁布实施。

第十六节 山东天和压延铜箔有限公司

一、基本情况

山东天和压延铜箔有限公司成立于2014年4月，资产总额16.4亿元，现有员工266人，其中大专学历的有89人，本科学历的有32人，博士研究生学历的有3人。它是我国第一家高频高速柔性电路板和新能源汽车锂离子电池用高精电子压延铜箔的专业化研发生产企业、中国电子铜箔材料专业十强企业。主要生产厚度为0.006毫米以上、宽度为650毫米以内的黑化处理箔、红化处理箔、软态箔、锂电箔等高精电子压延铜箔。

公司建有山东省电子压延铜箔工程技术研究中心、山东省电子压延铜箔工程实验室、省级企业技术中心等省级科研平台。先后与北京科技大学、北京有色金属研究总院联合承担并完成了“十三五”国家重点研发计划(动力电池集流体超薄高纯铜带生产成套技术及产业化，课题编号:2016YFB0301305)、“十二五”国家科技支撑计划(高精电子压延铜箔生产关键技术开发，课题编号:2011BAE23B04)、山东省自主创新成果转化重大专项(年产 5 000 吨高精压延电子铜箔产业技术开发,课题编号:2011ZHZX1A0204)及菏泽市科技提升重大专项(高精压延电子铜箔生产技术开发与产业化,课题编号:2010CXTSBZ01)等科技项目。拥有"压延铜箔的黑色表面处理方法"(专利号:ZL201610117545.X)和"一种无针孔的紫铜压延铜箔的生产工艺"(专利号:ZL201110009662.1)两项发明专利;主持或参与起草了《锂离子电池用压延铜箔》(GB/T 36146—2018)、《挠性印制线路板用压延铜箔》(YS/T 1039—2015)、《印制电路用金属箔通用规范》(GB/T 31471—2015)3 项国家和行业技术标准。

二、2019 年度发展情况

(一)营收情况

2019 年,公司实现销售收入 3.87 亿元、利税 0.13 亿元,出口创汇近 1 000 万美元,研发投入 0.33 亿元。

(二)技术创新情况

公司生产的高端电路板用无胶化压延铜箔、动力汽车锂离子电池用压延铜箔等新产品、新市场的开发取得了重大突破。为 5G 通信研发、生产的厚度为 12 微米的银铜合金无胶黑化处理铜箔,开始批量供应华为技术有限公司、广东生益科技股份有限公司、三星电子等高端用户,用于制造线径、线距为 30～50 微米的高档电路板;研发、生产的厚度为 6 微米的合金铜箔,已供宁德科技新能源科技有限公司试用于研发续航能力在 600 千米以上的新能源汽车锂离子电池新产品,打破了国外垄断,填补了国内空白。

公司持续推进与北京科技大学、北京有色金属研究总院联合申报承担的"十三五"国家重点研发计划项目——"高性能高精度铜及铜合金板带材制造技术"之"动力电池集流体超薄高纯铜带生产成套技术及产业化"。目前,项目进展顺利,全面完成了各项任务指标。

2019 年 3 月,公司与山东理工大学、山东大学联合申报并承担了山东省重点研发计划(重大科技创新工程)——"高端电路板用无胶化压延铜箔技术研究及产业化"。

第十七节　山东京博石油化工有限公司

一、基本情况

山东京博石油化工有限公司是一家以石油化工为主业,集石油炼制与后续深加工于一体的大型民营企业,是山东唯一一家具备小试—中试—工程设计—产业化应用全流程创新能力和转化能力的民营炼厂,产业涉及高效能燃料、高端化工品、高性能材料三大板块。其中,高性能材料板块中自主研发的聚正牌反式丁戊橡胶为国际首创,被国家发改委列入战略新兴产业目录;京博聚牌(溴化)丁基橡胶、聚丁烯合金等高性能新材料分别达到了国际、国内先进水平。旗下子公司山东京博中聚新材料有限公司的丁基橡胶产品在国内市场的占有率达 15%,正在积极拓展东南亚、印度等海外市场。

二、2019 年度发展情况

(一)营收情况

2019 年，公司新材料产业板块实现销售收入 10.04 亿元、利税 0.85 亿元。主要新材料产品丁基橡胶的产量为 5.37 万吨，销量为 5.93 万吨。

(二)技术创新情况

2019 年，公司的研发投入为 2.44 亿元，主要用于实验设施建设、新产品开发、新产品使用性能试验和引进具有国际先进水平的仪器、对外技术交流合作等科研活动。在高性能材料板块，依托公司的橡胶研究所、聚烯烃研究所、橡塑材料(青岛)研究室、丁苯胶乳研究室，解决了在丁基及溴化丁基橡胶装置生产中发现的问题，改善与优化了生产工艺，提升了产品质量；开发了用于军工、航天等特殊领域的氢化丁腈橡胶、乙烯丙烯酸酯橡胶(AEM)等橡胶产品，为公司在高端橡胶产品领域储备技术；研发了先进催化剂、改性剂，用于特殊聚烯烃材料或特种高分子材料的开发，为公司发展新兴产业夯实基础，形成“生产一代、开发一代、预研一代、储备一代”的技术研发体系；同时，公司于 2019 年被认定为滨州市橡塑材料工程研究中心。

(三)对外投资、合作和项目建设情况

山东京博中聚新材料有限公司以溴化丁基橡胶为核心产品，协同山东京博石油化工有限公司加快推进新材料产业发展进程，投资建设 15 万吨/年溴化丁基橡胶及配套项目、60 万吨/年高性能聚丙烯树脂及配套项目、5 000 吨/年高性能改性乳化剂及配套项目、5 万吨/年高性能 POE(聚烯烃弹性体)及配套项目，打造具备百万吨级生产能力的橡塑新材料产业联盟，搭建天然橡胶贸易平台，筹划成立国家橡塑工程技术中心，策划成立湿法炼胶基地，实现一站式服务，为全球供应绿色橡塑新材料，使公司成为品牌影响力全球领先的橡塑新材料公司。

第十八节　中材锂膜有限公司

一、基本情况

中材锂膜有限公司隶属于中国建材集团有限公司，是由中材科技股份有限公司、南京玻璃纤维研究设计院有限公司和滕州盈科合众投资管理中心共同出资组建的央企控股混合所有制经济体，注册资本 3 亿元，现有员工 430 余人。公司专业从事高性能锂离子电池隔膜的研究、生产制造、销售及技术服务业务。主要产品为 5～20 微米的湿法双向同步拉伸隔膜及各类涂覆隔膜，被应用于新能源汽车动力电池、3C 消费电池、储能电池等领域。截至 2019 年年底，锂电隔膜的产能为 10 亿平方米。2019 年，中材科技股份有限公司湿法锂膜的市场占有率超过了 20%，位居国内第二。

二、2019 年度发展情况

(一)营收情况

2019 年,公司实现总产值 2.32 亿元,营业收入保持稳定增长。

(二)技术创新情况

公司非常注重技术研发和科技创新工作,每年均保持较高水平的研发投入,形成了强有力的研发平台支撑体系和人才建设体系,建立了稳定增长的科技投入机制。公司不断完善科技创新体系的建设,并获得了国家高新技术企业认定,获批 5 个市级研发平台,分别是枣庄市动力用锂离子电池隔膜工程技术研究中心、枣庄市能源用高分子薄膜重点实验室、枣庄市高效电池组用有机薄膜技术创新中心、枣庄市能源用高分子薄膜工程实验室、中材锂膜有限公司技术中心。

(三)对外投资、合作和项目建设情况

公司的高端锂电池隔膜一期项目已全面建成投产,实现满产运营,产品的性能指标符合国际标准,并得到了国内外多家知名锂电池厂家的高度认可。目前,公司已与多家知名锂电池厂商建立了长期战略合作关系。二期项目也已启动建设,厂房建设与设备采购安装同步推进,保障项目顺利建成投产。

第十九节　海斯摩尔生物科技有限公司

一、基本情况

海斯摩尔生物科技有限公司始建于 2012 年,注册资本 7 800 万元,是一家从事生物新材料及其制品研究、开发、测试、生产、加工、销售的高新技术企业。公司拥有年产 2 000 吨壳聚糖纤维、10 000 吨无纺布、20 亿片医用护理垫的生产能力。产品涵盖纤维、纱线、面料、非织造布、纺织成品及医卫产品,其中纺织成品包含袜子、内衣、内裤、文胸、巾品、床品等八大类产品千余个品种,医卫产品主要有海慈密语面膜及海慈密语卫生巾。产品已被广泛应用于服饰面料、医疗、卫生、航天、军品、过滤防护领域,远销日本、韩国、欧美和中国台湾等十几个国家和地区。

公司拥有纯壳聚糖纤维生产的全套关键技术,是海洋生物再生纤维(海斯摩尔)综合研发基地,拥有中国科学院理化技术研究所抗菌材料检测中心泰安分中心、山东多糖生物质纤维工程实验室以及各种高精尖实验设备。目前,公司拥有员工 152 人,其中研究生 2 名、本科学历的 20 人、大专学历的 53 人、中专学历的 77 人。中高层经营管理人员 20 人,其中本科学历的 8 人、大专学历的 12 人。

二、2019 年度发展情况

(一)营收情况

2019 年,公司的销售收入达到 6.11 亿元,利润达到 0.60 亿元,实现税收 0.10 亿元。

其中主要产品壳聚糖纤维的产量达到 400 吨，比 2018 年增长 4.1%；医用无纺布的产量达到 900 吨，比 2018 年增长 3.4%；医用卫生巾的产量为 7 亿片，比 2018 年增长 3.8%。

（二）技术创新情况

公司被认定为国家高新技术企业、中国航天事业合作伙伴，拥有山东省院士工作站、山东省企业技术中心、山东省壳聚糖工程技术研究中心、山东省多糖生物质工程实验室；已经申报国际、国家专利 400 多项，是 9 项国家标准和行业标准的起草单位。

公司获得了 2013 年度中国纺织工业联合会科技进步奖一等奖、2015 年度中国纺织工业联合会科技进步奖一等奖、中国专利银奖、山东省科技进步奖二等奖等奖项，荣获了“全国纺织工业劳动模范先进集体”“全国青年文明号”“山东省新材料领军企业 50 强”“山东省瞪羚标杆企业”等多项荣誉称号。

公司重视科技创新，有高、中级工程技术人员 10 余人，从事研发工作的员工有 24 人，大学专科及以上学历的人数为 24 人。公司与中国科学院理化技术研究所、东华大学、香港理工大学开展了产学研合作，与中国工程院院士开展了多种形式的合作。

（三）对外投资、合作和项目建设情况

公司与深圳润珀思生物科技有限公司合作，构建了产品生态圈，将海斯摩尔生物科技有限公司的医用产品在润珀思自有商城 F2F-R 芬润系统平台上上线。与香港高华集团国际有限公司客户达成了战略合作关系，快速开发欧美市场，实现产品利益最大化，使海斯摩尔生物科技有限公司的产品快速走向国际市场。与香港理工大学形成了深度合作，共同开发功能性纺织品高端品牌客户。海斯摩尔生物科技有限公司的医疗防护材料及制品产业化项目总投资 2.30 亿元，项目建设地点位于山东省宁阳环城科技产业园，现有已建成的 10 万平方米厂房，整体项目按照 IOS 13485 医疗级生产标准建设，局部建设 10 万级 GMP（药品生产质量管理规范）生产区。

第二十节　山东工业陶瓷研究设计院有限公司

一、基本情况

山东工业陶瓷研究设计院有限公司（以下简称“山东工陶院”）成立于 1971 年 10 月，现隶属于中国建材集团有限公司。山东工陶院是国内唯一一家国家级工业陶瓷专业科研院所，是国家工业陶瓷工程技术研究中心、全国工业陶瓷标准化技术委员会、山东省透波功能陶瓷材料重点实验室、山东省工业陶瓷工程技术研究中心、建筑材料行业高温陶瓷膜材料重点实验室等研究平台的依托单位，是国际精细陶瓷技术委员会（ISO/TC 206）国内技术归口联络单位。

多年来，公司围绕国家战略需求及行业技术需求，深入实施创新驱动发展战略，形成了以国家工业陶瓷工程技术研究中心为核心、各主导产业为创新主体、产学研相结合的科技创新体系，并建立了以特种陶瓷透波材料、陶瓷防隔热材料、功能陶瓷材料、特种陶瓷纤维、陶瓷膜及其装备和陶瓷 3D 打印等研发方向为代表的研发创新平台。目前，公司已掌握了水基注凝成型技术、液相渗积原位固化成型技术、陶瓷 3D 打印精密制造技术、中/高压注射成型技术等近 10 项共性关键技术,形成了自己独具特色的研发基础和技术优势。

二、2019 年度发展情况

(一)营收情况

2019 年,面对国内外风险挑战明显上升的复杂局面,在经济下行压力增大的情况下,山东工陶院保持稳中有进的总趋势,全年共实现营业收入 1.64 亿元,同比增长 30.33%,超额完成了当年度目标;实现利润总额 0.26 亿元,同比增长 100.92%。净资产收益率较 2018 年增加 1%,总资产报酬率较 2018 年增加 3%,盈利能力有了较大提高;资产负债率较 2018 年降低 10%,偿债能力持续增强,发展质量和可持续发展能力进一步提升。

(二)技术创新情况

2019 年,公司共承担各类科研项目 50 余项,合同经费 1.36 亿元,落实经费 0.31 亿元;申请专利 46 项,获得授权专利 31 项;申报标准 10 项;获得省部级以上奖项 5 项。公司以国家及行业的重大需求为导向,突破了一批关键核心技术和产品:突破了无机法稳定小批量制备 BN 纤维;有机法制备 氮化硼(BN) 纤维实现了前驱体单批次 100L 稳定制备,完成了关键控制工艺的固化;采用低成本技术制备的气凝胶复合材料在水泥回转窑等高耗能行业得到了应用验证;自主设计开发的除尘脱硝纤维膜及其一体化装备,在耐火材料领域首次获得应用成功,解决了耐火材料行业烟气超低排放难题,填补了国内空白;突破了陶瓷 3D 打印用氧化物陶瓷光固化料浆的稳定分散制备技术,实现了第二代 DLP(数字光处理)高精度陶瓷打印机和氧化锆陶瓷部件的小批量订货。

第二十一节　山东宝龙达实业集团有限公司

一、基本情况

山东宝龙达实业集团有限公司成立于 2004 年,位于山东省第三批化工园区"临朐化工产业园"内,是一家工业用、民用年产 5 万吨高性能有机硅新材料的"民参军"高新技术企业,主要生产单、双组分硅酮密封胶、高温阻燃陶瓷化硅橡胶、低表面能有机硅涂层、有机硅脱膜剂、织物处理剂、防火封堵密封胶等,产品被广泛用于航空航天、兵器装备、医疗设备等通用工业领域,其中双组分硅酮密封胶在市场的占有率居全国首位。

公司拥有山东省工程技术研究中心、山东省企业技术中心等省级科技创新平台,主持起草了《硅酮和改性硅酮建筑密封胶》等国家或行业标准 6 项。培养、引进国家"万人计划"领军人才 1 人、科技部创新创业人才 1 人、泰山产业领军人才 1 人,山东省重点扶持区域引进急需紧缺人才 1 人、鸢都产业领军人才 2 人。公司是山东省优秀企业、山东省制造业单项冠军企业、山东省"隐形冠军"企业、山东省瞪羚示范企业,并荣获了中国氟硅行业产业技术进步奖。

二、2019 年度发展情况

（一）营收情况

2019 年，公司的有机硅产成品入库 18 333 吨，产成品销售 18 164 吨，产值 1.96 亿元，营业收入 1.94 亿元，实现利税 0.11 亿元。

（二）技术创新情况

开展了甲基苯基硅氧烷单体及苯基硅橡胶项目研发，攻克了高纯单体制备技术和聚合技术，实现了苯基含量从 1%到 100% 的苯基硅橡胶可控制备，形成了工程化的生产能力。

开展了 AB 加成自粘型硅橡胶的研发，开发了对聚碳酸酯类和聚对苯二甲酸类塑料具有自粘接性的 AB 加成型液态硅橡胶（LSR）、混炼硅橡胶（HTV）。

（三）对外投资、合作和项目建设情况

公司投资建设了年产 2 万吨有机硅特种单体及系列产品生产项目，突破了苯基单体、环体、硅橡胶的关键制备技术，新上了甲基苯基硅橡胶、氟硅橡胶、加成型液体硅橡胶等产品。

第二十二节　山东利特纳米技术有限公司

一、基本情况

山东利特纳米技术有限公司成立于 2011 年，是一家专注于石墨烯材料的研发、生产和推广的国家级高新技术企业。旗下拥有山东金利特新材料有限责任公司、青岛瑞利特新材料科技有限公司和山东利特纳米新材料有限公司三家子公司，年产石墨烯材料 200 吨，并涉及家居健康、功能涂料、高分子复合材料等应用产品的产业化运作。山东利特纳米技术有限公司寻求与客户的密切合作，逐步实现石墨烯在基础先进材料、电池和超级电容器、汽车轻量化材料与聚合物复合材料、柔性电子和可穿戴设备、智能涂料与膜材料等领域的工业化应用。山东利特纳米技术有限公司的目标是成为可信赖的石墨烯材料供应商，依靠专业的技术团队，通过制备与提供高品质的石墨烯，满足物联网、5G 和工业 4.0 的发展对各种先进材料日益增加的需求。

二、2019 年度发展情况

（一）营收情况

2019 年，公司的新材料产品实现总产值 0.24 亿元。随着石墨烯材料在多个领域实现了应用的突破，本年度公司实现了石墨烯材料的吨级销售。目前，公司生产的石墨烯材料已经在国内某知名品牌高端手机中成功应用，首款搭载公司石墨烯材料的手机已经正式上市销售；同时，公司与手机厂商签订了长期供货合作协议。

（二）技术创新情况

2019 年，公司强化项目管理机制，密切配合客户开发石墨烯应用技术，完成了 2 项新产品开发并产生了销售收入。本年度共申请专利15项，其中发明专利2项、实用新型专利12项、外观设计专利1项。作为主要起草人，本年度共参与制定了《石墨烯材料碘吸附值的测定方法》《石墨烯材料中金属元素含量的测定　电感耦合等离子体发射光谱法》《石墨烯材料中硅含量的测定　硅钼蓝分光光度法》3项团体标准，并于2019年7月正式实施。

(三)对外投资、合作和项目建设情况

2019年6月17日，在山东省创新驱动发展院士恳谈会上，公司与北京石墨烯研究院签订了战略合作协议，启动了北京石墨烯研究院济宁石墨烯产业基地在济宁市高新区的建设工作。2019年年初，在原有技术和工艺的基础上，公司投资0.15亿元进行生产线扩建，目前已扩建已经完成，11月中旬进入试生产。目前，已大线生产，各项参数稳定，最新产能为200吨/年。

第二十三节　烟台正海磁性材料股份有限公司

一、基本情况

烟台正海磁性材料股份有限公司(ZHmag)成立于2000年，是国家火炬计划重点高新技术企业、山东省技术创新示范企业。公司专业制造、经营高性能烧结钕铁硼磁性材料及其元器件，产品主要被应用于传统汽车电动化、新能源汽车、风力发电机、节能家电、节能电梯、工业自动化和智能消费电子等高端应用领域。公司注册资本8.2亿元，于2011年5月在深圳创业板上市。公司高性能稀土永磁材料的产销量连续三年居同行业前三位，市场占有率为30%，其产业规模处于同行业领先地位。

目前，公司拥有国家级研发创新平台2个(国家企业技术中心和国家工程研究中心)，同时拥有山东省内唯一一家磁性材料领域的工程技术研究中心和省内唯一一家钕铁硼磁性材料领域的工程实验室。公司拥有国内最高水平的检验检测中心——烟台正海磁材理化中心，有力地保障了公司产品性能达到国际先进水平。

公司致力于高性能稀土永磁材料及其他磁性材料元器件等新型有色金属合金的研发、生产、推广和服务，研发了55N、52M、50H、48SH、44UH等30多个牌号的烧结钕铁硼磁体，其中节能超薄静音电梯用高性能磁体产品被认定为“国家重点新产品”，产品性能达到了世界先进水平。公司承担的国家重大“863”项目“稀土永磁产业技术升级与集成创新”取得了多项国际先进和领先的技术成果，获得了国家科技进步奖二等奖。目前，公司已形成了完整的产品开发、工艺创新、质量检测、生产装备的技术创新链，所掌握的关键技术达到或超过了国际先进水平。

二、2019年度发展情况

(一)营收情况

2019年，公司实现销售收入16.23亿元，利润1.9亿元，产销量居行业前三位。

（二）技术创新情况

公司取得了多项国际先进和领先的技术成果，创新研究的“正海无氧（ZHOFP）技术”“细晶工艺”“磁体晶界扩散技术”和“设备二次改造工艺”等技术，在行业和相关产业中得到了广泛的推广应用，是国内相关技术领先的行业龙头企业之一。

（三）对外投资、合作和项目建设情况

公司于 2018 年投资 5 亿元，进行低重稀土永磁体生产基地项目的建设，项目通过采用具有自主知识产权的专利技术，建设了年产 5 000 吨高性能低重稀土永磁体生产线，产品主要被应用于新能源汽车领域。2020 年，公司计划投资 5.5 亿元，对原有的东西两个厂区进行升级改造及产能提升，打造智能化工业生产基地。

第二十四节　凯赛（金乡）生物材料有限公司

一、基本情况

凯赛（金乡）生物材料有限公司成立于 2013 年 6 月，是具有全球代表性的、能够同时实现生物法制造系列长链二元酸、生物基戊二胺和生物基聚酰胺并大规模产业化的龙头企业。目前，公司实现商业化生产的产品主要聚焦聚酰胺产业链，包括生物基聚酰胺及可用于生物基聚酰胺生产的原料——生物法长链二元酸系列产品和生物基戊二胺。作为全球生物法长链二元酸的主导供应商，目前其 DC12、DC13 的全球市场占有率接近 80%，国内市场占有率超过了 80%，并于 2018 年被国家工信部和中国工业经济联合会评为第三批“制造业单项冠军产品（2019—2021 年）”。

近年来，公司先后通过了质量、环境、职业健康安全、知识产权四大管理体系认证，荣获了“国家级高新技术企业”“国家级制造业产品单项冠军”“国家级两化融合管理体系贯标试点企业”“中国石油和化工民营企业百强”“山东省新材料产业领军企业 50 强”等荣誉称号；拥有山东省可再生原料生物合成绿色尼龙工程技术研究中心、山东省企业技术中心、山东省绿色二元酸工程实验室和山东省博士后创新实践基地 4 个省级研发平台。

二、2019 年度发展情况

（一）营收情况

2019 年，公司的新材料产品总产值达 15 亿元。

（二）技术创新情况

公司突破了超长链二元酸产业化技术，已获得超长链二元酸高产菌株，在产业化规模上实现了发酵验证；提取纯化工艺在中试水平上首次获得质量符合要求的产品，这是超长链二元酸行业的首次突破，达到了世界领先水平。公司结合自有二元酸与二元胺单体，通过有机组合可以合成一系列生物基聚酰胺 5X 产品并使其具有与传统产品接近的性能。例如，聚酰胺 56 产品的性能接近通用型聚酰胺 66，戊二胺与长链二元酸（十六碳以上）聚合得到的长链聚酰胺产品具有接近聚酰胺 11、12 的低温柔韧性能。公司将扩充生物基聚酰胺产品线，打造完整的生物基聚酰胺系列产品平台。

(三)对外投资、合作和项目建设情况

公司立足于自主研发，积极、广泛地开展各级产学研用合作，与华东理工大学等院校建立了稳定的合作关系。在生物基聚酰胺单体生产、聚合机理、新材料的开发与应用及纺丝关键技术等领域进行合作研究，充分结合公司在生物基新材料大规模产业化方面的经验和成果，与科研院校在人才、信息等方面的优势，拓展生物基新材料的研究深度和应用领域。

第二十五节　烟台万隆真空冶金股份有限公司

一、基本情况

烟台万隆真空冶金股份有限公司成立于 2002 年，是高新技术企业、国家知识产权优势企业，是国内首家以“特铜”作为主导产品的企业，主要生产高性能特种铜合金材料及制品，服务于高铁、核电、核聚变、航天、冶金、机械、海工装备等领域。

公司拥有自主研发能力，建有 2 个省级研发平台；获得授权专利 45 项；主持制定了 4 项行业标准；通过了国际铁路行业(IRIS)质量体系认证；高铁铬锆铜接触线及承力索通过了国家级新产品评审；承担工信部工业强基项目 1 项、省科技厅重点研发项目 5 项；以全国总分第一名的成绩获得了首届中国军民两用技术应用创新大赛金奖；近年来承制研发了涉及三代核电、核聚变、高速动车组、航天及海工装备用特种铜合金等多项研发创新任务，多项特铜产品为国内独家供货。

二、2019 年度发展情况

(一)营收情况

公司目前的主导产品为高性能铜合金配件，2019 年实现产值 2 亿元、税金 0.10 亿元，新建的高铁铬锆铜接触线及特种铜合金超长线棒材项目处于投产上量初期阶段。

(二)技术创新情况

2015—2019 年，公司自主研发核心工艺，自主制造关键设备，攻克了国家三个五年计划一直攻关的高强高导铬锆铜超长线材研制难题，建成了全球首条高铁铬锆铜接触线批量生产线，项目总投资 2 亿元，首期配套年产能 3 万吨，新增产值 30 亿元。项目产品是高铁牵引供电系统核心装备，可以满足高铁在速度为 500 千米/小时时安全稳定低成本运行，是铜镁接触线的升级换代材料。项目产品可同时被应用于高铁、地铁、轻轨及重载货运列车等轨道交通线路，符合国家“一带一路”宏伟规划和“交通强国”建设纲要。

第二十六节　蓬莱市超硬复合材料有限公司

一、基本情况

蓬莱市超硬复合材料有限公司是一家集科研、生产、销售于一体的高科技公司，已实现从碳化钨粉料的制备，到硬质合金辊环及复合轧辊、硬质合金工程齿及盾构齿、硬质合金棒材及刀具三大类产品的生产，形成了高性能硬质合金材料全产业链自主制备，产品被广泛应用于长型钢材的轧制、矿山隧道的掘进、高精密机械加工等领域。主导产品硬质合金辊环，现已达到年产 1 500 吨的生产规模，产量位居世界前列，在国内市场的占有率为 40%，在全球市场的占有率为 26%，连续多年位居国内、全球第一，在国内和国际辊环市场上均占据领军地位。公司先后被认定为国家高新技术企业、山东省瞪羚企业、山东省新材料产业领军企业 50 强、山东省中小企业"隐形冠军"企业、山东省制造业单项冠军企业、山东省高端品牌培育企业、山东省技术创新示范企业。

二、2019 年度发展情况

(一)营收情况

2019 年，公司实现营业收入 4.47 亿元、利润 0.80 亿元，缴纳税金 0.12 亿元；实现总产量 1 415 吨，其中出口总量 198 吨，出口创汇 1 085 万美元。公司盈利能力逐年增长，经营状况持续向好。

(二)技术创新情况

公司大力开发具有自主知识产权的关键技术，形成了一批自主的核心技术和专有技术。截至目前，公司共获得已授权专利 21 项、软件著作权 15 项，其中发明专利 9 项；从 2018 年至今，公司新申请的专利 25 项，均已被国家知识产权局受理进入实质审查阶段。参与制定了《硬质合金　显微组织的金相测定　第 3 部分：Ti(C,N)和 WC 立方碳化物基硬质合金显微组织的金相测定》《碳化钨粉末微观组织及缺陷检测方法》2 项国家标准，《辊压机用硬质合金齿》《硬质合金砧头》2 项行业标准。

(三)对外投资、合作和项目建设情况

为了打破我国先进制造业对进口高端刀具和刀具材料长期依赖的局面，公司投资 1.7 亿元建设"高性能硬质合金刀具材料技术创新与产业化示范应用"项目，可实现高性能硬质合金材料全产业链自主制备。项目达产后，可年产超细硬质合金工具 1 200 吨，可实现销售收入 10 亿元、利润 4 亿元、税金 1 亿元。

第二十七节　山东沪鸽口腔材料股份有限公司

一、基本情况

山东沪鸽口腔材料股份有限公司下设多家子公司,是国内唯一一家综合类口腔材料供应商。公司总部坐落于山东日照,拥有近 30 000 平方米的研发及生产经营场地。生产产品主要有合成树脂牙、牙科树脂块、义齿基托树脂、弹性体印模材料、全瓷义齿用氧化锆瓷块、玻璃离子水门汀、隐形正畸矫治器等近 20 个类别,其中沪鸽合成树脂牙和口腔印模材料在中国市场处于领先地位,产品远销全球 100 多个国家和地区。

公司的所有制性质为股份有限公司,现有职工 600 人,其中博士、硕士研究生等高技术专业人员占到了员工总数的 40%。公司以高品质的产品闻名于中国口腔行业,拥有一流的科研团队,在北京、青岛、日照建立了 3 个口腔材料研发中心,专注于国际先进口腔材料的研发;拥有 60 多项专利技术,其中发明专利 12 项、软件著作权 15 项。公司为国家高新技术企业,先后被认定为市级工程技术研究中心、市级工程实验室、市级企业技术中心、山东省“一企一技术”研发中心、山东省企业技术中心、山东省工程实验室;先后荣获山东省中小企业“隐形冠军”企业和山东省“专精特新”中小型企业、山东省瞪羚企业等称号。

二、2019 年度发展情况

(一)营收情况

2019 年,公司的销售额超 1.81 亿元。

(二)技术创新情况

公司自主研发、生产的玻璃离子水门汀成为省内首家获准中国和美国 FDA 510K 上市的产品,使国内的口腔患者使用上了高品质的玻璃离子水门汀。同时,公司致力于由国内领先向全球知名迈进,目前是国内唯一一家拥有 9 个系列、24 个色号单层树脂饼和多层树脂饼的生产厂家,生产的合成树脂牙和弹性体印模材料在国内市场的占有率排名第一。产品受到了国内外口腔患者的一致好评。

第二十八节　春光科技集团有限公司

一、基本情况

春光科技集团有限公司坐落于临沂国家高新技术开发区,主要从事电子信息、新材料产业,实行软磁电子材料—电子元件—电子部件—电源及终端电子产品的产业链发展模式,主营产品包括软磁电子材料、磁芯、电子电压器、电感器、电源等,其中磁性材料粉料突破了 4.5 万吨,市场占有率达 15%,已发展成为全球排名前三的锰锌铁氧体电子材料制造商、中国电子材料行业磁性材料专业十强企业。产品被广泛应用于5G通信、人工智能、新能源汽车、风力发电、电磁兼容与抗电磁干扰等领域。

公司近年来先后承担了山东省泰山产业领军人才项目以及多项省、市级各类科技创新、技改项目，拥有专利59项、科研成果40余项，多次荣获山东省技术市场协会科技金桥奖、山东省企业技术创新奖等荣誉，并与电子科技大学、中国科学院金属研究所、中国科学院电工研究所、山东大学等高等院校、科研机构开展了长期合作。

二、2019年度发展情况

（一）营收情况

2019年，公司实现营业收入5.5亿元，同比增长6.45%；实现利税0.26亿元，同比增长21.1%。

（二）技术创新情况

2019年，公司共计立项科技研发项目20余项，形成科技成果10余项，经专家鉴定，技术水平达到国际先进1项、国内领先4项、国内先进6项；先后获取授权专利16项。

（三）对外投资、合作和项目建设情况

2019年，公司开展了高频软磁铁氧体材料及应用项目的研发和建设，总投资1 500万元，实现产业化后可形成1～2个高频软磁铁氧体材料新产品，建成高频软磁铁氧体材料生产线1条，新增产能3 000吨、销售收入0.70亿元、利税0.10亿元。

建设了高端电子元部件及电源项目，总投资1.5亿元，建设生产厂房2栋及辅助配套设施，新上生产线4条，新上设备280台(套)，建成后预计可年产高端磁性电子元部件及电源产品15亿件。

开展了生产车间自动化、智能化项目改造，加大了对企业智能制造的投入，并以智能制造作为主攻方向，建设基于生产经营管理的私有和云端的混合数据中心，通过现场数据采集，利用网络信息通信技术实现设备互联、企业资源互联、产品协同互联，推动公司制造业智能化。

第二十九节　济南永信新材料科技有限公司

一、基本情况

济南永信新材料科技有限公司成立于2017年6月，由山东省永信非织造材料有限公司出资兴建，主要产品为中高端医卫用非织造材料。公司现有两条全智能化生产线，产能为1.0万吨/年，产品采用生物质可降解纤维为原料，生产过程绿色无污染。公司联合山东大学、东华大学、上海大学成立了山东省永信非织造工程技术研究院，中国工程院院士孙晋良主持研究院建设和研发工作的开展；同时，还与山东大学共同建立了研究生工作站。

公司始终坚持以人才、技术创新驱动企业发展，积累了雄厚的技术研发优势；建有专门的技术研发中心,拥有一支强大的技术研发团队;现有员工 120 人,其中,专职技术研发人员 65 人。

二、2019 年度发展情况

(一)营收情况

2019 年,公司实现销售收入 3 340 万元,纳税 270 万元,整体效益良好,呈现逐渐递增趋势。

(二)技术创新情况

2019 年,公司共申报专利 6 项,申报软件著作权 7 项,获得授权软件著作权 6 项;开展技术及产品研发项目 6 个,并联合山东大学共同开展了非织造布智能制造系统的开发工作,本智能制造系统旨在运用互联网+、大数据、人工智能、工业互联网等信息化技术,实现生产全流程智能化联动;构建了订单驱动的柔性智能化水刺非织造布生产模式,建设了“一个中心,三大平台,四大标准体系”的非织造布生产智能工厂。

公司作为牵头单位正在起草中国纺织工业联合会团体标准 1 项——《水刺非织造布智能工厂》,该标准将引领产业用水刺非织造新材料在高端医卫领域的推广和发展。

第三十节　山东恒联新材料股份有限公司

一、基本情况

山东恒联新材料股份有限公司是国家高新技术企业,全国再生纤维素膜行业龙头企业,国内规模最大、实力最强的再生纤维素膜制造厂商和出口基地,山东省首批制造业单项冠军企业,现已跻身世界再生纤维素膜行业综合排名前两名。2019 年,公司生产的再生纤维素膜以 20% 的国际市场占有率,排名全球第二;以 35% 的国内市场占有率,排名国内第一。公司生产的“宝石”牌再生纤维素膜产品以其卓越的品质畅销全国,并出口到德国、俄罗斯、波兰、韩国、土耳其、乌克兰、泰国和马来西亚等 30 多个国家和地区。

公司拥有丰富的产学研合作经验和成功案例:2015 年与中国科学院化学研究所联合承担了山东省重大科技专项,并于 2018 年完成验收;2019 年与齐鲁工业大学联合承担了山东省重点研发计划。

二、2019 年度发展情况

(一)营收情况

2019 年,公司资产总额 8.53 亿元,销售收入 3.39 亿元,利润总额 0.68 亿元,上缴税金 0.18 亿元,研发费用投入 0.13 亿元,占比为 3.8%。

(二)技术创新情况

2019 年,公司生物基包装新材料复合专用再生纤维素膜关键技术研究与产业化项目获批山东省重点研发计划(重大科技创新工程)项目;公司申请的 14 项发明专利,当前均已受理，获得授权 1 项；申请的 23 项实用新型发明，获得授权 15 项。公司有 4 项研发项目获批山东省技术创新项目计划。

第三十一节 青州市博奥炭黑有限责任公司

一、基本情况

青州市博奥炭黑有限责任公司是在原青州化工股份有限责任公司的基础上于 2004 年重组成立的一家民营化工企业，注册资本 8 380 万元，现有员工 230 人，主要生产橡胶用炭黑，是国内主要的炭黑生产企业之一，市场占有率全国第一。公司的主导产品是全系列多规格橡胶用炭黑，产品执行国家标准 GB 3778—2011，并可按美国标准 ASTM D176 进行生产，配套的发电机组是利用炭黑生产过程中产生的低热值尾气燃烧发电的余热发电机组。公司的炭黑产品自 2006 年以来连续被认定为“山东省名牌产品”，所使用的“强力”牌注册商标被评为“山东省著名商标”，是中国橡胶工业协会推荐品牌。

公司坚持“全过程控制，精益求精”的质量管理模式，倡导“标准化管理，诚信共赢”的市场竞争理念，不断推进管理创新、制度创新和技术创新，并先后通过了 ISO 9001 质量管理体系、ISO 14001 环境管理体系认证和 ITAF 16949 质量体系认证，同时也是省级企业技术中心。公司聘请了世界级的业内专家中国台湾的刘东源先生、原炭黑设计院总工黄敬斌作为公司的技术顾问。

公司现拥有 6 条炭黑生产线，总体产能为 20 万吨/年，炭黑生产装置汇集了国内外最先进的工艺技术，采用大规模高效循环经济模式，具备清洁、环保、节能等多种效能，是中国炭黑产业科技创新基地和高等级炭黑制造基地之一。

二、2019 年度发展情况

（一）营收情况

2019 年，公司实现营业收入 9.10 亿元。随着公司产能的进一步释放及橡胶应用水平的进一步提升，公司整体情况将趋向良性发展。

（二）技术创新情况

2019 年，公司进一步加大研发投入，完善基于全产业链的材料研发、应用设计开发和服务能力，研发项目的领域和范围不断扩大，研发成果产业化项目不断增多，为后续业绩增长打下了坚实基础。

（三）对外投资、合作和项目建设情况

2019 年，公司投资近 3 000 万元，建设完成了“炭黑尾气超低排放项目”，主要内容包括 70 吨/小时的炭黑尾气余热锅炉的建设、炭黑生产线干燥机烟气的集中治理和脱硫塔的建设。项目实施完成后，公司所有的烟气排放都将达到山东省超低排放标准。超低排放烟气脱白设施已建设完成。

第三十二节　济南圣泉集团股份有限公司

一、基本情况

济南圣泉集团股份有限公司的主营业务为合成树脂及复合材料、生物质化工产品的研发、生产和销售,所属的化工材料产业是国民经济重要的基础性、支撑性产业,产品被广泛应用于汽车、冶金、电子电器、工程机械、轨道交通、航空航天等诸多终端装备制造业。

公司旗下拥有 6 家高新技术企业,曾获得“国家技术创新示范企业”、“国家知识产权示范企业”、“农业产业化国家重点龙头企业”、首批国家级“绿色工厂”、“中国民营企业制造业 500 强”等荣誉称号。公司生产的生物质石墨烯系国际首创,呋喃树脂和酚醛树脂的产、销规模均位居世界前列;同时,公司还是“神舟”飞船返回舱保温原材料制造商,建成了全球主要的 L- 阿拉伯糖生产基地和木糖生产基地;公司生产的轻芯钢、石墨烯改性超级电容及超级电池等多种产品打破了国外垄断;公司的多项核心技术位居同行业前列。

二、2019 年度发展情况

(一)营收情况

2019 年,公司实现营业收入 58.82 亿元,与去年同期相比,降低了 4.96%,主要是原材料价格下降导致产品销售价格下降所致。

(二)技术创新情况

2019 年,在高性能酚醛树脂及复合材料方面,5G 覆铜板用低介电树脂、高端磨料磨具重负荷树脂、轮胎橡胶补强树脂、抗衰退树脂等新产品相继研发成功,碳素电极用酚醛树脂已在铝厂试用。在铸造辅助材料方面,新开发了增加树脂韧性、降低混砂气味的新树脂,适合风电球铁件的防渗硫功能性涂料。糠酮树脂实现了批量化生产和推广应用。在生物质综合利用方面,进一步完善了“圣泉生物溶剂法秸秆精炼一体化技术”,产品链条得到了延伸,完成了项目的工艺设计。利用植物秸秆工业废渣连续生产纳米纤维素材料实现了突破。

第五章 新材料产业相关政策

第一节 国家新材料产业相关政策

一、《工业和信息化部、发展改革委、科技部、财政部关于印发新材料产业发展指南的通知》(工信部联规〔2016〕454 号)

新材料是指新出现的具有优异性能或特殊功能的材料,或是传统材料改进后性能明显提高或产生新功能的材料。新材料的发现、发明和应用推广与技术革命和产业变革密不可分。加快发展新材料,对推动技术创新,支撑产业升级,建设制造强国具有重要战略意义。为引导“十三五”期间新材料产业健康有序发展,根据“十三五”规划纲要和《中国制造 2025》有关部署,经国务院同意,制定本指南。

一、产业背景

(一)现状与问题

“十二五”以来,我国新材料产业发展取得了长足进步,创新成果不断涌现,龙头企业和领军人才不断成长,整体实力大幅提升,有力支撑了国民经济发展和国防科技工业建设。

发展步伐持续加快。新材料产业总产值已由 2010 年的 0.65 万亿元增至 2015 年的近 2 万亿元。空间布局日趋合理,产业集聚效应不断增强,环渤海、长三角、珠三角等地区新材料综合性产业集群优势突出,中西部地区一批特色鲜明的新材料产业基地初具规模。

创新能力稳步增强。以企业为主体、市场为导向、产学研用相互结合的新材料创新体系逐渐完善,新材料国家实验室、工程(技术)研究中心、企业技术中心和科研院所实力大幅提升,在重大技术研发及成果转化中的促进作用日益突出。在大飞机专用第三代铝锂合金、百万千瓦级核电用 U 型管、硅衬底 LED(发光二极管)材料、大尺寸石墨烯薄膜等方面积极创新,一批先进产品填补了国内空白。

应用水平明显提升。先进半导体材料、新型电池材料、稀土功能材料等领域加速发展,高性能钢铁材料、轻合金材料、工程塑料等产品结构不断优化,有效支撑了高速铁路、载人航天、海洋工程、能源装备等工程顺利实施。生物材料、纳米材料应用取得积极进展。

但也要看到,我国新材料产业起步晚、底子薄、总体发展慢,仍处于培育发展阶段;材料先行战略没有得到落实,核心技术与专用装备水平相对落后,关键材料保障能力不足,产品性能稳定性亟待提高;创新能力薄弱,产学研用合作不紧密,人才团队缺乏,标准、检测、评价、计量和管理等支撑体系缺失;产业布局乱,低水平重复建设多,低端品种产能过剩,推广应用难等问题没有根本解决,仍然是制约制造强国建设的瓶颈。

(二)面临的形势

当前,新一轮科技革命与产业变革蓄势待发,全球新材料产业竞争格局正在发生重大调整。新材料与信息、能源、生物等高技术加速融合,大数据、数字仿真等技术在新材料研发设计中作用不断突出,"互联网+"、材料基因组计划、增材制造等新技术新模式蓬勃兴起,新材料创新步伐持续加快,国际市场竞争将日趋激烈。未来五年,是国家实施《中国制造 2025》、调整产业结构、推动制造业转型升级的关键时期。新一代信息技术、航空航天装备、海洋工程和高技术船舶、节能环保、新能源等领域的发展,为新材料产业提供了广阔的市场空间,也对新材料质量性能、保障能力等提出了更高要求。必须紧紧把握历史机遇,集中力量、加紧部署,进一步健全新材料产业体系,下大力气突破一批关键材料,提升新材料产业保障能力,支撑中国制造实现由大变强的历史跨越。

二、总体思路

(一)指导思想

全面贯彻党的十八大和十八届三中、四中、五中、六中全会精神和习近平总书记系列重要讲话精神,认真落实党中央、国务院决策部署,按照"五位一体"总体布局和"四个全面"战略布局,牢固树立和贯彻落实创新、协调、绿色、开放、共享的发展理念,深入推进供给侧结构性改革,坚持需求牵引和战略导向,推进材料先行、产用结合,以满足传统产业转型升级、战略性新兴产业发展和重大技术装备急需为主攻方向,着力构建以企业为主体、以高校和科研机构为支撑、军民深度融合、产学研用协同促进的新材料产业体系,着力突破一批新材料品种、关键工艺技术与专用装备,不断提升新材料产业国际竞争力。

(二)基本原则

需求牵引、创新发展。发挥市场需求对新材料开发应用的引导作用,紧紧围绕重大战略急需,强化产用结合,促进上下游协作配套,加快应用示范。推动新材料产业大众创业、万众创新,践行绿色发展理念,鼓励大中小企业分工合作,促进新材料产业与其他产业同步转型升级。

市场主导、政府引导。遵循市场经济规律,强化企业主体地位,破除体制机制障碍,激发企业创新活力。转变政府职能,创新行业管理方式,聚焦重点方向、重点企业和重点地区，完善新材料初期市场培育措施，有效带动社会资源，营造产业发展良好环境。

统筹协调、分类指导。加强部门统筹、信息共享与协调合作，提高新材料产业发展规划的系统性、部门工作的协同性、国家和地方政策措施的配套性。遵循各类新材料产业发展规律，立足当前，着眼长远，因地制宜，分类施策，完善支持政策，提高服务水平。

两化融合、军民融合。促进信息技术与新材料融合发展，推动新材料设计、加工、制造及测试过程数字化、智能化，利用互联网技术加强新材料供需对接，支持发展新模式、新业态。推进新材料军民融合深度发展，加快军民共用新材料技术双向转移转化，积极发展军民共用新材料，实现良性互动发展。

（三）主要目标

保障能力大幅提升。先进基础材料总体实现稳定供给，关键战略材料综合保障能力超过70%，前沿新材料取得一批核心技术专利，部分品种实现量产。新一代信息技术、航空航天装备、生物医药及高性能医疗器械等领域所需新材料应用水平大幅提升，电力装备、先进轨道交通装备、海洋工程装备及高技术船舶、节能与新能源汽车、高档数控机床及机器人、农机装备、节能环保等领域所需新材料保障能力大幅提高，国防科技工业所需新材料市场竞争力明显增强。

创新能力不断提高。新材料企业技术创新投入占销售收入比例、知识产权创造与运用能力明显提升，企业创新环境进一步优化。突破一批核心关键和共性技术，整合构建一批新材料产业创新载体，基本形成以企业为主体的新材料产业协同创新体系。

产业体系初步完善。到2020年，新材料产业规模化、集聚化发展态势基本形成，突破金属材料、复合材料、先进半导体材料等领域技术装备制约，在碳纤维复合材料、高品质特殊钢、先进轻合金材料等领域实现70种以上重点新材料产业化及应用，建成与我国新材料产业发展水平相匹配的工艺装备保障体系。建成较为完善的新材料标准体系，形成多部门共同推进、国家与地方协调发展的新材料产业发展格局，具有一批有国际影响力的新材料企业。

三、发展方向

（一）先进基础材料

加快推动先进基础材料工业转型升级，以基础零部件用钢、高性能海工用钢等先进钢铁材料，高强铝合金、高强韧钛合金、镁合金等先进有色金属材料，高端聚烯烃、特种合成橡胶及工程塑料等先进化工材料，先进建筑材料，先进轻纺材料等为重点，大力推进材料生产过程的智能化和绿色化改造，重点突破材料性能及成分控制、生产加工及应用等工艺技术，不断优化品种结构，提高质量稳定性和服役寿命，降低生产成本，提高先进基础材料国际竞争力。

(二)关键战略材料

紧紧围绕新一代信息技术产业、高端装备制造业等重大需求，以耐高温及耐蚀合金、高强轻型合金等高端装备用特种合金，反渗透膜、全氟离子交换膜等高性能分离膜材料，高性能碳纤维、芳纶纤维等高性能纤维及复合材料，高性能永磁、高效发光、高端催化等稀土功能材料，宽禁带半导体材料和新型显示材料，以及新型能源材料、生物医用材料等为重点，突破材料及器件的技术关和市场关，完善原辅料配套体系，提高材料成品率和性能稳定性，实现产业化和规模应用。

(三)前沿新材料

以石墨烯、金属及高分子增材制造材料，形状记忆合金、自修复材料、智能仿生与超材料，液态金属、新型低温超导及低成本高温超导材料为重点，加强基础研究与技术积累，注重原始创新，加快在前沿领域实现突破。积极做好前沿新材料领域知识产权布局，围绕重点领域开展应用示范，逐步扩大前沿新材料应用领域。

四、重点任务

(一)突破重点应用领域急需的新材料

推进原材料工业供给侧结构性改革，紧紧围绕高端装备制造、节能环保等重点领域需求，加快调整先进基础材料产品结构，积极发展精深加工和高附加值品种，提高关键战略材料生产研发比重。组织重点材料生产企业和龙头应用单位联合攻关，建立面向重大需求的新材料开发应用模式，鼓励上下游企业联合实施重点项目，按照产学研用协同促进方式，加快新材料创新成果转化。

专栏1　新材料保障水平提升工程
1. 新一代信息技术产业用材料。加强大尺寸硅材料、大尺寸碳化硅单晶、高纯金属及合金溅射靶材生产技术研发，加快高纯特种电子气体研发及产业化，解决极大规模集成电路材料制约。加快电子化学品、高纯发光材料、高饱和度光刻胶、超薄液晶玻璃基板等批量生产工艺优化，在新型显示等领域实现量产应用。开展稀土掺杂光纤、光纤连接器用高密度陶瓷材料加工技术研发，满足信息通信设备需求。 2. 高档数控机床和机器人材料。加快实现稀土磁性材料及其应用器件产业化，开展传感器、伺服电机等应用验证。开发高压液压元件材料、高柔性电缆材料、耐高温绝缘材料。调整超硬材料品种结构，发展低成本、高精密人造金刚石和立方氮化硼材料，突破滚珠丝杠用钢性能稳定性和耐磨性问题，解决高档数控机床专用刀具材料制约。 3. 航空航天装备材料。加快高强铝合金纯净化冶炼与凝固技术研究，开展高温、高强、大规格钛合金材料熔炼、加工技术研究，突破超高强高韧7000系铝合金预拉伸厚板及大规格型材、2000系铝合金及铝锂合金板材工业化试制瓶颈，系统解决铝合金材料残余应力、关键工艺参数控制范围优化、综合成品率与成本控制问题，提升新型轻合金材料整体工艺技术水平。加快特种稀土合金在航空航天中的应用。突破高强高模碳纤维产业化技术、高性能芳纶工程化技术，开展大型复合材料结构件研究及应用测试。开展高温合金及复杂结构叶片材料设计及制造工艺攻关，完善高温合金技术体系及测试数据，解决高温合金叶片防护涂层技术，满足航空发动机应用需求。加快增材制造钛合金材料在航空结构件领域的应用验证。降低碳/碳、碳/陶复合材料生产成本，提高特种摩擦材料在航空制动领域的占有率。

4. **海洋工程装备及高技术船舶用材料**。以高强、特厚为主要方向，开展齿条钢特厚板、大壁厚半弦管、大规格无缝支撑管、钛合金油井管、X80级深海隔水管材及焊材、大口径深海输送软管、极地用低温钢等开发及批量试制，完成在海洋工程平台上的应用验证。加快高止裂厚钢板、高强度双相不锈钢宽厚板、船用殷瓦钢及专用高强度聚氨酯绝热材料产业化技术开发，实现在超大型集装箱船、液化天然气(LNG)船等高技术船舶上应用。

5. **先进轨道交通装备材料**。突破钢铁材料高洁净度、高致密度及新型冷/热加工工艺，解决坯料均质化与一致性问题，建立高精度检测系统，掌握不同工况下材料损伤与失效原理及影响因素，制定符合高速轨道交通需求的材料技术规范，提高车轮、车轴及转向架用钢的强度、耐候性与疲劳寿命并实现批量生产。推动实现稀土磁性材料在高铁永磁电机中规模应用。开发钢轨焊接材料加工技术，发展风挡和舷窗用高品质玻璃板材。加强先进阻燃及隔音降噪高分子材料、制动材料、轨道交通装备用镁、铝合金制备工艺研究，加快碳纤维复合材料在高铁车头等领域的推广应用。

6. **节能与新能源汽车材料**。提升镍钴锰酸锂/镍钴铝酸锂、富锂锰基材料和硅碳复合负极材料安全性、性能一致性与循环寿命，开展高容量储氢材料、质子交换膜燃料电池及防护材料研究，实现先进电池材料合理配套。

开展新型6000系、5000系铝合金薄板产业化制备技术攻关，满足深冲件制造标准要求，开展高强汽车钢板、铝合金高真空压铸、半固态及粉末冶金成型零件产业化及批量应用研究，加快镁合金、稀土镁(铝)合金在汽车仪表板及座椅骨架、转向盘轮芯、轮毂等领域应用，扩展高性能复合材料应用范围，支撑汽车轻量化发展。

7. **电力装备材料**。重点推进核电压力容器大锻件系列钢种组织细化与稳定化热处理工艺开发，突破核电机组用高性能钛焊管产业化瓶颈，加快银合金控制棒、锆合金管堆外及堆内考核验证，实现核电用材成套保障。开展抗热腐蚀单晶高温合金大型空心叶片用材料、制造工艺及长寿命防护涂层技术研究，满足重型燃气轮机急需。开发智能电网用高容量稀土储氢材料。提升导热油及熔盐高温真空集热管自动化生产水平。突破5 MW级大型风电叶片制备工艺。面向智能输变电装备领域，突破大尺寸碳化硅单晶及衬底、外延制备及模块封装材料技术，开展高压大功率绝缘栅双极型晶体管(IGBT)模块应用设计，发展高性能绝缘陶瓷，保障特高压直流电网建设。

8. **农机装备材料**。开展高强高硬耐磨钢系列化产品开发，在农机装备及配件中实现对高碳弹簧钢应用替代。开发农机离合器活塞材料、湿式离合器摩擦材料、采棉指及脱棉盘专用材料等，满足农业作业环境及特种装备需求。

9. **生物医药及高性能医疗器械材料**。开展碲锌镉晶体、稀土闪烁晶体及高性能探测器件产业化技术攻关，解决晶体质量性能不稳定、成本过高等核心问题，满足医用影像系统关键材料需求。大力发展医用增材制造技术，突破医用级钛粉与镍钛合金粉等关键原料制约。发展苯乙烯类热塑性弹性体等不含塑化剂、可替代聚氯乙烯的医用高分子材料，提高卫生材料、药用包装的安全性。提升医用级聚乳酸、海藻酸钠、壳聚糖生产技术水平，满足发展高端药用敷料的要求。

10. **节能环保材料**。加快新型高效半导体照明、稀土发光材料技术开发。突破非晶合金在稀土永磁节能电机中的应用关键技术，大力发展稀土永磁节能电机及配套稀土永磁材料、高温多孔材料、金属间化合物膜材料、高效热电材料，推进在节能环保重点项目中应用。开展稀土三元催化材料、工业生物催化剂、脱硝催化材料质量控制、总装集成技术等开发，提升汽车尾气、工业废气净化用催化材料寿命及可再生性能，降低生产成本。开发绿色建材部品及新型耐火材料、生物可降解材料。推广应用金属材料表面覆层强化、工业部件服役延寿、稀贵金属材料循环利用等技术。

(二)布局一批前沿新材料

把握新材料技术与信息技术、纳米技术、智能技术等融合发展趋势，更加重视原始创新和颠覆性技术创新，加强前瞻性基础研究与应用创新，制定重点品种发展指南，集中力量开展系统攻关，形成一批标志性前沿新材料创新成果与典型应用，抢占未来新材料产业竞争制高点。

专栏 2　前沿新材料先导工程
1. **石墨烯**。突破石墨烯材料规模化制备和微纳结构测量表征等共性关键技术，开发大型石墨烯薄膜制备设备及石墨烯材料专用计量、检测仪器，实现对石墨烯层数、尺寸等关键参数的有效控制。围绕防腐涂料、复合材料、触摸屏等应用领域，重点发展利用石墨烯改性的储能器件、功能涂料、改性橡胶、热工产品以及特种功能产品，基于石墨烯材料的传感器、触控器件、电子元器件等，构建若干石墨烯产业链，形成一批产业集聚区。 2. **增材制造材料**。研究金属球形粉末成形与制备技术，突破高转速旋转电极制粉、气雾化制粉等装备，开发空心粉率低、颗粒形状规则、粒度均匀、杂质元素含量低的高品质钛合金、高温合金、铝合金等金属粉末。突破超高分子量聚合物材料体系中热传导、界面链缠及性能调控技术，开发增材制造专用光敏树脂、工程塑料粉末与丝材。研究氧化铝、氧化锆、碳化硅、氮化铝、氮化硅等陶瓷粉末、片材制备方法，提高材料收得率与性能一致性。建立生物增材制造材料体系，开发细胞/材料复合生物“墨水”。完善材料牌号，基本满足国内增材制造产业应用需要。 3. **纳米材料**。提升纳米材料规模化制备水平，开发结构明确、形貌/尺寸/组成均一的纳米材料，扩大粉体纳米材料在涂料、建材等领域的应用，积极开展纳米材料在光电子、新能源、生物医用、节能环保等领域的应用。 4. **超导材料**。加强超导材料基础研究、工程技术和产业化应用研究，积极开发新型低温超导材料，钇钡铜氧等高温超导材料，强磁场用高性能超导线材、低成本高温超导千米长线等，在电力输送、医疗器械等领域实现应用。 5. **极端环境材料**。完善高温高压、化学及水汽腐蚀、特殊空间、多因素耦合等极端环境模拟试验条件，开展超高温结构陶瓷、金属基复合材料等开发，支撑能源化工、航空航天等领域极端环境材料需求。

(三)强化新材料产业协同创新体系建设

加强新材料基础研究、应用技术研究和产业化的统筹衔接，完善创新链条的薄弱环节，形成上中下游协同创新的发展环境。统筹需求导向与超前探索，强化企业创新主体地位和主导作用。整合完善创新资源，依托重点企业、产业联盟或研发机构，组建新材料制造业创新中心、新材料测试评价及检测认证中心，建立新材料产业计量服务体系。统筹布局和建设材料基因工程重大共性技术研究平台，充分依托现有科研机构，组建材料基因工程专业化研究中心，形成重点新材料创新基础和开发共享的公共平台，降低新材料研发成本，缩短新材料研发应用周期。

专栏 3　新材料创新能力建设工程
组建新材料制造业创新中心。以市场化运作为核心，以网络化协作为纽带，以共性关键技术和跨行业融合性技术协同开发、转移扩散和商业应用为主要任务，形成石墨烯材料、高性能复合材料、轻量化材料、极端环境材料等新材料制造业创新中心。重点开展技术联合攻关、中试及工程化试验、新材料应用模拟及服役检测、新材料专业人才培训等工作，加快新材料开发及产业化步伐。 组建新材料性能测试评价中心。组织重点新材料研发机构、生产企业和计量测试技术机构建立新材料测试评价联盟，建设新材料测试评价及检测认证中心。中心采取市场化机制运作，整合完善现有测试评价、设计应用、大数据等平台资源，建立完善材料综合性能评价指标体系与评价准则，形成一批专家评价队伍，开展材料性能检测、质量评估、模拟验证、数据分析、表征评价和检测认证等公共服务。 搭建材料基因技术研究平台。开发材料多尺度集成化高通量计算模型、算法和软件，开展材料高通量制备与快速筛选、材料成分—组织结构—性能的高通量表征与服役行为评价等技术研究，建设高通量材料计算应用服务、多尺度模拟与性能优化设计实验室与专用数据库，开展对国家急需材料的专题研究与支撑服务。

（四）加快重点新材料初期市场培育

研究建立新材料首批次应用保险补偿机制，定期发布重点新材料首批次应用示范指导目录，建设一批新材料生产应用示范平台，组织开展新材料应用示范，加快释放新材料市场需求。研究建立重大工程、重大项目配套材料应用推广机制。加大政策引导力度，建立公共服务平台，开展材料生产企业与设计、应用单位供需对接，支持材料生产企业面向应用需求研发新材料，推动下游行业积极使用新材料。

专栏 4　重点新材料首批次示范推广工程
实施重点新材料应用示范保险补偿试点。鼓励保险公司创新险种，对重点新材料首批次应用示范指导目录中产品的应用推广提供质量、责任等风险承保。充分发挥财政资金杠杆作用，通过保险补偿机制支持新材料首批次应用示范，降低下游用户使用风险，突破“不敢用、不好用”瓶颈。支持保险经纪等中介机构创新服务模式，提高保险补偿试点工作效率。 建设一批新材料生产应用示范平台。在集成电路、新型显示、大型飞机、新能源汽车、高铁、核电、超超临界机组、海洋工程等领域，依托龙头新材料生产企业和下游用户，建立 20 家左右新材料生产应用示范平台。重点针对下游用户产品应用开展新材料工艺技术与应用技术开发，完善材料全尺寸考核、服役环境下性能评价及应用示范线等配套条件，实现材料与终端产品同步设计、系统验证、批量应用与供货等多环节协同促进。 开展重点新材料应用示范。以碳纤维复合材料、高温合金、航空铝材、宽禁带半导体材料、新型显示材料、电池材料、特种分离及过滤材料、生物材料等市场潜力巨大、产业化条件完备的新材料品种，组织开展应用示范。

（五）突破关键工艺与专用装备制约

组织新材料装备生产企业与材料生产企业开展联合攻关，加快先进熔炼、增材制造、精密成型、晶体生长、气相沉积、表面处理、等静压、高效合成、分离纯化等先进工艺技术与专用核心装备开发，实现材料生产关键工艺装备配套保障。突破新材料组织成分设计、性能控制、加工成型、建模测试、应用模拟等数字化技术，开发增材制造、数字加工中心等成套生产装备及专用软件。做好新材料科学仪器设备研究开发，发挥计量测试对工艺控制的作用，加快工业在线检测和控制技术开发应用。

专栏5　关键工艺与专用装备配套工程
开发金属材料专用加工制备工艺装备。开发大型低真空熔炼炉、多步急冷炉、高温连续氮化炉、高温在线快速固溶退火炉、高温度梯度液态金属冷却定向凝固等金属材料冶炼设备，加快轻合金挤压型材矫直及精整设备、大型扩径拉伸机、挤压机等加工装置开发。 **解决复合材料工艺装备制约**。提高增强纤维混纺/混编、高速多轴向经编、自动铺丝/铺带工艺装备水平，开发热固性预浸料成型、真空辅助树脂传递模塑成型（RTM）、热压成型、原位聚合成型等复合材料成型装备，发展复合材料零部件自动化连接装配、表面喷涂等制成品处理装置。 **提升先进半导体材料装备配套能力**。开发大尺寸单晶硅直拉生长炉、垂直区熔下降炉、全自动变速拉晶定向凝固炉、大尺寸蓝宝石长晶炉、金属有机化学气相沉积系统、卤化物气相外延系统以及大规格研磨抛光设备。

（六）完善新材料产业标准体系

提高现有标准技术水平，完成600项以上新材料标准制修订。加强标准复审及修订，提高现有标准技术水平，及时解决重点标准老旧、缺失等问题。将标准化列入新材料产业重点工程、重大项目考核验收指标，及时将科研创新成果转化为标准。推动新材料产业标准化试点示范，建设一批新材料产业标准化示范企业和园区，加速新材料技术产业化进程。加强材料标准与下游装备制造、新一代信息技术、工程建设等行业设计规范以及相关材料应用手册衔接配套。推动新材料产业国际标准跟踪转化，加快新材料标准国际化步伐。

专栏6　新材料产业标准体系建设工程
成套制定一批新材料标准。加快制定高温不锈轴承钢、高温渗碳轴承钢标准，数控机床、高铁及重载商用车用齿轮钢系列标准，高精度工具钢及系列模具钢标准。成体系修订镍及镍合金带、板、管、线、棒及锻件材料标准。制定碳/碳复合结构材料、热场材料、保温材料、复合坩埚等成套标准。加快电子化学品、光学功能薄膜等成套标准制定步伐。完善功能性膜材料配套标准，制定离子交换树脂系列标准，双极膜、中空纤维膜及组件标准，陶瓷纳滤膜元件及生物发酵、高温烟气处理装置标准，以及膜材料试验方法等专用标准。制定人工晶体材料术语、人工晶体生长设备安全技术规范等基础标准，加快蓝宝石晶体及衬底材料、大尺寸蓝宝石晶体生长、质量检验系列标准制定，发布大尺寸稀土闪烁晶体标准、压电晶体及器件标准。做好增材制造材料标准布局，制定模具用粉末，高温合金、镍、铝、镁等金属及合金粉末标准，聚氨酯增材制造材料等系列标准。加快发布石墨烯材料的名词术语与定义基础标准，制定石墨烯层数测定、比表面积、导电率等标准，研制一批石墨烯材料、器件标准和计量装置。 **完善新材料实验技术标准**。整合梳理现有新材料分析方法、技术标准体系，解决标准间交叉重复、冲突问题，适时补充相关缺失项目，建立面向应用的材料指标体系标准。完善材料试验技术的计量标准，提升材料试验技术标准适用性。完善标准物质，支撑测量仪器校准、试验结果评价、产品质量控制等标准化和计量工作。建成全流程监测系统表征、质量控制标准系统和实验结果的实效性评价标准系统。

（七）实施“互联网＋”新材料行动

鼓励企业利用物联网、云计算、增材制造、工业机器人等手段，开展新材料智能制造试点示范，探索发展新材料大规模个性化定制、网络化协同制造等新模式。支持基于互联网的新材料创业创新，鼓励建设一批垂直化、专业化网络平台，开展新材料设计解决方案、供需对接、信息咨询、检验测试等服务，营造开放、融合的产业生态。落实国家大数据战略，建立新材料数据库、牌号标准库、工艺参数库、工艺知识库，支持开展材料试验大数据分析，制定数据采集和共享制度，形成符合我国国情的新材料牌号和指标体系。

(八)培育优势企业与人才团队

支持新材料企业以市场为导向开展联合重组，形成一批具有较强创新能力和国际影响力的龙头企业。鼓励发展众创、众包、众扶、众筹等新模式，形成一批专优特新的新材料中小企业。推动上下游企业、大中小企业建立以资本为纽带、产学研用紧密结合的产业联盟，集中优势资源加快新材料研发、产业化与应用。鼓励新材料企业建立灵活、规范的企业制度和决策制度，积极开展自主创新和引进消化吸收再创新，形成紧密的上下游关系，实现“由专至精、由精至强”。加强新材料人才培养与创新团队建设，依托重点企业、联盟、高等学校、职业院校、公共实训基地和公共服务平台，通过开展联合攻关和共同实施重大项目培养一批工学、工程研究生，培育一批产业工人、技术骨干与创新团队。组织开展新材料产业专家院士行、新材料专业技术人才培训、新材料人才国际交流，实施引进新材料领域外国专家项目，优化新材料人才团队成长环境。

(九)促进新材料产业特色集聚发展

落实国家区域发展战略，推动新材料产业协调发展，形成东、中、西及东北地区错位发展、竞争有序的新材料产业整体格局，提升京津冀地区、长江经济带等重点区域的新材料集聚水平。科学做好产业布局，避免重复建设，鼓励各地新材料企业和研究机构依托区域优势，合理配置产业链、创新链、资源链，推动区域特色新材料产业发展壮大。先进基础材料要充分考虑现有产业基础和资源环境承载能力，按照集约化、园区化、绿色化发展路径，加快推动布局调整。关键战略材料要围绕下游重大需求与重大工程配套，加快生产应用示范平台建设，形成一批重点新材料集聚区与创新辐射中心。前沿新材料要充分依托科研院所等创新机构，积极发展新兴业态，建设一批产业示范项目。巩固提升现有新材料产业基地、园区实力，在重点新材料领域推动形成若干产业链完善、配套齐全、竞争力强的特色产业集聚区。

五、保障措施

(一)创新组织协调机制

建立部门协调工作机制，做好顶层设计和规划统筹，充分发挥规划引领作用，强化各部门专项资金和重大项目的衔接，系统解决新材料产业发展的重大问题；进一步简政放权、创新管理、强化服务，形成协同推进的工作格局；加强对地方新材料产业发展的宏观指导和信息引导。建立国家新材料产业发展专家指导委员会，为行业规划、产业政策、重大工程等提供咨询建议。支持建立新材料行业协会和一批产学研用紧密结合的新材料产业联盟，集中优势资源推动新材料研发、工程化、产业化与应用。

（二）优化行业管理服务

完善战略性新兴产业分类中有关新材料产业的内容和指标体系，制定新材料产品、企业统计办法和进出口商品统计目录，组织开展统计监测和预警，及时发布统计信息，引导行业规范有序发展。加强对新材料产业发展状况的预警监测，合理调整进出口政策，维护产业发展利益。建立新材料技术成熟度评价体系，制定新材料技术成熟度通用分级标准。建立专利导航产业发展工作机制，支持新材料产业创新决策，加强专利布局。开展新材料产业知识产权风险评估与预警，定期发布预警研究成果。探索重点新材料项目及工程知识产权评议试点，积极化解产业发展风险。加强新材料产业领域知识产权执法保护，开展知识产权等相关法律法规宣传和培训，提高企业知识产权意识和管理能力。

（三）加大财税金融支持

加强政、银、企信息对接，充分发挥财政资金的激励和引导作用，积极吸引社会资本投入，进一步加大对新材料产业发展的支持力度。通过中央财政科技计划（专项、基金等），统筹支持符合条件的新材料相关科技创新工作。利用现有资金渠道，加大对新材料制造业创新中心、生产应用示范平台、性能测试评价中心、应用示范项目的支持力度。落实支持新材料产业发展的高新技术企业税收优惠政策。利用多层次的资本市场，加大对新材料产业发展的融资支持，支持优势新材料企业开展创新成果产业化及推广。鼓励金融机构按照风险可控和商业可持续原则，创新知识产权质押贷款等金融产品和服务。鼓励引导并支持天使投资人、创业投资基金、私募股权投资基金等促进新材料产业发展。支持符合条件的新材料企业在境内外上市、在全国中小企业股份转让系统挂牌、发行债券和并购重组。研究通过保险补偿等机制支持新材料首批次应用。适时启动重点新材料研发和应用重大工程。

（四）推进军民融合发展

积极引导具备条件的企业开展军用新材料的研制与生产，鼓励优势企业参与军品科研生产。研究制定新材料在国防科技工业领域的应用推广激励机制，推进军用关键材料技术水平和产业能力提升。发挥国家军民融合公共服务平台、军用技术转民用推广目录、民参军技术与产品推荐目录作用，向具备资质的单位及时发布新材料需求信息，向军工用户单位推荐民口单位的新材料和新技术，推动新材料领域军民资源共享。充分利用军工单位和民口配套单位现有装备和技术能力，加大对新材料军转民的支持力度，促进军用材料技术在民用领域的推广应用。

（五）深化国际交流合作

优化政府公共服务，加强国际新材料创新合作和政策法规等信息引导，鼓励新材料企业统筹利用两个市场、两种资源，提升在全球价值链中的地位。支持企业在境外设立新材料企业和研发机构，通过海外并购实现技术产品升级和国际化经营，加快融入全球新材料市场与创新网络。充分利用现有双边、多边合作机制，拓宽新材料国际合作渠道，结合“一带一路”建设，促进新材料产业人才团队、技术资本、标准专利、管理经验等交流合作。支持国内企业、高等院校和科研院所参与大型国际新材料科技合作计划，鼓励国外企业和科研机构在我国设立新材料研发中心和生产基地。定期举办中国国际新材料产业博览会。

二、《工业和信息化部 财政部 保监会关于开展重点新材料首批次应用保险补偿机制试点工作的通知》(工信部联原〔2017〕222 号)

为落实国家新材料产业发展领导小组的总体部署和《新材料产业发展指南》提出的重点任务，推动实施中国制造 2025，工业和信息化部、财政部、保监会(以下统称三部门)决定建立新材料首批次应用保险补偿机制(以下简称新材料首批次保险机制)并开展试点工作。现就有关事项通知如下：

一、充分认识建立新材料首批次保险机制的重要意义

新材料是先进制造业的支撑和基础，其性能、技术、工艺等直接影响电子信息、高端装备等下游领域的产品质量和生产安全。新材料进入市场初期，需要经过长期的应用考核与大量的资金投入，下游用户首次使用存在一定风险，客观上导致了"有材不好用，好材不敢用"、生产与应用脱节、创新产品推广应用困难等问题。

建立新材料首批次保险机制，坚持"政府引导、市场运作"的原则，旨在运用市场化手段，对新材料应用示范的风险控制和分担作出制度性安排，突破新材料应用的初期市场瓶颈，激活和释放下游行业对新材料产品的有效需求，对于加快新材料创新成果转化和应用，促进传统材料工业供给侧结构性改革，提升我国新材料产业整体发展水平具有重要意义。

二、新材料首批次保险机制的主要内容

(一)试点对象和范围

工业和信息化部围绕中国制造 2025 和军民共用新材料，组织编制《重点新材料首批次应用示范指导目录》(以下简称《目录》)。首批次新材料是用户在首年度内购买使用《目录》内的同品种、同技术规格参数的新材料产品。用户在《目录》有效期内首次购买新材料产品的时间为计算首年度的起始时间。生产首批次新材料的企业，是保险补偿政策的支持对象。使用首批次新材料的企业，是保险的受益方。《目录》将根据新材料产业发展和试点工作情况作动态调整。用于享受过保险补偿政策的首台套装备的材料不在本政策支持范围。

(二)保险险种及保障范围

保监会针对新材料推广应用中存在的特殊风险，指导保险公司提供定制化的新材料产品质量安全责任保险产品(以下简称新材料保险)，承保新材料质量风险、责任风险。承保的质量风险，主要保障因新材料质量缺陷造成的合同用户企业更换或退货风险。承保的责任风险，主要保障因新材料质量缺陷造成合同用户企业财产损失或发生人身伤亡风险。

新材料首批次保险机制的责任限额将根据采购合同金额以及产品可能造成的责

任损失额来综合确定。原则上政府补贴的责任限额不超过合同金额的5倍，且最高不超过5亿元人民币，投保费率最高不超过3%。

鼓励保险公司根据企业实际情况，创新提供货物运输险、其他责任险等保险产品，扩大保险范围。

(三)运行机制

1.公布承保机构。保监会商工业和信息化部、财政部明确参与试点的保险市场主体单位名单并公布。

2.企业自愿投保。新材料生产企业根据生产经营实际情况自主决定是否购买新材料保险。

3.申请保费补贴资金。符合条件的投保企业，可申请中央财政保费补贴资金，补贴额度为投保年度保费的80%。保险期限为1年，企业可根据需要进行续保。补贴时间按照投保期限据实核算，原则上不超过3年。保费补贴通过工业和信息化部部门预算现有工业转型升级(中国制造2025)资金安排。

4.完善优化运行。参与试点工作的保险公司应认真贯彻执行有关文件要求，建立专业团队和理赔快速通道，加强新材料保险服务，并不断积累保险数据，优化保险方案，提高企业在新材料生产及应用领域的风险识别和化解能力。保险公司应统一使用示范条款开展承保业务(示范条款另行发布)。

开展新材料首批次应用保险试点工作的指导意见由保监会另行发文。

三、试点工作安排

(一)申请保费补贴资金的企业应具备以下条件：

1.在中华人民共和国境内注册、具有独立法人资格。

2.从事《目录》所列新材料产品生产。

3.具备申请保费补贴资金的产品的核心技术和知识产权。

4.具备较强的开发和产业化能力以及技术团队。

(二)保费补贴资金申请工作自2017年起，按年度组织，财政资金采取后补助形式安排。符合条件的企业可按要求提交申请文件。地方企业通过所在省(自治区、直辖市、计划单列市)工业和信息化主管部门(以下统称省级工业和信息化主管部门)向工业和信息化部申请，中央企业直接向工业和信息化部申请。工业和信息化部会同财政部、保监会委托国家新材料产业发展专家咨询委员会对企业申请材料进行评定，审核专家建议名单，按照预算管理规定安排并下达保费补贴资金。

(三)为做好2017年工作，自通知发布之日起至2017年11月30日前投保的企业，于12月1日至15日提交有关材料(具体要求见附件)。省级工业和信息化主管部门及中央企业于12月25日前将审核意见及有关材料报送工业和信息化部(原材料工业司)，以便后续加强监管。其他年度具体工作安排另行通知。

(四)各级工业和信息化主管部门、财政部门、保险监管部门要高度重视，切实做好组织协调和宣传解读工作，鼓励支持企业积极投保。同时，要加强监督检查，认真核实申报材料的真实性，强化首批次材料使用情况的事后监督和效果抽查，确保财政资金使用效果。对出现骗保骗补等行为的企业和保险公司，要追回财政补助资金，并在三部门网站上予以曝光。

三、《工业和信息化部关于印发重点新材料首批次应用示范指导目录(2019 年版)的通告》(工信部原〔2019〕254 号)

为进一步做好重点新材料首批次应用保险补偿试点工作，现发布《重点新材料首批次应用示范指导目录(2019 年版)》，自 2020 年 1 月 1 日起施行。《重点新材料首批次应用示范指导目录(2018 年版)》(工信部原[2018]262 号)同时废止。

特此通告。

附件：

重点新材料首批次应用示范指导目录(2019 年版)

序号	材料名称	性能要求	应用领域
先进基础材料			
一	先进钢铁材料		
1	G115 马氏体耐热钢	在 630 ℃下外推 10 万小时的持久强度≥ 100 MPa，抗拉强度(R_m)≥ 660 MPa，下屈服强度(R_{eL})≥ 480 MPa，断后伸长率(A)纵向≥ 20%，横向≥ 16%，冲击吸收能量(K_{V2})纵向≥ 40 J，横向≥ 27 J，硬度 HBW=195～250，HV=195～265	超超临界电站
2	大吨位工程机械用超高强钢板	屈服强度≥ 1 100 MPa，抗拉强度为 1 250～1 550 MPa，－40 ℃纵向冲击≥ 27 J	工程机械
3	海洋工程用低温韧性结构钢板	厚度为 100～120 mm，屈服强度(R_{eH})≥355 MPa，抗拉强度(R_m)≥ 490 MPa，断后伸长率(A)≥ 22%，断面收缩率≥ 50%，Z 向性能达到 Z35 级，－40 ℃冲击性能(K_{CV})≥ 100 J，－10 ℃试验 CTOD 特征值≥ 0.20 mm	海上风电、海洋平台建设、超大型集装箱船
4	海洋工程及高性能船舶用特种钢板	(1)海洋平台桩腿结构用大厚度高强齿条钢：厚度≥ 177.8 mm 的特厚钢板，屈服强度≥ 690 MPa，－40 ℃低温冲击韧性≥ 69 J，Z 向抗撕裂性能达到 Z35 级，以及低碳当量下的焊接性能(C_{eq})≤ 0.75%；(2)高强度止裂船板：屈服强度≥ 460 MPa，抗拉强度为 570～720 MPa，延伸率≥ 17%，－40 ℃冲击功≥ 64 J，止裂韧度(K_{ca})≥ 6 000 N/mm$^{3/2}$	船舶及海洋工程装备
5	高性能耐磨钢板系列产品	表面布氏硬度：HBW=330～500，供货厚度为 8～100 mm，－40 ℃低温冲击功≥ 24 J，抗拉强度≥ 1 000 MPa，断后延伸率≥ 9%，焊接性能、耐腐蚀性能优异	高端煤矿机械、工程机械
6	汽车用高端热作模具钢	磷含量≤ 0.010%，硫含量≤ 0.003%，A、C 类夹杂物≤ 0.5 级，B、D 类夹杂物细系≤ 1.5 级，粗系≤ 1.0 级，钢材横向心部 V 型缺口冲击功≥ 13.6 J，横向和纵向比≥ 0.85，球化组织级别为 AS1～AS4，带状组织级别为 SB 级	汽车

续表

序号	材料名称	性能要求	应用领域
7	高档轴承钢	[O]≤7 ppm,[Ti]≤15 ppm,夹杂物 A+B+C+D≤2 级,最大颗粒夹杂物 DS 类≤0.5 级,4.5 GPa 赫兹应力下的接触疲劳寿命(L_{10})≥5×10^7 次	航空航天
8	大线能量焊接用钢高效焊接材料	焊接线能量≥100 kJ/cm,焊接接头 R_m≥490 MPa,与母材同等温度考核低温韧强,并满足 GB 712—2011 的要求	船舶、桥梁、建筑、压力容器、机械
9	高温合金粉末盘坯料	高温合金牌号:FGH4097,产品规格:最大直径>600 mm,低倍组织检验非金属夹杂不超过 1 个,荧光检验时荧光亮点少于 3 个,ϕ0.8 mm 平底孔超声波水浸探伤杂波低于 −15 db,微观组织无原始颗粒边界缺陷,晶粒度为 6~8 级,力学性能满足相关型号标准	航空航天
10	超高纯铸造高温合金母合金	[O]≤6 ppm,[N]≤6 ppm,[S]≤6 ppm,[O]+[N]+[S]≤15 ppm,高温持久(950 ℃)>40 h	航空发动机、燃气轮机、汽车
11	高韧塑性汽车钢	1 000 MPa 强度级别:抗拉强度≥1 000 MPa,延伸率(A_{50})≥30%;1 500 MPa 强度级别:抗拉强度≥1 500 MPa,延伸率(A_{50})≥14%	汽车
12	SP2215 奥氏体耐热不锈钢	在 620~650 ℃情况下高温屈服强度($R_{p0.2}$)≥155 MPa;室温下抗拉强度(R_m)≥655 MPa,屈服强度($R_{p0.2}$)≥295 MPa,断后伸长率(A)纵向≥35%,硬度 HBW=140~219,HV=150~230,冲击功(K_{V2})纵向≥120 J,晶粒度为 4.0~7.0 级	超超临界电站
13	超级奥氏体 S31254锻制圆钢	点腐蚀试验按照 ASTMG48A 法进行,试验温度为 50 ℃,试验时间为 48 h,腐蚀率≤1 g/m^2,在 20X 视场中无点腐蚀坑	化工、制碱、造纸、海水处理
14	模具用特种钢粉末	粉末粒度为 15~53 μm,球形度≥98%,增氧量<50 ppm,霍尔流速<14 s/50 g,空心粉≤0.2%,非金属夹杂个数<10 个/kg	模具钢
15	高铁车轮用钢	抗拉强度为 900~1 050 MPa,轮辋硬度为 255~300 HB,断裂韧性(K_Q)≥70 MPa·$m^{1/2}$	高铁
16	DZ2 车轴钢	[O]≤15 ppm,[N]≤70 ppm,[H]≤1.5 ppm;屈服强度≥450 MPa,抗拉强度为 680~850 MPa,A≥18%,常温纵向冲击功≥50 J,−40 ℃纵向冲击功≥30 J,光滑试样旋转弯曲疲劳极限≥350 MPa,缺口试样旋转弯曲疲劳极限≥215 MPa	先进轨道交通装备
17	大输量管道用高强厚壁直缝埋弧焊管	屈服强度≥555 MPa,屈强比≤0.93,−10 ℃冲击功≥210 J,DWTT 性能 SA%≥70%,壁厚为 32~40 mm,口径为 1 219~1 422mm;焊材性能要求:熔敷金属抗拉强度≥700 MPa,屈服强度≥600 MPa,且焊缝具有良好的冲击韧性,−40 ℃冲击功≥60 J	能源输送

续表

序号	材料名称	性能要求	应用领域
18	大吨位起重机吊臂用超高强度钢管	屈服强度≥1 000 MPa，−40 ℃冲击功≥50 J，碳当量（C_{eq}）≤0.65	工程机械
19	油气井用超级马氏体不锈钢管材	强度级别为80～125 Ksi，−20 ℃冲击功≥100 J，150 ℃，3 MPa CO_2分压，50 000 ppm Cl^-环境下腐蚀速率小于0.05 mm/a	油气开采
20	高强韧性钢板	抗拉强度（R_m）≥1 650 MPa，屈服强度（$R_{p0.2}$）≥1 400 MPa，断后伸长率（A_s）≥10%，夹杂物A、B、C、D类粗系和细系均不大于1.5级，全脱碳层深度单面不超过钢板厚度的2.5%，两面之和不超过4%，钢板弯曲90°后无目视可见的裂纹（内弯曲半径R与钢板厚度T的关系：$R \leqslant 4T$）	特种车辆
21	高速列车用转向架材料	(1)厚度为5～16 mm时，拉伸强度为490～610 MPa，屈服强度≥365 MPa，延伸率≥15%。(2)厚度为16～40 mm时，拉伸强度为490～610 MPa，屈服强度≥355 MPa，延伸率≥19%；−40 ℃下，厚度≥11 mm时，冲击功≥27 J；厚度为6～8 mm时，冲击功≥14 J；厚度为8～11 mm时，冲击功≥22 J	先进轨道交通装备
22	超大直径潜孔冲击钻用球齿	孔隙度A02B00，非化合碳C00，无η相，横向断裂强度≥2 500 MPa，维氏硬度为1 380～1 510(HV3)	工程机械
23	高端优特钢精加工轧制用硬质合金辊环	α相平均晶粒度尺寸≥2.4 μm，洛氏硬度≥85.0 HRA，横向断裂强度≥2 400 MPa	钢铁
24	超超临界汽轮机组12%Cr高中压转子钢	屈服强度≥690 MPa，抗拉强度≥830 MPa，冲击功≥21 J，FATT50≤80 ℃，600℃、230 MPa应力条件下断裂时间≥500 h	超超临界汽轮发电机组
25	一千兆瓦核电整锻低压转子用钢	牌号30Cr2Ni4MoV：表面拉伸强度为724～862 MPa，屈服强度≥621 MPa，中心拉伸强度≥724 MPa，屈服强度≥621 MPa，UT，不允许存在ϕ1.6 mm以上的密集性缺陷	核电
26	核电用铁基焊接材料	(1)SA-508 Gr.3 Cl.1钢用焊接材料（焊态和焊后热处理态）：室温抗拉强度为550～725 MPa，350 ℃抗拉强度≥505 MPa，落锤RTNDT≤−30 ℃，焊缝金属−30 ℃冲击功均值≥41 J，单值≥34 J；(2)SA-508 Gr.3 Cl.2钢用焊接材料（焊态和焊后热处理态）：室温抗拉强度为620～795 MPa，360 ℃抗拉强度≥560 MPa，落锤RTNDT≤−25 ℃，焊缝金属−25 ℃冲击功均值≥48 J，单值≥41 J；(3)E2209、ER2209双相不锈钢焊接材料（焊条及焊丝）：室温抗拉强度≥690 MPa，铁素体含量为35～65 FN，焊缝金属−40 ℃冲击功≥27 J；(4)不锈钢309L+308L型堆焊焊接材料（焊态和焊后热处理态）：室温抗拉强度≥520 MPa，360 ℃抗拉强度≥350 MPa，焊后热处理态，309L断后伸长率≥18%；铁素体含量为5～15 FN；(5)堆内构件308L型焊接材料（焊态和焊后热处理态）：室温抗拉强度≥520 MPa，350 ℃抗拉强度≥395 MPa，铁素体含量为5～15 FN；(6)主管道用316L型焊接材料：室温抗拉强度≥550 MPa，350 ℃抗拉强度≥430 MPa，铁素体含量为5～16 FN，晶间腐蚀试验合格	电力装备

续表

序号	材料名称	性能要求	应用领域
27	高纯高速钢粉末	粒度 D_{50}≤ 12 μm,氧含量< 100 ppm,非金属碳化物含量:不含 50 μm 以上的非金属夹杂,达到 GB/T 10561—2005 评级 0.5 级标准	高速钢、模具钢
28	新型注射成形铁基粉末	粒径≤ 45 μm,流动性≤ 35 s/50 g,中位径 D_{50}≤ 35 μm,松装密度≥ 50% 理论密度,氧含量≤ 0.180%	汽车、机械、船舶
29	粉末锻造低合金钢	常态,抗拉强度≥ 790 MPa,硬度≥ 24 HRC,冲击功≥ 7 J;热处理态,抗拉强度≥ 2 000 MPa,硬度≥ 54 HRC,冲击功≥ 4 J	汽车
30	注射成型软磁材料	$FeSi_3$:屈服强度≥ 300 MPa,延伸率≥ 20%,密度≥ 7.5 g/cm³,μ_{max}≥ 4 000,J_s≥ 1.3 T,H_c≤ 100 A/m;Fe-Co:屈服强度≥ 120 MPa,延伸率≥ 1%,密度≥ 7.6 g/cm³,μ_{max}≥ 1000,J_s≥ 1.5 T,H_c≤ 200 A/m;Fe-Ni:屈服强度≥ 130 MPa,延伸率≥ 30%,密度≥ 7.6 g/cm³,μ_{max}≥ 12 000,J_s≥ 1.3 T,H_c≤ 150 A/m	3C、汽车
31	注射成型高温合金	Inconel713:抗拉强度≥ 1 200 MPa,屈服强度≥ 850 MPa,延伸率≥ 20%,密度≥ 7.8 g/cm³,相对磁导率≤ 1.001	航空发动机、燃气轮机、汽车
32	返回料再生高温合金 GH4169 棒材	大规格锻棒晶粒组织应均匀,晶粒度为 6 级或更细,允许存在个别 2 级晶粒;室温条件下抗拉强度≥ 1 345 MPa,屈服强度≥ 1 100 MPa,650 ℃ 抗拉强度≥ 1 080 MPa,屈服强度为 930 MPa;650 ℃/725 MPa 下持久寿命≥ 25 h,且缺口 > 光滑	航空发动机、燃气轮机
33	高强可焊接铸造高温合金 K439B	室温拉伸性能 σ_b≥ 900 MPa,$\sigma_{0.2}$≥ 700 MPa,δ_5≥ 3.0%,815 ℃/379 MPa 下持久寿命≥ 30 h	航空发动机、燃气轮机、汽车
34	GH4151 变形高温合金涡轮盘锻件	盘锻件直径< 700 mm,盘锻件晶粒组织均匀,平均晶粒度应符合 ASTM 6 级或更细,允许个别为 4 级。低倍组织:模锻件的低倍组织不应出现细孔、裂纹、剥离、缩孔、直径超过 1.0 mm 的粗孔堆积以及肉眼可见的"环形偏析"与夹杂物等问题,力学性能应符合航空航天型号标准	航空航天
35	超高纯生铁	化学成分(%):C:3.30~3.80,Si≤ 0.50,Ti≤ 0.005,Mn≤ 0.020,P≤ 0.010,S≤ 0.010;铸造用超高纯生铁中微量元素含量的最大值(%):Cr≤ 0.008,V≤ 0.003,Mo≤ 0.003,Sn≤ 0.000 3,Sb≤ 0.000 3,Pb≤ 0.000 1,Bi≤ 0.000 01,Te≤ 0.000 05,As≤ 0.000 8,B≤ 0.000 1,Al≤ 0.005,11 个微量元素含量总和≤ 0.025%	核电、风电、轨道交通、高铁、汽车制造、高档机床、海洋工程

续表

序号	材料名称	性能要求	应用领域
36	快堆用包壳管	燃料组件包壳管:直径偏差为±0.02 mm,内径为(−0,+0.03)mm,超声标准伤(深×宽×长)(mm)为0.025×0.05×1.5;非燃料组件包壳管:直径偏差为±0.05 mm,内径为(−0,+0.05)mm,壁厚<1.0 mm管材超声标准伤(深×宽×长)(mm)为0.04×0.08×1.5,壁厚≥1.0 mm管材超声标准伤(深×宽×长)(mm)为0.06×0.12×1.5;非金属夹杂物A/B/C<0.5,D≤0.5,B类(TiN)≤1.5,D类(TiN)≤1.5;室温拉伸:R_m≥686 MPa,$R_{p0.2}$≥490 MPa,A≥15%;650 ℃高温拉伸:R_m≥343 MPa,$R_{p0.2}$≥392 MPa,A≥5%;晶粒度:平均晶粒度为8~10级,其中粗于6级晶粒面积含量≤15%	核电
37	衬里N08825双金属复合管材	结合强度F≥40 kN,基管屈服强度≥360 MPa,衬管晶间腐蚀率≤1 mm/a	油气输送
38	X17CrNi16-2汽车喷油系统用调质银亮钢棒	交付状态力学性能:抗拉强度为800~1 000 MPa,屈服强度≥650 MPa,V口冲击≥60 J;夹杂物不得有K5级夹杂物,K4≤20;良好的切削加工性能	汽车
39	ML06Cr15Ni25-Ti2MoAlVB、ML04Cr11Nb汽车紧固件用耐热钢	(1)盘条试样的热处理性能:ML06Cr15Ni25Ti2MoAlVB固溶+时效:R_m为900~1 150 MPa、A≥15%;ML04Cr11Nb退火:R_m≤485 MPa、A≥20%。(2)钢丝交付状态的力学性能:ML06Cr15Ni25Ti2MoAlVB:R_m为640~750 MPa、Z≥65%;ML04Cr11Nb:R_m为300~550 MPa、Z≥70%;钢丝冷顶锻至原试样高度的1/4,经冷顶锻试验后,试样表面不应出现裂纹;具有良好的冷镦成型性,满足耐热紧固件的生产	汽车
40	沉淀硬化马氏体不锈钢	屈服强度≥1 200 MPa,抗拉强度≥1 400 MPa,断后延伸率≥15%,断面收缩率≥50%,HRC≥43;非金属夹杂物:A类细系夹杂物≤1.0,B类细系夹杂物≤1.0,C、D类细夹杂物≤0.5,A、B、C、D类粗系夹杂物≤0.5,Ds系夹杂物≤1.0,铁素体含量≤4%	石油化工
二	先进有色金属		
(一)	铝材		
41	铝合金板材	(1)超厚规格铝合金板:板厚度≥80 mm,板宽度≥1 000 mm,典型热处理状态抗拉强度级别在495 MPa以上,断裂韧度水平≥23 MPa·$m^{1/2}$;(2)高强耐应力腐蚀7050系铝合金板:典型热处理状态抗拉强度级别在500 MPa以上,0.2%屈服强度级别在420 MPa以上,断裂韧度水平≥24 MPa·$m^{1/2}$,电导率≥38% IACS,应力腐蚀敏感因子不能大于220	航空
42	7B50大规格铝合金预拉伸板	板厚度≥75 mm,板宽度≥1 200 mm,典型热处理状态抗拉强度级别在565 MPa以上,断裂韧度水平≥23 MPa·$m^{1/2}$	航空

续表

序号	材料名称	性能要求	应用领域
43	含 Sc 铝合金加工材	典型热处理状态抗拉强度级别在 360 MPa 以上,焊接接头系数≥85%	航天
44	航空支撑骨架用型材	高强高韧型材,纵向性能:抗拉强度≥615 MPa,屈服强度≥580 MPa,延伸率≥8%;横向性能:抗拉强度≥570 MPa,屈服强度≥540 MPa;压缩性能≥580 MPa;断裂韧性:L-T≥23.1 MPa·$m^{1/2}$,T-L≥18.7 MPa·$m^{1/2}$;剥落腐蚀不低于 EB 级;检测耐应力腐蚀性能;超声波探伤符合 A 级	航天
45	耐损伤铝合金预拉伸板	板厚度≥12.7 mm,典型热处理状态抗拉强度级别在 430 MPa 以上,断裂韧度水平≥40 MPa·$m^{1/2}$	航空
46	高性能车用铝合金薄板	(1)5505:典型 H2×、H3×状态关键指标 Ra<0.08 μm;(2)5182:屈服点伸长率<0.6%,拉伸应变硬化指数≥0.25,塑性应变比≥0.6,延伸率≥24%;(3)5754:延伸率≥24%,拉伸应变硬化指数≥0.23,塑性应变比≥0.6;(4)6016:延伸率≥24%,拉伸应变硬化指数≥0.23,塑性应变比≥0.5,停放 6 个月屈服强度≤140 MPa	汽车
47	Al-Si-Sc 焊丝	化学成分:[Si]=4.5%~5.0%,[Fe]≤0.25%,[Mg]≤0.05%,[Cu]≤0.3%,[Ti]≤0.2%,[Mn]≤0.05%,[Sc]=0.01%~0.05%,其余为铝;抗拉强度≥260 MPa,屈服强度≥180 MPa,接头延伸率≥8%,弯曲角为 9°~11°,强度系数为 55%~75%	航空航天、轨道交通
48	铝锂合金焊丝	抗拉强度≥450 MPa,屈服强度≥350 MPa,接头延伸率≥5%,弯曲角为 9°~11°,强度系数为 65%~85%	航空航天、船舶
49	高性能动力电池铝箔	厚度≤15 μm,下抗拉强度≥190 MPa,延伸率≥3%	动力电池、新能源汽车
50	新能源动力电池外壳用铝合金带材	抗拉强度为 110~125 MPa,屈服强度为 45~65 MPa,延伸率≥30%	动力电池、新能源汽车
51	大型复杂断面汽车轻量化铝合金挤压型材	6xxx 系铝合金型材:抗拉强度≥430 MPa,屈服强度≥400 MPa,屈服强度波动为±15 MPa,疲劳强度≥145 MPa,断后伸长率≥10%	汽车
52	大飞机用 7055 超高强高韧铝合金壁板	板厚度≥12.7 mm,典型热处理状态抗拉强度级别在 614 MPa 以上,断裂韧度水平≥23.1 MPa·$m^{1/2}$	航空
53	铝合金环件	2219T852,直径为 3~5.5 m,纵向抗拉强度≥370 MPa,屈服强度≥290 MPa,延伸率≥6%	航空航天
54	铝合金锻件	7A85T7452,典型状态性能:纵向抗拉强度≥470~495 MPa,纵向屈服强度≥420~450 MPa,纵向延伸率≥8%~9%;断裂韧性 L-T 向≥24~31 MPa·$m^{1/2}$;电导率≥38%IACS;应力腐蚀施加 241 MPa 载荷、试验 20 天不开裂	航空航天

续表

序号	材料名称	性 能 要 求	应用领域
55	高强度铝合金舰船用轻量化型材及甲板	6082 合金船用甲板型材，型材宽度为 400～700 mm，壁厚为 2～10 mm，屈服强度≥ 260 MPa，抗拉强度≥ 310 MPa，断后伸长率≥ 10%	船舶、海工
（二）	镁材		
56	镁合金轮毂	满足汽车行业标准（GB/T 5334—2005《乘用车车轮性能要求和试验方法》及 GB/T 15704—2012《道路车辆轻合金车轮冲击试验方法》、美国 SAEJ2530、德国 TUV 标准）	汽车
57	非稀土高性能镁合金挤压材	(1) 棒材，纵向性能：抗拉强度≥ 320 MPa，屈服强度≥ 300 MPa，延伸率≥ 12%；(2) 复杂型材，纵向性能：抗拉强度≥ 300 MPa，屈服强度≥ 250 MPa，延伸率≥ 8%	汽车、轨道交通、航空航天
（三）	钛材		
58	纯钛及钛合金带箔材	厚度规格为 0.06～0.2 m，厚度允许偏差为±5%，不平度：箔材自然展开后长度方向每 100 mm 不大于 0.2 mm	航空航天
59	高强损伤容限性钛合金	抗拉强度≥ 1 050 MPa，延伸率≥ 10%，冲击韧性≥ 40 J/cm^2，平面应变断裂韧性≥ 80 MPa·m$^{1/2}$，室温轴向加载疲劳极限≥ 500 MPa（$N=10^7$，$K_t=1$，$R=0.06$，$f=130\sim135$ Hz）	航空航天、高端装备
60	焊管用钛带	规格尺寸为（0.4～2.1）×（300～610）×L；牌号 TA1，室温力学性能：抗拉强度≥ 240 MPa，屈服强度为 125～210 MPa，延伸率≥ 24%；牌号 TA2，室温力学性能：抗拉强度≥ 345 MPa，屈服强度为 230～350 MPa，延伸率≥ 20%；牌号 TA10，室温力学性能：抗拉强度≥ 483 MPa，屈服强度≥ 300 MPa，延伸率≥ 18%	核电、海洋工程、化工设备、换热设备
61	大卷重宽幅纯钛带卷	宽度≥ 1 000 mm，单卷重＞ 3 t；牌号 Gr.1 力学性能：抗拉强度≥ 240 MPa，屈服强度为 138～310 MPa，延伸率≥ 24%；牌号 Gr.2 力学性能：抗拉强度≥ 345 MPa，屈服强度为 275～450 MPa，延伸率≥ 20%	海洋工程、海水淡化、核电
62	宽幅钛合金板	牌号为 TC4，中厚板规格为（4.75～150）×（＜ 3 000）×（＜ 3 000）mm^3，薄板规格为（0.5～4.75）×（＜ 1 800）×（＜ 3 000）mm^3，抗拉强度＞ 895 MPa，屈服强度＞ 830 MPa，延伸率＞ 8%	航空、海洋工程
63	高温钛合金	室温性能：抗拉强度≥ 1 100 MPa，屈服强度≥ 950 MPa，延伸率≥ 8%，弹性模量≥ 110 GPa，冲击韧性≥ 10 J/cm^2；高温 650 ℃性能：抗拉强度≥ 650 MPa，屈服强度≥ 580 MPa，延伸率≥ 12%，面缩率≥ 25%，弹性模量≥ 90 GPa；650 ℃/240 MPa 试验条件下，持久断裂时间≥ 100 h；650 ℃/100 MPa/100 h 试验条件下，蠕变残余变形≤ 0.2%	高端装备

续表

序号	材料名称	性能要求	应用领域
64	高强高韧钛合金棒材	抗拉强度≥1 080 MPa,屈服强度≥1 010 MPa,延伸率≥5%,断面收缩率≥16%,冲击韧性≥25 J/cm²,镦饼试样的断裂韧性≥55 MPa·$m^{1/2}$	航空航天
65	钛合金大规格锻坯	抗拉强度≥815 MPa,横向延伸率≥8%,纵向延伸率≥10%,平面应变断裂韧性≥75 MPa·$m^{1/2}$,室温轴向加载疲劳极限≥500 MPa($N=10^7$,$K_t=1$,$R=0.5$,$f=140\sim150$ Hz)	航空航天、高端装备
66	战斗部用钛合金壳体	抗拉强度≥1 000 MPa,延伸率≥12%,平面应变断裂韧性≥90 MPa·$m^{1/2}$,冲击韧性≥45 J/cm²,10^3/s级应变率压缩条件下轴向与径向的动态强度(平均流变应力)≥1 600 MPa,轴向与径向的动态压缩均匀塑性应变(ε)≥0.26,轴向和径向的冲击吸收能均≥380 J/cm³	航空航天、高端装备
67	钛合金深筒件壳体锻件	壳体室温抗拉强度≥1 030 MPa,屈服强度≥910 MPa,延伸率≥9%,冲击韧性≥300 kJ/m²,HB≥3.2~3.7 mm(d);高温抗拉强度≥685 MPa,延伸率≥12%,断面收缩率≥40%	航空航天、高端装备
68	超高强钛合金棒丝材	固溶时效后,抗拉强度≥1 300 MPa,屈服强度≥1 100 MPa,延伸率≥6%,剪切强度≥780 MPa	航空航天
69	注射成型钛合金	(1)TC4:抗拉强度≥950 MPa,屈服强度≥850 MPa,延伸率≥3%,密度≥4.35 g/cm³,硬度≥300 HV,碳含量≤0.15%,氧含量≤0.35%;(2)Ti:抗拉强度≥500 MPa,屈服强度≥400 MPa,延伸率≥5%,密度≥4.3 g/cm³,硬度≥150 HV,碳含量≤0.15%,氧含量≤0.35%	3C、医疗
70	薄壁复杂结构精密钛合金铸件	型号:ZTC4、ZTA15,室温下抗拉强度≥890 MPa,屈服强度≥820 MPa,铸件最大尺寸为ϕ1 800 mm,最小壁厚≤3 mm,最大质量为500 kg,表面粗糙度为3.2~6.3 μm,尺寸精度为CT5~CT7级	航空航天、电子、化工
(四)	铜材		
71	铜铝复合材料	抗拉强度≥110 MPa,延伸率≥11%,界面结合强度≥40 MPa,直流电阻率≤0.025 Ω·mm²/m	电力装备、航空航天、先进轨道交通
72	高性能高精度铜合金丝线材	抗拉强度≥475 MPa,延伸率≥6%,导电率≥90%IACS,软化温度≥350 ℃,直径为0.080~0.300 mm,长度≥15 km	电力工程、电子信息

续表

序号	材料名称	性能要求	应用领域
73	高频微波、高密度封装覆铜板、极薄铜箔	(1)高频微波覆铜板：介电常数(DK)为 3.50±0.05(10 GHz)，高频损耗< 0.004(10 GHz)，玻璃化温度> 200 ℃，剥离强度> 0.8 N/mm。(2)高密度覆铜板：玻璃化温度> 250 ℃，平面膨胀系数<28。(3)极薄铜箔：厚度≤ 6 μm，单位面积质量为 50～55 g/m^2，抗拉强度≥ 400 kg/m^2，延伸率≥ 3.0%，粗糙度：光面≤ 0.543 μm，毛面≤ 3.0 μm，抗高温氧化性：恒温(140 ℃/15 min)无氧化变色，符合行业标准 SJ/ T 11483—2014《锂离子电池用电解铜箔》。(4)高频高速基板用压延铜箔：典型厚度及精度为(12±0.5)μm，单位面积质量为 100～111 g/m^2，宽度及精度为(520±1.5)mm，抗拉强度(室温)≥ 460 N/mm^2，抗拉强度(180 ℃ ×30 min)≤ 210 N/mm^2，延伸率(室温)≥ 0.7%，延伸率(180 ℃ ×30 min)≥ 4%，空气中 200 ℃ ×60 min 无氧化，粗糙度 M 面(Rz)≤ 1.3 μm，剥离强度≥ 0.7 N/mm；超低轮廓度压延铜箔：板形≤ 10I，表面粗糙度 Rz ≤ 0.9 μm，抗剥离强度≥ 0.8 N/mm，滑动弯曲性能≥ 15 万次，FCCL 的 180°弯折试验≥ 5 次	新能源电池、电子电路、5G 通信、智能汽车、航空航天、军工、高端消费类电子设备
74	高铁制动用高性能铜基复合材料	密度为标称值 ×(1+0.1)，硬度[HBW/10/250/30]为 10～30，摩擦体剪切强度≥ 6 MPa	先进轨道交通
75	注射成型铜合金	Cu-Cr：抗拉强度≥ 300 MPa，屈服强度≥ 200 MPa，延伸率≥ 20%，密度≥ 8.6 g/cm^3，热导率≥ 300 W/(m·K)	3C、汽车
76	高性能铜镍锡合金带箔材	(1)Cu9Ni6Sn 合金带箔材：厚度为 0.05～0.08 mm，抗拉强度为 540 ～ 600 MPa，屈服强度为 490 ～ 550 MPa，硬度> 170 HV，延伸率 > 6%，导电率 > 12% IACS，公差为 ±0.003 mm，90°折弯：横 0、纵 1.5 ；厚度为 0.1～0.2 mm，抗拉强度> 1 000 MPa，屈服强度> 950 MPa，硬度> 310 HV，延伸率> 4%，导电率≥ 12% IACS，公差为±0.007 mm。(2)Cu15Ni8Sn 合金箔材：厚度为 0.04～0.06 mm，抗拉强度> 1 300 MPa，屈服强度> 1 250 MPa，硬度> 410 HV，延伸率≥ 1%，导电率≥ 8% IACS，100 ℃ /100 h 应力松弛≤ 2%，公差为±0.002 mm	5G 通信、航空航天、军工、高端消费类电子产品
77	高氧韧铜	[O]：80～250 ppm，[P]<3 ppm，[Fe]<5 ppm，晶粒尺寸< 15 μm，延伸率($A_{11.3}$)≥ 40%，硬度为 45～55 HV	5G 通信、集成电路、航空航天
(五)	其他		
78	原位自生陶瓷颗粒铝基复合材料	(1)高强度铸造陶铝材料：抗拉强度≥ 410 MPa，弹性模量≥ 85 GPa，延伸率≥ 2%；(2)高模量铸造陶铝材料：抗拉强度≥ 360 MPa，弹性模量≥ 90 GPa，延伸率≥ 0.5%；(3)高塑性铸造陶铝材料：抗拉强度≥ 350 MPa，弹性模量≥ 73 GPa，延伸率≥ 14%；(4)超高强变形陶铝材料：抗拉强度≥ 805 MPa，弹性模量≥ 76 GPa，延伸率≥ 8%；(5)高抗疲劳变形陶铝材料：抗拉强度≥ 610 MPa，弹性模量≥ 83 GPa，延伸率≥ 6%	汽车工业、高端装备

续表

序号	材料名称	性能要求	应用领域
79	超高纯金属电解板	(1)超高纯镍、钴电解板:化学纯度≥99.999 9%,气体元素C、N、H、S、O含量≤5 ppm;(2)超高纯铜电解板:化学纯度≥99.999 99%,气体元素C、N、H、S、O含量≤5 ppm	半导体、新能源、航空航天
80	超高纯锭材	(1)镍锭:化学纯度≥99.999%,气体元素C、O含量≤20 ppm,N、H含量≤10 ppm,S含量≤5 ppm;(2)钴锭:化学纯度≥99.999%,气体元素C、N、H S、O含量≤20 ppm,铸锭内部缺陷率≤0.3%;(3)铜锭:化学纯度≥99.999 9%,气体元素C、N、H、S、O含量≤5 ppm,铸锭内部缺陷率≤0.3%	半导体、新能源、航空航天
81	铝基碳化硅复合材料	热导率室温≥200 W/(m·k),抗弯折强度≥300 MPa,热膨胀系数(RT~200 ℃)<9 ppm/℃	半导体高功率密度封装
82	高性能Cu-Ni-Sn系合金带箔材	抗拉强度≥1 100 MPa,延伸率≥3%,硬度≥350 HV,导电率≥6%,表面粗糙度(Ra)≤0.1 μm	航空航天、电子信息、5G通信
83	高强高弹Cu-Ni-Co-Si系(C7035)引线框架合金	抗拉强度≥800 MPa,延伸率≥5%,导电率≥45%IACS,硬度≥200 MPa,表面粗糙度(Ra)≤0.1 μm	集成电路
84	铜基钯涂层复合键合材料	TS≥100回合,1.0 mil的物理参数E_L>7 cn,B_L=7%~14%	集成电路封装
85	高性能掺杂钨材料	W含量≥99.95%,K含量为15~40 ppm,平均晶粒尺寸≤10 μm且均匀,边部和心部密度均匀,密度≥18.9 g/cm^3	特种照明、高温炉、半导体
86	粉末冶金中空凸轮轴毛坯材料	与铁基零件组合烧结后可形成牢固冶金结合,凸轮-芯轴连接扭矩超过800 N·m,密度为7.5g/cm^{3}以上,免淬火硬度为45 HRC以上,耐磨性是相同硬度铸造材料的三倍以上	汽车
三	先进化工材料		
(一)	特种橡胶及其他高分子材料		
87	无卤阻燃热塑性弹性体(TPV)	硬度为65~75 A,强度>10 MPa,密度为1.1 kg/cm^3,阻燃等级为V-0或者符合ISO 6722标准	电动汽车、航空航天
88	烯烃增韧聚苯乙烯(EPO)树脂	发泡20倍时,10%的压缩强度≥0.341 MPa,弯曲强度≥558 MPa;发泡30倍时,10%的压缩强度≥0.157 MPa,弯曲强度≥202 MPa	船舶、航空航天、电子产品包装
89	新型无氯氟聚氨酯化学发泡剂	外观为无色至浅黄色透明液体,无机械杂质,密度为(1.1±0.1)g/cm^3,pH 8~11,黏度(25 ℃下)≤500 MPa·s,凝点≤−15 ℃,闪点:无,沸点:沸点前分解,水溶性:与水混溶	汽车、船舶、先进轨道交通、航空航天、节能环保
90	卤代丁基橡胶	标准配方下:透气量≤50 cm^3/(m^2·d·0.1 MPa),扯断强度≥5.5 MPa,扯断伸长率≥400%,硫化时间T_{90}:(8.3±3.3)min	轨道交通、核电

续表

序号	材料名称	性能要求	应用领域
91	星形支化卤代丁基橡胶	标准配方下：透气量≤ 40 $cm^3/(m^2 \cdot d \cdot 0.1\ MPa)$，扯断强度≥ 5.5 MPa，扯断伸长率≥ 400%，硫化时间 T_{90}：(8.3±3.3)min	汽车、轨道交通、核电、轻工
92	聚烯烃弹性体材料	与聚烯烃树脂有良好的相容性，耐候性优良，密度为 0.86～0.91 g/cm^3，熔指为 0.5～35 g/10 min	汽车、电子
93	生物基杜仲胶	纯度为 94%～99%，门尼黏度为 77～120(ML(1+4) 125 ℃)，拉伸强度为 30 MPa，伸长率为 410%，撕裂强度为 80 kN/m，重均分子量在 70 万～80 万以上	航空航天、航海、医疗、体育、交通
94	蓖麻油基环氧树脂	环氧值为 0.2～0.4 eq/100 g，黏度(25 ℃下)≤ 2 000 MPa·s	电子、化工、基建、风电
95	生物基聚酰胺树脂	全乙醇(或酯类)溶解性：≤ 170 min	塑料油墨制造业
96	新能源动力电池外壳用无卤阻燃热塑性PPLFT-D复合材料	拉伸强度≥ 80 MPa，动力电池箱体防火性能满足 GB 31467 的防火要求	动力电池、新能源汽车
97	SLA 3D 打印材料用脂环族环氧树脂	环氧值为 1.2～1.3 eq/100 g，黏度(25 ℃下)≤ 450 MPa·s，总氯< 100 ppm	3D 打印
98	有机硅无溶剂浸渍树脂	固化厚层耐高低温(−20 ℃/30 min～155 ℃/30 min)冲击性能：不开裂，牵引电机组用线棒耐高低温(−45 ℃/30 min～155 ℃/30 min)冲击性能：不开裂，浸渍树脂绝缘性能：电气强度(常态)≥ 22 MV/m，体积电阻率(常态)≥ $1.0\times10^{14}\ \Omega\cdot cm$，介质损耗因数(常态)≤ 1.0，浸渍树脂储存稳定性：24 h(闭口法，(100±2)℃，黏度增长倍数)< 1 倍，浸渍树脂黏结强度(裸铝线)≥ 50 N	轨道交通
99	聚乳酸	玻璃化转变温度≥ 55 ℃，熔点≥ 125 ℃，拉伸强度≥ 45 MPa，缺口冲击强度≥ 1 kJ/m^2	医疗、3D 打印、纺织、轻工、农业
100	非金属内胆纤维储运瓶用聚氨酯树脂	黏度为 370 cps，拉伸强度为 36 MPa，硬度为 HD 74～75，弯曲模量为 2 800～3 200 MPa，拉伸模量为 2 600～3 000 MPa，冲击强度为 60～75 kJ/m^2，玻璃化转变温度 T_g(DSC 法)为 80～90 ℃	机械装备
101	防雾车灯用有机硅密封胶	防雾车灯不起雾，可凝物含量≤ 500 μg/g，挥发分≤ 2.5%，挤出性≥ 150 mL/min，表干时间≤ 60 min，23 ℃拉伸强度≥ 1.8 MPa，拉断伸长率≥ 150%，23 ℃拉伸剪切强度≥ 0.8 MPa，高温、高低温交变、湿冻交变≥ 0.6 MPa，低温柔性无裂缝、分层级粘接破坏	汽车、交通装备

续表

序号	材料名称	性能要求	应用领域
(二)	工程塑料		
102	高流动性尼龙	拉伸强度> 55 MPa,弯曲强度> 60 MPa,简支梁缺口冲击强度> 8 kJ/m^2,熔融指数(235 ℃, 0.325 kg)为 10~30,熔点为 220~225 ℃	汽车、电子电器、纺织工业
103	聚苯硫醚类(PPS)系列特种新材料产品	低氯级:氯含量≤ 1 200 ppm,拉伸强度≥ 70 MPa,弯曲强度≥ 130 MPa,弯曲模量≥ 3.2 GPa;注塑级:拉伸强度≥ 70 MPa,弯曲强度≥ 130 MPa,弯曲模量≥ 3.2 GPa	汽车、电子电器
104	PEEK 工程塑料	250 ℃高温可长期工作,绝缘强度为 190 kV/cm,热膨胀系数为 2.6~6.0,耐辐射、耐腐蚀、耐有机溶剂、自熄	节能与新能源汽车
105	EPS 蜗轮用尼龙材料	拉伸强度为 80~95 MPa,拉伸模量为 3 400~4 600 MPa,断裂伸长率≥ 20%,悬臂梁缺口冲击强度≥ 4 kJ/m^2	汽车
106	LCP 工程塑料	熔融温度为 300~425 ℃,自熄性,限氧指数达到 35%,满足 UL94 V-O 水平,其介电强度比一般工程塑料高,耐电弧性良好,在连续使用温度为 200~300 ℃时,其电性能不受影响,间断使用温度可达 316 ℃左右,拉伸强度≥ 160 MPa	节能与新能源汽车
107	聚芳醚砜(PSF)	PSF:熔融流动速率为 3~50 g/10 min (PPSU 10~50 g/10 min、PES 5~45 g/10 min、PSU 3~20 g/10 min),弯曲强度为 100~110 MPa,弯曲模量为 2 300~3 500 MPa,拉伸强度为 65~75 MPa;阻燃 PPSU、PES 1.5 mm V-0,PSU 5.2 mm V-0	医疗卫生、建材、汽车、航空航天、电子、石油化工、环保
108	热塑性树脂(PESEKK)	拉伸强度 >90 MPa,拉伸模量 >3.5 MPa,弯曲强度 >130 MPa,氧指数为 38.0,热分解温度≥ 580 ℃,热氧化稳定性好,耐腐蚀,耐溶剂,耐水、耐航空燃油	航空航天、汽车、节能、医疗
109	聚芳醚腈	玻璃化转变温度≥ 180 ℃,拉伸强度≥ 80 MPa,弯曲模量≥ 3 GPa,冲击强度≥ 7 kJ/m^2,加工温度≤ 360 ℃	航空航天、电子电器、汽车
(三)	膜材料		
110	VOCs 回收膜	膜元件(8040 标准型),膜两侧二氧化碳浓度差≥ 9%,渗透通量≥ 4.6 m^3/h,膜元件静电防爆耐腐蚀,测试标准(测试气体为 CO^2/N^2混合气体,进气 CO^2含量为 8%±0.5%,进气量为 18 m^3/h,进气温度为 25 ℃,操作压力为常压,真空度为 9 000 Pa)	化工、医药
111	高强度 PTFE 中空膜	孔径≤ 0.1 μm,物理拉伸强度> 1 000 N,耐酸碱性能 pH 1~14,膜丝直径为 1.3 mm,壁厚 0.3 mm	工业废水治理、海水淡化
112	高性能水汽阻隔膜	透过率> 90%,WVTR < 10^{-3}g/(m^2·d),翘曲度≤ 2 mm/m,高温高湿测试(65 ℃/90%RH) 储存 1 000~2 000 h	薄膜光伏封装、OLED 显示、量子点封装

续表

序号	材料名称	性能要求	应用领域
113	锂离子电池无纺布陶瓷隔膜	定量为14～35 g/m^2，厚度为18～25 μm，纵向抗拉强度≥40 MPa，吸液率≥150%，热收缩率≤0.5%(180 ℃，1 h)，孔隙率为55%～85%，透气率<100 S/100 cm^3	锂离子电池
114	高选择性纳滤复合膜材料	氯化钠截留率≤5%，硫酸钠截留率≥98.5%，水通量≥60 L/(m^2·h)；膜元件(8040标准型)产水量≥30 m^3/d	水处理
115	双极膜电渗析膜	膜尺寸≥400×800 mm^2，跨膜电压≤1.4 V(电流密度为600 A/m^2)，电流效率≥75%，酸碱转化率≥90%，寿命超过1年	化工
116	高频高速电磁屏蔽膜材料	电磁波屏蔽值>85 DB，接地电阻<1 Ω	新型显示、汽车
117	高效能石墨烯散热复合膜	*xy*轴热传导系数≥1 950 W/(m·K)，*z*轴热传导系数≥22 W/(m·K)，辐射系数≥92%	电子信息、新型显示、汽车
118	汽车级PVB膜片	透过率≥85%，雾度≤0.6%，黄色指数≤8，粗糙度(*Rz*)(正面、反面)=15～50 μm，尺寸变化率≤12%，拉伸强度≥20 MPa，断裂拉伸应变≥200%，敲击值为4～7，耐辐照性≥95%，挥发物质量分数为0.35%～0.55%；耐热性：允许试样有裂口存在，但超出边部15 mm或超出裂口10 mm的部分不能产生气泡及变色等其他缺陷；耐湿性：允许试样有裂口存在，但超出边部15 mm或超出裂口10 mm的部分不能产生气泡及变色等其他缺陷	汽车
119	启停电池用AGM隔膜	定量为(150±7.5)g/m^2·mm/10 kPa，最大孔径≤20 μm，孔率≥93.5%，抗刺穿力≥4.0d N，加压吸酸量≥5.5(g/g)50 kPa，湿态回弹性能≥93%，铁含量≤0.003%，氯含量≤0.003%，还原高锰酸钾物质≤3.0 mL/g，毛细吸酸高度≥90 mm/5 min	新能源
120	燃料电池全氟质子膜	质子传导率≥0.08 S/cm(GB/T 20042.3—2009)，尺寸稳定性(溶胀率，各向)≤7%(GB/ T 20042.3—2009)，电化学稳定性(1 000 h)渗氢电流≤10 mA/cm^2(GB/T 20042.3—2009)，复合膜厚度偏差≤±2 μm (GB/T 20042)	燃料电池
121	全氟离子膜交换膜	磺酸树脂质量交换容量为0.99～1.04 mmol/g，厚度及厚度标准偏差，在GB/T 6672—2001下，厚度约200 μm，横向拉伸强度>14 MPa，纵向拉伸强度>16 MPa，耐撕裂>20 N	化工
122	高强度聚乙烯膜材料(BOPE)	纵向拉伸强度≥70 MPa，横向拉伸强度≥115 MPa，横向模量≥500 MPa，横向断裂标称应变<100%(GB/T 1040.3—2006)；抗穿刺强度≥70 N(ASTM D 4833-07，膜厚30 μm)；雾度<6.0(GB/T 2410—2008，膜厚30μm)；表面光泽度>60(45°，GB/T 8807—1988)；摆锤法冲击强度>2.0 J(GB/T 8809—2015，B法，膜厚30 μm)；落镖法冲击强度>500 g(GB/T 9639.1—2008，B法，膜厚35 μm)	化工

续表

序号	材料名称	性　能　要　求	应用领域
123	液晶聚合物薄膜	薄膜介电常数≤3.0@40 GHz,介电损耗≤0.002@40 GHz,吸水率<0.5%,薄膜 CTE≤18 ppm/℃,薄膜厚度≤25 μm	5G
(四)	电子化工新材料		
124	环保水系剥离液	金属保护剂含量≤1%,杂质金属离子含量≤100 ppb,颗粒物(≥0.5μm)≤50 个/mL	新型显示
125	超高纯化学试剂	(1)电子级磷酸:金属离子<500 ppb;(2)半导体级磷酸:金属离子<50 ppb,颗粒物(≥0.2 μm)<100 个/mL;(3)高纯双氧水、硫酸、氢氟酸:其中金属杂质含量(电子级)≤10 ppb、颗粒物(≥0.5 μm)≤100 个/mL,金属杂质含量(半导体级)≤0.1 ppb,颗粒物(≥0.2 μm)≤100 个/mL;(4)芯片铜互连超高纯电镀液:金属杂质含量<60 ppb,颗粒物(≥0.2 μm)<100 个/mL;(5)高纯电子级氨水:金属杂质含量<100 ppt,单项阴离子含量<100 ppb,颗粒(≥0.2 μm) 小于 40 个/mL;(6)芯片铜互连超高纯电镀添加剂:金属杂质含量<0.1 ppm,颗粒物(≥0.2μm)<100 个/mL;(7)蚀刻后清洗液:金属杂质含量<100 ppb, 颗粒物(≥0.2μm)<100 个/mL;(8)四乙氧基硅烷:纯度≥99.999 9%, 含量氯≤0.1 ppb, 钴≤0.1 ppb, 铁≤0.2 ppb,锰≤0.1 ppb,镍≤0.2 ppb;(9)高纯氢氟酸缓冲腐蚀液:金属杂质含量<0.1 ppb,单项阴离子含量<100 ppb,颗粒(≥0.2 μm)小于 200 个/mL	集成电路、新型显示
126	CMP 抛光材料	(1)CMP 抛光液:小于 45 nm 线宽集成电路制造用 CMP 抛光液系列产品,包括铜抛光液、铜阻挡层铜抛光液、氧化物铜抛光液、多晶硅铜抛光液、钨抛光液等;200～300 mm 硅片工艺用抛光液;(2)CMP 抛光垫、CMP 修整盘:200～300 mm 集成电路制造 CMP 工艺用抛光垫、修整盘;200～300 mm 硅片工艺用抛光垫、修整盘	集成电路
127	集成电路用光刻胶及其关键原材料和配套试剂	(1)I 线光刻胶:6 英寸、8 英寸、12 英寸集成电路制造用 I 线光刻胶;(2)KrF 光刻胶:8 英寸、12 英寸集成电路制造光刻工艺用 KrF 光刻胶;(3)ArF/ArFi 光刻胶:12 英寸集成电路制造光刻工艺用 ArF 和 ArFi 浸没式光刻胶;(4)光刻胶树脂及其单体:KrF/ArF/ArFi 光刻胶专用树脂及其高纯度单体、感光性聚酰亚胺树脂;(5)光刻胶专用光引发剂:KrF/ArF/ArFi:光刻胶专用高纯度光致酸剂、I 线光刻胶用感光性化合物;(6)光刻胶抗反射层:与 KrF、ArF 和 ArFi 浸没式光刻胶配套的抗反射层材;(7)厚膜光刻胶:3D 集成等系统级封装用光刻胶;(8)光刻胶显影液、光刻胶剥离液:与 KrF、ArF 和 ArFi 浸没式光刻胶配套的光刻胶显影液、光刻胶剥离液	集成电路
128	ArF 光刻胶用脂环族环氧树脂	单项金属元素含量<50 ppb,环氧值为 1.95～2.15 eq/100 g,黏度≤30 MPa·s(25 ℃), APHA≤150	集成电路、新型显示

续表

序号	材料名称	性能要求	应用领域
129	特种气体	(1)高纯氯气：纯度≥99.999%，H_2O≤1.0 ppm、CO_2≤2.0 ppmv、CO≤1.5 ppmv、O_2≤1.0 ppmv、CH_4≤0.1 ppmv；(2)三氯氢硅：纯度≥99.99%、CH_3Cl<10 ppm、$SiHCl_2$≤100 ppm、$SiCl_4$≤100 ppm、Fe≤30 ppb、Ni≤2 ppb；(3)锗烷：纯度≥99.999%、H_2<50 ppmv、O_2+Ar≤2 ppmv、N_2≤2 ppmv、CO≤1 ppmv、CO_2≤1 ppmv、CH_4≤1 ppmv、H_2O≤3 ppm；(4)HCl、N_2O纯度≥99.999%；COS、B_2H_6纯度≥99.99%；AsH_3、PH_3、SiH_4纯度≥99.999 9%；(5)二氯二氢硅：纯度≥99.99%，$SiCl_4$≤50 ppm，$CHCl_3$≤100 ppm；B≤10 ppt，P≤10 ppt；(6)高纯三氯化硼：纯度≥99.999%，N_2≤4 ppmv、CO≤0.5 ppmv、O_2≤1 ppmv、CH_4≤1 ppmv、H_2O≤1 ppmv、CO_2≤2 ppmv；(7)六氯乙硅烷：纯度≥99.5%、$SiCl_4$≤300 ppm、六氯氧硅烷≤500 ppm、$CHCl_3$≤100 ppm、Al≤10 ppt、Ti≤10 ppt；(8)四氯化硅：纯度≥99.99%、$CHCl_3$≤50 ppm、CH_2Cl_2≤100 ppm，Fe≤2 ppt、Ni≤0.1 ppm、B≤20 ppt，P≤20 ppt；(9)超高纯氙气：纯度≥99.999 5%，超高纯锗烷混氢(GeH_4/H)，超高纯锗烷混氢(GeH_4/H_2)，超高纯乙硼烷混氢(B_2H_6/H_2)，超高纯乙硼烷混氮气，超高纯磷烷混氢气(PH_3/H_2)	集成电路、新型显示
130	铜蚀刻液	pH：1.7～2.5，氟离子含量为1 700～3 000 ppm，硝酸含量为3.6%～5.0%，双氧水含量为4.0%～6.1%，颗粒杂质数(>0.5 μm)<100个/mL，金属离子(Li、Mg、Al、K、Cr、Mn、Fe、Ni、Co、Cu、Zn、Sr、Cd、Ba、Pb)<1 ppm；金属离子Na、Ca<3 ppm	新型显示
131	热塑性液晶高分子材料	拉伸强度>90 MPa，拉伸模量>10 GPa，弯曲强度>130 MPa，弯曲模量>10 GPa，热变形温度>250 ℃，冲击强度>200 J/m	新型显示
132	四氯铝酸钠	纯度为99.5%，熔点为165 ℃，200 ℃下密度为1.65 g/cm^3，杂质元素含量，Ca≤50 ppm，K≤50 ppm，Fe≤20 ppm，Ni≤20 ppm，Zn≤20 ppm	新能源
133	LCD用正性光刻胶	UV比为3.75±0.10，金属离子(Na、K、Ca、Mg、Fe、Mn、Al)总含有率≤200 ppb，膜厚为Standard±50 Å	新型显示
134	超薄电子布	(1)106电子布：经纬密度为22×22根/cm，厚度为(0.033±0.01)mm，单位面积质量为(24±1)g/m^2；(2)1037电子布：经纬密度为27.6×28.7根/cm，厚度为(0.027±0.01)mm，单位面积质量为(23±1)g/m^2；(3)超薄型电子布1067：经纬密度为27.6×27.6根/cm，厚度为(0.035±0.01)mm，单位面积质量为(30.7±1)g/m^2；(4)极薄型电子布1027：经纬密度为29.5×29.5根/cm，厚度为(0.019±0.01)mm，单位面积质量为(20±1)g/m^2；(5)极薄型电子布1017：经纬密度为37.4×37.4根/cm，厚度为(0.014±0.01)mm，单位面积质量为(12±1)g/m^2	电子信息

续表

序号	材料名称	性能要求	应用领域
135	g/i 线正性光刻胶用酚醛树脂	单项金属元素含量< 50 ppb,游离单体< 1%,分子量范围为 2 000~30 000,dimer 含量为 3%~10%	集成电路、新型显示
136	光伏玻璃用 AR 镀膜液	附着力 0 级,铅笔硬度 ≥ 3H,透过率增益≥ 2%	光伏
(五)	其他先进化工材料		
137	半芳香族尼龙(PPA)	玻璃化转变温度≥ 88 ℃,熔点≥ 300 ℃,拉伸强度(25 ℃)≥ 60 MPa,弯曲强度(25 ℃)≥ 120 MPa,吸水率(23 ℃/50% RH)≤ 0.7%,特性黏度为 0.75~0.95 dL/g	汽车、电力电子
138	聚丁烯-1(PB)	拉伸弹性模量≥ 445 MPa,断裂拉伸强度≥ 20 MPa,弯曲模量≥ 500 MPa,简支梁缺口冲击强度≥ 15 kJ/m^2,熔点为 120~125 ℃	化工、纺织、轻工
139	聚硼硅氧烷改性聚氨酯材料	密度为 0.45~0.5 kg/m^3,撕裂强度为 0.9~1.5 N/ mm,拉伸强度> 1.4 MPa,断裂伸长率为 180%~300%,压缩强度为 140~300 kPa,抗冲击防护性能为 level2	工业减震
140	聚酰胺 56	颗粒度为 45~65 N/g,带黑点颗粒≤ 0.8%,干燥失重≤ 0.6%~1.5%,黏数为 120~180 mL/g 均可实现,按要求可调,熔点为 250~260 ℃,相对密度为 1.11~1.15,拉伸强度(屈服)> 75 MPa,弯曲强度 >105 MPa,冲击强度(缺口)>3.2 kJ/m^2	汽车、电子领域
141	聚四氟乙烯零件和原型材	Ⅰ型——纯聚四氟乙烯(PTFE),Ⅱ型——含 15% 石墨的聚四氟乙烯(PTFE),Ⅲ型——含 15%玻璃纤维和 5% 二硫化钼的聚四氟乙烯(PTFE),Ⅳ型——含 25% 玻璃纤维的聚四氟乙烯(PTFE);1 类——压缩模塑料和模塑板材,2 类——柱状挤压型材(仅适用于 Ⅰ型),3 类——切削板材(仅适用于Ⅰ型);Ⅰ型 1 类的极限拉伸强度≥ 31 MPa,伸长率≥ 300%;Ⅰ型 2 类的极限拉伸强度≥ 21 MPa,伸长率≥ 200%;Ⅰ型 3 类的极限拉伸强度 ≥ 28 MPa,伸长率 ≥ 250%;介电强度≥ 1 000 V/mil;Ⅰ型 1 类的极限拉伸强度≥ 12 MPa,伸长率≥ 125%;Ⅲ型 1 类的极限拉伸强度≥ 21 MPa,伸长率≥ 250%;Ⅳ型 1 类的极限拉伸强度≥ 17 MPa,伸长率≥ 225%;测试方法:极限拉伸强度和伸长率试验方法,ASTM D4894;介电强度试验方法,ASTMD149	航空航天装备
142	聚双环戊二烯(PDCPD)	密度< 1.05 g/cm^3,断裂伸长率> 5%,热变形温度> 90 ℃,悬臂梁缺口冲击强度(23 ℃)> 24 kJ/m^2,拉伸强度> 40 MPa,弯曲强度> 60 MPa,弯曲弹性模量> 1 850 MPa	轨道交通、工程机械、医疗设备、航天
143	硼-10 酸	丰度≥ 95%,纯度≥ 99.9%	核工业、医疗
144	热力管道内壁防腐涂料	附着力≥ 7 MPa,耐水煮(95 ℃,1 000 h),耐油浴(150 ℃,1 000 h,导热油),耐高温高压釜(150 ℃,10 MPa,介质:去离子水,168 h),涂层不起泡、不脱落、不开裂	节能环保

续表

序号	材料名称	性能要求	应用领域
145	生物基增塑剂	100% 替代邻苯类增塑剂，抗老化性能> 1 200 h(ASTM G-154)，环保指标通过欧盟 REACH 法规认证，绿色安全无毒	纺织、轻工、医疗耗材
146	高性能医用干式胶片	灰雾密度 $D_0 \leqslant 0.08$，最大密度 $D_{max} \geqslant 2.90$，表观无不润湿点、条道、拉丝、划伤、杂质点	医疗
147	环保水处理型偏铝酸钠	氧化铝≥ 37%，氧化钠≥ 26.5%，苛性比=1.20±0.05，白色固体粉末	环保
148	高性能纳米刚性粒子改性 PP 基复合材料及超高强度纳米 PP 丝	复合材料的缺口冲击强度达到最大值 66.5 kJ/m^2，拉伸强度达到 38.3 MPa。纳米粒子对弹性体的分散剪切细化均化使 PP 基复合材料韧性大幅提高，纳米粒子改性 PP 基复合材料可吸收 90% 紫外线，抗老化能力大幅提高，超高强度纳米 PP 丝拉伸强度达到 8.2 g/D，延伸率在 15%～20% 之间	汽车
149	高频高速覆铜板用功能化低分子聚苯醚	特性黏度(Ⅳ)为 0.075～0.090 dL/g，玻璃化转变温度(T_g)为 140～150 ℃，挥发分< 0.50%，铜含量< 8 ppm，酚羟基当量为 800～1000 g/mol，数均分子量为 2 100～2 700 g/mol	5G 通信、无人驾驶汽车、大型服务器、超高清视频传输、智能穿戴
150	橡胶密封件制品表面用水性涂料	摩擦系数指标定为 $\mu \leqslant 0.40$，拉伸试验指标定为定伸 100%，涂层无龟裂、无脱落，耐介质擦拭性(50% 乙醇溶液、2.5 g/L 正十二烷基苯磺酸钠水溶液)指标定为“50 次未露底”，挥发性有机化合物(VOC)含量≤ 200 g/L	化工
151	重金属脱除用高分子复合凝胶吸附剂	重金属去除浓度范围为 0～10 000 ppm，去除率 >99%	电子
152	高分子永久型抗静电剂	表面电阻≤ 1×10^8 Ω，断裂伸长率≥ 200%，熔点≥ 120 ℃	电子、化工
153	密封材料	(1)高性能耐温耐压密封材料：抗老化：1 000 h 保持螺栓拧紧力，抗高温：350～400 ℃，抗压：抵抗法兰压力>400 MPa(无压溃)，抗内压 20 MPa 不冲出；(2)膨润型高密封材料：密度为 1.4～1.6 gm/cc，拉伸强度为 8～25 MPa，压缩率为 8%～22%，回弹率≥ 35%	汽车
154	耐温抗压材料	密度为 1.3～1.45 gm/cc，拉伸强度为 8 ～ 20 MPa，抗温 200 ～300 ℃，抗压≥ 300 MPa	汽车、机械、船舶
155	无石棉原位复合密封材料	密度≥ 1.3 gm/cc，拉伸强度≥ 15 MPa，压缩率为 10%～20%，回弹率≥ 55%，应力松弛≤ 25%	高铁、航空航天、船舶、石油化工
四	先进无机非金属材料		
(一)	特种玻璃及高纯石英制品		
156	高纯石英砂	Fe、Mn、Cr、Ni、Cu、Mg、Ca、Al、Na、Li、K、B 共 12 种元素总含量< 6 ppm	高品质石英制品

续表

序号	材料名称	性能要求	应用领域
157	半导体用大尺寸高纯石英扩散管	规格:外径为 300～400 mm,偏壁厚≤0.6 mm,金属杂质含量<13 ppm,长期使用温度为 1 150 ℃	半导体、集成电路
158	光纤预制棒烧结用石英炉管	外径>200 mm,长度>2 000 mm,高温区壁厚偏差为 ±0.5 mm,羟基含量 <20 ppm,金属杂质含量<20 ppm,高温区域的部分应能承受 2 000 ℃高温	光纤预制棒制造
159	光通信用石英玻璃制品	SiO_2 含量≥99.95%,在 1 100 ℃条件下保温 2 h,透射比变化值不大于 4%,双折射Ⅰ类	光通信
160	高品质紫外光学石英玻璃	直径或对角线≥550 mm,光吸收系数≤2×10^{-5},光学非均匀性≤4×10^{-6},应力≤5 nm/cm,条纹度 5 级	高能激光、精密光学、半导体、光电子、光通信、光学仪器
(二)	绿色建材		
161	防污型绝缘材料	憎水性为 HC1～HC2 级,污秽耐受电压跟普通釉绝缘子相比,污秽耐受电压≥1.5 倍,涂层耐磨性≤0.2 g,耐漏电起痕及电蚀损≥TMA4.5 级,支柱绝缘子弯曲破坏应力为 100 MPa,悬式绝缘子抗拉强度为 16 0kN,使用温度为 −40～105 ℃,抗拉负荷≥300 kN;超特高压输变电设施用防污型绝缘材料:使用温度为 −40～105 ℃,抗拉负荷≥300 kN,形成 3 000 t/a 的生产能力	电力装备
162	聚烯烃纳米改性防水隔热卷材	拉伸强度≥13 MPa,断裂伸长率≥600%;2 500 h 老化后:拉伸强度≥11 MPa,断裂伸长率≥100%,近红外反射比≥80,太阳光反射比≥80,隔热温差≥10 ℃	环保、建筑
163	热塑性聚烯烃(TPO)防水卷材	(1)增强型热塑性聚烯烃(TPO)防水卷材:最大拉力≥250 N/cm,最大拉力时伸长率≥15%,低温弯折性 −50 ℃无裂纹,人工气候加速老化 7 000 h 合格;(2)热塑性聚烯烃(TPO)预铺防水卷材:拉力≥600 N/50 mm,拉伸强度≥12 MPa,膜断裂伸长率≥500%,邵氏 D 硬度(1 s 读数)为 35～40	环保、建筑
164	铜铟镓硒太阳能发电组件	设计荷载>6 000 Pa,燃烧性能等级为 A,持续运行状况下允许的组件温度为 −40～+85 ℃,最大系统电压为 1 000 V,最大反向电流为 4 A	节能环保、太阳能发电
165	碲化镉发电玻璃	发电转换效率≥13%,面积≥1.92 m^2	节能环保、太阳能发电

续表

序号	材料名称	性能要求	应用领域
(三)	先进陶瓷粉体及制品		
166	片式多层陶瓷电容器用介质材料	配方粉：高容 X7R 和 X7T 瓷粉：介电常数≥2 200，介电损耗≤2%，绝缘性能 R_C≥1 000 S，介质厚度为 2～3μm 时产品的温度特性（−55～125 ℃）无偏压条件下满足±15%（X7R）、±33%（X7T），粒度分布 D_{50}：0.35～0.55 μm，耐电压 BDV≥50 V/μm，满足 0805X7R475 或 0805X7T106 规格产品的使用要求；高容 X5R 和 X6S 瓷粉：介电常数≥3 000～4 500，介电损耗≤3%，绝缘性能 R_C≥1 000 S，介质厚度为 2～3 μm 时产品的温度特性（−55～85 ℃）无偏压条件下满足±15%、产品的温度特性（−55～105 ℃）无偏压条件下满足±22%，粒度分布 D_{50}：0.35～0.55 μm，耐电压 BDV≥50 V/μm，满足 0805X6S106 或 0805X5R226 规格产品的使用要求；高容值 COG 瓷粉：介电常数≥32，介电损耗≤0.1%，绝缘性能 R_C≥2 000 S，烧结后晶粒≤2 μm，温度特性（−55～125 ℃）满足±30 ppm/℃，烧结温度≤1 180 ℃，满足 0805COG103 规格产品的使用要求；射频高 QCOG 瓷粉：介电常数≤30，介电损耗≤0.1%，绝缘性能 R_C≥2 000 S，烧结后晶粒≤2 μm，温度特性（−55～125 ℃）满足±30 ppm/℃，烧结温度≤1 050 ℃，产品 0805COG5R0 规格，1 GHz 下 Q 值≥220，ESR≤150 mΩ；基础粉（钛酸钡）：粉体粒径：（100±10）nm；比表面积：9.0～13.0 m²/g；粒度分布 D_{10}：0.05～0.10 μm，D_{50}：0.10～0.15 μm，D_{90}：0.25～0.45 μm，c/a＞1.009 5，Ba/Ti 比为0.995～1.005	电子信息
167	氮化铝陶瓷粉体及基板	粉体：碳含量≤300 ppm，氧含量≤0.75%，粒度分布 D_{10}≤0.65 μm，D_{50}≤1.30 μm，D_{90}≤3.20 μm，比面积≥2.8 m²/g；基板：密度≥3.30 g/cm³，热导率（20 ℃）≥180 W/(m·K)，抗折强度≥380 MPa，线膨胀系数（RT～500 ℃）为（4.6～4.8）×10^{-6}/℃，表面粗糙度 Ra≤0.3 μm	高铁、新型显示、新能源汽车、光通信和智能电网
168	高性能蜂窝陶瓷载体	载体：蜂窝筛孔目数为 300～750 目；壁厚 TWC≤4 mil，DOC/SCR≤6 mil，热膨胀系数≤0.6×10^{-6}，耐热冲击性≥650 ℃；过滤器材料：孔隙率≥50%，颗粒捕捉效率≥90%	机动车尾气后处理
169	电子产品用氧化锆陶瓷外壳材料	成品瓷片三点抗弯强度≥1 200 MPa，韧性≥8 MPa·$m^{1/2}$，维氏硬度≥1 100，相对介电常数＜36	电子产品
170	DBC 基板（覆铜陶瓷基板）	陶瓷氮化铝热导率＞170 W/(m·K)，铜箔电导率≥58 MS/m，铜箔硬度为 90～110 HV	电力电子、IGBT 模块、新能源汽车、太阳能和风力发电装备
171	半导体装备用氧化铝陶瓷部件	密度≥3.90 g/cm³，硬度（HRA）≥90，抗折强度≥400 MPa，Ra≤0.6 μm	半导体、LED
172	除尘脱硝一体化高温陶瓷膜材料	适用温度为 180～420 ℃，过滤风速为 0.8～2 m/min，除尘效率≥99.9%，净化后气体杂质浓度≤10 mg/(N·m³)，脱硝效率为 80%～90%，过滤阻力为 1 000～3 500 Pa	建材、垃圾焚烧炉、焦化

续表

序号	材料名称	性能要求	应用领域
173	高性能氮化硅陶瓷材料	致密度≥99%,弯曲强度≥900 MPa,维氏硬度≥1 450,断裂韧性≥7 MPa·$m^{1/2}$,弹性模量≥320 GPa,热膨胀系数≤3.4×10^{-6},韦布尔模数>12,热导率为20~90 W/(m·K),抗压强度≥3 000 MPa	太阳能和风力发电装备、航空航天、汽车、电子
174	碳化硅陶瓷膜过滤材料	ϕ60×(1 000~2 500)×(8 ~10) mm^3,支撑体孔径为40~70 μm,气孔率≥40%,膜层孔径为10~20 μm,弯曲强度≥15 MPa,耐酸性≥98%,耐碱性≥99%,热膨胀系数<5.46×10^{-6}/K	化工、能源、电力装备、冶金、环保
175	环保型微波陶瓷材料	(一)材料技术指标 (1)K20材料,开发介电常数K值为18~22,K值精度为±0.2,$Q\cdot f$>90 000,频率温度系数为(0±2)ppm/℃,烧结温度<1 450 ℃,密度<5.2 g/cm^3,热膨胀系数<9 ppm/℃,三点弯折强度>240 MPa,维氏硬度>800 kgf/ mm^2;(2)K37材料,开发介电常数K值为35~40,K值精度为±0.2,$Q\cdot f$>50 000,频率温度系数为(0±2)ppm/℃,烧结温度<1380 ℃,密度<5.0 g/cm^3,热膨胀系数<9 ppm/℃,三点弯折强度>200 MPa,维氏硬度>800 kgf/ mm^2;(3)K45材料,开发介电常数K值为43~47,K值精度为±0.2,$Q\cdot f$>45 000,频率温度系数为(0±2)ppm/℃,烧结温度<1450 ℃,密度<5.2 g/cm^3,热膨胀系数<9 ppm/℃,三点弯折强度>200 MPa,维氏硬度>800 kgf/mm^2 (二)利用上述开发的微波陶瓷材料实现如下产品指标 (1)通信陶瓷滤波器:中心频率为2~5 GHz,带宽为200 MHz,带内插损<1.0 dB,带内纹波<0.5 dB,带内回波损耗<−18 dB,左右边带临近通带抑制为±25 MHz抑制水平<−15 dB;(2)通信陶瓷谐振器:Q值≥50 000(1 GHz),谐振频率温度系数为(0±2)ppm/℃	电子信息
176	高性能发动机气缸套复合陶瓷功能材料	陶瓷合金渗透层深度≥10 μm,抗拉强度≥330 MPa,硬度≥300 HB,摩擦系数降低≥10%,气缸套配副的发动机摩擦功降低≥5%	发动机、内燃机
177	立方碳化硅微粉	规格为W0.3~W60,β-SiC含量≥99.99%,堆积密度为1.6~2.4 g/cm^3,粒度为30 nm~100 μm,基本粒含量为60%~80%	航空航天、先进制造、半导体
178	注射成型结构陶瓷	ZrO硬度≥1 100 HV,密度≥6 g/cm^3,三点弯曲强度≥1 000 MPa,断裂韧性>8 MPa·m^1/2;Al_2O_3硬度≥1 400 HV,密度≥3.75 g/cm^3,弯曲强度为400~600 MPa,断裂韧性为3~5 MPa·$m^{1/2}$	3C、汽车
179	高性能棒形瓷绝缘子	弯曲破坏负荷≥12.5 kN;扭转破坏负荷≥8 kN;标准雷电冲击耐受电压≥1 175 kV(peak);工频湿耐受电压≥480 kV(r.m.s);可见电晕电压≥160 kV	电力工程、电力装备

续表

序号	材料名称	性能要求	应用领域
（四）	人工晶体		
180	碲锌镉晶体	(1)核工业、环境探测：晶锭直径≥100 mm，单晶尺寸≥2 000 mm^3，成分偏差≤5%，电阻率≥1×10^{10} Ω·cm，电子迁移率和寿命积≥2×10^{-3} cm^2/V，碲锌镉探测器对241Am@59.5 keV的能量分辨率≤5%，峰谷比≥80，对137Cs@662 keV的能量分辨率≤1.5%，峰康比≥2，空间分辨率≤0.2 mm，计数率为1 M/(s·mm^2)；(2)外延衬底：衬底面积≥14×14 mm^2，最大厚度偏差≤0.05 mm，晶体定向偏差≤20′，双晶衍射半峰宽≤30 rad·s；位错腐蚀坑密度≤$5\times10^4/cm^2$，夹杂相尺寸≤10 μm；夹杂相密度≤2 000/cm^2；2～25 μm红外透过率≥60%	核工业、环境检测、外延衬底
181	溴化镧闪烁晶体	块状晶体尺寸≥ϕ50×50 mm^3，衰减时间≤20 ns，能量分辨$\Delta E/E\leq3.5\%$，时间分辨≤300 ps，阵列式晶体探测器衰减时间≤35 ns，峰谷比≥6.5，能量分辨优于13%@511 keV	医疗器械、安全检查
182	高性能钇铝石榴石(YAG)系列激光晶体	PV≤0.08/inch，消光比≥30 dB，表面粗糙度≤0.7 nm，单程损耗系数≤0.2%/cm	大功率激光装置、医疗器械
183	低吸收高激光膜损伤阈值三硼酸锂(LBO)晶体	1 064 nm处吸收值≤30 ppm/cm，355 nm处膜损伤阈值≥6 J/cm^2，光学均匀性优于10^{-5}，355 nm处透过率≥85%	激光显示、信息通信、科研仪器、医疗激光等
184	复合高碳钢金刚石切割线	线径为60 μm，抗拉强度＞13.5 N，破断拉力＞4 650 N/mm^2，扭转值＞150，椭圆度＜0.8 μm；线径为55 μm，抗拉强度＞11.5 N，破断拉力＞4 820 N/mm^2，扭转值＞150，椭圆度＜0.8 μm；线径为50 μm，抗拉强度＞9.8 N，破断拉力＞4 850 N/mm^2，扭转值＞130，椭圆度＜0.8 μm	单晶硅、多晶硅及蓝宝石等硬脆材料的切割
（五）	矿物功能材料		
185	高纯石墨	固定碳含量(C)≥99.90%	新能源
186	核级石墨	牌号：SNG342、SNG623、SNG742、SNG722、SNG7420、SNG3420；未辐照性能要求：颗粒直径≤1.0 mm(振动成型)，≤0.04 mm(等静压)，密度≥1.85 g/cm^3(振动成型)，≥1.78 g/cm^3(等静压)，热导率≥135 W/(m·K)，热膨胀系数≤4.5×10^{-6}/K(振动成型)，≤4.0×10^{-6}/K(等静压)，各向同性度≤1.05(振动成型)，≤1.04(等静压)，抗拉强度≥20 MPa(振动成型)，≥25 MPa(等静压)，抗压强度≥65 MPa(振动成型)，≥75 MPa(等静压)，硼当量含量≤0.9 ppm，灰分≤80 ppm	电力装备
187	高性能纳米二氧化钛矿化复合材料	二氧化钛含量≤25%，载体含量≥70%，包覆率≥95%	化工、生物医药及高性能医疗器械

续表

序号	材料名称	性能要求	应用领域
188	矿物功能土壤处理材料	(1)有机硅治理盐碱土壤调理剂：有机质≥15.0%，黄腐酸≥1.0%，$N+P_2O_5+K_2O$≥45.0%，SiO_2≥3.0%，CaO≥0.5%；(2)海泡石土壤重金属治理材料：经治理后土壤中砷稳定化率达98%以上，并且浸出液(按HJ 557—2010《固体废物浸出毒性浸出方法水平振荡法》浸出)中砷浓度满足GB 3838—2002《地表水环境质量标准》中Ⅲ类水相应标准值	盐碱土壤及重金属治理
189	人工合成高品质云母材料	合成云母片：氟含量＜25 ppm，耐高温1 450 ℃，介电强度＞228 kV/mm，介电常数＞6.3，表面电阻率为3.8×10^{13} Ω；合成云母带：厚度为[(0.08～0.125)±0.01]mm，云母含量为[(80～120)±5]g/m^2，介电强度＞1.4 kV/mm，氟含量＜25 ppm	航空航天装备
五	其他材料		
(一)	稀有金属		
190	稀有金属涂层材料	(1)高温合金稀有金属防护涂层材料：氧含量≤300 ppm，涂层在900 ℃完全抗氧化，并具备良好的抗热疲劳性能；(2)复式碳化钨基稀有金属陶瓷涂层材料：硬度HRC 45～65，使用温度为－140～500 ℃；(3)高耐蚀耐磨涂层材料：结合强度≥70 MPa，硬度HRC 30～45，孔隙率＜0.5%，抗中性盐雾腐蚀≥500 h；(4)多组元MCrAlY涂层材料：O、N、C、S含量总和≤500 ppm，结合强度≥50 MPa，1 050 ℃水淬≥50次，1 050 ℃(200 h)次涂层与基体结合及涂层、基体完好无损；(5)高隔热涂层材料YSZ复相陶瓷材料：熔点＞2 000 K，1 200 ℃(100 h)无相变，热导率＜1.2 W/(m·K)可磨耗封严涂层材料：使用温度为500～850 ℃，硬度HV0.3≥1 300(请再核实数据)，结合强度≥70 MPa，工况温度下5 000 m/h；(6)可磨耗试验涂层无剥落掉块；(7)冷喷涂超细合金粉末涂层材料：粉末粒度D_{90}≤16 μm，振实密度≥4.0 g/cm^3，近球形粉末形貌	高端装备零部件表面强化
(二)	高性能靶材		
191	金基银钯合金复合材料	TS≥300回合，电阻率为2.9～3.3 μΩ/cm^2，1.0 mil的物理参数E_L＞9 cn，延伸率为9%～16%	高亮LED封装
192	高密度ITO靶材	In_2O_3：SnO_2=90：10wt%：相对密度＞99.7%；In_2O_3：SnO_2=93：7wt%(±0.5%)/95：5wt(±0.5%)/97：3wt%(±0.5%)：相对密度＞99%；纯度＞99.99%，电阻率≤1.8×10^{-4} Ω·mm，焊合率≥97%；靶材尺寸：旋转靶单节圆筒为(ϕ100～ϕ165)×(400～1 500)×(4～20)mm^3；平面靶单片靶胚为(400～2 000)×(200～800)×(4～20)mm^3	太阳能光伏、电子信息
193	超高纯NiPt合金靶材	纯度≥4N，晶粒尺寸≤100 μm，钎焊焊合率≥95%，最大单伤≤2%，尺寸公差为±0.1 mm，表面粗糙度Ra≤0.8 μm，清洁度符合电子级要求	集成电路

续表

序号	材料名称	性能要求	应用领域
194	高纯钽靶材	纯度≥99.995%(4N5),晶粒尺寸≤50 μm且均匀,圆形、方形各种规格,在厚度上应以(111)〈112〉为主的织构,在厚度上应为均匀晶粒取向的组织结构,表面粗糙度 $Rz \leq 6.3\ \mu m$	集成电路
195	高纯钴靶	晶粒尺寸≤50 μm,焊合率>99%,满足200~300 mm半导体制造要求	集成电路
196	铜和铜合金靶	纯度≥6N,晶粒尺寸≤50 μm,尺寸公差为±0.05 mm,焊合率≥99%,表面粗糙度 $Ra \leq 0.4\ \mu m$,清洁度符合电子级要求	集成电路
197	平面显示用高纯钼管靶	纯度>99.95%,密度≥10.15 g/cm^3,平均晶粒<100 μm,均匀分布,且沿长度方向的平均晶粒尺寸偏差<20%,焊合率>97%,产品尺寸:G6~G11 TFT-LCD世代线为(ϕ150~ϕ180)×(ϕ120~ϕ140)×(1 400~3 600)mm^3	新型显示
(三)	其他		
198	新型硬质合金材料	(1)超细硬质合金高端棒材:碳化钨晶粒尺寸≤0.6 μm,密度为14.08~14.15 g/cm^3,硬度(HV30)为1 530~1 580,抗弯强度≥3 000 N/mm^2,断裂韧性典型值为12 $MPa \cdot m^{1/2}$;(2)深井能源开采用PDC硬质合金基体:孔隙度A02B00,非化合碳C00,η相:无,横向断裂强度≥3 500 MPa,洛氏硬度为88±0.5,金相夹粗≥25.0 μm,整个金相面允许1个(金相照片要求在400x视场下观察);(3)超粗晶粒硬质合金工程齿:WC平均晶粒尺寸≥4.0 μm,硬度为85.0~89.0 HRA,抗弯强度(B试样)≥1 800 MPa;(4)复杂岩层、深部钻探用结构硬质合金:密度为13.9~14.98 g/cm^3,硬度为85.5~90.8 HRA,抗弯强度≥2 500 MPa,断裂韧性>30 $MPa \cdot m^{1/2}$;(5)高温材料加工用超细硬质合金棒材:碳化钨晶粒尺寸≤0.6 μm,维氏硬度≥1 600(HV3),横向断裂强度≥3 000 MPa(C试样);(6)纳米相强化梯度硬质合金:孔隙度A02B00,非化合碳C00,η相:无,横向断裂强度≥2 500 MPa,维氏硬度为1 350~1 550(HV3)	航空航天、油气开采、矿产开发、海洋勘探
199	高品质复合片合成用六面顶锤	洛氏硬度(HRA)≥91.5,抗压强度≥5 000 MPa,横向断裂强度≥3 200 MPa,α相平均晶粒尺寸≤0.8 μm	油气开采、车削加工、汽车、航空航天
200	高压辊磨机用合金高压耐磨件	合金碳化物晶粒尺寸≥0.8 μm,密度为5.9~14.8 g/cm^3,硬度≥84.5(HRA),抗弯强度(B试样)≥2 200 MPa,孔隙度为A04、B02、C00、E00	机械装备
201	反应堆中子吸收体材料	产品牌号为AgInCd,成分为Ag(80±0.50)wt%,In(15±0.25)wt%,Cd(5±0.25)wt%,杂质总量不超过0.25wt%,晶粒度为4~6级,试样经350 ℃/10 h处理后,大于3级的晶粒比例小于30%	核能
202	热缩型耐温耐磨材料	遇热收缩,比例为2∶1;在150 ℃环境下放置1 000 h无脆化,低温−40 ℃放置2 h后高温140 ℃放置4 h,高低温转换时间≤5 min,测试32个循环,通过高低温冲击试验测试;频率为60 r/min,行程为16 mm,磨头为0.45 mm,钢琴丝,耐磨次数不低于20万次	汽车

续表

序号	材料名称	性能要求	应用领域
203	高性能极细径纳米晶微钴棒材	碳化钨晶粒尺寸≤0.2 μm,密度为14.35～14.45 g/cm^3,硬度(HV30)≥2 050,抗弯强度≥4 000 N/mm^2	电子信息
204	核电燃料元件用镍基合金材料	抗拉强度(δ_b)≥1 580 MPa,屈服强度($\delta_{p0.2}$)≥1 450 MPa,纯洁度≥1.0级	核能
205	ENiCrFe-7、ERNiCrFe-7/7A镍基合金焊接材料(焊条及焊丝)	焊态和40 h焊后热处理态需同时满足技术指标要求,拉伸性能:室温抗拉强度≥585 MPa,350 ℃抗拉强度≥485 MPa,焊缝金属室温冲击韧性试验≥60 J	电力装备
206	Zr-4、Zirlo、E110、SZA-4、SZA-6、CZ1、CZ2核级锆材	3天腐蚀小于22 mg/dm^2,室温抗拉强度大于400 MPa,室温屈服强度大于240 MPa,室温延伸率大于20%	电力装备
207	高纯氧化铝生产用固体铝酸钠	湿法结构分离获得铝酸钠固体杂质含量:铁<0.1 g/L,钾<2 g/L,锂<0.005 g/L,硫<0.05 g/L,钙<0.01 g/L,硅<2 g/L,有机物<5 g/L,1.2≤a_k≤1.6	化工、环保
208	高性能自动变速箱油(OEM装填油)	FZG齿轮承载≥11级,DKA或ISOT实验150 ℃以上、96 h高温耐久测试通过,通过SAE NO.2、LVFA、同步器单体摩擦实验等摩擦测试,－40 ℃布氏黏度≤20 000 mp·s,150 ℃高温泡沫倾向性小于100 mL,铜腐蚀试验≤2级,通过OEM特定的整机系列台架及整车行车实验	汽车
209	高性能普碳钢冷轧轧制液	运动黏度(40 ℃)为35～70 mm^2/s,皂化值为3～200 mgKOH/g,酸值不大于15 mgKOH/g,5%乳化液pH值为5.0～8.5	冶金
210	高性能油膜轴承油	液相锈蚀试验(合成海水)无锈,抗乳化性(乳化层)≤1 mL,抗乳化性(总分水)≥36 mL,腐蚀≤1 b,抗乳化≤20 min,烧结负荷≥1 962 N,综合磨损值≥294 N,磨斑直径≤0.50 mm,旋转氧弹≥300 min	钢铁
211	磷酸酯抗燃液压液	自燃点≥560 ℃,电阻率(20 ℃)≥2×10^{10} Ω·cm,酸值(以KOH计)≤0.05 mg/g,空气释放值(50 ℃)≤6 min,水解安定性≤0.5 mgKOH/g,氯含量≤50 mg/kg,固体污染度SAE-AS4059F≤6级	电力
212	高性能M系列车用零部件配套切削油液	pH值:8.0～10.0;消泡性(10 min)不大于2 mL,挂片试验(室温)不小于10天;铁屑滤纸防锈试验(2 h)不大于0级;腐蚀试验(55 ℃ ±2 ℃,24 h,全浸):合格。油的PB不低于726 N,水分不大于痕迹,运动黏度(40 ℃)为8～70 mm^2/s	机械
213	乘用车轮毂轴承酯(BLU-C系列/THC-B、THC-E)	防锈性能,EMCOR(蒸馏水):0/0;抗微动磨损性能,磨损量<10 mg/5 mg;寿命:FE9(B,1.5 kN 6 000 r/min),L_{50}>200 h	机械

续表

序号	材料名称	性能要求	应用领域
214	乘用车底盘 CVJ 润滑脂（TUB/TUT 系列）	(1)TUB-A：极压性能（四球法）：最大无卡咬负荷 P_B > 755 N；烧结负荷 P_D > 2 452 N；抗磨性能（四球机法）< 0.6 mm；SRV 摩擦磨损性（200 N，1 mm，50 Hz，50 ℃，2 h）：摩擦系数 < 0.13，顶球磨痕直径 < 0.65 mm。(2)TUT-A：极压性能（四球法）：烧结负荷 P_D > 1 961 N；抗磨性能（四球机法）< 0.6 mm；SRV 摩擦磨损性（200 N，1 mm，50 Hz，50 ℃，2 h）：摩擦系数 < 0.09，顶球磨痕直径 < 0.6 mm	机械
215	风电用轴承润滑脂（BLC-G 系列）	滴点不低于 250 ℃，油分离度（40 ℃，168 h）（质量分数）为 2%～6%，腐蚀（T2 铜片，100 ℃，24 h）合格，动态防锈（蒸馏水 0/0），氧化安定性（99 ℃，100 h，760 kPa）压力降 ≤ 40 kPa，极压性能烧结负荷 P_D ≥ 2 450 N，磨痕直径 ≤ 0.6 mm	风电偏航变桨轴承、发电机轴承
216	风电用轴承润滑脂（BLC-C(S) 系列和 BLC-L）	滴点 ≥ 250 ℃，油分离度（40℃，168 h）（质量分数）为 2%～6%，腐蚀（T2 铜片，100 ℃，24 h）合格，动态防锈（0.5NaCl 盐水 1/1），氧化安定性（99 ℃，100 h，760 kPa）压力降 ≤ 70 kPa，极压性能烧结负荷 P_D ≥ 2 450 N，磨痕直径 ≤ 0.6 mm	风电主轴承、发电机轴承
217	风电用轴承润滑脂（WPG-A）	滴点 ≥ 250 ℃，腐蚀（T2 铜片，100 ℃，24 h）合格，氧化安定性（99 ℃，100 h，760 kPa）压力降 ≤ 40 kPa，极压性能烧结负荷 P_D ≥ 3 089 N，磨痕直径 ≤ 0.6 mm，极压性能（梯姆肯法），OK 值 ≥ 200 N，水淋流失量（79 ℃，1 h）（质量分数）≤ 8%	风电装备、机械
218	城铁车辆齿轮油（TKC75W-90M）	倾点 ≤ －40 ℃，闪点 ≥ 200 ℃，金属含量（Fe）为 0，烧结负荷 P_D 值 ≥ 3 920 N；通过了 SH/T0518 L-37 承载能力试验，通过了 SH/T0519 L-42 抗擦伤性能试验，通过了 SH/T0517 L-33 锈蚀试验，通过了 SH/T0520 L-60 热氧化安定性试验	轨道交通
219	汽车用水乳化防锈蜡专用防锈剂	红外分析碳酸钙晶型峰值范围：881～886 cm^{-1}；调制成品乳化蜡气味评级小于 3.5 级；总碱值 ≥ 120 mgKOH/g；盐雾试验：a)100SN 中 30% 时不小于 168 h；b)石油溶剂中 30% 时不小于 264 h	汽车
220	风电机组专用润滑剂：变速箱齿轮油	黏度指数 ≥ 150；－30 ℃ 布氏黏度 ≤ 150 000 MPa·s；倾点 ≤ －33 ℃；闪点 ≥ 220 ℃；泡沫倾向/泡沫稳定性/(mL/mL)，24 ℃ ≤ 50/0，93.5℃ ≤ 50/0，后 24℃ ≤ 50/0；采用 GB/T 8022《润滑油抗乳化性能测定法》测定，油中水 ≤ 2.0%，乳化层 ≤ 1.0 mL，总分离水 ≥ 80 mL；采用 GB/T 5096《石油产品铜片腐蚀实验法》进行测定，100 ℃ 下 3 h 铜片腐蚀不大于 1 级；采用 GB/T 11143《加抑制剂矿物油在水存在下防锈性能试验法》测定，合成海水下液相锈蚀通过；采用 SH/T 0123《极压润滑油氧化性能测定法》测定，121 ℃ 下 312 h，100 ℃ 运动黏度增长 ≤ 4%，沉淀值 ≤ 0.1 mL；采用四球机试验，负荷磨损指数 ≥ 441 N；烧结负荷 ≥ 2 450 N；磨斑直径（1 800 r/min，196 N，60 min，54 ℃）≤ 0.35 mm；FZG 齿轮机试验（A/8.3/90）> 12 级；承载试验失效等级 ≥ 10 级；耐久试验为高级；滚柱磨损 ≤ 30 mg，保持架磨损值为报告；油品清洁度 NAS 级数 ≤ 8	风力发电、造纸、炼钢炼油、纺织

续表

序号	材料名称	性能要求	应用领域
221	降噪粉末冶金轴承润滑油	运动黏度(40 ℃)为 61～75 mm^2/s;开口闪点≥ 210 ℃,倾点≤ −45 ℃,蒸发度≤ 1.0%,四球磨痕≤ 0.6 mm,四球 P_D≥ 126 kg	冶金、机械
222	耐高温降噪声金属齿轮润滑脂	锥入度(0.1 mm)为 310～340,滴点> 180 ℃,蒸发度≤ 1.0%,钢网分油≤ 5.0%,铜片腐蚀在 1 b 以下,四球磨痕≤ 0.65 mm,四球 P_D≥ 200 kg	电机
223	航空铝合金切削液	表面张力≤ 40 mN/m;55 ℃腐蚀试验航空铝≥ 24 h、铸铁≥ 24 h、紫铜≥ 8 h;防锈试验单片≥ 24 h、叠片≥ 8 h;四球测试 P_B≥ 540 N 或 P_D≥ 1 100 N;耐硬水稳定性≥ 800 ppm	汽车、发动机
224	镁合金切削液	表面张力≤ 40 mN/m;55 ℃腐蚀试验镁合金≥ 24 h、铸铁≥ 24 h、紫铜≥ 8 h;防锈试验单片≥ 24 h、叠片≥ 8 h;四球测试 P_B≥ 540 N 或 P_D≥ 1 100 N;耐硬水稳定性≥ 8 000 ppm	飞机机翼、汽车、航空发动机
225	长寿命柴油机油赠程 K12	硫酸盐灰分≤ 1.0%;硫含量≤ 0.4%,磷含量≤ 0.08%;90 次柴油喷嘴剪切后 KV100 变化率≤ 5.0%;蒸发损失(250 ℃,1 h)≤ 13%;碱值≥ 10 mgKOH/g	发动机润滑
226	机器人减速器专用润滑脂	锥入度(0.1 mm)为 400～430;滴点≥ 170 ℃;磨斑直径≤ 0.45 mm;SRV 摩擦系数≤ 0.1;氧化安定性(99 ℃,100 h,0.758 MPa)≤ 0.05 MPa;低温相似黏度(−20 ℃)≤ 500 MPa·s	工业机器人
227	铝热轧乳化油 ZLR	pH 值为 7～8.5,密度(20 ℃)为 0.85～0.95 g/cm^3,电导率(3%,去离子水配制)< 300 μS/cm,疏水黏度(40 ℃)为 35～45 mm^2/s,润滑脂含量为 25%～35%,ESI(乳液稳定指数)为 0.75～0.90,使用浓度(体积)为 2.5%～4.5%,使用温度为 25～50 ℃,使用压力为 0.4～0.7 MPa	热轧机
228	铝轧制油添加剂 ZLT	酸值≤ 0.1 mgKOH/g,皂化值≥ 20 mgKOH/g,羟值≥ 210 mgKOH/g,倾点≤ 18 ℃,密度为 0.83～0.86 g/cm^3,闪点≥ 110 ℃,运动黏度(40 ℃)为 7.000～8.900 mm^2/s,灰分≤ 0.005%,腐蚀(100 ℃、3 h)为 1 级,油膜强度(基础油 +4%添加剂 +0.2% 润滑添加剂)为 38 kgf	热轧机
关键战略材料			
一	高性能纤维及复合材料		
229	高性能碳纤维	高强型:拉伸强度≥ 4 500 MPa,CV ≤ 5%,拉伸模量为 230～250 GPa,CV ≤ 2%;高强中模型:拉伸强度≥ 5 500 MPa,CV ≤ 5%,拉伸模量为 285～305 GPa,CV ≤ 2%;高模型:拉伸强度≥ 4 200 MPa,CV ≤ 5%,拉伸模量为 377 GPa,CV ≤ 2%	航空航天、轨道交通、海工、风电装备、压力容器,不包括体育休闲产品制造

续表

序号	材料名称	性能要求	应用领域
230	中间相沥青基碳纤维	拉伸强度≥2 000 MPa，弹性模量≥600 GPa，导热系数≥500 W/(m·K)	航空航天、通信设备、集成电路、汽车及轨道交通、压力容器
231	高性能碳纤维预浸料	0°拉伸强度≥2 500 MPa，0°拉伸模量≥155 GPa，CAI≥285 MPa	航空航天
232	汽车用碳纤维复合材料	树脂基体冲击韧性≥90 kJ/m^2，在32 J的冲击能量下，复合材料CAI和原压缩强度相比保留90%以上，复合材料层间剪切强度≥60 MPa，复合材料热变形温度≥90 ℃	汽车
233	耐高温连续碳化硅纤维	拉伸强度≥2.8 GPa，杨氏模量≥200 GPa，伸长率为1.2%～1.8%，纤度为(180±10) tex，氧含量≤12%，1 100℃，空气10 h，强度保留率≥85%	航空航天
234	芳纶及制品	(1)芳纶纸：灰分<0.5%，芳纶纸击穿电压>15 kV/mm，抗张强度>2.5 kN/m，芳纶层压板击穿电压>40 kV/mm，耐热等级达到210 ℃，阻燃达到VTM-0或V-0级，水萃取液电导率<5 ms/m，180 ℃长期对硅油无污损。(2)芳纶1313沉析纤维：干度≤20%，白度≥80%，机械打浆度为65°±5°SR，DMAC含量≤500 ppm。(3)芳纶1414(芳纶Ⅱ)纤维：纤维纤度分为800D、1 000D、1 500D，其中高强型产品性能要求：断裂强度≥22 cN/dtex；拉伸模量≥445 cN/dtex，断裂伸长率为3.0%～4.5%；高模型产品性能要求：断裂强度≥18.5 cN/dtex，拉伸模量≥710 cN/dtex，断裂伸长率为2.2%～3.2%。(4)芳纶Ⅲ长纤维及织物：纤维：密度为(1.44±0.01)g/cm^3，纤度为6～300 tex，拉伸强度≥28.5 cN/dtex，弹性模量≥750 cN/dtex，伸长率为2.5%～4.2%；平纹机织物：面密度为150/170/200/300/340 g/cm^2，典型织物200 g/cm^2经纬向强力≥10 kN，典型织物340 g/cm^2经纬向强力≥17 kN；UD布：硬质UD面密度为(140±10)g/cm^2，软质UD面密度为(235±10)g/cm^2	轨道交通、电子信息、新能源、航空航天、电力装备、光通信
235	聚酰亚胺纤维	(1)高强高模型：拉伸强度为2.4～4.5 GPa，拉伸模量为100～170 GPa，断裂伸长率为2%～5%。(2)耐热型：阻燃：本体不燃(LOI极限氧指数>32%)；耐高低温：−260～300 ℃可长年使用，瞬时耐受温度为500 ℃(5%初始分解温度为510 ℃)；尺寸稳定性好：温度在−260～280 ℃之间变化时其理化及机械性能、尺寸几乎无变化；纤度为0.8～6 dtex；密度为1.41 g/cm^3；断裂强度>4 cN/dtex；模量为25～43 cN/dtex；断裂伸长率为10%～30%	航空航天、核工业、电子电器、交通
236	高硅氧玻璃纤维制品	SiO_2含量≥96%，使用耐温1 000 ℃，瞬间耐温1 600 ℃	航空航天、冶金、节能环保等
237	无硼高性能玻璃纤维	R_2O含量≤0.8%，抗拉强度≥2 500 MPa，弹性模量≥80 GPa	风力发电叶片、航空航天、石油化工、汽车、船舶

续表

序号	材料名称	性能要求	应用领域
238	连续玄武岩纤维	耐温温度为 −269～650 ℃,弹性模量≥ 85 GPa,抗拉强度≥ 3 000 MPa	消防、环保、航空航天、汽车、船舶、海洋海事、新型建材
239	电子级超细玻璃纤维纱	密度为(2.63±0.1)g/cm³,软化温度为 860 ℃±20 ℃,纤维直径为 3.5～5 μm,纤维号数为 1.7～11.2 tex,弹性模量为70～75 GPa	航空航天、5G 通信
240	航空制动用碳/碳复合材料	密度≥ 1.80 g/cm³,抗压强度≥ 140 MPa,抗弯强度≥ 120 MPa,层间剪切强度≥ 12 MPa,高能刹车(能流密度≥ 3 000 kW/m²,面积能载≥ 60 MJ/m²),摩擦系数≥ 0.15	航空
241	高温炉用碳/碳复合材料	密度≥ 1.5 g/cm³,抗压强度≥ 150 MPa,抗弯强度≥ 100 MPa,导热系数≤ 0.16 W/(m·K)	粉末冶金,太阳能单晶、多晶铸锭
242	HS6 高强玻璃纤维	纤维新生态强度≥ 4 600 MPa,浸胶纱拉伸强度≥ 3 800 MPa,浸胶纱拉伸模量≥ 93 GPa,软化点≥ 980 ℃	航空航天、轨道交通、核电、海洋工程、电子信息
243	超高分子量聚乙烯纤维	(1)超高强型:断裂强度≥ 36 cN/dtex,初始模量为 1 300～1 800 cN/dtex,断裂伸长率为 2%～3%;(2)耐热型:瞬间耐热温度≥ 180 ℃,强度≥ 30 cN/dtex,初始模量≥ 1 100 cN/dtex,断裂伸长率≤ 3%,CV 值≤ 3%;(3)抗蠕变型:在 70 ℃、300 MPa 应力条件下蠕变断裂时间≥ 900 h,蠕变伸长率≤ 8%,强度≥ 30 cN/dtex,初始模量≥ 1 100 cN/dtex,断裂伸长率≤ 3%,CV 值≤ 3%	航空航天、海洋工程
244	聚苯硫醚细旦纤维	纤度为 0.9～1.2 dtex,断裂伸长率为 20%～40%,干热收缩率 <4%	环保
245	聚四氟乙烯纤维及滤料	长丝:线密度为 200～550 den,拉伸强力为 8.5～20 N,抗拉强度为 3.0 g/den,工作温度为 −180～250 ℃,收缩率< 5%,耐酸碱;短纤:线密度为 1.5～5 den,抗拉强度> 2.2 g/ den,收缩率< 5%,耐酸碱;聚四氟乙烯覆膜滤料:除尘效率($PM_{2.5}$)为 99.99%,透气度≥ 20 L/(m²·s),阻力≥ 250 Pa	能源装备
246	PBO 高性能纤维	拉伸强度为 28～35 cN/dt,拉伸模量为 160～240 GPa,断裂伸长率为 2.0%～4.0%	航空航天、汽车工业、光通信
247	低风速风电叶片	适用于 131～175 机组平台,叶片长度为 60～90 m,匹配主机功率为 2.5～8 MW,气动设计 C_{pmax} 值≥ 0.48	风力发电
248	液化天然气(LNG)储运用增强阻燃绝热保温材料	(1)存储用:密度为 70～90 kg/m³,常温下(23 ℃±2 ℃),压缩强度> 0.4 MPa,X/Y 方向拉伸强度> 1.2 MPa;低温下(−170 ℃±5 ℃),X/Y 方向拉伸强度> 1.3 MPa;闭孔率> 94%;导热系数(20 ℃±2 ℃)< 24 mW/(m·K)。(2)运输用:密度为(130±10)kg/m³,导热系数≤ 17.5,闭孔率≥ 95%,阻燃等级≥ B2 级,常温下(23 ℃±2 ℃):压缩强度≥ 1.3 MPa,拉伸强度≥ 3.0 MPa;低温下(−170 ℃±2 ℃):压缩强度≥ 2.7 MPa,拉伸强度≥ 3.2 MPa	船舶

续表

序号	材料名称	性能要求	应用领域
249	热塑性 PESEKK 树脂基复合材料	密度为(1.50 ± 0.05) g/cm^3，阻燃性为 V-0 级，吸湿率≤0.5%，透波率＞85%，尺寸稳定性为(0.1 ± 0.05)mm，耐盐水、航空煤油强度保持率≥95%	航空航天、汽车、节能医疗
250	风电叶片用碳纤维复合材料	层间剪切强度≥52 MPa，0°弯曲模量≥126 GPa，90°拉伸强度≥30 MPa	风电叶片
251	海藻纤维及应用	纤维断裂强度≥2.5 cN/dtex、断裂伸长率≥15%；水刺医用敷料：克重为18～24 g/m^2、干燥失重≤20%、吸液性≥12 g/100 cm^2、重金属总量≤20 μg/g；细胞毒性反应≤Ⅰ级；无皮肤致敏反应；皮肤刺激指数≤0.4；针刺医用敷料：克重为60～120 g/m^2、干燥失重≤20%、吸液性≥12 g/100 cm^2、重金属总量≤20 μg/g；细胞毒性反应≤Ⅰ级；无皮肤致敏反应；皮肤刺激指数≤0.4	医用装备
252	超高温碳/陶复合材料及制品	密度≥1.85 g/cm^3，拉伸模量≥80 GPa，断裂韧性≥15 MPa·m$^{1/2}$，1 300 ℃拉伸强度≥200 MPa，1 300 ℃抗弯强度≥300 MPa，1 300 ℃面内剪切强度≥100 MPa，导热系数≥15 W/(m·K)，热膨胀系数（25～1 300 ℃）为1.0×10^{-6}～4.5×10^{-6}/℃	航天
253	高性能碳纤维增强陶瓷基摩擦材料	密度≤2.4 g/cm^3，使用温度为-50～1 650 ℃，抗压强度≥160 MPa，抗弯强度≥120 MPa，摩擦系数为0.2～0.45，摩擦系数热衰退≤15%	轨道交通、车辆、工程机械
254	微创介入医疗中空纤维管	细胞增值率≥70%；尺寸公差为±0.01 mm；耐爆破压强度≥20 atm； 以下根据材料的不同用途分别说明： 用于微创介入医疗中空纤维管囊主要性能指标：尺寸公差为±0.01 mm，断裂伸长率可控制，球囊双壁厚为1.15～1.25 mm，耐爆破压高达30～32 atm；用于微创介入医疗左右冠共用造影导管主要性能指标：正向扭控260°，反向扭控140°；用于微创介入医疗编织增强复合中空纤维管主要性能指标：弯曲载荷为5.63 N，扭控性能为377.5；用于微创介入医疗三维编织增强复合中空纤维管主要性能指标：支架载入阻力为50～70 N；用于微创介入医疗 Coil 增强复合中空纤维管主要性能指标：外管释放阻力≤80 N，覆膜套管释放阻力≤40 N，轴向拉伸强度为170～200 N	医疗器械
二	稀土功能材料		
255	AB 型稀土储氢合金	(1)AB5 型稀土储氢合金：常温下可逆容量＞1.5wt%，循环1 400 周次，容量保持率大于80%；Mg 基含稀土合金最大储氢量＞6 wt%，寿命＞2 500 次。(2)超晶格体系储氢合金：初始容量＞390 mAh/g(室温0.2C 充/放1～5 周)，循环300 次容量保持率为92%以上（室温1C 充/放，120%过充，100% DOD)，温区宽度为-40～80 ℃（极限温度容量保持率大于50%）	新能源

续表

序号	材料名称	性能要求	应用领域
256	高性能钕铁硼永磁体	低重稀土钕铁硼系列:52SH 档产品,综合重稀土含量<1wt%;48UH 档产品,综合重稀土含量<1.5wt%;44EH 档产品,综合重稀土含量<2.5wt%	新能源汽车、高铁、机器人、消费电子
257	钕铁硼环形磁体	(1)高性能热压磁体:①Br ≥ 14 kGs,Hcj ≥ 14 kOe,$(BH)_{max}$ ≥ 50 MGOe;② 耐蚀性能:130 ℃,2.6 atm,240 h(HAST 条件)磁体失重< 1 mg/cm²;(2)热压辐向磁环:Br ≥ 13 kGs,Hcj ≥ 15 kOe,$(BH)_{max}$ ≥ 45 MGOe;(3)烧结钕铁硼辐射环:Br ≥ 13 kGs,Hcj ≥ 20 kOe,$(BH)_{max}$ ≥ 40 MGOe	汽车、伺服电机、无人机、机器人、工业机械
258	高性能各向异性黏结磁体	Br>8.8 kGs,综合磁性能$(BH)_{max}$(MGOe)+Hcj(kOe)>30	新能源汽车、高铁、机器人、消费电子
259	高性能钐钴永磁体	Br>11.5 kGs,Hcj>25 kOe,$(BH)_{max}$>30 MGOe	航空航天、海洋工程、船舶、轨道交通
260	新型铈磁体	无 Tb、Dy 重稀土前提下,铈含量占稀土总量>20% 时,$(BH)_{max}$(MGOe)+Hcj(kOe)>55;铈含量占稀土总量 >30% 时,$(BH)_{max}$(MGOe)+Hcj(kOe)>50;铈含量占稀土总量>50%时,$(BH)_{max}$(MGOe)+Hcj(kOe)>35	家用电器
261	特种稀土合金	稀土镁合金,纯度> 99.95%,延伸率≥ 15%,屈服强度≥ 250 MPa,抗拉强度≥ 280 MPa	航天、电子通信、交通运输
262	汽车尾气催化剂及相关材料	汽油车催化剂:涂覆偏差不大于 ±5%,性能指标达到国Ⅵ标准。稀土储氧材料:经 1 050 ℃,10% H_2O 水热老化 6 h 后,比表面积不低于 30 m²/g,储氧量>300 μmolO_2/g。氧化铝材料:经 1 200℃水热老化 10 h 后,比表面积不低于 40 m²/g。柴油车催化剂:DOC 涂覆偏差不大于 ±5%,DPF、SCR 涂覆偏差不大于 ±10%,性能指标达到国 Ⅵ标准。SCR 催化剂:新鲜状态,200 ℃下 NO_x 转化率大于 80%,650 ℃/10% H_2O/空气中 100 h老化后,230~480 ℃ 范围内 NO_x 平均转化率大于 80%。堇青石蜂窝载体:TWC 载体壁厚为 2.5~4.0 mil,热膨胀系数 ≤ 0.5×10^{-6}/℃;DOC、SCR 载体壁厚为 3.0~5.5 mil,热膨胀系数≤ 0.5×10^{-6}/℃;DPF、GPF 壁厚为 7 ~ 12 mil,孔隙率为 45%~65%,热膨胀系数≤ 0.8×10^{-6}/℃	交通装备、节能环保
263	稀土化合物	高纯稀土化合物:绝对纯度 >99.995%,相对纯度 >99.999%;超高纯稀土氧化物:稀土绝对纯度>99.999 5%,CaO 含量< 2 ppm,Fe_2O_3 含量< 1 ppm,SiO_2 含量< 2 ppm;超高纯稀土卤化物:绝对纯度≥ 99.99%,水、氧含量<50 ppm;高纯稀土氟化物镀膜材料:绝对纯度 >99.99%,相对纯度 >99.995%,氧含量 <100 ppm;高纯氧化钪:绝对纯度>99.99%,粒度 D_{50}=0.6~1.4 μm;超细粉体稀土氧化物:相对纯度> 99.99%,粒径 D_{50}=30~100 nm,分散度($D_{90}-D_{10}$)/($2D_{50}$)=0.5~1	功能晶体、集成电路、红外探测、燃料电池、陶瓷电容器

续表

序号	材料名称	性能要求	应用领域
264	高性能稀土发光材料	高端显示新型发光材料：显示色域≥95%NTSC；高显色、超高光效照明用发光材料：LED器件的显色指数（Ra）>90，光效>180 lm/W；特种光源用新型发光材料：440～470 nm蓝光激发下的发射峰值波长为700～1 000 nm，量子效率>60%，满足植物生长光源、光触开关等应用需要	新型显示、生物农业照明
265	工业烟气稀土基及SCR稀土无钒脱硝催化剂	横向抗压强度≥0.55 MPa，纵向抗压强度≥1.5 MPa，稀土含量>5%，脱硝率≥92%，烟气温度适应范围为310～450 ℃，使用寿命>3年	化工、冶金、环保
266	超高纯稀土金属材料及制品	超高纯稀土金属材料：以60种以上主要杂质计算，绝对纯度>99.99%，气体杂质总量<100 ppm；超高纯稀土金属深加工产品：型材最大方向尺寸可达300 mm，绝对纯度>99.95%，型材晶粒平均尺寸<200 μm	电子信息
267	稀土抛光材料	高档稀土抛光液，粉体CeO_2含量≥99.9%，晶粒尺寸≤30 nm，形貌接近球形，抛光液粒度D_{50}=50～300 nm，D_{max}<500 nm，有害杂质离子浓度<40 ppm，硅晶片抛光速度≥100 nm/min，表面粗糙度Ra≤1 nm，高性能玻璃基片抛光速度≥25 nm/min，表面粗糙度Ra≤0.5 nm	电子信息
268	硅酸钇镥闪烁晶体	闪烁衰减时间≤48 ns，光产额≥31 000 ph./MeV	医疗影像、空间探测
269	稀土硫化物着色剂	稀土红色着色剂色度$L^*a^*b^*$（40±1.5，48±1.5，40±1.5），稀土黄色着色剂色度$L^*a^*b^*$（80±1.5，8±1.5，85±1.5），粒度（D_{50}）≤1.5 μm，耐热性不低于320 ℃，耐候性5级，耐光性8级	涂料、塑料、橡胶、建筑材料
270	单或双掺La、Yb、Er、Nd、Lu、Ce等稀土元素系列人工晶体	高光输出、快衰减，衰减时间≤30 ns，光产额≥60 ph./keV	医疗器械、安全检查、地质勘探
三	先进半导体材料和新型显示材料		
271	复合膜	附着力等级为0级（GB/T 9286—1998），硬度≥HB，各层剥离力≥60 g/25 mm	新型显示
272	扩散膜	附着力等级为0级（GB/T 9286—1998），硬度≥H，透光率上扩散≥90%，下扩散≤90%，雾度上扩散≤90%，下扩散≥80%，抗静电面表面电阻<1.0×10^{12} Ω	新型显示
273	偏光片	光学性能：单体透过率全光谱≥42.5%，单体透过率440 nm≥36.5%，单体透过率550 nm≥40.5%，单体透过率610 nm≥40.5%，偏振度≥99.9%，表面硬度>3H，尺寸收缩率<0.8%	新型显示
274	量子点膜	色域≥100%NTSC，透光率≥40%，雾度≥80%，硬度≥HB	新型显示
275	银反射膜	附着力等级为0级（GB/T 9286—1998），硬度≥HB，反射率≥95%	新型显示

续表

序号	材料名称	性　能　要　求	应用领域
276	光学级 PET 基膜	拉伸强度≥ 150 MPa,断裂伸长率≥ 100%,150 ℃ 30 min 纵向收缩率≤ 0.5%	新型显示
277	增亮膜	辉度增益≥ 160%,附着力等级为 0 级(GB/ T 9286—1998),表面铅笔硬度:棱镜面≥ HB、背涂面≥ HB	新型显示
278	滤光片	(1)蓝玻璃红外截止滤光片:透过率 AR(420~670 nm,R_{max}< 0.9%),UVIR(350~390 nm,T_{avg}≤ 3%),图案的外围和内径部分四角直线度(毛刺)在 5 μm 以内,偏心在 50 μm 以内,最外围中心和印刷内径中心的差异在 50 μm 以内、偏心在 50 μm 以内;图形胶层厚度在 10 μm 以下,透过率 T_{max}< 0.2%(400~650 nm),反射率 R_{max}< 4%(400~650 nm 组立件支架的黏着力> 3 kg/cm)。(2)五代彩色滤光片:BM 厚度为(1.2±0.3) μm,BM OD≥ 4.0,RGB 厚度为(2.28±0.3)μm,导电膜阻抗值≤ 30 Ω/℃,导电膜厚度为(1 500±200)Ω,角段差< 0.5 μm,PS 高度为(3.15±0.15)μm	新型显示
279	新型显示用玻璃基板	(1)低温多晶硅(LTPS)基板玻璃:应变点≥ 735 ℃,退火点≥ 790 ℃,软化点≥ 1 030 ℃,线热膨胀系数为(3.4~3.9)× 10^{-6}/℃,杨氏模量≥ 79 GPa,550 nm 处透过率为 90%~92%;(2)无碱玻璃基板:应变点 >655 ℃,退火点为 720~745 ℃,软化点为(970±10)℃,线热膨胀系数为(3.0~3.8)×10^{-6}/℃,杨氏模量为 72 ~79 GPa,550 nm 处透过率为 90%~92%,支持 G8.5 代线及以上显示用无碱玻璃基板	新型显示
280	新型显示用盖板玻璃	锂铝硅盖板玻璃:表面压应力≥ 900 MPa, Al_2O_3≥ 17%,LiO_2 ≥ 4%,压应力层厚度 DOL > 80 μm;高铝硅酸盐盖板玻璃:表面压应力>865 MPa,压应力层厚度> 38 μm,透光率(550 nm) > 92.0%,维氏硬度≥ 720 HV	新型显示
281	氮化镓单晶衬底	2 英寸及以上 GaN 单晶衬底,位错密度< 5×10^6 cm^{-2},表面粗糙度< 0.3 nm,N 型 GaN 单晶衬底电阻率 <0.05 Ω·cm;半绝缘 GaN 单晶衬底电阻率> 10^6 Ω·cm	电子信息
282	功率器件用氮化镓外延片	4 英寸及以上氮化镓外延片,方阻 < 400 Ω,二维电子气浓度 >8×10^{12} cm^{-2},翘曲小于 50 μm,迁移率>1 500 cm^2/Vs	新型显示
283	电子级多晶硅	符合国标 GB/T 12963—2014 的要求。电子 1 级:施主杂质≤ 0.15×10^{-9},受主杂质≤ 0.05×10^{-9};电子 2 级:施主杂质≤ 0.25×10^{-9},受主杂质≤ 0.08×10^{-9};电子 3 级:施主杂质≤ 0.30×10^{-9},受主杂质≤ 0.10×10^{-9}	集成电路、分离器件
284	碳化硅外延片	4 英寸及以上碳化硅同质外延片,外延片内浓度不均匀性(σ/mean)< 15%,外延片内厚度不均匀性(σ/mean)<10%,外延表面缺陷密度 <3/cm^2,外延表面粗糙度<0.5 nm	电子信息
285	碳化硅单晶衬底	4 英寸及以上 SiC 单晶衬底,4H 晶型,微管密度 < 2/cm^2,TTV<20 μm,−45 μm<bow<45 μm,warp<65 μm,表面粗糙度 *Ra* < 0.3 nm;N 型 SiC 衬底电阻率为 0.015~0.030 Ω·cm,半绝缘 SiC 衬底电阻率≥ 10^5 Ω·cm	电子信息

续表

序号	材料名称	性能要求	应用领域
286	大尺寸硅电极产品	纯度≥11N(不计调整电阻率而掺入的杂质),外径>300 mm,公差为±10 μm,硅电极电阻率为60～80 Ω·cm,径向电阻率波动在10%内,表面粗糙度≤10 nm,硅电极导气微孔均匀性≥98%,硅电极导气微孔边缘倒角 R 为(0.2±0.1)mm	集成电路制造
287	电子封装用热沉复合材料	WCu:CTE≤8.6 ppm/K,TC≥165 W/(m·K);MoCu:CTE≤10.8 ppm/K,TC≥190 W/(m·K);CMC:CTE≤9.4 ppm/K,TC≥170 W/(m·K);CPC:CTE≤11.5 ppm/K,TC≥200 W/(m·K)	电子通信、功率芯片、微波射频、集成电路
288	高性能有机发光显示材料	蓝光色度坐标达到CIEy<0.05,1 000 cd/m^2 亮度下,效率>8.5 cd/A,寿命LT97>250 h;红光色度坐标达到CIEx>0.68,5 000 cd/m^2 亮度下,效率>60 cd/A,寿命LT97>450 h;绿光色度坐标达到CIEy>0.70,10 000 cd/m^2 亮度下,效率>160 cd/A,寿命LT97>400 h	新型显示
289	4英寸低位错锗单晶	单晶直径≥104 mm,单晶长度≥120 mm,单晶晶向:〈100〉偏〈111〉9°±1°,导电型号为P型,电阻率为0.01～0.05 Ω·cm,径向电阻率不均匀性≤15%,位错密度≤1 000/cm^2	空间太阳电池
290	UV-LED 2寸纳米级图形化衬底	2寸蓝宝石衬底,刻蚀结构为倒锥形凹坑,周期为900nm,孔径为500 nm,孔深为300 nm	电子电路
291	硅基微阵列透镜	硅基底,口径有230 μm与700 μm,周期有250 μm与750 μm,曲率半径有0.3 mm、1.4 mm、1.9 mm、3.1 mm、4.0 mm,厚度为300～500 μm	5G
292	8～12英寸硅单晶抛光片	晶向(100),P型,硼掺杂,电阻率为1～100 Ω·cm,氧含量<14 ppma,大于90 nm的颗粒少于80颗	集成电路
293	8～12英寸硅单晶外延片	产品类型为P/P—,掺杂元素硼,外延电阻率为1～20 Ω·cm,电阻率梯度小于5%,外延层厚度为2～10 μm,厚度均匀性小于3%	集成电路
294	光掩膜版	(1)G8.5代光掩膜版:基板尺寸为1 220 mm×1 400 mm×13 mm,基板表面平坦度≤20 μm,最小图形尺寸为0.75 μm,产品图形精度≤±0.20 μm,总长精度≤±0.5 μm,半色调(Half-tone)膜层透过率均匀性≤2%;(2)G11代光掩膜版:基板尺寸为1 620 mm×1 780 mm×17 mm,基板表面平坦度≤20 μm,最小图形尺寸为0.75 μm,产品图形精度≤±0.20 μm,总长精度≤±0.5 μm,半色调(Half-tone)膜层透过率均匀性≤2%	新型显示
295	高容及小尺寸MLCC用镍内电极浆料	镍粉0.15～0.20 μm,最大粒径≤0.5 μm,固含量为55%±3%,黏度10 r/min为(19±2)Pa·s,干膜密度>5,热膨胀系数为15%±3%(1 000°～1 200°),能在厚度为3 μm以下的介质上通过丝印工艺形成精确的外观图形	电子信息、5G通信

续表

序号	材料名称	性能要求	应用领域
296	片阻用高精度低阻阻浆	金属粉：银钯含量为 55%±10%，黏度为(250±50)Pa·s/25 ℃(BROOKFIELD 黏度计，CP52 转子，2.0PRM)，细度 90% 处≤5 μm，第二条线≤7 μm；电性能：方阻为 8～10 Ω 时，TCR<100 ppm；方阻为 800～1 000 mΩ 时，TCR<100 ppm；方阻为 90～100 mΩ 时，TCR<100 ppm；方阻为 10～20 mΩ 时，TCR<400 ppm；各相邻方阻可以互相混配；可靠性：短时过载、断续过载、低温负载、温度快速变化、稳态湿热(1 000 h)、耐久性(155 ℃和 −55 ℃下各 1 000 h)、双 85 高温高湿(1 000 h)：ΔR < ±1%	电子信息、5G 通信
297	柔性显示盖板用透明聚酰亚胺	透光率>89%，可弯折次数≥20 万次	新型显示
298	化学机械抛光后清洗液	杂质清除效率>98%，金属腐蚀速率<3 Å/ min	集成电路
299	I-线光敏型聚酰亚胺绝缘材料	OLED 用正型绝缘材料：固化温度≤230 ℃，显影留膜率≥70%，锥度角为 20°～40°，PCT 试验≥500 h(SiO_2、Glass)；晶圆级封装用负型绝缘材料：固化温度≤200 ℃，与铜附着力≥60 MPa	集成电路、新型显示
300	液晶显示用聚酰亚胺取向剂	摩擦取向型聚酰亚胺液晶取向剂：VHR≥97%，预倾角(Pre-tilt angle)为 1.5°～2.8°，RDC 为 100 mV；光取向型聚酰亚胺液晶取向剂：波长为 254 nm，预倾角(Pre-tilt angle)为 0°～1°，RDC<300 mV	新型显示
301	黑鳞	黑磷单晶：纯度大于 99.9%，单晶尺寸大于 1 cm；黑磷微粉：纯度大于 99.9%，粒径在 1～10 μm 可控；黑磷烯：纯度大于 99.9%，厚度在 1～20 nm 范围内可控，大小在 2 nm～20 μm 范围内可控	化工、能源催化、电子信息、半导体领域、生物医疗
四	新型能源材料		
302	硅碳负极材料	(1)硅碳负极材料：低比容量(<600 mAh/g)：压实密度>1.5 g/cm³，循环寿命>500 圈(80%，1C)；高比容量(>600 mAh/g)：压实密度>1.3 g/cm³，循环寿命>200 圈(80%，0.5C)。(2)纳米硅碳负极材料：低比容量(<450 mAh/ g)：压实密度>1.7 g/cm³，循环寿命>1 500 圈(80%，1C)；高比容量(>450 mAh/g)：压实密度>1.6 g/cm³，循环寿命>800 圈(80%，0.5C)	新能源汽车
303	新能源复合金属材料	(1)铜镍复合带/汇流片：电阻率为(2.0±0.2)μΩ·cm，表面硬度 HV0.2：T≤0.1 mm，Cu 45～55，Ni 65～85；T≥0.8 mm，Cu 65～75，Ni 90～120，成分比：Cu 78%～83%，Ni 17%～22%；(2)钢铜复合带：电阻率为(9.0±1.0)μΩ·cm，表面硬度 HV0.2：Cu 60～75，SUS430：115～140；成分比：Cu 15%～20%，SUS430：80%～85%；(3)钢铜镍复合带：电阻率为(2.9±0.5)μΩ·cm，表面硬度 HV0.2：Ni 160～180，成分比：Ni 10%～11%，SUS430：30%～32%，Cu 59%～61%；(4)铝铜复合带：电阻率为(2.0±0.2)μΩ·cm，表面硬度 HV0.2：Cu 45～65，Al：15～25，成分比：Cu 45%～55%，Al：45%～55%；(5)铝镍复合带：电阻率为(4.2±0.2)μΩ·cm，表面硬度 HV0.2：Ni 90～110，Al：15～25，成分比：Ni 45%～55%，Al：45%～55%	新能源汽车

续表

序号	材料名称	性能要求	应用领域
304	锂电池隔膜涂布超细氧化铝粉体材料	物相为 α-Al_2O_3，比表面积为 4～7 m^2/g，扫描电镜观察颗粒分布均匀，无大颗粒，表面光滑无缺陷，粒度分布 $D_{10}>0.13$ μm，D_{50} 为 0.6～0.8 μm，$D_{100}<6$ μm，杂质元素含量：Fe < 100 ppm，Cu < 10 ppm，Cr < 10 ppm	新能源汽车
305	镍钴铝酸锂三元材料	比容量≥190 mAh/g(0.5C)，循环寿命≥1 000 周(80%，0.5C)	新能源汽车
306	氟磷酸钒锂电池正极材料	比容量为 145 mAh·g^{-1}，电压为 4.2 V，比能量为 609 Wh·kg^{-1}，2 000 次循环后容量仍保持在 84%，−40～80 ℃温度范围内安全平稳可靠	新能源汽车、风光大型储能电站、航空航天、医学
307	超薄型高性能电解铜箔	抗拉强度≥350 MPa，延伸率(23 ℃)为 7.0%，抗氧化性(180 ℃，1 h)无氧化，产品幅宽≤1 350 mm，表面粗糙度 Rz ≤2.0 μm	新能源汽车、机站储能电源、电子电器、医疗
308	高纯晶体六氟磷酸锂材料	纯度≥99.9%，酸含量≤20 ppm，水分≤10 ppm，DMC 不溶物≤200 ppm，硫酸盐(以 SO_4 计)≤5 ppm，氯化物(以 Cl^- 计)含量≤2 ppm，Fe、K、Na、Ca、Mg、Ni、Pb、Cr、Cu 离子含量≤1 ppm	新能源汽车
309	前驱体材料	(1)偏比例 622 前驱体材料，主含量 Ni：(60～70)mol%；Co：(10～30)mol%；Mn：(10～30)mol%；主要杂质含量 Na≤300 ppm，S≤2 000 ppm，M. I. ≤80 ppb；粒径 D_{50} 为 3～14 μm；比表面积 BET 为 3～12 m^2/g；振实密度 TD≥1.75 g/cm^3。(2)单颗粒 622 前驱体材料，主含量 Ni：(60～65)mol%；Co：(15～20)mol%；Mn：(20～25)mol%；主要杂质含量 Na≤150 ppm，S≤1 100 ppm，M. I. ≤80 ppb，粒径 D_{50} 为 3.35～3.95 μm；比表面积 BET 为 15～25 m^2/g；振实密度 TD≥1.1 g/cm^3	新能源汽车
310	软磁复合材料	饱和磁感应强度（B_s）> 1.95 T，损耗（P）< 140 W/kg(1.0 T、1 kHz 条件下)，横向断裂强度(T)≥100 MPa	新能源汽车
前沿新材料			
311	石墨烯改性防腐涂料	油性防腐体系：耐中性盐雾实验≥3 600 h，体系耐盐雾≥8 000 h，附着力 1 级，耐冲击≥70 cm；水性防腐体系：耐体系盐雾≥6 000 h，耐湿热性≥2 000 h，附着力≥5 MPa；导静电：表面电阻率和体积电阻率均为 $4\times10^5\sim10^9$ Ω·m	桥梁、钢结构、管道、化工储罐、汽车
312	石墨烯改性润滑材料	(1)润滑脂：滴点≥200 ℃，水淋流失量≤5%，氧化安定性压力降≤40 kPa，极压抗磨性能等级≥B3(极压抗磨性能根据团体标准 T/CGIA 031—2019《石墨烯增强极压锂基润滑脂》判定)；(2)润滑油：石墨烯液力传动油和石墨烯液压油 FZG 台架测试通过 9 级，石墨烯液力传动油和液压油摩擦系数 <0.11，氧化安定性 >3 000 h	工程机械、汽车、机电

续表

序号	材料名称	性能要求	应用领域
313	石墨烯散热材料	石墨烯散热材料:水平方向导热系数大于1 500 W/(m·K),膜厚为25～500 μm;氧化石墨烯膏体:氧化石墨烯固含量>40%,灰分<1%,成膜后热扩散系数>1 000 mm^2/s	机械、电子、航空航天、医疗
314	石墨烯发热膜	(1)浆料法制备石墨烯膜:低工作电压(≤36 V):功率≤200 W/m^2,发热温度≤70 ℃,表面温度不均匀度≤5 ℃,电热辐射转换效率>65%,低频磁场辐射<0.3%;高工作电压(>36 V):功率密度≤250 W/m^2,表面温度不均匀度≤5 ℃,电热辐射转换效率≥70%,功率偏差≤±5%,297 V持续通电15天老化后功率变化率≤±5%,TVOC含量应≤1.2 $mg/(m^2·h)$。(2)CVD法制备石墨烯膜:透光率:总透光率≥85%(含两层石墨烯加基材);雾度≤4%;耐弯折次数:四方向弯折≥500次,电阻变化≤1.2倍初始值;面电阻:双层石墨烯面电阻≤150 Ω;功率密度:常规散热下≥1 200 W/m^2	智能穿戴产品,医疗器械,电子信息、汽车、电采暖
315	石墨烯导热复合材料	导热系数为2～10 W/(m·K),拉伸强度为50～100 MPa	机电、电工、工程
316	石墨烯改性无纺布	远红外发射率≥0.88,远红外辐照温升≥1.9 ℃,大肠杆菌抑菌率≥80%,金黄色葡萄球菌抑菌率≥80%,白色念珠菌抑菌率≥75%	医疗、环保
317	石墨烯改性电池	(1)海水电池:质量为(400±10)g,体积为201.0 mm×39.5 mm×63 mm,电压为(3.7±0.2)V,电流为(8.4±1.5)A,水溶胶膜浸水后脱落时间<2 min,激活时间≤1 min,有效供电时长≥6 h,储能时长:5年内无须维护保养。(2)低温工作电池:在−40 ℃温度下4C放电85%。(3)高倍率充放电电池:磷酸铁锂电芯10C充放电达到95%以上,4C循环5 000次,电量保持90%;三元锂电芯实现4C充放电95%以上,2C循环2 400次,电量保持90%。(4)三元锂离子电池:圆柱18650:容量≥1 800 mAh;内阻≤17 mΩ;常温常湿条件3C充10C放电循环寿命≥500周,3C恒流率≥80%;低温−20 ℃,1C放电容量保持率≥60%;高温55 ℃老化7天容量保持率≥90%	海工、汽车、能源、军工
318	石墨烯改性发泡材料	(1)电磁波防护应用:密度<65 kg/m^3,电磁波防护>10 dB;(2)抗菌应用:远红外发射率≥0.88,远红外辐照温升≥1.9 ℃,大肠杆菌抑菌率≥80%,金黄色葡萄球菌抑菌率≥80%,白色念珠菌抑菌率≥75%	医疗器械
319	液态金属及其电子浆料	(1)液态金属:熔点≤300 ℃,表面张力室温下为0.4～1.0 N/m,黏度室温下为0.1～0.8 cSt,比热容为0.01～5 $kJ·kg^{-1}·℃^{-1}$,热导率为8～100 W/(m·℃),导热系数室温下>10 W/(m·K),电导率室温下为(1～9)×10^6 $S·m^{-1}$;(2)液态金属电子浆料:电导率≥3.5×10^6 $Ω^{-1}m^{-1}$,黏度为(10^{-6}～10^{-8})m^2s^{-1},熔点为0～100 ℃	电子工业

续表

序号	材料名称	性能要求	应用领域
320	3D打印用合金粉末	(1)3D打印用合金粉末材料：粒度分布为15～53 μm，球形度≥0.85，流动性≤20 s/50 g，氧含量≤300 ppm；(2)钛合金粉末：粉末粒度为15～200 μm，球形度≥94%，增氧量<100 ppm，霍尔流速<30 s/50 g，空心粉≤0.8%，非金属夹杂个数<10个/kg，松装密度≥50%；(3)高温合金粉末：粉末粒度为15～150 μm，球形度≥98%，增氧量<50 ppm，霍尔流速<14 s/50 g，空心粉≤0.8%，非金属夹杂个数<10个/kg	3D打印
321	高速熔覆用合金粉末材料	粒度分布为15～75 μm，球形度≥0.84，安息角≤28°，氧含量≤300 ppm	增材制造
322	水敏材料	扩散速度为3 s/5 mm^2，95%RH 72 h不显色	电子信息
323	海洋微生物清净节能剂	1/1 000比例热量增加值≤50 kal/kg，硫含量≤50 ppm，酸度≤3 mgLOH/100 mL，水分≤0.002%V/V，铜片腐蚀(50 ℃，3 h)≤1级，闪点(闭口)≥43 ℃，无机械杂质	节能环保
324	低温超导线材	线材长度(L)≥10 000 m，在4.2 K温度及4 T磁场强度测试条件下，I_c≥1 000 A、J_c≥3 200 A/mm^2、n值≥40，在300 K/10 K测试条件下，RRR≥80	生物医疗、新能源
325	实用化超导材料	高场Nb3Sn超导线材：单根千米级线材临界电流密度达到3 000 A/mm^2(4.2 K，12 T)；Bi2223带材：长度达到1 000 m，临界电流达到200 A；Bi2212线材：长度大于500 m，临界电流密度大于2 000 A/mm^2(4.2 K，14 T)；MgB2线材：长度大于3 000 m，临界电流密度大于1×10^5 A/cm^2(20 K，3 T)	超导电缆、超导电机、高能加速器、磁约束核聚变装置
326	超导磁体	高能加速器用超导磁体：磁体孔径大于40 mm，磁场强度大于5 T，磁体磁场中心与几何中心的偏差小于0.2 mm；300 mm半导体级磁控直拉单晶硅用超导磁体：磁体孔径大于1 600 mm，中心磁场强度大于4 000 Gs，在坩埚范围内磁场均匀性好于2%	医疗、电子工业、高能加速器
327	气凝胶系列材料	(1)气凝胶：导热系数(常温25 ℃)为(0.013±0.002)W/(m·K)，密度为30～70 kg/m^3，孔隙率为90%～98%，憎水性为90%～98%，比表面积为600～100 m^2/g；(2)二氧化硅气凝胶：导热系数(常温25 ℃)≤0.016 W/(m·K)，适用温度范围为0～1 000 ℃，密度为230～280 kg/m^3，疏水性：整体疏水；(3)常压改性二氧化硅气凝胶新材料：透明、淡蓝色粒度颗粒为1～5 mm，密度为50～150 kg/m^3，孔隙率>90%，比表面积为600～800 m^2/g，总孔容积为2.5～4.5 cm^3/g，平均孔径为15～30 nm，导热系数(常温25 ℃)为0.013～0.016 W/(m·K)；(4)气凝胶保温毡：导热系数(常温25 ℃)≤0.023 W/(m·K)、A2级防火；(5)气凝胶改性复合纤维：热阻≥0.05，导热系数(常温25 ℃)为0.020～0.080 W/(m·K)；(6)二氧化硅气凝胶保温隔热涂料：导热系数(常温25 ℃)≤0.040 W/(m·K)；(7)二氧化硅气凝胶浆料：导热系数(常温25 ℃)≤0.025 W/(m·K)，固含量为5%～30%	微电子、石油化工、航空航天、节能环保、新能源

续表

序号	材料名称	性能要求	应用领域
328	3D打印有机硅材料	硬度为20～80 ShoreA,拉伸强度≥4 MPa,撕裂强度≥7 N/mm,断裂伸长率≥70%	3D打印、医疗、电子、智能制造
329	形状记忆合金及智能结构材料	在500 ℃下具有双程记忆效应	航空航天
330	非晶合金	满足以下性能指标之一: (1)薄壁成型:最薄壁厚为0.2 mm,在区域5 mm×5 mm以内;高强度:抗弯强度>1 500 MPa,抗拉强度>1 200 MPa;表面硬度为480～520 HV;相对磁导率为1,电阻率为1.9×10^{-6} Ω·m;无塑性变形,小件平面度<0.05 mm,大件平面度<0.1 mm;材料缩水率为2.5‰,模具加工精度为±0.015 mm,尺寸精度高,一般线性尺寸为±0.05 mm,精密线性尺寸为±0.03 mm。 (2)高强度(降伏强度为1.4 GPa),高硬度(维氏硬度>500),耐腐蚀(中性盐雾测试>72 h),弹性限>2%,低热膨胀系数(20 ℃)为-7.85×10^{-6}/℃	通信电子、汽车、医疗、健康、航空、航天

第二节　山东省新材料产业相关政策

一、《山东省人民政府关于印发山东省新旧动能转换重大工程实施规划的通知》(鲁政字〔2018〕7号)

为全面贯彻党的十九大精神,根据《国务院关于山东新旧动能转换综合试验区建设总体方案的批复》(国函〔2018〕1号)精神,按照《国家发展改革委关于印发山东新旧动能转换综合试验区建设总体方案的通知》(发改地区〔2018〕67号)要求,落实省第十一次党代会部署,加快推进新旧动能转换重大工程,全面提升发展质量和效益,制定本规划。

第一章　形势环境

加快新旧动能转换,是我省在决胜全面建成小康社会、开启全面建设社会主义现代化国家新征程中走在前列的重要战略部署,既是重大机遇,也是重大责任,更是重大挑战。综合分析各方面因素,我省有基础、有条件、有能力实施好新旧动能转换重大工程,奋力开创经济文化强省建设新局面。

第一节　基础现状

党的十八大以来,全省上下认真贯彻落实党中央、国务院重大决策部署,积极适应经济发展新常态,以新发展理念为引领,深化供给侧结构性改革,努力探索促进新旧动能接续转换的发展方式和体制机制,经济社会实现持续健康发展。

(一)综合实力迈上新台阶。全省经济保持中高速增长,2013 年以来地区生产总值年均增长 8.2%,2017 年达到 72 678.2 亿元,居全国第 3 位;人均地区生产总值从 8 000 美元提高到 1 万美元以上。一般公共预算收入 6 098.5 亿元,年均增长 8.5%。固定资产投资 54 236 亿元、社会消费品零售总额 33 649 亿元,分别居全国第 1 位、第 2 位。城乡区域协调发展,新型城镇化和"两区一圈一带"战略深入实施。基础设施日益完善,网络化、智能化水平不断提高。雄厚的综合实力为动能转换提供了充足的韧性潜力和回旋余地。

(二)传统动能改造取得新进展。三次产业结构调整为 6.7 ∶ 45.3 ∶ 48.0,第三产业成为经济增长主动力,对经济增长贡献率达到 56.4%。全省规模以上工业企业主营业务收入 14.3 万亿元,居全国第 2 位,其中轻工、纺织服装、机械、化工、冶金、建材、医药等 7 大支柱行业占比约 80%。传统产业与信息、智能技术加快融合,转型升级步伐加快,规模以上工业企业完成技术改造投资 1.6 万亿元以上,居全国首位,高端装备制造、生物医药等过 1 000 亿元的产业集群超过 10 个。钢铁、煤炭、电解铝、轮胎、水泥等行业落后低效产能加速退出,为先进产能腾出广阔空间。

(三)新经济发展实现新突破。以新技术、新产业、新业态、新模式为主要特征的新经济增加值占地区生产总值比重达到 22.6%。云计算、物联网、大数据、移动互联网等新一代信息技术迅猛发展,新能源、新材料、现代海洋等产业快速成长,战略性新兴产业占地区生产总值比重达到 10.2%。共享经济、平台经济、个性化定制、云智造等新业态新模式不断涌现。信息、金融、科研和技术服务等现代服务业加快发展,电子商务、快递服务增势强劲,为加快培育新经济、促进人民群众消费升级提供了重要支撑。

(四)创新创业迸发新活力。全社会研发经费占地区生产总值比重达到 2.35%。规模以上高新技术企业实现产值 5.5 万亿元,占规模以上工业企业产值比重达到 35% 左右。山东半岛国家自主创新示范区、黄河三角洲农业高新技术产业示范区建设取得积极进展。国家企业技术中心、企业重点实验室、工业设计中心等创新平台数量均列全国第一。国家超级计算济南中心、海洋科学与技术国家实验室(试点)等一批重大科技基础设施高水平建设。量子通信、高端容错计算机系统、深水半潜式钻井平台、高速动车等一批高端科技项目取得重大突破。创新创业生态环境持续优化,专业化、技能型、多层次人才队伍不断壮大,人才资源总量突破 1 500 万人。

(五)改革开放增创新优势。简政放权、商事制度改革和营商环境建设取得积极进展。2013 年以来,累计削减省级行政审批事项 641 项,省市县三级非行政许可审批事项全部取消。

全省市场主体达到 806.8 万户,位居全国第二。国企、农村、金融、医疗、教育、信用体系等重点领域改革走在全国前列。对外开放战略布局更加完善,主动融入国家"一带一路"建设,积极对接京津冀协同发展,中韩自贸区地方经济合作示范区、国家跨境电子商务综合试验区等一批高层次开放平台率先建设,鲁港、鲁台交流合作成果丰硕。进出口总额 17 823.9 亿元,实际使用外资 1 210.6 亿元。优势产能走出去步伐加快,对“一带一路”沿线国家和地区实际投资100.6亿元。

(六)生态建设取得新成效。绿色发展理念更加深入人心,主体功能区格局进一步优化。大气污染防治行动计划加快实施,全省$PM_{2.5}$、PM_{10}、二氧化硫、二氧化氮等主要污染物平均浓度比2013年分别下降41.8%、33.8%、66.2%、22.9%。水环境质量大幅改善,省控重点河流主要水质指标COD和氮氧化物平均浓度比2013年分别下降9.0%和36.5%。土壤和固废污染防治成效明显,工业固体废弃物资源综合利用率达86.1%。人居环境质量持续改善,绿色、生态、美丽山东新形象初步显现。

同时,也要清醒地认识到,我省大而不强、发展不平衡不充分的问题仍然比较突出,质量效益有待进一步提高。化解过剩产能、淘汰落后产能任务艰巨,传统产业占工业比重约70%,重化工业占传统产业比重约70%,多数产业处于价值链中低端,转型升级压力大,传统动能主体地位尚未根本改变。新经济规模偏小,新兴产业占比低,在人工智能、工业互联网、车联网等领域实力整体偏弱,新业态、新模式处于起步或跟跑阶段,新动能对经济发展的引领支撑作用尚未充分发挥。研发创新投入不足,规模以上工业企业设立研发机构的仅占7%,科研成果转化率偏低,自主创新能力亟待提高。能源消耗总量、主要污染物排放总量均位居全国前列,资源环境承载力接近上限。重点领域改革难度加大,国有经济战略布局亟待优化调整,民营企业活力不足,资本等要素市场发育仍不充分,市场配置资源能力和政府服务水平有待进一步提高。开放型经济发展优势挖掘不够,国际化服务体系建设相对滞后,全面开放的广度深度有待进一步拓展。这些是我省加快新旧动能转换必须着力突破的关键问题,迫切需要创新思路加快解决。

第二节　机遇挑战

当前,国内外经济形势持续发生深刻变化,我省发展面临的机遇前所未有,挑战也前所未有,必须深刻把握战略机遇的丰富内涵,积极应对复杂严峻的困难挑战,在新一轮转型发展中赢得先机和主动。

从国际看,新旧动能转换成为世界经济复苏繁荣的关键。全球金融危机爆发以来,世界经济进入长周期深度调整阶段,深层次结构性矛盾集中显现,潜在增长率持续下降,全球经济一体化进程曲折,面临诸多不确定性因素。同时,创新正成为全球经济增长的新引擎,新一轮科技革命和产业变革加速孕育、集聚迸发,特别是信息技术、生物技术、制造技术、新材料技术、新能源技术等广泛渗透到各领域,正在引发国际产业分工深刻变化,重塑世界经济格局。主要发达国家和新兴经济体纷纷调整发展战略,超前部署面向未来的创新行动,积极抢占发展制高点。

从国内看,新旧动能转换成为构建现代化经济体系的战略选择。“十三五”以来,我国加快推进供给侧结构性改革取得明显成效,经济增长的内生力量不断增强,经济运行由降转稳的态势更加巩固。党的十九大深刻阐明了习近平新时代中国特色社会主义思想,为我国决胜全面建成小康社会、实现“两个一百年”奋斗目标和伟大复兴中国梦提供了科学行动指南。坚定实施科教兴国战略、人才强国战略、创新驱动发展战略、乡村振兴战略、区域协调战略、可持续发展战略、军民融合发展战略，坚决打好防范化解重大风险、精准脱贫、污染防治的攻坚战，持续深化产权保护、国企国资、财税金融、政府管理等重点领域和关键环节改革，将进一步推动质量变革、效率变革、动力变革，实现更高质量、更有效率、更加公平、更可持续的发展。

从我省看，新旧动能转换的形势迫切、任务繁重，但潜力巨大、空间广阔。我省发展阶段、经济结构、资源禀赋、区域位置特色鲜明、代表性强，既具备领先发展的基础和优势，也面临转型发展的风险和困惑，有能力也有责任在北方地区率先探索出可复制、可推广的动能转换路径模式。省委、省政府以习近平新时代中国特色社会主义思想为指导，认真贯彻落实党的十九大精神，紧紧抓住山东新旧动能转换综合试验区获批建设的重大机遇，统筹谋划、科学部署，加快健全完善促进新旧动能转换的政策体系和体制机制，将有助于一揽子解决长期以来制约山东发展的瓶颈问题，全面增强经济创新力和竞争力。各级、各部门积极适应新形势新变化新要求，强化危机意识、树立战略思维、增强改革创新本领，广大人民群众坚决拥护、热切期盼齐鲁大地在新一轮发展中勇立潮头、再创辉煌，全省上下形成了凝心聚力加快推进新旧动能转换的浓厚氛围，具备了良好的政治基础、工作基础和群众基础。

第二章　总体要求

第一节　指导思想

以习近平新时代中国特色社会主义思想为指导，全面贯彻党的十九大精神，坚持新发展理念，坚持质量第一、效益优先，以供给侧结构性改革为主线，以新技术、新产业、新业态、新模式为核心，以知识、技术、信息、数据等新生产要素为支撑，促进产业智慧化、智慧产业化、跨界融合化、品牌高端化，实现传统产业提质效、新兴产业提规模、跨界融合提潜能、品牌高端提价值，着力加快建设实体经济、科技创新、现代金融、人力资源协同发展的产业体系，统筹区域协调、城乡一体、陆海联动和减排节能绿色发展，在风清气正的政治生态基础上，打造精简高效的政务生态、富有活力的创新创业生态、彰显魅力的自然生态、诚信法治的社会生态，建设践行新发展理念的高地、推进供给侧结构性改革的高地、对接国家发展战略的高地、承接南北转型发展的高地，推动经济发展质量变革、效率变革、动力变革，提高全要素生产率，实现创新发展、持续发展、领先发展，推进山东由大到强、走在前列，建成全国重要的新经济发展聚集地和东北亚地区极具活力的增长极，为促进全国新旧动能转换、建设现代化经济体系作出积极贡献。

第二节　主攻方向

把握全球科技革命和产业变革趋势，加快推动新技术异军突起、新产业培育壮大、新业态层出叠现、新模式蓬勃涌现，积极培育新的经济增长点，形成引领支撑经济发展的强大动能。

产业智慧化。推动传统产业数字化、网络化、智能化建设,运用新技术、新管理、新模式,加快制造业智慧化改造,提升服务业智慧化水平,推动农业智慧化发展,全面提高产品技术、工艺装备、能效标准,实现价值链向高水平跃升,促进“老树发新芽”“有中出新”,实现传统产业提质效。

智慧产业化。瞄准世界科技前沿,聚焦大数据、云计算、人工智能、集成电路、高端软件、物联网、车联网、空天海洋、生命科学、量子技术、虚拟现实等领域,加速知识、技术、创意向现实生产力转化,打造一批战略性新兴产业发展策源地、集聚区和特色产业集群,推动“筑巢引新凤”“无中生有”,实现新兴产业提规模。

跨界融合化。顺应产业融合发展趋势,深入实施“互联网+”行动计划,培植壮大农业“新六产”,加快制造业与互联网融合、服务业与先进制造业融合、旅游业与上下游产业融合、产城融合、军民融合,推动产业行业交叉渗透提档升级,不断衍生新产业、新模式、新业态,拓展经济发展新空间,实现跨界融合提潜能。

品牌高端化。深入实施质量强省和品牌战略,打造一批国内外知名的产品、企业、行业和区域品牌,加强质量标准建设,推动“山东制造”向“山东质造”转变,打响“好品山东”“好客山东”“诚信山东”“食安山东”品牌,全面提升发展质量和效益,实现品牌高端提价值。

第三节　主要目标

到 2022 年,基本形成新动能主导经济发展的新格局,经济质量优势显著增强,现代化经济体系建设取得重要阶段性成果。“四新”经济增加值占比年均提高 1.5 个百分点左右,力争达到 30%。

——**质量效益全面提高**。“四新”促“四化”成效明显,新兴产业加快培育,新一代信息技术、高端装备、新能源新材料、现代海洋、医养健康产业不断壮大;传统产业加快改造,高端化工、现代高效农业、文化创意、精品旅游、现代金融服务持续做优,十强产业增加值占比达到 60% 左右,发展的质量更好、结构更优、效益更高。

——**创新能力全面增强**。全社会科学文化素质显著提高,自主创新在提高社会生产力和综合实力中的战略支撑作用更加凸显,创新创业生态更加优化,创新型省份建设再上新水平,创新型经济形态初步形成。

——**生态环境全面改善**。主体功能区战略和制度深入实施,能源资源利用效率大幅提高,水、土壤和大气质量明显改善,生产生活方式绿色低碳,城乡环境更加优美宜居,美丽山东建设成效显著,人与自然和谐发展新格局日益完善。

——**动能转换体制机制全面建立**。改革的系统性、整体性、协同性进一步提高,使市场在资源配置中起决定性作用,更好地发挥政府作用,重点领域关键环节改革取得重大突破,为推进质量变革、效率变革、动力变革提供强力的制度支撑。

——**开放型经济新优势全面形成**。积极融入国家区域发展战略取得重大进展,对内对外双向开放持续扩大,贸易投资便利化程度显著提升,国内国际要素有序流动、资源高效配置、市场深度融合,国际竞争合作能力大幅提高。

到 2028 年，改革开放 50 周年时，基本完成这一轮新旧动能转换，创新发展的体制机制系统完备、科学规范、运转高效，要素投入结构、产业发展结构、城乡区域结构、所有制结构持续优化，市场活力充沛，发展动力强劲。到 2035 年，经济实力、科技实力大幅跃升，法治政府基本建成，美丽山东目标基本实现，文化软实力显著增强，共同富裕迈出坚实步伐，在基本实现社会主义现代化进程中走在前列。

在动能转换进程中，围绕国家赋予的试验方向和重点任务，强化责任担当，深化改革创新，力争每年总结一批可复制可推广的经验模式，为全国新旧动能转换作贡献。积极探索优化存量资源配置和扩大优质增量供给并举的动能转换路径，深化供给侧结构性改革，为去产能和振兴实体经济提供示范；探索建立创新引领新旧动能转换的体制机制，协同推进理论创新、制度创新、科技创新、文化创新，为构建创新创业良好制度环境提供示范；探索以全面开放促进新动能快速成长的动能转换模式，形成全方位、全要素、宽领域开放新格局，为发展更高层次开放型经济提供示范；探索产业发展与生态环境保护协调共进模式，建立健全绿色低碳循环发展的经济体系，为形成绿色发展动能提供示范；探索落实国家战略新举措，积极融入京津冀协同发展、海洋强国建设、乡村振兴、军民融合发展等国家重大战略，放大国家战略集成效应，为形成战略实施合力提供示范。

新旧动能转换主要指标

指　　标	单位	2017 年	2022 年
(一)质量效益类			
1. 新经济占比	%	22.6	30
2. 全员劳动生产率	万元	10.7 左右	14
3. 一般公共预算收入占 GDP 比重	%	8.4	10 左右
4. 战略性新兴产业增加值占 GDP 比重	%	10.2 左右	16
5. 现代服务业增加值占 GDP 比重	%	23 左右	27 左右
6. 工业化信息化融合指数	—	97.4	108.7
7. 进入中国最具价值品牌 100 强企业数量	个	9	12
(二)创新发展类			
8. 研发投入占生产总值比重	%	2.35 左右	2.7
9. 科技进步贡献率	%	57.8	62
10. 高新技术企业数量	家	6 300 以上	1 万以上
11. 每万人拥有研发人员	人	50 左右	65
12. PCT 国际专利年申请量	件	1 353	1 700
13. “互联网+”指数	—	10.49	20
14. 人均信息消费	元	2 100	4 800

续表

指　　标	单位	2017 年	2022 年
(三)对外发放类			
15.经济外向度	%	23	25
16.高新技术产业出口占比	%	10.8	20
17.对"一代一路"沿线国家和地区出口占全国比重	%	6.6	10
(四)环保及民生类			
18.万元地区生产总值消耗降低	%	—	12.5
19.可吸入颗粒($PM_{2.5}$)浓度降低	%	—	26

第三章　发展布局

按照国务院批复的山东新旧动能转换综合试验区(以下简称综合试验区)建设总体方案,综合试验区包括济南、青岛、烟台市全域,以及其他 14 个设区市的国家和省级经济技术开发区、高新技术产业开发区以及海关特殊监管区。本规划范围以综合试验区为重点,覆盖全省陆域和近海海域。坚持梯次扩散与节点辐射相结合,全面推进与集中集约相协调,加快形成"三核引领、多点突破、融合互动"的新旧动能转换总体布局。

第一节　三核引领

充分发挥济南、青岛、烟台市经济实力雄厚、创新资源富集等综合优势,率先突破辐射带动,打造新旧动能转换主引擎。

济南:实施北跨东延、携河发展,在黄河沿岸高起点、高标准、高水平规划建设国家新旧动能转换先行区,集聚集约创新要素资源,发展高端高效新兴产业,打造开放合作新平台,创新城市管理模式,综合提升基础设施和公共服务水平,建设现代绿色智慧新城。以新旧动能转换先行区为引领,以东部高端产业集聚区、省级开发区转换提升区、泉城优化升级区为支撑,以济南中央商务区、济南国际医学科学中心为重点,构建"一先三区两高地"的核心布局。重点发展大数据与新一代信息技术、智能制造与高端装备、量子科技、生物医药、先进材料、产业金融、现代物流、医养健康、文化旅游、科技服务等产业,提高省会城市首位度,建设"大、强、美、富、通"的现代化省会城市,构建京沪之间创新创业新高地和总部经济新高地,打造全国重要的区域性经济中心、金融中心、物流中心和科技创新中心。

青岛:突出海洋科学城、战略母港城、国际航运枢纽和国家沿海重要中心城市综合功能,以青岛西海岸新区、蓝谷核心区、高新区、胶东临空经济示范区为引领,以胶州湾青岛老城区有机更新示范带和胶州、平度、莱西等县域经济转型升级示范园区为支撑,构筑"四区一带多园"的核心布局。重点打造新一代信息技术、轨道交通、智能家电、海洋经济、高端软件、生物医药、航空航天、航运物流、财富金融、影视文化、时尚消费等国内外领先的产业集群,大力发展平台经济、分享经济、标准经济、绿色经济等引领潮流的新业态新模式。积极创造条件探索建设自由贸易港,打造国际先进的海洋发展中心、国家东部沿海重要的创新中心、国家重要的区域服务中心和具有国际竞争力的先进制造业基地,提升全省经济发展的龙头地位,争创国家中心城市,打造国际海洋名城,形成国家东部地区优化发展的增长极,建设更加富有活力、更加时尚美丽、更加独具魅力的青岛。

烟台:发挥环渤海地区重要港口城市、先进制造业名城、国家创新型试点城市优势,强化中心城区引领作用,以烟台经济技术开发区、烟台高新技术产业开发区、蓬长协作联动发展区为重点,以烟台东部产城融合发展示范区、招远经济技术开发区、中心城区功能与产业更新带、国家现代农业产业园为支撑,形成“五区一带一园”的核心布局。重点发展海洋经济、高端装备、信息技术、生物医药、高端石化、先进材料、航空航天、金融商务、医养健康、文化旅游、高效农业等产业,打造先进制造业名城、国家海洋经济发展示范区、国家科技创新及成果转化示范区和面向东北亚对外开放合作新高地。

第二节 多点突破

以淄博等 14 市国家和省级经济技术开发区、高新技术产业开发区以及海关特殊监管区等为重点,创新园区管理运营机制,明确各市产业发展方向,培育特色经济和优势产业,打造若干具有核心竞争力的区域经济增长点。

淄博:布局新能源电池及新能源汽车、智能卡及微机电等未来产业,壮大新材料、生物医药、信息技术、文化旅游、现代金融等新兴产业,改造化工、陶瓷、纺织等传统产业,淘汰建材、钢铁等行业落后产能,打造全国老工业城市和资源型城市产业转型升级示范区、新型工业化强市、齐文化传承创新示范区。

枣庄:布局人工智能等未来产业,壮大信息技术、新能源、新材料、医养健康等新兴产业,改造化工、机械机床、煤电、建材等传统产业,淘汰平板玻璃、水泥等行业落后产能,打造智慧枣庄和资源型城市创新转型持续发展示范区、国家可持续发展议程创新示范区。

东营:布局航空航天服务等未来产业,壮大石化装备、新能源、文化旅游等新兴产业,改造化工、冶金、造纸、纺织等传统产业,淘汰炼油、轮胎等行业落后产能,打造绿色循环高端石化产业示范基地和石油资源型城市转型发展试验区。

潍坊:布局虚拟现实、人工智能、新能源电池等未来产业,壮大高端装备制造、生物基材料、信息技术、现代种业等新兴产业,改造装备制造、汽车、化工等传统产业,淘汰钢铁、造纸等行业落后产能,打造国家农业开放发展综合试验区、虚拟现实产业基地和国际动力城。

济宁:布局第三代半导体、生命健康等未来产业,壮大信息技术、文化旅游、生物医药等新兴产业,改造工程机械、能源、纺织服装等传统产业,打造优秀传统文化传承发展示范区和资源型城市新旧动能转换示范区。

泰安:布局人工智能、生命健康、信息技术等未来产业,壮大高端装备制造、文化旅游体育、新能源等新兴产业,改造建材、化工、纺织等传统产业,打造彰显泰山魅力的国际著名旅游目的地城市和智能绿色低碳发展示范区。

威海:布局生命健康、前沿新材料等未来产业,壮大医疗器械、海洋生物、时尚创意等新兴产业,改造机械装备、纺织、海洋食品等传统产业,打造国家区域创新中心、医疗健康产业示范城市和中韩地方经济合作示范区。

日照:布局生命健康、通用航空等未来产业,壮大文化旅游、海洋生物医药、现代物流、高端装备制造等新兴产业,改造钢铁、汽车零部件等传统产业,打造全国一流精品钢铁制造基地、临港涉海产业转型升级示范区。

莱芜:布局航天航空服务等未来产业,壮大清洁能源、冶金新材料、全域旅游等新兴产业,改造钢铁、汽车及零部件等传统产业,打造高端钢铁精深加工产业聚集区、清洁能源研发制造基地,打造全国产业衰退地区转型发展示范区。

临沂:布局生命健康、航空航天、机器人等未来产业,壮大信息技术、磁性材料、文化旅游、新能源、生物医药、节能环保等新兴产业,改造商贸物流、工程机械、木业、化工等传统产业,淘汰钢铁、陶瓷等行业落后产能,打造国家内外贸融合发展示范区、人才管理改革试验区。

德州:布局生命健康、航空航天材料等未来产业,壮大新能源、生物医药、体育、高端装备制造等新兴产业,改造化工、纺织等传统产业,打造全国重要的新能源产业基地、京津冀鲁科技成果转化基地,建设京津冀协同发展示范区。

聊城:布局医养健康、新能源汽车等未来产业,壮大新材料、生物医药等新兴产业,改造纺织、造纸等传统产业,淘汰冶金等行业落后产能,打造全国领先的铜铝精深加工产业基地、新能源汽车产业基地,建设京津冀协同发展试验区。

滨州:布局航空航天材料、新能源电池等未来产业,壮大高端装备制造、高端化工、新能源等新兴产业,改造有色金属、纺织等传统产业,淘汰火电、电解铝等行业落后产能,打造国家级轻质高强合金新材料产业基地和粮食产业融合循环经济示范基地。

菏泽:布局生命健康、高端装备、前沿新材料等未来产业,壮大高端化工、生物医药、信息技术、节能环保等新兴产业,改造机电设备、农副产品加工和商贸物流等传统产业,淘汰水泥、纺织、印染等行业落后产能,打造医养健康示范基地、现代农业发展综合试验区、中国牡丹城。

第三节　融合互动

坚持深度融合、互利共赢,立足各地现实基础和比较优势,创新区域协同发展机制,着力在产业升级协作、要素资源配置、基础设施互通、生态环保共建等重点领域深化改革探索,促进特色发展、错位发展和互动发展,努力实现全省整体效益最大化。

推进优势产业统筹培育,优化全省产业布局,引导区域间产业有序转移、整体升级,培育新兴产业特色经济集群。加快产业链条向上下游延伸,提高产业区域配套水平，提升经济发展一体化水平。推进要素资源统筹配置，健全区域合作利益分享机制，促进园区、企业、项目协作，增强资产、资本、资源配置的精准性和系统性，形成更加开放完善的市场体系。推进基础设施统筹建设，坚持全域规划全域共享，健全完善智能化、现代化、一体化综合交通网，围绕能源、水利等领域实施一批跨区域的重大工程，提高基础设施互联互通水平。推进生态环境统筹治理，强化环境同治，完善主要污染物治理区域联防联控长效机制，加强生态建设，提高区域生态安全保障能力，提高生态文明建设水平。

……

第四章　化解过剩产能置换形成新动能

把去产能作为加快产业结构调整、优化存量资源配置的首要任务，探索建立市场自动出清的长效机制，实现企业优胜劣汰、产业转型升级。

第一节　明确去产能重点

妥善处理政府和市场、短期和长期、存量和增量、供给和需求关系，根据市场形势变化，适时调整去产能行业、领域和力度，使产能利用率保持在合理区间。

生铁粗钢电解铝。支持钢铁企业转型开发高铁、核电、船舶等领域高端产品，推进济钢产能化解调整，建设青岛、日照先进钢铁制造产业基地，莱芜精品钢生产基地，临沂高端不锈钢产业基地，肥城特种钢产业基地。严禁电解铝行业违法违规建设及盲目新增产能，采用替代关停方式，留存高端产能和装备，重点发展航空航天用板(型)材、轨道交通车辆车体用铝材、车体模块化零部件、高性能特薄板带材等铝型材产品，继续保持铝精深加工行业世界竞争力。

煤炭煤电。进一步压缩煤炭生产规模，积极引导安全无保障、资源枯竭、赋存条件差、环境污染重、长期亏损的煤矿产能有序退出。加快推进煤矿企业兼并重组，提高行业集中度。合理安排煤电项目核准建设时序，停建、缓建一批煤电产能，淘汰一批落后煤电，确保实现煤电机组结构调整预期目标。

玻璃水泥。按照国家统一部署，严格控制普通建筑玻璃新增产能，重点突破超薄、高强、无碱、镀膜、高透光率等高性能产品关键技术和装备，促进生产和精深加工一体化发展。加快发展大宗固体废弃物综合利用生产水泥的新技术、新工艺和新装备，重点发展核电水泥、高镁低收缩水泥、低碱水泥等特种水泥，推动水泥产业实现绿色发展和延伸发展。

电动车轮胎。加快淘汰低速电动车产能，严格治理低速电动车违规生产和违法使用，防范新能源汽车产业低水平盲目发展。进一步提高轮胎产业集中度，提升品牌价值。重点发展轻型载重子午胎、工程子午胎、航空胎等特种轮胎，开发绿色轮胎、雪地轮胎、安全轮胎、智能轮胎等乘用车轮胎新产品。

第二节　优化去产能路径

综合运用法治化、市场化手段，分类施策、多措并举、标本兼治，引导企业压减过剩产能、淘汰落后产能，提高供给结构适应性和灵活性。

坚决遏制过剩产能扩张。严格执行国家和我省关于产能过剩行业投资管理规定，严禁以任何名义、任何方式核准备案产能严重过剩行业新增产能项目，对确需新上项目实行产能等量或减量置换，严禁办理土地（海域）供应、能评、环评、安评审批和新增授信支持等业务。加强市场供需趋势研判和信息引导，防止新兴产业一哄而上、盲目投资、重复建设，形成新的产能过剩行业。

加快淘汰落后产能。严格执行环保、能耗、质量、安全、技术等法律法规和产业政策，对工艺装备落后，产品质量不合格，能耗、安全及污染物排放不达标的项目，重点跟踪加快淘汰。持续抓好重点行业违法违规行为专项整治，对不达标企业、设备和生产线限期整改，在规定期限内仍未达到要求的，依法依规强制关停。

推进产能合作共赢。科学调整产业布局，引导产业转型转产、环保搬迁和梯度转移，支持企业跨地区跨所有制兼并重组，优化技术路线和产品结构，形成分工合理、优势互补、错位发展的特色经济。支持优势产能行业走出去，开展国际产能合作。

第三节　完善去产能政策

加快完善困难企业差异化处置机制，创新债权债务、职工安置等配套政策，切实保障企业发展和维护社会稳定。

分类处置僵尸企业。把去产能与深化国企改革、推进企业兼并重组和升级改造相结合，对现有资产资源仍有一定价值的僵尸企业，鼓励和支持优质企业实施收购重组，以产权转让、资产置换等多种方式盘活有效资产。对重组有难度的企业，鼓励和支持企业通过经营托管、厂房及设备租赁等途径盘活资产。对资不抵债、重组无望的僵尸企业，在评估风险和成本的基础上，推动其依法破产清算。

有效化解债权债务。依法落实企业重组所得税减免等优惠政策，研究去产能和产业升级企业停产期间城镇土地使用税政策。支持金融机构做好呆账核销和抵债资产处置，完善不良资产批量转让政策。探索设立企业破产专项基金，多渠道筹集资金，专项解决僵尸企业及去产能企业破产启动经费和资产处置资金周转等问题。对母公司承担的关闭去产能企业及僵尸企业贷款，由债权人和债务人平等协商减息等相关债务重组方案，最大限度地帮助企业近期解危、远期解困。

妥善安置企业职工。科学制定职工安置方案，明确安置途径、补偿标准、资金来源和再就业措施。充分发挥企业主体作用，采取协商薪酬、灵活工时、培训转岗等方式，稳定现有工作岗位，缓解职工分流压力。优先将化解过剩产能分流职工纳入就业创业扶持范围，鼓励兼并重组企业优先吸纳原企业职工，破产企业清算资产优先用于清偿职工欠薪、欠缴的社会保险费、经济补偿金和职工安置。支持钢铁、煤炭、原油等产区打造创新创业平台。

第五章　发展新兴产业培育形成新动能

密切跟踪国际科技、产业发展趋势，加快互联网、大数据、人工智能和实体经济深度融合，推动新兴产业加速崛起、扩容倍增、重点突破，打造先进制造业集群和新兴产业发展策源地，培育形成新动能主体力量。

第一节 新一代信息技术产业

积极落实网络强国、数字中国、智慧社会等国家战略，大力发展数字经济，深入推动新一代信息技术向各行业、各领域广泛渗透应用，构建泛在互联融合智能安全的信息技术产业体系。到 2022 年，新一代信息技术产业增加值力争达到 6 500 亿元，占地区生产总值的 6.5%。

培育前沿信息产业。积极发展人工智能，推动类脑研究，加快计算机视听觉、生物特征识别、新型人机交互、微机电系统、智能决策控制等应用技术研发和产业化。加快发展量子通信测量计算等产业，争取在济南设立国家量子技术标准化委员会，开展量子通信网络基础设施共享服务平台、量子通信标准和安全性、核心关键器件等技术攻关。大力发展虚拟现实、增强现实产业，加强关键核心器件研发，丰富内容创作，支持多领域应用。积极突破先进驾驶辅助系统和无人驾驶技术。

做强核心基础产业。提升发展高端计算机设备，推进具有自主知识产权的大型服务器、海量存储等云计算基础设备、终端设备产业化，巩固我省高端服务器产业领先地位。突破发展高性能集成电路产业，着力攻关核心通用芯片技术，争取将山东纳入全国集成电路产业战略布局。壮大发展新型显示产业，重点发展模组、智能可穿戴、显示终端和激光投影，加强有机发光二极管、低温多晶硅、电子元器件等核心和关键技术研发。吸引国(境)内外大企业来鲁建设集成电路研发中心和生产线、高世代液晶面板生产线。创新发展家电、电力、汽车、能源、医疗等多领域多用途电子产品。

构建自主可控高端软件体系。强化“软件定义”，在基础支撑软件、面向新一代信息网络的高端软件、工业软件及服务、信息安全软件、大型行业软件、数据处理与服务等领域，突破并掌握云操作系统、数据库等关键共性技术，支撑新业态新模式发展，提高信息安全和网络安全保障能力，逐步实现关键领域、重点行业软件系统国产化。加强消化吸收再创新，支持开源软件发展。

大力发展工业互联网。实施工业互联网创新发展战略和智能制造工程，支持企业加快数字化、网络化、智能化改造，集中力量攻克关键技术装备，实施智能制造“1+N”带动提升行动，培育智能制造生态体系。探索创新网络化协同、个性化定制、在线增值服务、分享制造等“互联网 + 先进制造业”新模式，打造网络、平台、安全三大体系。支持青岛创建国家工业云制造创新中心。

拓展融合创新应用。突破大数据核心技术，加快构建自主可控的大数据产业链、价值链和生态系统。深入实施“互联网+”行动计划，推进大数据在政务、农业、商贸、物流、民政、教育、医疗、交通、旅游、质监、警务、就业及社会保障等生产生活领域的综合应用，推动技术融合、业务融合、数据融合，打造高水平公共服务平台，构建完善云计算产业链，形成一批大数据产业基地和产业集群，支持济南、青岛等有较好条件的市创建大数据综合试验区，支持济南建设国家云计算装备产业创新中心。加快发展物联网，重点突破智能传感器及节点、高端集成以及网络通信、云安全等关键技术，形成具有自主知识产权的物联网系列产品。积极发展地理信息产业，建设国家北斗导航数据山东分中心、国家高分数据与应用中心山东分中心，推进各领域北斗应用示范。

……

第二节 高端装备产业

加快推动高端装备创新发展，突破关键技术与核心部件，提升综合集成水平，创建“中国制造 2025”国家级示范区，打造国内一流的制造业创新中心和高端装备制造基地。到 2022 年，高端装备产业增加值力争达到 5 300 亿元，占地区生产总值的 5.3％。

完善智能制造产业体系。重点发展高精度、高可靠性中高端工业机器人，突破高精度减速器、高性能控制器、伺服电机、精密测量、高端液压元件等核心零部件和关键应用软件，推进高档数控机床、智能加工中心研发与产业化。建设具有自主知识产权的自动化生产线、数字化车间、智能化工厂。积极发展医疗健康、家庭服务、教育娱乐等服务机器人和特种机器人。大力发展增材制造、绿色制造、微纳制造、再制造等先进技术和工艺，提升现代计量综合测试水平。

强化轨道交通装备领先地位。依托国家高速列车技术创新中心，重点发展高速动车组、高档客运列车、城市地铁、快速重载货车，配套发展轻量化车体、车轮、轮轴轴承、高性能转向架、传动齿轮箱、发动机、牵引制动系统、通信信号装备等关键零部件及运营管理系统。规划论证建设时速 600 千米高速磁悬浮试验线、时速 350 千米以上高速轮轨试验线，建设具有全球影响力的轨道交通装备研发制造和集成服务基地。

加快新能源及配套体系发展。加快推动电动汽车系统集成技术创新与应用，重点发展纯电动、插电式混合动力、氢燃料电池以及 LNG 等清洁能源汽车，突破动力电池、关键总成、驱动电机系统、电控系统、智能网联汽车系统等关键零部件研制，大力发展节能环保型发动机、大排量发动机、高效电机、自动变速器、关键液压件、精密减速器等动力装备。支持济南、青岛、烟台等市打造新能源汽车、客车、房车产业化基地，积极争取国家支持在山东布局外商独资新能源汽车企业。探索新能源汽车分时租赁、储能电池充换电、分布式能源等新模式。

推动通用航空装备突破发展。重点发展飞机总装、部装及机载设备、航空发动机、航空铝型材、芳纶蜂窝材料、钛金紧固件、航电设备等关键部件，大力发展市场需求大的民用直升机、多用途飞机、特种飞机和工业级无人机，加快通用飞机重大制造项目建设，支持青岛等有条件的市建设国家通用航空产业综合示范区。

促进石油工程装备转型升级。加快石油工程装备技术创新，促进总装及配套产业协调发展，重点发展超深井钻机、压裂设备、大型压缩机，加快输变电设备、石油管线等配套设备升级，加快油气工业环保、非常规油气开采、高精尖炼化仪表等高端产品研发和产业化进程，建设国家石油石化装备制造基地。

……

第三节 新能源新材料产业

突出新能源新材料基础性、先导性、战略性作用，大力发展可再生能源，推动新材料融入高端制造供应链，建设具有国内尖端水平和全球影响力的新能源、新材料研发、检验检测中心和产业发展高地。到 2022 年，新能源新材料产业增加值力争达到 4 400 亿元，占地区生产总值的 4.4%。

大力发展清洁能源。推动能源生产与消费革命，实施能源开发清洁替代和能源消费电能替代，提高电能在终端能源消费中的比重。重点突破风能光能互补、先进燃料电池、高效储能与海洋能发电等新能源电力技术瓶颈，综合推广利用氢能源，加快济南新旧动能转换先行区中国氢谷建设，打造氢能源综合利用示范区。加快发展生物质供气供热、生物质与燃煤耦合发电、地热能供热、空气能供热、生物液体燃料、海洋能供热制冷等，推进新能源多产品联产联供技术产业化、规模化发展。

做优做强新能源装备。重点发展大功率风机、海上风电机组、中高温高效太阳能集热、光伏系统集成等装备产品及关键模块，智能输变电设备、高压超高压成套设备、高速铁路变压器等智能电网及配套设备，提高本土化配套率。重点发展百万千瓦级及以上第三代、四代核电装备研发制造，打造世界一流的核电装备产业集群和核技术自主创新集成基地。

超前布局前沿新材料。大力开发智能材料、胶体材料、仿生材料、纳米材料、新型超导材料和生物基材料等，加快形成一批具有广泛带动性的创新成果。推进石墨烯特色资源高质化利用，加强专用工艺和技术研发，打造济南、青岛、潍坊、济宁、威海、菏泽等石墨烯研发生产基地。突破钛合金、高强度合金钢、高温合金、耐高温高强度工程塑料等增材制造专用材料。发展光电子材料，建设具有较强核心竞争力的碳化硅、铌酸锂半导体产业和光电子产业基地。加快发展基础优势材料。做大做强氟硅材料、新型聚氨酯、特种橡胶、功能塑料、合成树脂等先进高分子材料。大力发展新型陶瓷、特种玻璃等无机非金属材料。培育壮大碳纤维、氨纶芳纶、玄武岩纤维等高性能纤维及复合材料产业。深化国家碳纤维生产基地建设，实现碳纤维材料高端化、低成本化发展。实施铝产业转型升级工程，推进烟台、滨州、聊城铝精深加工新型工业化产业示范。

……

第四节 现代海洋产业

增强经略海洋意识，科学、绿色、立体开发海洋，探索人海和谐、陆海统筹、彰显特色的科学发展模式，加快建设海洋强省，打造具有国际先进水平的海洋经济改革发展示范区。到 2022 年，现代海洋产业增加值力争达到 23 000 亿元，占地区生产总值的 23%。

巩固提升海洋优势产业。推进海洋装备自主化、高端化，发展大型高端深海钻井装备关键技术，提高海洋油气资源勘探和开发大型装备设计制造能力。发展冷藏集装箱船、邮轮游艇、高端远洋渔船等高技术船舶,支持青岛、烟台、威海建设国家海洋工程装备及高技术船舶创新中心,东营建设高端海洋石油装备创新中心,青岛、潍坊建设绿色大功率船用发动机生产基地。高水平建设"海上粮仓"、国家海洋牧场示范区。突破育种关键技术,培育海水增养殖优质品种和繁育健康苗种。支持东营、滨州、潍坊、烟台建设黄河三角洲国家生态渔业基地。

加快发展海洋高技术产业。实施"智慧海洋""透明海洋"工程,加快建设海洋牧场观测网,积极发展深海环境监测探测、海洋卫星遥感等新型技术,建设国家海洋设备质检中心。推动海洋生物医药和生物制品发展,突破活性物质创新药物、海藻类海洋化学药物、海洋功能性食品与化妆品等技术研发,打造青岛、烟台、威海、潍坊海洋生物产业集群。大力发展海水源热泵技术、温差发电技术,推进可燃冰开采、储运、应用技术研发和产业化,建设全国性海洋新能源产业基地。支持威海国家级浅海海上综合试验场、青岛海上试验场建设。积极开发海水淡化、海水直接利用和海水综合利用的关键新材料、新工艺、新技术和新装备。

壮大发展海洋服务业。积极发展远洋远航,推进水陆联运、河海联运,建设区域性水产品交易中心和冷链物流中心。大力发展航运保险、船舶和航运经纪、船舶管理、海事仲裁、海事审计与资产评估及其衍生业态。支持发展涉海金融、融资租赁、商务服务和海洋文化产业。加快海洋咨询与论证机构建设,提高海洋工程环境影响评价、海域使用论证、海洋工程勘察等服务水平。

……

第五节　医养健康产业

深入实施"健康山东"战略,促进医疗、养老、养生、体育等多业态融合发展,打造全方位、全周期健康服务产业链,创建国家医养结合示范省。到 2022 年,医养健康产业增加值力争达到 11 500 亿元,占地区生产总值的 11.5%。

提升医药工业发展水平。加大创新药物研发攻关力度,积极开发新剂型和新产品,重点发展以原料药、化学创新药、化学仿制药和高端制剂为主的化学药,以疫苗与诊断试剂、海洋药物等为主的生物药。围绕家庭和个人医疗、保健、养老需求,发展数字化诊疗设备、健康监测装备、可穿戴医疗装备、医用机器人等新型医疗器械设备。支持医药企业向功能性食品、特殊医学用途配方食品、化妆品以及保健、预防等领域延伸。加强中药材种质资源保护利用,加快推动疗效确切、临床价值高的中药创新药的研发和产业化。加快威海国家医疗器械技术创新中心、国家制造业(高性能医疗器械)创新中心建设,支持青岛、烟台、威海建设海洋生物医药国家创新型产业集群,济南、青岛、潍坊、威海、临沂、枣庄建设国家中医药综合改革试验区。

创新医养健康服务模式。大力发展基于互联网和人工智能的健康服务产业,支持商业应用程序开发,推进远程医疗、移动医疗和医药物流等第三方服务规范发展。提高健康医疗大数据开发利用水平,构建基于大数据的医疗决策支持系统,建设国家健康医疗大数据中心和济南国际医学科学中心。充分发挥山东半岛黄金海岸、鲁中南山区生态资源优势，推动健康医疗与教育、旅游、休闲、养生融合发展，创新中医药健康旅游产品。建设全省科学健身指导体系，倡导“运动处方”模式，开展慢性病运动干预。支持大型医药企业建设第三方检验中心、影像中心、透析中心，实现从提供产品向提供整体解决方案转变。鼓励有条件的医疗机构向养老、康复、养生服务延伸，支持社会力量开办医养结合机构，提供个性化、多层次医养服务产品，开展各类医养结合产业试验区、示范区和试点城市建设。鼓励中医院治未病中心建设，推动传统家政企业拓展健康养老服务新领域。

创新医养健康发展环境。推进公立医院综合改革和分级诊疗制度改革，加强城乡医疗对口支援，加快全科医生培养和符合条件的医生多点执业。建立完善家庭医生签约服务健康制度，支持居家养老服务机构与周边社区卫生服务中心、乡镇卫生院、诊所等基层医疗机构深化合作，将医疗护理和康复等服务延伸至家庭，为特殊和老年群体提供日常护理、保健咨询等服务。

……

第六章　提升传统产业改造形成新动能

加快引用新技术、新管理、新模式，瞄准国际标准，推动传统产业腾笼换鸟、凤凰涅槃、浴火重生，焕发生机活力，促进全产业链整体跃升，打造世界级制造业集群，培育形成新动能基础力量。

第一节　高端化工产业

以基地化、链条化、智能化为方向，坚持创新、安全、环保、质效联动发展，加快优化产业布局和产品结构，建设高端化工产业强省。到 2022 年，高端化工产业增加值力争达到 5 100 亿元，占地区生产总值的 5.1%。

提升集约集聚发展水平。发挥产业基础和资源区位优势，巩固提升我省在国家化工产业战略布局中的地位。在东营、烟台、滨州、潍坊布局建设芳烃、乙烯等一批重大项目，建成国内领先、世界一流的高端石化产业基地。培育淄博、菏泽两大千亿级精深加工产业集群。依托济宁、枣庄、菏泽、泰安、临沂等煤化工产业园，打造鲁南国家级煤化工产业示范基地。依托潍坊、烟台、东营、泰安、滨州、菏泽等盐化工产业园，适度发展食品级、电子级盐化工，打造高端盐化工产业基地。完善化工园区产业升级与退出机制，全面推动散、乱、危、小化工企业进园入区，力争到 2022 年进园入区比例达到 40% 左右。利用清洁生产、智能控制等先进技术改造提升现有生产装置，降低消耗，减少排放，提高产品质量和综合效益。

加快炼化一体化步伐。坚持基础产业优化整合，加快向下游延伸，推动地炼产业由“一油独大”向“油化并举”转变。引导企业科学规划多元化技术生产路线，提高基础原料供应能力。整合提升地方炼化企业加工能力，支持骨干炼化企业构建循环产业链，开发生产石油炼化下游产品。加强石化产业产能和技术国际合作交流，打造面向世界的产业平台。

延伸拓宽产业链条。重点在特种橡胶、特种纤维、特种工程塑料、前沿新材料、高性能复合材料等领域,打造一批特色产业链。提升为电子信息及新能源产业配套的电子化学品工艺技术水平。发展用于水处理、传统工艺改造以及新能源用功能性膜材料。开发新型生物基增塑剂和可降解高分子材料。

……

第二节 现代高效农业

坚持农业农村优先发展,深入推进农业供给侧结构性改革,巩固提升山东农业优势,加快构建现代农业产业体系、生产体系、经营体系,积极探索产出高效、产品安全、资源节约、环境友好的路径模式,引领全国农业农村现代化发展。到 2022 年,现代高效农业增加值力争达到 1 200 亿元,占地区生产总值的 1.2%。

加快发展农业"新六产"。调整优化农业产品、产业和布局结构,着力开发农业多种功能,促进农林牧渔业与加工、流通、旅游、文化、康养等产业深度融合,推动产业链相加、价值链相乘、供应链相通"三链重构"。利用现代信息技术大力发展智慧农业、农村电商等新产业新业态。加快培育终端型、体验型、循环型农业,构建农产品从田头到餐桌、从初级产品到终端消费无缝对接,集生产生活生态功能于一体的产业新体系。推进农业"新六产"示范县建设,形成全环节提升、全链条增值、全产业融合的农业"新六产"发展格局。

大力发展特色高效农业。把增加绿色优质农产品摆在突出位置,推进农业标准化生产、全程化监管,全面提升农产品质量安全水平。支持潍坊建设国家蔬菜标准中心。实施农业科技创新工程和渤海粮仓科技示范工程,加强现代种业、畜牧良种培育。综合应用工程装备技术、生物技术、信息技术、环境技术,加快发展设施农业。落实藏粮于地战略,划定和建设粮食生产功能区和重要农产品生产保护区,开展耕地轮作休耕试点,推进高标准农田建设,稳定提升粮食产能。积极开展农业科技国际合作。高水平建设黄河三角洲农业高新技术产业示范区、潍坊国家农业开放发展综合试验区、枣庄国家农业可持续发展试验示范区。

提升农业经营服务水平。积极培育家庭农场、合作社、龙头企业等新型经营主体,实现标准化生产、规范化管理、品牌化营销。推进土地入股、土地流转、土地托管、联耕联种等多种经营方式,提升农业适度规模经营水平。发展多元化农业生产性服务,完善农资购买、机种机收、统防统治、烘干仓储等社会化服务体系。推进基层农技推广体系改革,探索建立公益性农技推广与经营性技术服务共同发展的新机制。提升农业装备制造和应用水平,大力推进农业生产经营机械化、信息化,增强农业综合生产能力。建立政府主导、部门协作、统筹安排、产业带动的新型职业农民和农民工培训机制。

……

第三节 文化创意产业

坚持社会主义先进文化前进方向,推进优秀传统文化创造性转化、创新性发展,完善文化生产经营机制，丰富新型文化业态，打造具有山东特色的现代文化产业体系，推动社会主义文化繁荣兴盛。到2022年，文化创意产业增加值力争达到5 600亿元，占地区生产总值的5.6%。

推动传统文化传承创新发展。实施“互联网 + 齐鲁优秀传统文化”行动计划，延伸旅游演艺、修学度假、建筑博览、工业遗产等文化产业链条。加快建设曲阜优秀传统文化传承发展示范区，高水平举办国际孔子文化节、尼山世界文明论坛、世界儒学大会等一批具有国际影响力的历史文化活动，打响“孔子故乡·中国山东”品牌。规划建设大运河文化带(山东段)，统筹推进“魅力长河”“美丽长河”“经济长河”“共享长河”建设，构筑彰显鲁风运河风采的文化生态经济长廊。加快推进齐文化传承创新示范区建设，传承墨子文化创新精神、鲁班文化工匠精神、董子文化人与自然和谐发展思想，挖掘始祖文化、北辛文化和大汶口文化、泰山文化、黄河文化、海洋文化、泉水文化、忠义文化等特色文化丰富内涵，提升优秀传统文化独特魅力和时代价值。大力弘扬沂蒙精神和红色文化，加强政德党性教育基地建设。

优化文化产业结构布局。运用“文化+”“互联网+”和高新技术，改造提升出版发行、印刷复制、影视制作、工艺美术等传统文化产业，大力发展新兴文化业态，加快发展网络视听、移动媒体、数字出版、动漫游戏、创意设计等新兴产业。实施文化产业发展“金种子”计划，培育一批文化产业孵化器，孵化1 000家以上小微文化企业，建设山东省文化产业创新实验园区。实施文化领军企业培育工程，支持山东影视制作有限公司、山东省互联网传媒集团有限公司、山东广电网络有限公司上市。

推动文化创意和设计服务发展。支持济南、青岛、烟台、潍坊、威海等创建联合国教科文组织“创意城市”，支持济南、威海建设时尚服装创新创业国家平台、威海国家建筑设计创新平台，支持青岛承建中德工业设计中心，济南建设中美设计创新云服务平台，潍坊打造“中国画都”。围绕打造全国领先、世界水平的影视产业基地目标，形成较为完善的影视产业链条和具有相当规模的影视产业集群，支持济南、青岛开展国际合作、影视交易等试点，建设国家影视文化消费先行体验区和全球影视文化中心。实施版权交易体系建设推进工程，重点培育济南、青岛、潍坊、枣庄、临沂等国家级和省级版权中心(贸易基地)。办好山东文化惠民消费季，将山东文化产业博览交易会、中国非物质文化遗产博览会、国际文物保护装备博览会、青岛东亚版权创意精品展示交易会建设成为具有全国影响力的重要文化展会。

强化文化产业发展支撑。推动文化科技深度融合发展，培育一批特色鲜明、创新能力强的文化科技企业，争创国家文化科技融合示范基地。推进国家文化科技创新工程，实施中国传统工艺振兴计划，引导支持骨干文化企业与科研单位组建技术创新战略联盟，建设一批文化科技创新平台和成果供需对接平台，建立产学研一体化和利益共享、风险共担机制。加强文化资源的数字化采集、保存和应用，建设“海岱云博”文物大数据云平台，实施全省馆藏珍贵文物精品、古籍数字化工程。整合财政专项资金等政府性可用资源及有关国有企业、社会资本，壮大省级文化产业投资平台，通过项目补助、融资贴息、资本金注入、奖励、基金、政府购买服务等方式，重点支持文化项目建设、文化产业发展公共平台建设和新型文化业态培育。按照“非禁即入”原则，实施负面清单管理，鼓励社会资本通过多种形式参与文化项目和园区建设。鼓励和支持骨干文化企业走出去，积极融入国际文化产业链。支持济南创建国家对外文化贸易基地。

……

第四节　精品旅游产业

顺应大众旅游时代消费升级新趋势，扩大旅游产品供给，提升综合服务质量，推进旅游业多元化、全域化、国际化发展，打响“好客山东”品牌，打造全域旅游示范省和国际旅游度假目的地。到 2022 年，精品旅游产业增加值力争达到 8 400 亿元，占地区生产总值的 8.4%，入境游客数量提高到 630 万人次。

构建全域旅游发展体系。坚持景观延续性、文化完整性、产业集聚性原则，统筹推进重要旅游城市和品牌景区协同发展，推出一批主题鲜明、独具魅力的特色旅游线路和产品，加快旅游业由传统景观模式向全域旅游模式转变。重点打造东方圣地、仙境海岸、平安泰山、泉城济南、齐国故都、鲁风运河、水浒故里、黄河入海、亲情沂蒙、鸢都龙城等十大文化旅游目的地品牌。加快重点旅游工程项目建设，推进 A 级景区优胜劣汰、提档升级，全面提高山东旅游美誉度与竞争力。

丰富旅游新产品新业态。深入实施“旅游＋”战略，推动旅游与工业、农业、生态、文化、教育、体育、医疗等产业融合渗透，加快旅游服务和产品创新，延伸提升旅游产业链、价值链。针对不同消费群体，大力培育低空飞行、水上运动、温泉滑雪、养生度假、自驾房车等中高端旅游产品，规范发展老年旅游、研学旅游、体育旅游、商务会展等各类专项旅游市场。创新旅游产业运营管理机制，加快大型旅游综合体、休闲度假区、中央游憩区、环城市游憩带建设，有序引进国内外主题游乐品牌，构建与国际接轨的旅游服务体系。发展海洋垂钓、人工鱼礁、海洋牧场项目，建设蓝色海洋旅游强省。支持各地深入挖掘民风民俗，开展具有浓郁地方特色、参与性强的旅游节庆活动。

提升旅游公共服务质量。建设省市县三级全域旅游数据平台、全省旅游产业管理信息平台及大数据平台。推进旅游景区信息化建设，实现免费 Wi-Fi、信息推送、智能导游、在线预订等全覆盖，建设智慧全域旅游服务中心。支持八喜旅游网等一批“互联网 ＋ 旅游”平台建设，打造全国知名的旅游电商品牌。畅通跨区域旅游通道，完善多样化出行方式，打通旅游交通“最后一公里”。加大高星级酒店、高端度假酒店、文化主题酒店、精品民宿建设力度，实施饭店业虚拟现实和人工智能改造提升工程。提高旅游集散中心、咨询中心等关键旅游配套设施标准化、人性化建设水平。持续推进旅游厕所革命。加强旅游市场监管和诚信体系建设，为人民群众提供安全放心、便捷优质的旅游消费环境。

……

第五节　现代金融服务

把服务实体经济作为金融发展的出发点和落脚点，使更多金融资源高效配置到经济社会发展的重点领域和薄弱环节，全面提升服务效率和水平，构建现代化、普惠化、便利化的金融服务体系。到2022年，现代金融服务业增加值力争达到6 000亿元，占地区生产总值的6%。

拓宽直接融资渠道。把发展直接融资放在更加重要的位置，深入推进多层次资本市场体系建设。大力推动规模企业开展规范化公司制改制，支持符合条件的企业到沪深交易所、全国股转系统及境外资本市场上市挂牌。鼓励农村产权、海洋产权、能源环境、文化产权等交易场所建设，拓宽覆盖范围和交易品种。积极推动市场化、法治化债转股，鼓励和引导企业利用可转债、双创债等债务融资工具创新产品，支持企业赴境外发行人民币和外币债券。探索互联网私募股权融资平台建设路径。推动提升国有资产、基础设施、金融资产、企业资产等证券化率水平，将实体经济优势转化为资本竞争优势。

做优金融支柱产业。发挥信贷融资重要渠道作用，保持信贷增速与经济增长合理匹配。推动银行业加快转变发展方式，招引一批内外资银行机构区域总部及业务总部，鼓励农商行、城商行、民营银行发展特色信贷业务。积极开拓农业保险、信用保证保险、商业健康养老保险等险种，推进知识产权保险等险种试点。推动保险投资从债权投资为主，向股权投资、股债结合等方式拓展。

推动金融业务创新。加快完善金融市场、金融组织、金融产品和服务模式，更好地满足实体经济和人民群众多样化的金融需求。鼓励利用互联网、大数据、人工智能等，进行金融业务流程改造和产品创新。积极发展养老金融、教育金融、文化金融、旅游金融、农村金融等新型金融服务。规范发展互联网金融、区块链、人工智能等领域的新型金融业态。支持小额贷款公司、典当、融资租赁、商业保理等金融组织创新、可持续发展。统筹发展介于现货与期货之间的大宗商品交易业务，打造具有全国影响力的交易场所。支持济南推进新旧动能转换金融创新发展试点，开展金融服务实体经济改革创新。支持烟台开展基金管理服务专项改革创新，青岛建设财富管理金融综合改革试验区。支持枣庄、临沂等市开展普惠金融改革创新，探索完善区域普惠金融服务体系。支持潍坊建设文化艺术金融综合试验区、德州举办京津冀鲁资本技术交易大会。

防范化解金融风险。筑牢市场准入、早期干预和处置退出防线，积极稳妥推进去杠杆，探索建立地方性金融风险处置基金，完善地方风险救助体系。坚决打击非法集资、金融诈骗等金融违法犯罪活动，加大对失信惩戒和恶意逃废金融债权打击力度。完善金融监管机构与地方政府沟通协调机制，健全事中事后监管制度，提升跨行业、跨市场交叉性金融业务监管能力。

……

第七章　汇聚动能转换新动力

坚持把深化改革、推动创新、扩大开放作为新旧动能转换的根本动力，加强制度设计、系统谋划和协同推动，持续激发全社会活力和创造力，不断增强经济发展的内生动力。

第一节 改革激发动能转换

尊重市场作用和企业主体地位,以完善产权制度和要素市场化配置为重点,实现产权有效激励、要素自由流动、价格反应灵活、竞争公平有序、企业优胜劣汰。

深化国企国资改革。发挥国有企业在动能转换中的引领带动作用,推进国有经济布局优化、结构调整、战略性重组,提高国有资本配置效率,培育具有全球竞争力的世界一流企业。积极发展国有资本、集体资本、非公有资本等交叉持股、相互融合的混合所有制经济,探索分类分层推进混合所有制改革路径。开展地方国有企业员工持股试点,优先支持科研人员、经营管理人员和业务骨干等持股,建立健全股权流转和退出机制。改革国有资本授权经营体制,建立监管权力清单和责任清单,改组组建国有资本投资公司、运营公司。加快建设有效制衡的公司法人治理结构和灵活高效的市场化经营机制,规范董事会建设,推行职业经理人制度。加强国有资产保值增值、防止流失监管,改进内部流程管控刚性约束,健全重大决策责任追究机制。

支持民营经济发展。发挥民营经济在新旧动能转换中的重要支撑作用,全面实施市场准入负面清单制度,营造公平竞争、统一开放的市场环境。加大对行业领军企业和高成长性企业激励力度,支持民营资本通过资产收购、产权受让、参股控股、合资合作等方式,参与混合所有制改革,除国家规定必须保持国有资本控股的企业外,可允许民营资本控股。加快完善现代企业制度,实施民营企业规范化公司制改制三年行动计划,实现企业产权多元化、治理规范化、管理科学化。建立和落实重大事项论证和决策机制、内部制衡和风险控制机制,强化战略管理、基础管理、成本管理、财务管理和风险管控。落实企业改制、兼并重组、产业升级等税收优惠和奖励政策,加快推进中小企业服务体系和信用担保体系建设,全面推进小微企业“双升”战略。继续清理规范涉企收费行为,降低企业生产经营制度性成本。

提高要素配置效率。更多依靠市场化手段促进知识、技术、信息、数据等新生产要素合理流动、有效集聚,充分发挥其放大社会生产力的乘数效应。推动数据资源开放共享,完善政府信息公开和企业信息披露制度。健全资源性产品、垄断行业等领域要素价格形成机制,进一步破除各种形式的自然垄断和行政垄断,加快落实水、石油、天然气、电力、交通、电信等领域价格改革措施,实行网运分开和公共资源市场化配置,真实反映市场供需关系、资源稀缺程度和环境损害成本。构建规则统一、公开透明、服务高效、监督规范的公共资源交易平台体系。

创新投融资体制。加快建立企业投资市场主导、融资渠道丰富畅通,政府管理简明规范、职能转变务实到位,宏观调控稳健高效、法制体系保障健全的新型投融资体制。最大限度地放宽投资准入,通过规划布局、技术标准引导市场投资行为,开展企业投资项目承诺制试点。创新政府投资方式,发挥基础设施建设基金、政府出资产业投资基金等引导作用,健全PPP模式制度,推行代理制度,建立合理投资回报和多样化退出机制。严格控制政府性债务风险,严禁违规担保,严禁通过各种方式变相举债,建立地方债务风险终身问责、倒查责任制度。加快地方政府融资平台市场化转型，推进国有资本运营集团注入优质资产、引入战略投资者、存量资产证券化，承接运营政府投资设立、整合的股权投资基金。支持民间资本管理公司开展债券投资、受托资产管理、私募基金管理、不良资产收购处置和资产证券化等创新试点业务，支持由民营企业发起设立民间资本投融资控股公司。

第二节 创新引领动能转换

坚持创新是引领发展的第一动力，以创新型省份建设为统领，深入实施创新驱动发展战略，加快形成以创新为主要引领和支撑的经济体系和发展模式。

提高科技创新应用能力。把握世界科技发展趋势，超前谋划布局，强化前瞻性基础研究、引领性原创研究和应用基础研究。推进重大创新平台建设，积极承担国家重大科技项目和工程，在人工智能、无人技术、生命科学、量子技术、纳米科技、空天海洋、轨道交通、检验检测认证等领域取得重大突破。争取国家重大科技基础设施和大科学装置在山东布局，建设国际领先的超算中心、青岛海洋科学与技术国家实验室（试点）、大洋钻探船等。筹建好中国科学院海洋大科学研究中心。加强技术开发与集成、装备研制与大规模应用，以技术的群体性突破带动新兴产业集群发展。布局建设一批省级及以上创新中心、实验室和研究中心。推进重大创新平台、大型科研仪器设备和专利基础信息等资源向社会开放共享。

发挥企业创新主体作用。构建以企业为主体、市场为导向、“政产学研金服用”相结合的技术创新体系，引导创新要素向企业集聚，使企业成为创新决策、研发投入、科研攻关、成果转化的主体。鼓励企业牵头建设产业（技术）创新联盟，联合实施产业关键共性技术攻关。实施工业强基行动，加快重点突破和示范应用。实施企业创新百强、高新技术企业培育工程，推进新一轮高水平企业技术改造三年行动计划、科技型中小微企业创新竞技行动计划。着力打造一批引领全球行业技术发展、拥有高端品牌产品的国际领军企业，壮大一批核心技术能力突出、集成创新能力较强的骨干企业，培育一批市场潜力大、跳跃式发展的“独角兽”“瞪羚”企业。实施企业创新创业协同行动，支持大型企业开放供应链资源和市场渠道，促进大中小微企业融通发展。

完善科技成果转化机制。健全技术转移体系，建设区域性、行业性技术市场，发展线上线下结合的科技成果交易，打造链接国内外技术、资本、人才等创新资源的技术创新网络。深化科技成果权益管理改革，完善科技成果激励评价制度，鼓励事业单位人员在职创办科技型企业。强化知识产权创造、保护和运用，开展知识产权综合管理改革试点和重点产业专利导航试点，完善知识产权质押融资市场化风险补偿机制。在潍坊开展知识产权区域布局试点，推进青岛知识产权运营服务体系和国家知识产权服务业集聚区建设，建设济青烟国家科技成果转移转化示范区。

优化创新创业发展环境。加快建设山东半岛国家自主创新示范区和国家创新型城市，打造全省创新驱动发展的核心引擎。支持东营、日照、聊城、滨州、菏泽等市符合条件的园区创建国家级高新区，支持青岛蓝谷建设国家海洋经济发展示范区，支持威海创建国家区域创新中心。建设一批国家级、省级双创示范基地、小微企业创业创新示范基地、中小企业公共服务示范平台、创业孵化示范基地和农村创新创业示范基地。加强网上创新工厂、虚拟创新社区、院士创业园等建设。强化科技与金融结合，积极争取投贷联动试点，培育科技金融中介服务体系。大力发展天使投资、风险投资、创业投资、私募基金和并购基金。

加快推进军民融合。落实军民融合深度发展国家战略，积极创建军民融合深度发展示范省。创新组织管理体系、工作运行体系和政策制度体系，推动军民产业、科技、人才、基础设施和军队保障社会化等方面融合发展，形成全要素、多领域、高效益的融合发展格局。以推进青岛军民融合创新示范区建设为引领，大力提升烟台、威海、临沂3个示范市以及环翠区、长岛县等6个示范区建设水平。实施军民融合协同创新专项行动计划，强化军地、军民联合攻关，实施一批军民融合重大项目，打造一批军民融合产业园区(基地)。

……

第三节　开放助力动能转换

实施新一轮全方位、高水平对外开放，加快完善法治化、国际化、便利化的开放环境，重塑开放型经济新优势，形成全面开放新格局。

深度融入“一带一路”建设。支持各市发挥特色优势，与沿线国家和地区城市，在港口建设、海洋经济、能源资源、商贸物流、金融服务、人文交流、生态环保等领域加强合作。依托新亚欧大陆桥、中蒙俄等国际经济合作走廊布局建设境外经贸合作园区和重点项目，带动优势产能、优质装备和先进适用技术输出。加强与境外高新技术和先进制造业企业合作，支持在境外设立研发中心。稳妥参与境外油气、矿产等能源资源勘探和开发，提高配置全球资源的能力。设立全省“一带一路”投资基金。发挥济南中欧班列的龙头带动作用，优化提升中欧、中亚班列运输效能。

构建开放型经济新体制。充分借鉴自由贸易试验区改革试点经验，在济南、青岛、烟台市，依托国家级新区、国家级经济技术开发区、国家级高新技术开发区、海关特殊监管区，以及济南新旧动能转换先行区，加快体制机制创新。支持青岛积极创造条件，探索建设自由贸易港。支持济南开展构建开放型经济新体制综合试点。推动济宁、日照、淄博、青岛空港、即墨等综合保税区尽早获批，支持其他符合条件的市申建海关特殊监管区域，推进现有海关特殊监管区域延伸服务功能。推进威海中韩自贸区地方经济合作示范区、中韩(烟台)产业园建设。全面实行准入前国民待遇加负面清单管理制度，加强外商投资企业事中事后监管，探索“无感知”和“低感知”监管方式。推行“服务大使”制度，加强重点外资企业点对点直通包办服务。扩大服务业对外开放，根据国家部署，有序放开育幼养老、建筑设计、会计审计、商贸物流、电子商务等服务业领域准入限制。开展跨境电子商务人民币结算、跨境资产转让政策创新和融资租赁试点。

加快转变外贸发展方式。以技术、标准、品牌、服务为核心，推动货物贸易和服务贸易协调发展，实现优质优价、优进优出。鼓励高新技术、高端装备、品牌产品出口，建设外贸转型升级示范基地、贸易平台、国际营销网络。大力发展服务外包，扩大金融、文化、旅游、建筑、软件、研发设计、中医等服务出口。培育外贸新业态、新模式，完善监管制度、服务体系和政策框架，支持跨境电子商务、市场采购贸易、外贸综合服务、国际中转集拼、保税展示交易等健康发展。加快建设电子口岸，推广国际贸易单一窗口、一站式作业、一体化通关。支持济南创建国家级跨境电商试点城市、烟台创建国家服务外包示范城市，临沂创建国家内外贸融合发展试验区，威海创建国家级进口贸易促进创新示范区和全国重要消费品集散区。实施更加积极的进口政策，扩大先进技术设备、关键零部件和优质消费品等进口，促进进出口平衡发展。支持青岛汽车整车进口口岸开展汽车平行进口试点。

创新区域开放合作模式。加快融入京津冀协同发展国家战略，主动承接北京非首都功能疏解及京津产业转移，积极服务雄安新区建设，支持黄河三角洲地区发展“飞地经济”。加强环渤海地区合作，密切与长三角、珠三角、东北等地区经济联系，构建地区间协作发展机制。

……

第八章 拓展动能转换新空间

牢固树立全省一盘棋思想，坚决避免各自为政、同质竞争和低端重复建设，因地制宜、因业布局、因时施策，系统谋划推进区域、城乡、陆海和减排节能统筹发展。

第一节 统筹区域协调发展

深入实施区域协调发展战略，增强区域发展的协同性和整体性，打造区域统筹协调、人与自然和谐发展新格局。

落实主体功能区战略。发挥主体功能区作为国土空间开发保护基础性制度作用，健全基于不同主体功能定位的配套政策体系和绩效考核评价体系，推动主体功能区战略格局在市县层面精准落地，形成各类主体功能区差异化协同发展长效机制。在严格保护好生态和农产品供给安全的前提下，集约高效有序开展各类开发建设活动。严格执行产业准入负面清单制度，对重点水源地、湿地、国家森林公园等禁止开发区域，实行最严格的保护制度。统筹各类空间性规划，探索推进“多规合一”，依法开展战略环评和园区规划环评，提高空间治理能力和管控效率。

优化重大生产力布局。实施重点产业集聚工程，推动企业入区入园，打造若干产业功能区、产业基地和产业带。做好省级项目统筹，谋划推进一批补齐产业链条、提升产业整体层次、带动区域经济发展的跨区域关键性大项目，探索各市间重大园区、项目的联动协作机制和利益分成机制。根据国家统一部署，评估调整山东半岛蓝色经济区、黄河三角洲高效生态经济区发展规划。推动沂蒙革命老区整体发展，在全国打造率先脱贫、壮大优势产业和特色经济的典范。

推进区域一体化发展。打破行政区划限制，提高要素资源配置效率，加快济莱一体化、济淄一体化、济泰一体化、青潍一体化、烟威一体化等区域协作发展。强化规划政策协同对接、基础设施互联互通、要素市场统一开放、生态环境联防联治、公共服务共建共享,实现共赢发展。创新区域合作的组织保障、规划衔接、资金分担、信息共享、政策协调等机制。支持济南、青岛、烟台等市合理调整行政区划,推进撤县设市、设区。

第二节 统筹城乡一体发展

加快构建新型城乡关系,促进城乡在规划布局、要素配置、产业发展、公共服务、生态保护等方面相互融合,实现城乡协调发展。

推进以人为核心的新型城镇化。提高山东半岛城市群开放发展和一体化发展水平,合理控制特大城市人口规模和发展边界,增强大城市辐射带动功能,积极培育新生中小城市,完善中小城市产业分工体系和公共服务体系。加快推进农业转移人口市民化,深化户籍等制度改革,全面实施财政转移支付、省级投资基金安排、城镇建设用地增加规模同农业转移人口市民化挂钩的"三挂钩"政策,稳步实现城镇基本公共服务常住人口全覆盖。支持武城开展产城融合试点,探索就地城镇化路径模式。以基础设施智能化、公共服务便利化、社会治理精细化为重点,推进新型智慧城市建设,支持城市老城区有机更新。开展建筑业改革发展综合试点,积极推进海绵城市和综合管廊建设。

大力发展特色县域经济。开展新一轮县域经济提升行动,推动县域融入毗邻区域中心城市主导的产业分工体系,引导县域特色主导产业绿色化、品牌化、高端化、集群化发展,做大做强园区经济、民营经济、开放型经济。扩大县域经济社会管理权限,在转移支付、土地供应、资金筹措、人才支持、项目建设等方面向县域重点倾斜。支持新泰、龙口、广饶、岚山区、淄川、威海南海新区、齐河、滕州等有条件的省级经济开发区升格,支持罗庄区、日照空港等有条件的县区创建省级开发区,深入推进开发区体制机制创新试点。

深入实施乡村振兴战略。按照产业兴旺、生态宜居、乡风文明、治理有效、生活富裕的总要求,建立城乡融合发展体制机制和政策体系,加快推进农业农村现代化。推进农村水、电、路、气、暖、信息、环卫、排污等基础设施改造升级。探索城乡基础设施和公共服务一体化规划、建设、管理模式,健全城乡协调发展机制。坚持生产美、生活美、生态美,积极创建美丽乡村,引导农村新型社区和新农村有序建设。开展村庄环境综合整治,加快推进厕所革命和城乡环卫一体化,加强养殖废弃物处理与资源化利用。深入开展乡风文明行动,把优秀传统文化融入乡村生产生活,形成良性乡村文化生态。坚持自治为基、法治为本、德治为先,发挥好群众组织作用,构建党组织领导的现代乡村治理体系。持续促进农民增收,保护农民利益,确保农村居民收入增幅快于经济增幅和城镇居民收入增幅。

第三节 统筹陆海联动发展

坚持陆海资源互补、陆海发展并举、陆海安全并重,综合考虑陆海承载能力,协同推进陆海开发、建设和保护，实现陆海全面协调可持续发展。

创新陆海统筹管理模式。全面开展陆海产业规划衔接，繁荣发展湾区经济。以临港临海产业为重点，加快沿海地区产业结构升级步伐。建立跨领域、跨行业、跨地区的海洋信息联动机制，建设全省海洋大数据中心，创建全国“智慧海洋”建设示范区。在维护海洋生态空间安全的基础上，统筹滨海土地、围填海造地、海岛开发，缓解沿海地区土地资源瓶颈约束。统筹海陆水资源利用，实施“胶东海上调水”工程，沿海重化工业园区要优先利用淡化海水，沿海城市要逐步推广大生活海水利用，以海补淡，节约稀缺的内陆淡水资源。

加强岸线资源保护利用。强化河湖海域空间生态管控，保护自然岸线，推进人工岸线生态化。实施流域环境和近岸海域综合治理，严格河流水质考核。保护山东半岛黄金海岸资源，建设国家岸线资源保护利用试验区。深入推进海洋生态文明建设，实施浅海海底森林营造、蓝色海湾治理、重要河口生态环境修复、黄金岸线恢复和潮间带湿地绿化美化五大工程，在沿海 7 市开展河海共治、海岛生态、占用优质岸线退出、海洋保护区规范化管理等试点，支持威海推进重点海湾保护治理“湾长制”试点创新。支持长岛创建国家海洋公园和国家海洋生态文明示范区。

第四节　统筹减排节能绿色发展

牢固树立和践行绿水青山就是金山银山的理念，加快生态文明体制改革，深入开展环境保护和生态修复，促进人与自然和谐共生。

加强减排降耗治污。严守环境质量底线，构建政府为主导、企业为主体、社会组织和公众共同参与的环境治理体系。在稳定预期的基础上，实行逐步加严的大气污染物综合排放标准，有序推进气(电)代煤改造，加强规模以下企业和城乡燃煤用户污染治理，争取济南、淄博、济宁、德州、聊城、滨州、菏泽等市享受京津冀大气污染防治协同治理政策，实现煤炭消费绿色化、清洁化。实施全链条水污染防治，加大土壤污染管控修复力度，加强固体废弃物和垃圾处置。鼓励发展绿色钢结构装配式建筑。开展环境污染责任保险试点。实施“工业绿动力”计划，推动传统能源清洁高效利用和绿色能源深度开发利用。创建一批绿色工厂，推进能源精细化管理。

发展低碳生态经济。加快建立绿色生产和消费的政策导向，鼓励发展循环经济，推进生产工艺绿色化升级和产业园区循环化改造。推动淄博全国老工业城市和资源型城市转型升级示范区建设，加快枣庄、东营、济宁、泰安、临沂、莱芜等老工业基地和资源型城市转型发展，支持新泰资源枯竭城市转型振兴、再生资源回收利用等示范工程建设，探索采煤塌陷地治理市场化运作新模式。支持济南市探索建设用能权、碳排放权、排污权统一的交易平台。深入开展国家低碳城市试点建设。积极争取利用世界银行等国际组织贷款，设立绿色发展基金。支持创建绿色金融改革创新试验区。

强化生态制度建设。严守生态保护红线，提升生态系统质量和稳定性。设立国有自然资源资产管理和自然生态监管机构，完善生态环境管理制度。建立市场化、多元化生态补偿机制，开展流域生态保护补偿试点。推动实施泰山“山水林田湖草”生态保护修复工程国家试点，支持日照实施“山水林田湖草”治理工程，实施南水北调东线工程环湖沿河大生态带建设工程。认真落实“河长制”“湖长制”，统筹推进水资源保护、水域岸线管理、水污染防治、水环境治理和水生态修复。实施鲁中、鲁南地区地下水超采区治理工程，开展国家坡耕地水土流失综合治理试点。支持济南、青岛、淄博、临沂等市建设国家生态文明先行示范区，支持沂源等13个国家重点生态功能区建设，支持济南开展国家气候适应型城市试点建设。支持聊城建设国家节能减排财政政策综合示范城市、国家循环经济示范城市。与沿黄各省密切协作，积极推进沿黄生态经济带建设。

第九章　务实动能转换新支撑

适应新时代、新趋势、新要求，全面提升政府服务效能，深入实施人才优先发展战略，超前布局重大基础设施建设，为新旧动能加快转换提供坚实保障。

第一节　建设一流服务政府

持续深化放管服改革，建设包容创新、审慎监管、运行高效、法治规范的服务型政府，构建亲清的新型政商关系，营造宽松便捷的市场准入环境、公平有序的市场竞争环境、安全放心的市场消费环境，推进治理体系和治理能力现代化。

加大简政放权力度。统筹考虑各类机构设置，科学配置党政部门及内设机构权责，推进大部门制改革。开展新兴经济领域管理权责重心下移试点，将部分有利于促进动能转换的省级行政权力事项依法下放或委托设区市实施。加大商事制度改革力度，在试点基础上全面推开“证照分离”改革，实施“多证合一”，推进企业登记全程电子化和电子营业执照。提高精准放权、协同放权水平，保障地方和基层对下放事项接得住、接得好。深化科技、教育、医疗、文化等事业单位改革，完善政府购买服务机制和法人治理结构，创建全国事业单位人事制度改革试验区。

加强事中事后监管。适应新技术、新产业、新业态、新模式发展需求，降低准入门槛，创新监管模式，完善快速服务响应机制，建立支持新兴市场主体创新创业、发展壮大的生态体系。明确监管内容、创新监管方式、建立统一高效的数据采集、监测、分析和预防体系。加强社会信用体系建设，把查询使用信用记录嵌入行政管理和公共服务各领域、各环节，完善跨地区、跨部门、跨领域的守信联合激励和失信联合惩戒机制。深入实施“双随机、一公开”监管。

改进优化政务服务。规范行政程序、行为、时限和自主裁量权，提高政务公开水平，增强政府公信力和执行力，营造稳定、公平、透明、可预期的营商环境。推广“互联网＋政务服务”，实现“一窗受理”、“一网办理”、联审联办、全链条办理。推进信息共享和数据开放。建成全省统一的“12345”政务服务热线。提高中介服务标准，清理和规范政务服务涉及的各类认证、评估、检测等中介服务项目。

健全法治保障体系。全面清理制约新产业、新业态、新模式发展的法规规章和规范性文件，加快出台公共数据和电子政务、社会信用、科技成果转化、知识产权保护、能源节约、现代服务业等领域的法规规章。定期对市场准入负面清单事项进行合法性审查,加快法规制度适应性修订。加强新设行政许可审查论证,开展重大决策合法性审查和规范性文件备案审查。建设行政处罚、行政强制权力网络运行系统,实现省市县互联互通。

完善市场竞争和消费环境。坚持权利平等、机会平等、规则平等,加快健全市场监管机制,着力打破地区分割、行业垄断和市场壁垒,严厉打击虚假宣传、制假售假等不正当竞争行为,确保各类市场主体依法平等使用生产要素、公平参与市场竞争、同等受到法律保护。坚持源头治理、依法治理、创新治理、综合治理,加强食品、药品、农产品等重要产品监督管理,健全产品质量追溯体系,整体提升消费者维权能力,持续激发市场活力和消费潜力。

第二节 建设一流人才队伍

牢固树立人才第一资源理念,实行更加积极开放有效的人才政策,推动人才结构战略性调整,打造人力资源强省,实现数量型人口红利向质量型人才红利转变。

完善人才培养机制。积极推进世界一流大学和一流学科建设,争取国家支持建设中国康复大学、中国能源大学,加快齐鲁工业大学、齐鲁医科大学建设。实施新工科优先发展计划,增设面向新经济、新产业的学科专业,建设新型高端智库,造就一大批战略科技人才、科技领军人才、青年科技人才和高水平创新团队。鼓励本科高校、职业院校(含技工院校)和培训机构开展技术技能培训、创业创新培训,建设职业教育创新发展试验区,筹建山东创业大学。传承弘扬劳模精神、工匠精神,打造知识型、技能型、创新型劳动者大军。大力倡导企业家精神,依法保护企业家的创新收益和财产权,培养造就具有战略思维、国际视野和勇于创新的企业家和经营管理人才队伍。

创新人才引进模式。建立符合国际规则和惯例的引才机制和服务模式,研究制定加快推进人才国际化的意见。加大柔性引才力度,支持外籍高层次人才和急需紧缺人才来鲁工作、创新创业,提供高效便捷的人才签证、工作许可审批服务。支持国内外高校、科研机构在山东设立新型研发机构和中试基地,打造一批省博士后创新实践基地、专家服务基地和留学人员创业园,引进培育"两院"院士、"千人计划""万人计划""泰山学者""泰山产业领军人才"等高层次人才。推进落实离岸创新人才使用办法,加强与科研院所、高等院校和企业的对外交流合作,设立海外研发机构。发展专业性、行业性人才市场,放宽人力资源服务业准入限制。完善社会保险关系转移接续办法,畅通人才在机关、事业单位、企业、社会组织之间的流动渠道。

强化人才激励政策。构建各类人才脱颖而出、梯队发展、自由流动的制度环境。对高端紧缺人才,实施科技成果转让、科研成果奖励政策,在部分新兴经济领域探索实施特殊管理股权制度。完善科技人才创新荣誉制度,建设一批"科技领军人才创新工作室",设立"首席中青年科学家"岗位。落实高校和科研院所自主权,改革高校绩效工资审批管理制度。完善财政性科研项目和资金管理制度,加大对实施法人治理结构科研院所的创新支持力度。

……

第三节　建设一流基础设施

坚持基础性、先导性、战略性方向,提高智能化、网络化、现代化水平,加快建设技术先进、功能完善、便捷高效、安全坚固的综合基础设施支撑体系。

交通基础设施。积极融入国家综合交通网,畅通省内外运输网络,打造交通强国战略山东示范区。铁路。加快鲁南高铁、济莱临高铁建设,打造“三环四横六纵”的快速铁路网络,建设大莱龙扩能改造、聊泰、淄东等铁路项目,完善“四纵四横”货运铁路网。公路。实施济青、京沪(山东段)、沈海(山东段)等大运量路段改扩建工程,推进普通国省道低标准路段改造,按照一条综合运输通道至少配置一条免费快速干线公路的原则,开展全省干线快速路网工程规划建设,大力推进“四好农村路”建设。轨道交通。推进济南、青岛地铁和轻轨建设,规划建设淄博、烟台、潍坊、济宁、临沂、威海等市轨道交通。机场。加强民用运输机场和通用机场建设,完善机场布局,提高机场资源配置效率,构建现代民用航空体系。港口。以资本为纽带、以市场为导向,整合港口资源,带动航运协同合作及一体化运营,打造现代化港口群。按程序成立省港口发展管理委员会,作为省政府议事协调机构,对港口群进行统一规划,实现港口间合理分工和良性互动。支持各市通过多种方式参与港口运营,打通出海通道。加快港口公用基础设施及大型化、专业化码头建设,推进港口内部优化整合,打造新一代国际智慧港口。实施通江达海内河水运工程,加强内河航道建设,初步形成以京杭运河主航道为骨架,其他支流航道为补充的“一干多支”航运网络和济宁港、枣庄港、泰安港等内河港口群。支持济南优化跨黄河桥隧布局。交通与物流融合发展。发展智慧物流,鼓励有实力的运输企业向多式联运、综合物流服务商转变,推进国际货运班列运行,打通省内外物流大通道,建设综合性物流基地和节点枢纽城市。开展国际中转集拼业务和大宗商品国际中转创新试点,支持有条件的市建设国家物流标准化城市试点和现代物流创新发展城市试点,发挥青岛胶州湾国际物流园等国家示范物流园区的引领带动作用,提高物流信息化、标准化和集约化水平。

……

能源基础设施。实施能源保障、能源网络和能源优化工程,构建清洁低碳、安全高效、供应优化的现代能源体系。能源保障。坚持内压外拓,在做好煤炭去产能的基础上,有序推进鲁西煤炭基地保护性开发。稳定开发油气资源,有序推进近海油气田和页岩油开发,加快国家骨干油气管网和沿海 LNG 接收站规划建设,充分利用省外、境外油气资源。实施煤电提升改造,通过“上大压小”适度发展大型高效、节能环保煤电机组,加快现役机组超低排放和节能环保升级改造。加快新能源和可再生能源发电发展,实施光伏发电示范工程,统筹陆上和海上风电开发,合理布局生物质和垃圾发电项目。能源储输网络。统筹省外能源引进和省内产需衔接,构筑煤炭主要运输网络。对接西气东输、中俄东线等国家骨干输气工程,加强国家原油战略储备基地建设。持续提高电网调峰能力,保障安全稳定运行。能源优化。严格实行能耗强度和总量“双控”制度，努力压减省内煤炭消费总量，逐步降低煤炭消费比重。实施“气化山东”工程，积极推进天然气在工业、交通、发电、供暖等领域高效利用。大幅提高新能源和可再生能源利用规模，推动绿色电力、绿色热力、绿色燃料生产与应用。

水利基础设施。突出水资源的刚性约束，以节水、供水重大工程建设为重点，构筑水安全保障体系。论证规划峡山水利胶东调水水源等工程，建设一批河道拦蓄工程和抗旱应急水源工程。实施金堤河等河道重点河段治理，推进病险水库水闸除险加固，疏浚治理河湖水系，加强沿海7市海堤工程建设，推进黄河口治理，实施地下水超采区综合治理工程。加强大中型灌区续建配套节水改造，加快小型农田水利项目县建设。

信息基础设施。构建完善高速、移动、安全、泛在的新一代信息基础设施，统筹规划政务数据资源和社会数据资源，完善基础信息资源和重要领域信息资源建设，形成万物互联、人机交互、天地一体的网络空间。落实“宽带中国”和“宽带乡村”战略，推进固定宽带网络升级，推进超高速、大容量光传输技术应用，升级骨干传输网，大幅提高城域网和骨干网出口带宽，城市家庭普遍具备每秒1 000兆以上接入服务能力，农村家庭普遍具备100兆接入服务能力。推动海底光缆系统开放，支持青岛建设国际通信业务出入口局，建设济南至互联网国际出入口局的互联网国际通信专用通道。加快基于互联网协议IPv4/IPv6技术过渡的骨干网和接入网改造。构建新一代移动通信网络，加快推动4G网络建设，推进5G联合研发、试验和商用试点。加快电信网、广播电视网、互联网三网融合进程。支持公共场所提供免费无线宽带服务。

……

第十章　构筑动能转换政策体系

以综合试验区建设为重要契机，加大改革创新力度，进一步完善政策体系，集中释放财税、金融、土地等制度红利，为动能转换提供良好的政策环境。

第一节　健全财税政策

遵循财税改革方向，强化税收引导、财政激励功能，支持企业加快技术创新和转型升级。

完善税收激励机制。按照国家部署，选择部分战略性新兴产业和新旧动能转换重点行业（项目）先行先试临时性的期末留抵退税政策。结合国家服务贸易创新发展试点，研究探索服务贸易发展的税收政策安排。建立健全“飞地”项目增值税、企业所得税分享制度，引导生产力跨区域布局。落实高新技术企业所得税优惠、研发费用加计扣除等激励企业创新的普惠性政策。科技型中小企业实际发生的职工教育经费支出不超过工资薪金总额8%的部分准予税前扣除。科技人员转让科技发明、专利技术等，在计算个人所得税时不能准确计算财产原值的，由税务机关依法核定财产原值。高新技术企业转化科技成果给予个人的股权奖励，可在5年内分期缴纳，符合条件的也可选择递延缴纳个人所得税。

加大财政奖励扶持。完善省对市县主体税收增长激励政策,实施重点区域财政收入质量改善提升工程,今后三年对税收比重提高幅度超过全省平均水平且财政收入逐年增长的市,按其上缴省级税收增量部分的一定比例给予奖励。经国家认定的高新技术企业的增值税(地方部分)、企业所得税(地方部分)两税增收上交省当年增量部分,省政府按一定比例返还奖励。争取国家支持探索发展项目收益与融资自求平衡的地方政府专项债券。在地方政府债务风险可控的前提下,积极争取中央适度核增地方政府债券额度。完善财政、金融、保险等支持首台(套)重大技术装备、首版次软件研发和首批次新材料研发、检测评定、示范应用体系和政策,落实国家关于促进创新产品研发应用的政府采购政策。设立新旧动能转换基金,加大对重点产业、关键领域支持和引导力度。

第二节　创新金融政策

创新企业融资方式和金融服务模式,引导金融资源配置向经济社会发展重点和薄弱领域倾斜,推动金融服务普惠化、绿色化发展。

增强创新创业金融支持。发挥政府股权投资引导基金的引导作用,健全从实验研究、中试到生产全过程的科技创新融资模式。发展各类风险投资,完善退出机制,在股权质押、产权流转、风险防控等方面先行先试。整合省内各类股权投资基金,建立与国家新兴产业创投引导基金、科技成果转化基金等的合作机制,促进省内创新型小微企业加速发展。建立以互联网为基础,集中统一的不动产权益抵质押登记平台。推动发展小微金融,鼓励银行机构设立小微企业专营机构和专业支行,支持小微企业到区域股权交易市场挂牌,改善对初始创业者的金融服务。在确保依法依规、风险可控的前提下,积极运用互联网、物联网、人工智能、大数据、区块链等现代金融科技手段,努力提高金融服务效率和水平。充分利用山东省企业融资服务网络系统实时、直达的优势,加大对全省新旧动能转换重大工程推介力度,实现“线上推介”与“线下对接”有机结合。支持中小微企业发行企业债、公司债等债券融资工具,提高直接融资比重。

推动绿色金融加快发展。支持银行设立绿色金融事业部或特色分支机构,鼓励符合条件的金融机构探索开展绿色债券、绿色基金和绿色信贷资产证券化等新型金融业务。将企业环境信息纳入信用信息基础数据库,为金融机构贷款和投资决策提供依据。鼓励在人民银行备案的第三方评级机构,开发针对环境友好型企业的专属信用评级产品,并将评级结果在金融机构中推广应用。发挥能源环境等交易市场平台作用,发展排污权、用能权、水权等环境类交易以及相关融资工具。通过专业化担保和增信机制,对在环境信用评价中达到良好和诚信等级的非“两高一剩”工业企业,逐步引导扩大排污权抵质押贷款投放。探索建立环境污染强制责任保险制度。

第三节　完善土地政策

坚持长远结合、生态优先、集约利用的原则，精准实施支持动能转换的土地政策，加强土地资源使用保障，提高国土资源利用效率。

盘活存量建设用地。鼓励有条件的城市开展工矿废弃地复垦和再利用。对城区老工业区综合改造项目，利用原有工业用地发展符合规划的服务业，涉及原划拨或原工业出让土地使用权转让或改变用途，符合协议出让条件的可以采取协议出让方式办理用地手续。支持在工业园区内探索进行工业地产试点，在不改变功能和土地用途的前提下，允许对标准厂房、国有建设用地使用权分割转让。符合规划的相关产业可以混合用地，允许同一地块或同一建筑兼容多种功能。支持国有划拨土地上已经登记的存量房地产依法转让。鼓励存量建设用地使用权人按照城乡规划确定的建设用地条件自行开发或联合开发。除规划为商业、商品住宅等经营性用地外，土地现状用途与城乡规划不一致的，经市县政府批准，可以采取协议方式按规划用途办理出让手续；原土地出让合同约定或者划拨决定书规定的改变用途予以回收的土地，经市县政府批准，可以由土地使用权人按照规划实施开发。

保障新增土地供给。对综合试验区在年度建设用地指标、农用地转用、城乡建设用地增减挂钩指标安排上给予倾斜。对新旧动能转换重大项目实行用地计划单列，允许耕地占补平衡指标在省内调剂使用。营利性教育科研、医疗卫生、社会福利、文化体育及城市基础设施等社会事业项目用地，符合协议出让条件的可以采取协议方式出让，出让底价按照拟出让地块所在区域同类用地基准地价的70%确定。依法委托济南、青岛、烟台市人民政府行使部分市（县、区）的农用地转用和土地征收审批权。对济南新旧动能转换先行区在用地指标等方面予以支持，按照“封闭运行、风险可控”原则先行先试相关政策。综合试验区内地方政府可以根据本地实际，研究出台推进低效用地再开发、支持新兴产业发展和新动能培育的用地保障政策。

第十一章　以工程的办法推进动能转换

加强统筹协调，强化责任担当，创新工作机制，明确新旧动能转换重大工程时间表、路线图、责任状，确保规划实施有抓手、有载体、有成效，顺利实现各项目标任务。

第一节　强化组织领导

加强党的领导。深入贯彻落实党的十九大精神，增强政治意识、大局意识、核心意识、看齐意识，坚决维护党中央权威和集中统一领导，自觉在思想上政治上行动上同以习近平同志为核心的党中央保持高度一致。完善党委研究经济社会发展战略、制定重大政策、推进任务落实的工作机制，确保党始终总揽全局、协调各方。充分发挥基层党组织和党员在实施新旧动能转换重大工程中的战斗堡垒作用和先锋模范作用。发挥统一战线作用，广泛调动各类社会主体积极性、主动性、创造性。

健全推进机制。省新旧动能转换重大工程战略规划领导小组调整为省新旧动能转换重大工程建设领导小组,统筹推进全省新旧动能转换重大工程建设。各市、各部门建立相应的工作机制,为新旧动能转换提供组织保障。依据综合试验区建设总体方案和实施规划,各市要编制本区域新旧动能转换规划,有关部门要编制十强产业动能转换专项规划,加紧制定推进方案落实和规划实施的政策措施。

第二节 强化项目推进

科学策划论证项目。按照全省新旧动能转换目标方向和重点任务,结合重大生产力布局,建立全省"四新""四化"重大项目库,谋划一批带动作用大、技术含量高、市场效益好的重大项目。注重发挥市县、部门、科研院所、企业、专家、人才、第三方机构作用,完善项目筛选论证程序。建立重大项目动态调整机制,实施项目退出和增补制度,对于新提出的重大项目,经认真组织论证后,符合要求的及时纳入项目库管理。

完善项目管理服务。加大前期工作支持力度,由同级财政保障新旧动能转换重大项目研究论证所需经费。对重大项目建立绿色通道,实行首问负责制,全程跟踪服务、上门服务,帮助完善前期手续,协助解决困难问题,进一步提高服务效能。强化重大项目信息采集、数据分析、进展监控、结果评价机制,实现对入库项目管理、推进、监管、服务的全过程覆盖,保障重大项目顺利实施。

加大项目招商力度。面向行业龙头、产业高端、企业总部、科研机构,实施招大引强,加大引资引智引技力度。鼓励各地市、省直各部门建立"内外资联动"招商机制和"一把手"走访责任制,开展"千企招商大走访"。定期在欧美、日韩、香港、京沪等地,组织重大项目招商活动。招商专项经费分配向专业化定向招商团队倾斜。对重点产业引进世界500强、央企和行业领军企业,省财政将根据新上项目的科技含量、附加值、带动能力和税收贡献等给予奖补。

第三节 强化监督考核

加强考核奖惩。把加快新旧动能转换重大工程推进工作纳入各市经济社会发展综合考核和党政领导干部实绩考核,考核结果作为各级领导干部选拔任用、考核监督的重要依据。各部门综合运用考核结果,制定针对性奖惩措施,对重大项目库中项目推进力度大、成效突出的市县政府,在中央和省预算内投资项目安排、专项奖补资金支持、土地指标调整等方面,给予政策倾斜,对工作不力、进度缓慢的要予以通报、约谈或问责。

加强监测评估。适应推进新旧动能转换工作需要,健全新旧动能转换统计指标体系,为规划实施和政策制定提供基础和支撑。开展对规划指标、政策措施和重大项目实施情况的跟踪监测,进行年度总结评估,强化动态管理,确保规划实施效果。

二、《山东省人民政府办公厅关于公布新旧动能转换重大工程协调推进体系专班成员名单和“十强”产业智库首批专家名单的通知》(鲁政办字〔2018〕128 号)

新旧动能转换重大工程协调推进体系新材料产业专班成员名单

组　长:汲斌昌(省经济和信息化委主任)

副组长:王超英(省经济和信息化委一级巡视员)

许竹升(省发展改革委二级巡视员)

李储林(省科技厅副厅长)

姜　龙(省财政厅二级巡视员)

李伯平(省人力资源社会保障厅一级巡视员)

郭大雷(省质监局二级巡视员)

张恩群(省国防科工办副主任)

成　员:梁振江(省经济和信息化委原材料产业处处长)

张茂森(省科技厅一级调研员)

褚国良(省人力资源社会保障厅人才开发处处长)

魏　斌(省经济和信息化委原材料产业处副处长)

许　伟(省财政厅工业贸易处副处长)

李天东(省发展改革委工业处副处长)

张风林(省质监局标准化处副处长)

滕立格(省经济和信息化委原材料产业处二级主任科员)

彭敬江(省国防科工办军民融合处三级主任科员)

专班办公室设在省经济和信息化委原材料产业处,梁振江同志兼任办公室主任,滕立格同志兼任专班工作联络员。

新旧动能转换重大工程“十强”产业新材料产业智库首批专家名单

首席专家

干　勇(中国工程院院士、中国工程院原副院长、国家新材料产业发展专家咨询委员会主任)

专家

毛新平(中国工程院院士、中国宝武集团中央研究院副院长)

李　卫(中国工程院院士、中国钢研科技集团有限公司副总工程师)

李仲平(中国工程院院士、中国航天科技集团航天材料及工艺研究所所长)

谢建新(中国工程院院士、北京科技大学教授)

谭天伟(中国工程院院士、北京化工大学校长)

王　昕(中国海洋大学教授)

邓　元(北京航空航天大学材料学院副院长、教授)
冯圣玉(山东大学教授)
李　鑫(中国纺织科学研究总院副院长、研究员)
李义春(中国石墨烯产业技术创新战略联盟秘书长、教授级高级工程师)
杨才福(钢铁研究总院工程用钢研究所所长、教授级高级工程师)
吴长江(中石化北京化工研究院院长、教授级高级工程师)
吴明铂(中国石油大学教授)
宋锡滨(山东国瓷功能材料股份有限公司高级工程师)
张劲松(中科院金属研究所研究部主任、研究员)
陈西广(中国海洋大学教授)
周少雄(安泰科技股份有限公司技术总监、总工、教授级高级工程师)
周传健(山东大学教授)
赵国群(山东大学教授、长江学者)
侯士峰(济宁利特纳米技术有限责任公司董事长、国家千人计划专家)
姚　燕(中国建筑材料科学研究院院长、教授)
翁　端(清华大学材料学院环境材料研究所所长、教授)
陶绪堂(山东大学教授、长江学者)
熊柏青(北京有色金属研究总院副院长、教授)
智库秘书处设在山东省新材料产业协会,司鹏超为智库联络员。

三、《山东省人民政府关于印发山东省新材料产业发展专项规划(2018—2022年)的通知》(鲁政字〔2018〕24号)

为深入贯彻落实省委、省政府关于实施新旧动能转换重大工程决策部署,加快推动新材料产业质量变革、效率变革、动力变革,实现高质量发展,把我省打造成具有国内先进水平和全球影响力的新材料产业强省,制定本规划。

一、基础环境

(一)发展基础

近年来,我省新材料产业发展步伐持续加快,创新成果不断涌现,一批龙头企业和领军人才不断成长,一批产业集群正在孕育形成,但整体实力与国际先进水平和发达省市相比还有明显差距,很多领域处于起步或追赶状态。

1. 产业规模稳步壮大,但产业技术亟待升级,高端供给有待提高。我省新材料产业门类比较齐全,在国家划分的特种金属功能材料、高端金属结构材料、先进高分子材料、新型无机非金属材料、高性能复合材料、前沿新材料等6大类新材料中均有分布,聚氨酯、高性能有机氟、有机硅、先进陶瓷、特种玻璃、高性能玻璃纤维、高性能铝合金、石墨烯等领域技术水平较高,已形成较好产业规模优势。2017年,全省规模以上新材料企业达到1 665家,实现主营业务收入8 776亿元,居全国第三位。但以初加工产品为主的供给结构尚未得到根本改善，精深加工不足，终端产品、名牌产品、高端产品比例不高，部分新材料产量居世界前列，但产业链条普遍较短，上中下游产业协作配套能力不强。

2. 集聚化发展态势初步形成，但定位不清晰、布局不合理等问题仍较突出。 通过不断调整和引导，我省新材料已经形成一定的区域特色。济南树脂复合材料、碳化硅半导体材料，青岛石墨烯材料、橡胶材料，淄博高性能氟硅材料、先进陶瓷材料，烟台有色贵金属新材料、聚氨酯、稀土功能材料，济宁生物基聚酰胺、石墨烯材料，泰安高性能玻璃纤维，威海碳纤维、生物医用材料，莱芜特种合金及粉末冶金材料，聊城聚碳酸酯材料等在国内具有较高的知名度。已建成省级以上新材料产业园区 25 家，国家级高新技术产业化基地 7 家。但新材料园区主导产业不突出，低水平重复建设、同质化竞争趋势明显，一定程度上分散了资金、资源优势，不利于产业的集聚发展。

3. 创新取得新突破，但支撑体系不健全等制约瓶颈仍较多。 产学研创新体系进一步推进，新材料国家实验室、国家质检中心、工程（技术）研究中心、企业技术中心和科研院所实力显著提升，在重大技术研发及成果转化中的促进作用日益突出。现有院士工作站 14 家，国家级企业技术中心 15 家，产业技术创新战略联盟 17 家，省级工程实验室（工程研究中心）50 余家。但总体来看，我省新材料产业领域内的创新主体主要为科研院所，企业创新能力较弱，科研院所技术创新与企业需求、地方产业发展之间的匹配度较低，可产业化的有效科研成果供给不足，企业发展后劲乏力。同时，人才资源总量缺乏和标准、检测、评价、计量等支撑体系不健全问题依然是制约我省新材料产业发展的主要瓶颈。

专栏 1 新材料的定义与范围

新材料是指新出现的具有优异性能或特殊功能的材料，或是传统材料改进后性能明显提高或产生新功能的材料。根据材料的物理化学属性、功能结构特征和未来发展趋势，一般将新材料分为特种金属功能材料、高端金属结构材料、先进高分子材料、新型无机非金属材料、高性能复合材料和前沿新材料等 6 大门类。

2016 年，工业和信息化部、国家发展改革委、科技部、财政部联合印发的《新材料产业发展指南》，根据新材料发展的阶段，提出了三大重点发展方向，分别是先进基础材料、关键战略材料、前沿新材料。(1)先进基础材料是指具有优异性能量大面广且“一材多用”的新材料，主要包括钢铁、有色金属、石化、建材、纺织等基础材料中的高端材料，对国民经济、国防军工建设起着基础支撑和保障作用。(2)关键战略材料大多具有技术工艺复杂、军民共用特征，主要包括高性能纤维及复合材料、生物医用材料、稀土功能材料、新一代光电信息材料、新能源材料、高端装备用特种合金、先进功能陶瓷材料等高性能新材料，是实现战略新兴产业创新驱动发展的重要物质基础。(3)前沿新材料具有多学科交叉、创新性和颠覆性较强的特征，主要包括石墨烯、3D 打印材料、超高温材料、新兴功能材料等，是抢占未来新材料产业竞争制高点的关键所在。

(二)面临形势

新材料研发水平及产业化规模已成为衡量一个国家、地区经济社会发展、科技进步和国防实力的重要标志。当前,新材料技术与纳米技术、生物技术、信息技术融合发展进一步加快,复合化、多功能、智能化趋势明显,开发与应用联系更加紧密,更加重视与生态环境及资源的协调发展。

从国际看,发达国家纷纷制定出台相应的研究开发计划,竭力抢占新材料技术和产业的制高点。美国提出在纳米材料、生物材料、光电子材料、微电子材料、耐极端环境材料及半导体材料等领域保持全球领先地位;欧盟的战略目标是保持在航空航天材料等领域的领先优势;德国把新材料列为9大重点发展领域之首,将纳米技术作为科研创新的战略重点;日本视新材料技术为科技发展的生命线,陆续制定了"纳米材料计划""21世纪之光计划"等。从国内看,新材料产业作为国民经济的先导产业,呈现快速健康发展态势,在研发、产业化及推广应用等方面的实力显著增强,产业规模日益壮大。国务院《"十三五"国家战略性新兴产业发展规划》提出,优化新材料产业化及应用环境,推进新材料融入高端制造供应链,初步实现我国从材料大国向材料强国的战略性转变。广东、江苏、浙江、上海等省市纷纷在新材料领域进行重点布局,出台了相关扶持政策,为产业发展创造了良好的政策环境。从省内看,加快新旧动能转换、实现转型升级为新材料产业提供了重要发展机遇。一方面,加快培育和发展新一代信息技术、高端装备、现代海洋和新能源汽车等战略性新兴产业,实施国民经济和国防建设重大工程,需要新材料产业提供支撑和保障。另一方面,我省传统产业规模大,部分行业产能过剩,资源、能源、环境等约束日益加剧,迫切需要大力发展新材料产业,加快推进传统产业转型升级,提高材料的精深加工率和集成器件的转化率,培育新的经济增长点和竞争优势。

二、总体要求

(一)指导思想

以习近平新时代中国特色社会主义思想为指导,全面贯彻党的十九大和十九届二中、三中全会精神,坚定践行新发展理念,按照高质量发展的要求,坚持补短板、强优势、促提升的总体思路,高端定位、对标一流,以满足产业转型升级和重大装备、重大工程需求为导向,以突破新材料关键领域核心技术为重点,以人才、项目、企业、园区、质量标准为支撑,大力实施人才智力培育、项目创新示范、领军企业培育、特色集群壮大、质量标准提升等五大专项工程,全面提升我省新材料产业竞争力,为加快推进全省新旧动能转换重大工程、实现"两个走在前列、一个全面开创"总目标作出应有的贡献。

(二)基本原则

——**坚持高端一流**。定位国内领先、世界一流,通过原始创新、集成创新、引进消化吸收再创新,突破一批关键核心技术,集中快速投入,率先在一些重点领域、关键环节形成高端引领的市场竞争优势。

——**坚持市场导向**。以满足国家战略和市场需求为出发点,突出企业主体作用和发挥市场在资源配置中的决定性作用,完善政府服务功能,重视新材料初期市场培育和推广应用,打通新材料“供”与“需”不平衡的瓶颈,提升高端供给能力。

——**坚持集聚发展**。支持济南、青岛、烟台三核引领、先行示范,发挥各自资源禀赋特点,创新园区发展模式,完善产业配套体系,打造一批具有核心竞争力和带动力强、特色鲜明、优势互补的新材料特色产业集群,避免低水平重复建设和同质化竞争。

——**坚持绿色低碳**。强化绿色低碳发展理念,重视新材料研发、生产和使用全过程环境友好性、安全性,以园区化、基地化、专业化、循环化为导向,提高资源利用率,进一步降低污染,促进新材料全生命周期绿色发展、安全发展。

——**坚持开放发展**。“走出去”与“引进来”相结合,充分利用国际、国内新材料创新资源,加强省内外、国内外的交流与合作,通过并购、引资、引智等方式,提升新材料设计、研发、制造和应用水平,打造开放、共享、共赢的发展新模式。

(三)发展目标

到 2022 年,全省新材料产业发展质量进一步提高,市场竞争力进一步提升,对全省工业的支撑和带动作用进一步增强。

1. **发展质量显著提升**。全省新材料产业主营业务收入达到 1.5 万亿元,年均增长 10% 以上,产业规模保持全国前三,力争位次前移。重点新材料细分行业达到国内先进水平的占 60% 以上,达到或接近国际先进水平的占 20% 以上。

2. **创新能力显著增强**。重点新材料企业研发投入占主营业务收入比重达到 3% 以上,院士工作站达到 25 家,国家级企业技术中心达到 30 家,培育引进高端人才 1 000 名。知识产权创造与运用能力明显提升,创新环境进一步优化,新材料产业高端研发力量和水平显著增强。

3. **产业布局进一步优化**。济南、青岛、烟台三核区域新材料主营业务收入占全省比重由 2017 年的 19% 提高至 28%,引领作用进一步增强;打造 10 个左右具有全国影响力的百亿级特色产业集群,带动全省形成一批区位优势突出、产业特色鲜明的新材料产业聚集带。

4. **骨干企业实力显著增强**。培育发展一批科技含量高、自主品牌响、市场竞争力强、综合效益好的骨干企业。主营业务收入达到 50 亿元以上的企业 50 家,100 亿元以上的 15 家,千亿元以上的 2~3 家。

到 2025 年,全省新材料产业主营业务收入超过 2 万亿元,创新力、竞争力和带动力显著增强,成为我省重要的支柱产业和新的经济增长点。

三、发展方向和重点

(一)前沿新材料

前沿新材料是引领新材料技术发展方向、催生新兴产业的孵化器,是实现我省新材料跨越式发展、抢占制高点的突破口。未来五年,我省要将石墨烯、3D 打印材料、超高温材料、新兴功能材料等作为前沿新材料的发展重点,力求实现新的突破。其中,对我省具有一定优势的石墨烯等先进碳材料，要着力提升研发水平，开发中高端产品，加快产业化进程，拓展市场广度和深度，进一步做大做强；对具有一定基础但发展水平不高的3D打印材料等，要加大投入和支持力度，以龙头企业为引领，深化产学研合作，提升技术和产品水平，提高竞争力；对尚处空白或起步阶段的新兴功能材料、超高温材料等，要盯紧国内外发展趋势，积极引进一批高端人才和顶尖技术，形成若干高水平、标志性前沿新材料企业和产品，打造新材料产业新亮点、新优势。

石墨烯。重点发展石墨烯粉体、石墨烯薄膜等规模化制备技术，实现对石墨烯层数、尺寸等关键参数的有效控制，提高石墨烯基础材料的产业规模和产品稳定性；加强石墨烯储能材料、防护涂料、复合材料等开发，促进其在超级电容器、锂离子电池、防腐涂料、导电油墨、导热散热器件、轮胎、纺织品、高端环境处理材料、石墨烯润滑油等产品中的应用，拉长石墨烯产业链，壮大产业集聚区。

3D打印材料。重点发展能够引领增材制造技术大规模应用的高速钢、模具钢、不锈钢、高品质钛合金、高温合金、铝合金、铜合金等特种合金球形粉末低成本制备技术，研制3D打印专用光敏树脂、高分子粉末与丝材等高性能专用材料及成型技术，拓展3D打印技术在医学诊断快速制造、精密铸造等领域的应用，加快增材制造产业发展。

超高温材料。重点发展超高温非氧化物陶瓷材料，实现硼化物、硅化物、碳化物等新材料的技术突破，占领超高温陶瓷材料领域的制高点。瞄准航空航天领域及高速高密度动力部件制造业，重点发展钛基、镍基等高温合金、高熵合金，促进军民融合发展。开发燃气轮机和航空发动机用高温合金叶片，完善高温合金技术体系，打造新的增长点。

新兴功能材料。重点发展形状记忆合金、自修复材料、智能仿生材料、智能传感材料、超材料、液态金属、新型低温超导及低成本高温超导材料、耐极端环境材料等新兴功能材料，加快高精尖技术引进和产业化，实现智能超导材料产业突破。

专栏2　前沿新材料重点建设内容

石墨烯。建设济南中英石墨烯产业园、生物质石墨烯项目，青岛国家级石墨烯应用技术工程研究中心和石墨烯产品研发制造公共服务平台，济宁石墨烯高分子复合材料项目等。

3D打印材料。建设青岛3D打印创新产业园，支持高性能合金粉末、高分子粉末等3D打印材料相关项目。

超高温材料。建设济南硼化锆和硼化铪超高温材料、耐热高强铝合金材料淄博碳化锆材料，烟台硅化钼材料，莱芜超高温硼化物材料等相关项目。

新兴功能材料。支持先进半导体单晶等相关项目建设，支持新兴功能材料相关企业的研发、中试和产业化项目。

（二）关键战略材料

关键战略材料已成为制约国民经济发展和国防工业建设的瓶颈。对我省具有优势的高性能纤维及复合材料、生物医用材料、稀土功能材料等，要进一步拓宽应用领域，打造一批全国知名的山东新材料品牌，壮大竞争优势；对有一定基础但技术水平不高、工艺装备滞后的新型显示材料、新能源材料、高性能轻合金材料等，要加快突破技术关和市场关，勇于追赶第一方阵；对尚处在起步阶段的先进半导体材料、高性能钛合金与特种铝合金等，要快速推进由设计、研发、引进到生产、应用的发展进程，缩短差距，突破瓶颈，实现产业化规模应用。

高性能纤维及复合材料。重点发展高性能低成本碳纤维、高强高模及功能玻璃纤维、芳纶、聚酰亚胺纤维、超高分子量聚乙烯纤维、氧化铝纤维、氮化硼纤维、玄武岩纤维、碳化硅陶瓷纤维等材料；加快纤维及复合材料的智能、绿色生产制造技术和耐高温热塑性复合材料产业化水平；进一步拓宽高性能纤维及复合材料在工业装备、高压气瓶、汽车轻量化、轨道交通、风力发电、海洋和体育休闲领域的应用。

生物医用材料。重点发展壳聚糖、聚乳酸、聚羟基脂肪酸酯、聚砜、医用有机硅等材料，支持临床应用研究和产品开发。围绕矫形外科和植入体，重点开发可承载骨诱导修复材料、可吸收骨固定产品等；围绕口腔种植修复，重点开发高生物相容性的口腔种植修复体；围绕新型心脑血管植介入，重点开发新一代全降解血管支架、人造血管等产品；围绕中枢神经修复与再生，重点开发可促进脊髓、脑神经等中枢神经修复与再生的材料和产品。推动全降解修复生物复合支架、可吸收组织修复材料、医用导管、医用敷料等临床医用产品产业化进程。

稀土功能材料。重点发展以钕铁硼永磁和新型高丰度稀土永磁材料为代表的高性能永磁材料、工业脱硝和汽车尾气净化处理等领域用稀土催化材料、非晶合金、新型稀土荧光粉、高性能储氢材料等。开发高纯稀土分离技术，提高产品等级。扩大稀土永磁材料应用领域，提高铈锆复合氧化物储氧能力和使用寿命，加快高性能储氢材料产业化步伐，提高新型稀土荧光粉的性能指标，形成区域优势。

新一代光电信息材料。重点发展宽禁带半导体碳化硅单晶衬底材料及功率器件、氮化镓晶体、电子信息陶瓷与元器件、集成电路用大尺寸硅材料、高纯金属及合金溅射靶材、高性能单晶铜键合引线、覆铜板、增材制造用激光晶体、大尺寸金刚石单晶材料、金刚石／铜高导热复合材料、高导热电子封装材料、半导体封装材料、电磁屏蔽膜、大尺寸非线性光学晶体、射线探测用晶体材料、特种光纤预制棒等产品，提升先进半导体材料、新型显示材料、高端光电子与微电子材料等关键材料的国产化水平。

新能源材料。重点发展新能源电池用高端正负极及隔膜材料、电解液等，缩小与国外先进技术的差距；加大氢燃料电池材料、特种功能氟碳材料、高能量电池用铜箔、高效太阳光谱选择吸收涂层等材料的研发力度，提升磷酸铁锂、三元正极、高能量密度硅碳负极、电池级碳酸锂、纳米碳酸锰、新能源动力电池壳体及铁镍基耐蚀合金等材料产业化水平。

高端装备用特种合金。重点发展能源装备用、反应堆压力容器等核电主设备用特种合金材料,石化用耐热耐蚀合金材料,军工及海工装备用高功率密度耐热高强铝合金材料,航空航天等高技术领域用高强高导铝合金、高强高弹铜合金、高性能镁合金、钛合金材料,海工装备用耐腐蚀钛、铜合金等。积极开发海工与核能用特种焊接材料,发展高端装备用高强耐蚀铝合金厚板及蒙皮薄板、超高强高韧铝合金车身板材、导电型材、特种性能铝合金及其复合材料等。研发大型产品特种加工工艺及装备,突破高端特种合金材料纯净化和组织均匀性控制、质量稳定性等技术瓶颈。

先进功能陶瓷材料。重点发展超薄液晶玻璃基板用陶瓷材料、高纯超细氧化铝粉体及透明陶瓷、碳化硅防弹陶瓷、碳化硅蜂窝陶瓷、高纯氮化硅粉体、高纯氮化铝粉体、特种陶瓷及复合材料、太阳能瓷砖等功能型或复合型陶瓷产品,提高高温烟气和污水处理陶瓷膜材料的制备水平及规模。以国际先进水平为标杆,突破材料设计、批量制备、制备技术集成等方面的关键技术。

专栏3　关键战略材料重点建设内容

高性能纤维及复合材料。建设济南新材料产业园,济宁新材料产业园、绿色尼龙产业基地,泰安玻璃纤维、万吨芳纶产业园,威海碳纤维产业园、碳纤维创新中心,齐河碳纤维制品开发及应用产业化基地,滨州对位芳纶纸及下游复合材料项目等。

生物医用材料。建设济南生物质纤维非织造智能制造项目,青岛国家生物产业基地,泰安壳聚糖产业基地,威海国家级医用高分子材料及制品产业基地等。

稀土功能材料。打造淄博、烟台等稀土功能材料产业基地,推动国产高端产品在先进装备制造、新能源汽车、节能环保、高性能医疗设备等领域的应用。

新一代光电信息材料。建设济南碳化硅、激光显示用材料与器件等半导体产业和光电子产业基地、宽禁带半导体材料项目,依托青岛微电子产业园发展显示、激光器、毫米波、电力载波通信等专用芯片,建设枣庄高性能软磁铁氧体磁芯项目和高性能键合引线项目、烟台特色高端液晶材料产业园、济宁氮化镓大功率特殊半导体技术生产项目、德州集成电路用大尺寸硅片产业基地等。

新能源材料。建设济南"中国氢谷"及核电材料、核压力容器基地,枣庄锂膜材料生产基地,潍坊氢燃料电池生产基地,泰安锂电新材料产业基地等。

高端装备用特种合金。建设淄博铝钛金属材料,烟台核电装备用特种合金、贵金属新材料,泰安高端金属结构和熔覆材料、强磁材料,威海镁合金,临沂新型软磁材料及电子元器件,德州航空航天新材料,滨州特种轻质合金,菏泽镁合金等产业基地。

先进功能陶瓷材料。建设淄博热等静压氮化硅轴承球产业化项目、高温烟气和水处理陶瓷膜产业化项目,东营经济技术开发区功能陶瓷新材料产业园,潍坊多元化高性能工程陶瓷基地,临沂高性能碳化硅陶瓷项目、超纯二氧化硅智能产业化项目,德州机动车尾气净化用超大尺寸蜂窝陶瓷载体产业化项目等。

(三)先进基础材料

先进基础材料的技术工艺、生产规模及应用水平是衡量工业基础的重要标志,是我省新材料建成万亿级产业的基础支撑。对我省有发展优势的航空航天铝材、先进化工材料等,要进一步提升技术档次和市场拓展能力,保持行业领先水平,提高国际竞争力;对有一定基础、发展水平不高的聚酯纤维、高性能轨道交通用钢等,实行专项引领和全面扶持,促进发展提升,尽早达到优势产业水平;对尚存短板的轻合金晶种材料、超强功能纤维等,要鼓励企业对标国际、定位高端、敢于投入,发挥后发优势,勇于争先领跑,形成新的增长点。

先进有色金属材料。重点发展高强高韧铝合金材料、高强耐热铝合金材料、特种有色晶种材料、新型铝合金复合材料等。开发高强铸造铝合金汽车零部件、高强高导铜合金、耐蚀铜合金管材、高纯压延铜箔等。开发高性能铝合金、铜合金、钛合金等有色金属粉末冶金材料。开发高性能铸造镁合金及高强韧变形镁合金及制备技术、低成本镁合金及加工技术,推进镁合金在汽车零部件、轨道列车、电子等领域的应用。

先进纺织材料。重点发展再生聚酯纤维、原液着色纤维、导电纤维、石墨烯改性纤维、阻燃纤维等功能纤维产品。加快甲壳素纤维、海藻纤维、麻浆纤维、聚乳酸纤维,阻燃、高湿模量再生纤维素纤维等可降解、可再生生物质纤维产业化进程。加强调温、导电等功能纤维及其智能纺织品一体化开发。突破绿色制浆及浆纤一体化产业化技术、新溶剂法纤维素纤维专用浆制备及“溶解—纺丝—溶剂回收”的产业化关键技术。

先进化工材料。重点发展有机氟、有机硅、聚氨酯、高吸水性树脂材料、聚碳酸酯、烯丙基类树脂、高性能热塑性弹性体、特种工程塑料、特种橡胶、电子化学品及封装材料、高端绿色助剂、功能性膜材料、高性能聚烯烃专用料、海工装备用聚脲系列防腐涂料、海水淡化用特种膜等化工新材料,推进产业化进程,形成特色园区。开发高性能润滑油脂、环保型水性涂料、农药中间体等量大面广精细化产品,深入对接下游细分需求市场,不断巩固提升相关领域的领先优势。

先进钢铁材料。重点发展高性能海工钢、超高强韧汽车用钢、高性能轨道交通用钢、超级铁素体不锈钢、高氮奥氏体不锈钢、超级双相钢、先进装配式建筑用钢等钢铁新材料。提高金属粉末的制粉水平和能力,开发新型粉末冶金零部件制备技术,提高汽车结构件等高科技含量、高附加值产品比率,扭转钢材精深加工产业规模不够、竞争力不强的局面。

先进有色金属材料。围绕航空航天、高铁、军工等领域,加快先进有色金属材料核心技术与关键产品研发,支持日照稀有金属高科技产业园、滨州轻质高强新材料循环经济示范园等相关高端项目建设。

先进纺织材料。建设济南石墨烯改性纤维项目,潍坊新型纤维智能织造材料基地、生物基新材料产业园和万吨级新溶剂法纤维素纤维智能制造项目,济宁生物基聚酯酰胺项目,泰安新型生态有机超细纤维非织造材料项目等。

先进化工材料。建设聚碳酸酯、烯烃、芳烃、绿色增塑剂醇、聚甲醛、聚氨酯化学发泡剂项目等。

先进钢铁材料。建设高性能海工钢、超高强韧汽车用钢、高性能轨道交通用钢、高品质家电系列用钢、永磁铁氧体、高端不锈钢等项目和生态产业园。

专栏 4 先进基础材料重点建设内容

先进有色金属材料。围绕航空航天、高铁、军工等领域,加快先进有色金属材料核心技术与关键产品研发,支持日照稀有金属高科技产业园、滨州轻质高强新材料循环经济示范园等相关高端项目建设。

先进纺织材料。建设济南石墨烯改性纤维项目,潍坊新型纤维智能织造材料基地、生物基新材料产业园和万吨级新溶剂法纤维素纤维智能制造项目,济宁生物基聚酯酰胺项目,泰安新型生态有机超细纤维非织造材料项目等。

先进化工材料。建设聚碳酸酯、烯烃、芳烃、绿色增塑剂醇、聚甲醛、聚氨酯化学发泡剂项目等。

先进钢铁材料。建设高性能海工钢、超高强韧汽车用钢、高性能轨道交通用钢、高品质家电系列用钢、永磁铁氧体、高端不锈钢等项目和生态产业园。

四、实施路径

按照建设新材料产业强省的目标定位,聚焦聚力人才、企业、项目、园区等关键要素,突出重点,精准施策,坚持政府引导、行业协同、企业主体、市场运作、智库支持,组织实施好五大专项工程,推动新材料产业高质量发展。

(一)新材料人才智力培育工程

采取政府引导、企业激励等举措,既引进“高精尖缺”境外人才,又注重培养本土专业人才,打造千人新材料高端人才队伍,充分发挥人才在创新能力提升中的核心作用。

搭建人才培养平台。按照聚集创新资源、激活创新要素的原则,依托重点骨干企业、科研机构、高等院校、产业联盟、协会等,推进企业技术中心、行业创新中心、公共实训基地等创新平台建设。

抓好人才队伍培养。围绕我省重点发展的新材料优势产业,依托国内外高等院校、研究院所、研发中心和知名企业,实施新材料高端人才培养计划,每年选派一批中青年技术骨干进行培训、交流和观摩学习,加快人才队伍成长。

加快人才汇聚速度。支持企业开发利用国际国内人才资源,完善更加开放灵活的人才引进和使用机制。依托知名企业和重点项目,采取项目聘用、技术入股等形式,大力引进一批高端新材料专业人才,形成特色新材料开发团队。依托“泰山产业领军人才工程”和“外专双百计划”等重大引才工程,遴选引进一批急需的新材料高层次人才；鼓励符合条件的海外新材料专业人才申报国家“千人计划”，引导高层次新材料专业人才加速向企业集聚。支持有实力、有条件的骨干企业、高等院校、科研机构到发达国家建立研发基地、开放实验室、科技孵化器、技术转移中心等，引进使用离岸创新人才。

（二）新材料项目创新示范工程

在基础条件好、产业转型升级带动效果明显的重点领域，支持培育30个左右在国内同行业居领先水平的新材料研发应用项目，促进全省新材料产业创新发展。

推进自主创新示范。聚焦前沿新材料、关键战略材料、先进基础材料三大领域，以行业骨干企业为主体，瞄准本行业关键技术，以国际、国内技术领先，打破国外垄断、替代进口为目标，开展自主创新试点项目建设，形成一批具有自主知识产权的关键核心技术，培育一批在新材料行业具备话语权的单项冠军企业。

推进协同创新示范。鼓励新材料企业与国内外高等院校、科研院所等上游研发机构及下游应用企业，针对行业关键技术联合攻关，建立重大技术装备和新材料协同创新的政策机制，建设新材料应用示范线，提高专用生产装备自主保障能力，推进新材料全产业链协同创新。

推进创新平台建设示范。按照政府引导、企业主体、市场化运作的原则，努力完善新材料创新链条薄弱环节，在新材料产业聚集区打造若干新材料制造业创新中心、新材料大数据与云计算理论设计平台、新材料测试评价平台等创新载体，满足新材料产业发展需求，为新材料重点工作、重大项目的遴选推荐、组织实施、验收评估等提供第三方服务和决策支撑。

（三）新材料领军企业培育工程

围绕聚氨酯、碳纤维、航空航天铝材、壳聚糖、碳化硅、海藻纤维、高吸收性树脂等我省新材料优势领域，大力培育一批拥有自主知识产权、核心竞争力强的领军企业，聚焦专业细分领域创新提高，发挥引领带动作用，促进新材料产业加快发展。

建立领军企业库。遴选一批创新能力强、引领作用大、研发水平高、发展潜力好的新材料骨干企业，建立新材料领军企业库。对入库企业在研发平台建设、重大技术攻关应用、高端人才引进培育、创新政策落实、产学研合作、知识产权管理等方面给予支持和服务。

发布年度新材料领军企业50强。委托第三方机构对入库企业发展情况进行综合评估，根据评估情况，发布年度新材料50强领军企业名单，树立标杆，营造氛围，发挥示范引领作用。推荐领军企业申报国家和省重点项目。支持领军企业申报国家重大专项、技术改造、省产业转型升级等各类政策支持项目。鼓励和引导领军企业在转型升级中发挥示范引领作用，积极参与战略性基础设施、战略性主导产业、战略性发展平台建设。

专栏 5　新材料领军企业重点领域和方向

支持领军企业在境内外资本市场上市,以市场为导向开展联合重组,打造成具有较强创新能力和国际影响力的龙头企业。鼓励领军企业通过兼并重组联合、争取国家重大项目布局等方式,加快纵向延伸、横向联合、跨越发展。

聚氨酯:发挥我省现有 MD 产业链辐射带动作用,形成具有全球影响力的领军企业和集聚科技人才创新创业的重要基地。

碳纤维:建设以威海为龙头的世界级军民两用碳纤维及复合材料基地,加快领军企业培育壮大,形成千亿级产业规模。

碳化硅半导体材料:建设以济南、德州等为主的碳化硅半导体材料供应基地,形成 1～2 家“独角兽”企业。

高吸收性树脂:以我省高吸收性树脂骨干企业为依托,发挥自主知识产权和国际标准的引领作用,建设全球领军企业。

航空航天铝材:以我省航空航天铝材骨干企业为支撑,扩大产销量及认证范围,加速培育壮大领军企业质子交换膜:以我省骨干企业为支撑,推动质子交换膜材料在新兴功能产品新能源电池领域的研发与产业化进程,达到世界先进水平。

壳聚糖纤维:以我省壳聚糖纤维骨干企业为依托、以高端医疗产业为引领,以高档医药卫生产业为支撑,打造千亿级壳聚糖产业链。

海藻纤维:以青岛海藻纤维材料产业化基地为引领,鼓励骨干企业开发天然高阻燃、天然抗菌的海藻纤维,建成万吨级高强度海藻纤维生产线。

高档纳米级钛酸钡:以淄博、东营等骨干企业为依托,加快实现高档纳米级钛酸钡功能陶瓷材料在电子信息、新能源、航空航天等现代高科技行业细分领域的规模化应用,打造国内领先、世界一流的领军企业。

长链二元酸:以济宁新材料产业园为依托,提升生物法长链二元酸产品在塑料、涂料、生物医药领域的应用规模与范围,建设具有国际影响力的领军企业。

(四)新材料特色集群壮大工程

依托山东新旧动能转换综合试验区整体布局,推动新材料产业协调发展、错位发展,构建竞争有序的新材料产业整体格局。坚持“三核引领,区域融合互动”,提升济南、青岛、烟台三核引领区域的新材料集聚水平,推动优质资源向聚集区集聚,做大总量、提高质量,以点带面辐射全省,发挥示范聚集效应。

石墨烯特色产业集群。以青岛国际石墨烯创新中心、石墨烯产业技术创新战略联盟为依托,以国家火炬石墨烯及先进碳材料特色产业基地、山东省石墨烯示范基地等一批石墨烯产业先行区和示范区为载体,建立区域合作、地区联动、协同发展机制,进一步完善石墨烯技术创新体系和产业集群,鼓励支持研发机构与石墨烯生产应用企业联合承担研发项目和科技成果转化项目,突破制备、应用和产业化技术瓶颈,加快科技成果转化,建设高水平石墨烯制造业创新中心,着力打造青岛、济宁等国家级石墨烯技术研发及产业应用创新示范基地,形成核心引领、集聚发展的开创性局面。

碳化硅半导体产业和光电子产业集群。以济南、德州等为中心，重点发展第三代宽禁带半导体晶体、智能制造用高功率半导体激光外延材料和纳米级铌酸锂单晶薄膜材料等光电子材料，完善器件制造与终端应用环节，建设国内领先、国际先进的碳化硅半导体产业和光电子产业集群。

高端金属新材料特色产业集群。依托烟台、滨州、聊城3大铝产业聚集区，加快形成“能源—氧化铝—电解铝—铝加工—铝材精深加工”产业链。瞄准汽车、航空航天、消费电子、电力装备、轨道交通装备等领域中高端铝型材产品供给，打造国内外有重要影响力的铝产业集聚区和创新高地。加快钢铁产能向日—临沿海先进钢铁制造产业基地和莱—泰内陆精品钢生产基地转移，重点发展高端精品钢、特钢和不锈钢，拉长钢铁产业链，提升产品品质，打造具有较强竞争力的钢铁产业集群。

氟硅新材料特色产业集群。以省内高校在有机硅材料、有机氟材料领域的学科优势和国家首个含氟功能膜材料重点实验室为依托，以重点企业为支撑，发展有机硅新材料上游产业基地，完善从萤石初加工到功能膜材料产业链条，打造淄博氟、硅新材料特色产业基地，带动潍坊硅酮胶产业集群、有机硅助剂和有机硅医疗制品等中下游产业协同发展。推动军用有机硅材料技术民用化，大力推进有机硅材料在高铁、核电、船舶等领域中的关键材料国产化替代及新应用探索，打造上下游协同发展的有机硅新材料特色产业集群。

高性能碳纤维特色产业集群。以山东省碳纤维技术创新中心为依托，以威海碳纤维产业园为载体，搭建产学研创新平台，增强碳纤维产业的自主创新能力，打造国家级碳纤维技术创新中心。完善从碳纤维、织物、预浸料到复合材料制品的生产、检测、回收产业链条，实现碳纤维产业产值从百亿元到千亿元的升级跨越，建成品种丰富、质量高端、技术领先的高性能碳纤维及复合材料产业集群。

高端化工新材料特色产业集群。以山东省高端化工产业发展规划为引领，发挥我省聚氨酯、聚碳酸酯、高性能树脂等化工新材料现有优势，重点在企业核心技术和市场开发上实现突破。支持烟台建设世界级化工新材料一体化产业区、鲁西化工新材料产业园等国家级高端石化产业园区，推进鲁南高科技化工园区、中科院化工新材料技术创新与产业化基地建设，形成全国领先的高端化工新材料特色产业集聚区。

稀土特色产业集群。推动淄博、烟台、济宁等市稀土企业大力提高稀土磁性材料及其应用器件产业化水平，突破新型软磁复合材料产业化技术瓶颈，鼓励扩大新型磁性复合材料的应用领域，构建“先进磁性材料—电机及电力电子器件—智能机器人应用”的产业化体系，延长产业链，提高产品竞争力。

在突出抓好以上产业集群集聚发展的基础上，支持各市围绕人工智能、新一代信息技术、先进陶瓷等有基础、有潜力、有特色、市场容量大的新材料领域，建成一批新材料产业聚集区。

(五)新材料质量标准提升工程

充分发挥质量、标准、认证、品牌培育等对新材料发展的促进作用，推动新材料产业向高端、高质、高效发展，全面提高新材料产业竞争能力。

提升标准化工作水平。落实国家新材料标准领航行动计划,积极推动我省具有自主知识产权的核心技术上升为行业标准、国家标准和国际标准,提高新材料领域"山东标准"水平。重点提升关键材料的环境适应性、安全性、可靠性、稳定性等共性质量指标的检验检测能力,加强国家海洋设备中心、国家再制造质检中心、国家铜铝(有色金属)质检中心、国家碳纤维计量测试中心建设,提升新材料检验检测机构的技术能力和水平。

完善认证监管体系。进一步加大认证推广力度,鼓励更多新材料企业根据自身实际和发展需要,开展自愿性认证活动。推动新材料领域开展"泰山品质"认证,实施质量管理体系认证、环境管理体系认证及绿色产品认证,提升新材料企业质量管理水平和产品质量档次。

推动质量技术创新。积极对接国家新材料制造业创新中心、国家新材料测试评价平台,积极融入国家材料基因组工程研发平台。组织开展新材料行业工艺优化行动,提升关键工艺过程控制水平。组织质量提升关键技术攻关,推广采用先进成型方法和加工方法。支持新材料企业提高质量在线监测、在线控制和产品全生命周期质量追溯能力。

加强品牌高端化培育。优先支持培育品牌企业争创中国工业大奖、中国质量奖。积极鼓励新材料企业申报省长质量奖、山东名牌产品。支持新材料重点企业对标国际标杆,树立一批质量标杆和品牌,引领企业品牌高端化。

五、保障措施

(一)加大政策创新支持力度

认真落实省委、省政府出台的支持新旧动能转换的一系列财政政策,强化财政体制引导,突出财政扶持重点,促进新旧动能转换和产业转型升级。统筹利用各级各类财政资金,加大投入、集中攻关、合力突破,支持首投世界级领先前沿新材料项目和技术。落实新材料高新技术企业税收优惠、研发费用加计扣除、固定资产加速折旧及企业研发投入后补助等财税优惠政策。发挥省新材料产业新旧动能转换基金作用,通过引导基金注资和市场化募集,吸引和撬动社会资本加大投入。完善新材料首批次应用保险补偿机制,降低下游用户使用风险,促进新材料市场培育。

(二)加快重点领域新材料推广应用

紧紧围绕打造万亿级新材料产业和满足国民经济及重大工程需求,选择一批产业发展急需、市场潜力较大且发展水平较好的新材料,编制发布推荐应用目录。组织新材料产用对接会,发挥"好品山东"、山东工业云创新服务平台等作用,搭建新材料产业供需对接平台,支持产业链上下游优势互补与协同合作。推动重点项目落地,切实抓好大企业建链,关键配套项目补链,产业集群延链,最终实现产业强链。推进新材料装备生产企业与材料生产企业联合攻关,突破关键工艺与专用装备制约,加快新材料技术成果产业化和规模化应用,提高新材料的供应保障能力。

(三)推进新材料军民融合发展

积极引导具备条件的企业开展军用新材料研制与生产,鼓励优势企业参与军品科研生产,加强军民共用材料研究,推进军用关键材料进口替代行动,提升军用关键材料技术水平和产业能力。发挥军民融合公共服务平台作用,充分利用驻鲁军工单位的技术优势,推动军用技术向民用的转化。向具备资质企业提供武器装备对新材料的需求信息,向军工用户推荐民口单位新材料产品,推动新材料领域军民资源共享。

(四)深化新材料对外交流合作

加强国际新材料创新合作和政策法规等信息引导,支持企业融入"一带一路"建设,促进新材料产业人才团队、技术资本、标准专利、管理经验交流合作。支持省内企业、高等院校和科研院所参与大型国际新材料科技合作计划,鼓励国外企业和科研机构在我省设立新材料研发中心和新材料科技成果孵化基地。加强与新材料产业发达省市的园区、企业交流合作,发挥各自优势特色,形成战略发展同盟,实现地区错位、协同发展。

(五)加强新材料服务能力建设

加强新材料行业管理服务队伍建设,健全工作机制。加强新材料行业监测分析,及时发布新材料产业政策信息,引导、促进新材料产业规范、有序发展。协调推进重点新材料领域建立以资本为纽带、政产学研金服用"北斗七星"共同参与的产业联盟。培育发展第三方专业服务机构,发挥新材料产业协会作用,开展新材料技术、咨询、融资、信息、检测、标准等服务。建立新材料产业发展智库,以市场化运作模式,搭建信息共享、资源共享、成果共享的交流合作平台,推动智库研究与政府决策、企业发展良性互动。

(六)强化新材料发展统筹协调

在省新旧动能转换重大工程建设领导小组领导下,成立省新材料产业协调推进工作专班,做好顶层设计和规划统筹,加强新材料产业政策、发展规划与科技、财税、金融、商贸等政策协调配合,强化各部门专项资金和重大项目的沟通衔接,推动解决新材料产业发展的重大问题。建立新材料产业发展推进评价机制,对省直有关部门和各市规划落实、项目实施、政策执行、工作推进等情况进行调度、评估和修正。

各市要把发展新材料产业作为加快新旧动能转换的重要抓手,研究制定本地实施方案,明确责任分工和时间进度要求,确保各项工作举措和要求落到实处。各部门要围绕自身职能,抓好规划相关工作的落实。对规划落实中出现的新情况、新问题,要及时研究提出解决办法。

四、《山东省发展和改革委员会关于提报2019年度新旧动能转换重大工程重大课题攻关项目的通知》(鲁发改重大办〔2019〕297号)

省"十强"产业专班牵头部门,各市发展改革委,有关单位:

根据《关于开展新旧动能转换重大工程重大课题攻关的实施办法(试行)》(鲁发改重大办〔2018〕1268号)要求,为加快突破一批"十强"产业领域核心关键技术,推动"十强"产业高质量发展,现组织开展2019年度新旧动能转换重大工程重大课题攻关工作。请在去年12月启动前期工作的基础上,按照重大课题攻关项目申报指南(见附件1)有关要求,积极组织申报,于2019年4月4日(星期四)12时前将有关申报材料(纸质版一式五份,附电子版光盘)报送省发展改革委。

……

山东省发展和改革委员会

五、《山东省工业和信息化厅关于组织开展2019年度山东省首台(套)技术装备及关键核心零部件、新材料首批次应用、首版次高端软件保险补偿申报工作的通知》(鲁工信装〔2019〕136号)

各市工业和信息化局:

为加快新旧动能转换,推动高质量发展,鼓励和引导企业在重点领域积极开展首台(套)重大技术装备及关键核心零部件、新材料首批次、首版次高端软件研发及推广应用,促进产业结构调整和转型升级,经研究,省工业和信息化厅组织开展2019年度首台(套)技术装备及关键核心零部件、新材料首批次、首版次高端软件保险补偿申报工作。现将有关事项通知如下:

一、申报范围

本次保险补偿申报工作包括3个方面:

(一)首台(套)重大技术装备及关键核心零部件保险补偿申报工作。申报主体应为2018年度《山东省首台(套)技术装备和关键核心零部件及生产企业名单》内的企业,申报事宜由省工业和信息化厅装备产业处牵头负责。具体申报要求详见附件2。

(二)新材料首批次保险补偿申报工作。该项工作申报事宜由省工业和信息化厅新材料产业处牵头负责。具体申报要求详见附件3。

(三)首版次高端软件保险补偿申报工作。该项工作申报事宜由省工业和信息化厅软件与信息服务业处牵头负责。具体申报要求详见附件4。

二、申报程序和时间

1.项目申报单位(不含青岛)需严格按照相关《项目申报指南》(见附件)要求准备

申报材料。

2. 各市工业和信息化局对申报单位（含省属企业）的材料进行审核、分类汇总行文（附件1附文件后），于9月6日前上报省工信厅，电子版材料刻录光盘同步报送。

三、申报要求

各市要认真组织申报工作，严格把关，认真审核申报材料，确保申报内容真实准确。申报单位所报材料必须真实、可靠，材料内容必须翔实、完整，申报材料存在弄虚作假等违规行为的，一经查实，按照相关办法严肃处理。

……

山东省工业和信息化厅

2019年8月27日

六、《山东省新旧动能转换综合试验区建设办公室关于公布山东省“十强”产业“雁阵形”集群名单的通知》（鲁动能办〔2019〕16号）

省新旧动能转换综合试验区建设领导小组成员单位，各市发展改革委（新旧动能办）：

为贯彻落实省委、省政府《关于支持发展“十强”现代优势产业集群财政政策的实施意见》，按照《山东省发展和改革委员会 山东省财政厅关于印发〈“十强”产业“雁阵形”集群培育支持办法〉的通知》（鲁发改重大办〔2019〕458号）要求，经各市申报、“十强”专班初审和省直有关部门综合审核，省新旧动能转换综合试验区建设办公室确定了纳入山东省“十强”产业“雁阵形”集群库重点培育支持的45个产业集群名单，以及纳入山东省“十强”产业“雁阵形”集群储备库动态培育支持的27个产业集群名单，现予公布。

对入库培育支持的“十强”产业“雁阵形”集群，省“十强”产业专班和市、县政府要切实加大培育支持力度，组织进行专业化产业链设计，支持引进建链、补链、强链等重大项目；要强化财税、资金、土地、技术、人才等方面的保障力度，及时协调解决“雁阵形”产业集群发展和项目建设中存在的难点堵点问题，全面提升集群协作配套能力和综合竞争优势。

山东省新旧动能转换综合试验区建设办公室

2019年12月16日

山东省新材料产业"雁阵形"集群库入库产业集群名单
(第一批)

1. 烟台市新材料产业集群
2. 淄博市氟硅新材料产业集群
3. 滨州市高端铝材料产业集群
4. 泰安市建材新材料产业集群
5. 日照市先进钢铁制造产业集群

七、《山东省新旧动能转换综合试验区建设办公室关于公布山东省"十强"产业集群领军企业名单的通知》(鲁动能办〔2019〕17号)

省新旧动能转换综合试验区建设领导小组成员单位,各市发展改革委(新旧动能办):

为贯彻落实省委、省政府《关于支持发展"十强"现代优势产业集群财政政策的实施意见》,按照《山东省发展和改革委员会 山东省财政厅关于印发〈"十强"产业集群领军企业培育支持办法〉的通知》(鲁发改重大办〔2019〕458号)要求,经各市申报、"十强"专班初审、第三方专业机构评审和省直有关部门综合审核,省新旧动能转换综合试验区建设办公室确定了纳入山东省"十强"产业集群领军企业库重点培育支持的60个领军企业名单,以及纳入山东省"十强"产业集群领军企业储备库动态培育支持的43个领军企业名单,现予公布。

对入库培育支持的"十强"产业集群领军企业,省"十强"产业专班和市、县政府要切实加大培育支持力度,从技术、人才等要素方面积极为企业提供优质服务,培育企业做大做强。

鼓励市、县政府对纳入省"十强"产业集群领军企业库培育支持的领军企业给予适当补助或贴息,全面强化领军企业对产业发展的引领带动作用。

……

山东省新旧动能转换综合试验区建设办公室

2019年12月16日

山东省新材料产业集群领军企业库入库领军企业名单
(第一批)

1. 万华化学集团股份有限公司
2. 山东宏桥新型材料有限公司
3. 日照钢铁控股集团有限公司
4. 东岳氟硅科技集团有限公司

5. 山东南山铝业股份有限公司
6. 孚日集团股份有限公司
7. 泰山玻璃纤维有限公司
8. 山东如意科技集团有限公司

八、《山东省工业和信息化厅关于公布 2019 年度山东省新材料领军企业培育库入库名单和领军企业 50 强名单的通知》（鲁工信新材〔2019〕232 号）

各市工业和信息化局：

为加快实施《山东省新材料产业发展专项规划（2018—2022 年）》，更好地发挥新材料产业领军企业示范引领作用，根据省工业和信息化厅《关于建立完善山东省新材料领军企业库的通知》（鲁工信新材〔2019〕194 号）要求，经企业申报、各市推荐、专家评审和网上公示等程序，确定了《2019 年度山东省新材料领军企业培育库入库名单（第二批）》和《2019 年度山东省新材料领军企业 50 强名单》，现予以公布。

……

山东省工业和信息化厅
2019 年 12 月 19 日

附件 1：

2019 年度山东省新材料领军企业培育库入库名单
（第二批）

序号	企业名称	主要产品
1	万华化学集团股份有限公司	二苯基甲烷二异氰酸酯（MDI）、脂肪族异氰酸酯（ADI）、聚醚多元醇（PPG）、热塑性聚氨酯弹性体（TPU）
2	东岳氟硅科技集团有限公司	有机氟材料、有机硅材料
3	山东瑞福锂业有限公司	电池级碳酸锂
4	山东凯盛新材料股份有限公司	聚醚酮酮、对苯二甲酰氯、间苯二甲酰氯、氯化亚砜
5	烟台九目化学制品有限公司	OLED 材料
6	山东龙港硅业科技股份有限公司	环保型纺织品用硅系阻燃剂
7	山东泰和水处理科技股份有限公司	环保水处理剂及助剂新材料
8	山东恒联新材料股份有限公司	再生纤维素膜（玻璃纸）
9	山东蓝星东大有限公司	聚醚多元醇

续表

序号	企 业 名 称	主 要 产 品
10	威高集团有限公司	输液器用新型 TPE 材料
11	中节能万润股份有限公司	沸石材料
12	莱州联友金浩新型材料有限公司	镍系电池磺化隔膜、高安全锂离子电池隔膜、轨道交通用电池隔膜
13	山东旭锐新材有限公司	甲基八溴醚、溴代三嗪、溴化聚苯乙烯、溴代聚碳酸酯、无卤阻燃母料、六溴环十二烷
14	青岛国恩科技股份有限公司	多功能通用工程聚丙烯材料、功能性环保阻燃 HIPS
15	山东瑞丰高分子材料股份有限公司	超高透明无折白 MBS 树脂 LB-126
16	山东广垠新材料有限公司	长碳链尼龙
17	山东岩海建设资源有限公司	环保增塑剂
18	烟台恒源生物股份有限公司	L-天冬氨酸、L-丙氨酸
19	青岛爱尔家佳新材料股份有限公司	水性防腐阻尼涂料、舰船用阻尼涂料、聚脲防腐防水涂料、管道防腐涂料
20	山东诺尔生物科技有限公司	高吸水性树脂(SAP)
21	淄博正华助剂股份有限公司	聚氯乙烯低温引发剂系列产品
22	山东道恩高分子材料股份有限公司	高性能热塑性弹性体(TPV)、高性能塑料及树脂(改性塑料)
23	山东慧科助剂股份有限公司	新型分子筛 PVC 复合稳定剂
24	龙口联合化学有限公司	(高性能有机颜料)颜料黄、(高性能有机颜料)颜料红
25	荣成青木高新材料股份有限公司	碳酸亚乙烯酯
26	山东鲍尔浦塑胶股份有限公司	超高分子量聚乙烯航标、超高分子量聚乙烯管材
27	山东永浩新材料科技有限公司	1,3-丙烷磺内酯
28	兖矿鲁南化工有限公司	聚甲醛(POM)
29	山东硅科新材料有限公司	V171、N823、O187
30	山东泰星新材料股份有限公司	无卤阻燃剂
31	山东欧亚化工有限公司	4,4-二硝基二苯醚、4,4-二氨基二苯醚
32	山东日科橡塑科技有限公司	ACM、CM

续表

序号	企业名称	主要产品
33	山东鸿瑞新材料科技有限公司	聚异丁烯
34	中材锂膜有限公司	锂电池隔膜
35	山东兴鲁化工股份有限公司	1,1-二氯乙烯
36	山东德普化工科技有限公司	碳酸二甲酯、丙二醇、碳酸丙烯酯
37	山东飞扬化工有限公司	生物基丁二酸、碳酸二乙酯
38	方鼎科技有限公司	乙烯-醋酸乙烯共聚树脂(EVA 树脂)、热塑性聚氨酯弹性体(TPU)
39	山东绿森塑木复合材料有限公司	塑木复合材料
40	山东一诺威新材料有限公司	聚醚多元醇、组合聚醚多元醇
41	德州市鑫华润科技股份有限公司	聚酯多元醇
42	淄博德信联邦化学工业有限公司	聚醚多元醇(PPG)
43	北大先行泰安科技产业有限公司	钴酸锂
44	烟台海川化学制品有限公司	2,2'-双三氟甲基-4,4'-二氨基联苯、2,2'-双-[4-(4-氨基苯氧基)苯基]丙烷、丙烯基-1,3-磺酸内酯、硫酸亚乙酯
45	山东永创材料科技有限公司	高性能防脱水改性呋喃树脂、糠酮树脂固化新型炭材料
46	山东海容电源材料股份有限公司	锂电池电解液
47	青岛伊森新材料股份有限公司	海洋防腐专用高耐候性树脂
48	青岛乾运高科新材料股份有限公司	锰酸锂、镍钴锰酸锂、其他多元复合材料
49	寿光市荣晟新材料有限公司	2-丙烯酰胺基-2-甲基丙磺酸
50	山东正大防水材料股份有限公司	聚氨酯防水涂料、沥青防水涂料
51	利华益维远化学股份有限公司	聚碳酸酯
52	济宁无界科技有限公司	锰酸锂
53	滨州市良友防水材料有限责任公司	951 水性双组分聚氨酯防水涂料、湿基聚氨酯防水涂料
54	蓬莱市嘉信染料化工股份有限公司	新型分散染料
55	高密银鹰新材料股份有限公司	羟乙基纤维素醚
56	补天新材料技术有限公司	新型无氯氟聚氨酯化学发泡剂
57	山东齐鲁漆业有限公司	水性工业涂料、高固体分涂料、高铁涂料
58	山东天岳先进材料科技有限公司	碳化硅单晶和单晶片
59	山田研磨材料有限公司	陶瓷轴承、碳化硅陶瓷密封件
60	山东辛化硅胶有限公司	新型硅吸附材料
61	山东奥福环保科技股份有限公司	机动车船排气净化蜂窝陶瓷载体

续表

序号	企业名称	主要产品
62	山东国瓷功能材料股份有限公司	MLCC用钛酸钡及介质材料、齿科氧化锆材料、消费电子陶瓷用氧化锆材料、锂电池隔膜用高纯超细氧化铝
63	山东恒瑞磁电科技有限公司	铁氧体磁芯
64	山东省药用玻璃股份有限公司	药用玻璃材料
65	山东工业陶瓷研究设计院有限公司	环保陶瓷、微波陶瓷
66	烟台核晶陶瓷新材料有限公司	石英陶瓷坩埚
67	山东聊城莱鑫超硬材料有限公司	合成金刚石用结构块、金刚石单晶、合成金刚石用石墨柱
68	淄博市鲁中耐火材料有限公司	镁铁铝尖晶石砖、低导热镁铝尖晶石砖、低导热抗剥落砖
69	金刚新材料股份有限公司	氧化铝耐磨材料
70	潍坊华美精细技术陶瓷股份有限公司	高技术碳化硅陶瓷制品
71	山东新力环保材料有限公司	工业烟尘净化滤料
72	山东硅元新型材料股份有限公司	耐磨陶瓷件、陶瓷阀及类似品、陶瓷刀具、多孔陶瓷
73	山东春光磁电科技有限公司	高导锰锌铁氧体颗粒料
74	山东金蒙新材料股份有限公司	微粉碳化硅、纳米碳化硅、粒度砂碳化硅
75	宏源防水科技集团有限公司	弹性体改性沥青防水卷材、聚氨酯防水涂料、三元乙丙橡胶防水卷材、聚氯乙烯PVC防水卷材、聚烯烃TPO防水
76	临沂金成电子有限公司	介电陶瓷、微波陶瓷
77	济南新峨嵋实业有限公司	新型滑动水口材料
78	山东鑫达鲁鑫防水材料有限公司	聚氯乙烯防水卷材
79	威海中玻镀膜玻璃股份有限公司	新型玻璃膜材料
80	山东凯通电子有限公司	高磁导率Mn-Zn铁氧体磁芯
81	青岛金晶股份有限公司	钢化玻璃、超白太阳能压延玻璃
82	潍坊市宇虹防水材料(集团)有限公司	弹性体改性沥青防水卷材(SBS)
83	宏恒达防水材料有限公司	弹性体改性沥青防水卷材(SBS)、自粘橡胶沥青防水卷材、三元乙丙橡胶防水卷材、热塑性聚烯烃防水卷材
84	山东中瑞电子股份有限公司	电感器用低温度系数锰锌铁氧体ZL5B材料、宽频高磁导率高居里温度锰锌铁氧体ZR7KA材料
85	天鼎丰非织造布有限公司	聚酯纺粘针刺防水卷材沥青胎基布
86	山东康和医药包装材料科技有限公司	药用中硼硅玻璃管Ⅰ、药用中硼硅注射剂瓶、药用中硼硅玻璃管Ⅱ、中硼硅玻璃安瓿瓶
87	山东博达光电有限公司	压电晶体、物联网晶振基片
88	日照市华业玻璃有限公司	节能镀膜中空玻璃、高强度钢化玻璃、高透抗冲击夹层玻璃

续表

序号	企 业 名 称	主 要 产 品
89	滨州双峰石墨密封材料有限公司	核级柔性石墨板材
90	山东清田塑工有限公司	膨润土防水毯
91	山东汇银新能源科技有限公司	自洁减反射膜材料
92	山东瑞泰玻璃绝缘子有限公司	盘形悬式钢化玻璃绝缘子
93	山东隆济时节能科技股份有限公司	PSI 板(Ⅰ型)现浇混凝土无空腔复合墙体保温系统
94	山东斯诺尔节能建材有限公司	新型节能环保阻燃保温装饰一体化板、复合外模板现浇混凝土保温系统
95	山东得象电器股份有限公司	碳晶电热板
96	山东鲁碧建材有限公司	低碳水泥、装配式建筑部品
97	孚日集团有限公司	新型纤维材料
98	山东如意科技集团有限公司	纺织新材料
99	威海拓展纤维有限公司	碳纤维
100	胜利油田新大管业科技发展有限责任公司	碳纤维连续抽油杆、纤维增强复合材料石油管道、复合材料容器
101	山东鲁阳节能材料股份有限公司	氧化物陶瓷纤维
102	山东格瑞德集团有限公司	SMC 系列产品、玻璃钢夹砂管道、风电机舱罩
103	烟台泰和新材料股份有限公司	氨纶、间位芳纶、对位芳纶
104	泰山玻璃纤维邹城有限公司	电子纱
105	山东泰鹏环保材料股份有限公司	涤纶纺粘非织造复合过滤材料、金属纤维非织造过滤材料
106	山东宏业纺织股份有限公司	高性能阻燃纱线
107	威海光威复合材料股份有限公司	风电叶片用碳梁
108	泰安路德工程材料有限公司	玻璃纤维土工格栅、玄武岩纤维土工格栅、高强智能集成化纤维复合土工格栅、超高分子量聚乙烯纤维土工格栅
109	山东英利实业有限公司	莱赛尔短纤维
110	烟台民士达特种纸业股份有限公司	芳纶纸
111	海斯摩尔生物科技有限公司	纯壳聚糖纤维
112	山东沃源新型面料股份有限公司	多组分高性能纤维复合面料
113	鲁普耐特集团有限公司	超高分子量聚乙烯纤维绳、芳纶柔性织物
114	山东裕鑫新材料有限公司	高性能玻璃纤维遮阳布
115	山东玻纤集团股份有限公司	ECR 直接纱、ECR 硬质合股纱、ECR 奶瓶纱
116	山东阳光新材料科技有限公司	涤纶格栅、玻纤格栅
117	山东安然纳米实业发展有限公司	纳米功能性纺织品

续表

序号	企业名称	主要产品
118	山东双连制动材料股份有限公司	高性能陶瓷纤维增强树脂基摩擦材料
119	济南市阿波罗木塑复合材料有限公司	发泡木塑枕木、木塑凉亭、栈道
120	威海宝威新材料科技有限公司	碳纤维预浸布
121	山东宏桥新型材料有限公司	轻质高强合金新材料
122	山东南山铝业股份有限公司	航空高端铝材
123	中色奥博特铜铝业有限公司	PCB用高纯铜箔、集流体用铜带、新型造币铜合金、细径高齿内螺纹铜管
124	莱芜钢铁集团粉末冶金有限公司	高性能粉末材料
125	蓬莱市超硬复合材料有限公司	硬质合金辊环
126	淄博加华新材料资源有限公司	稀土汽车尾气净化催化材料
127	菏泽广源铜带有限公司	高精铜及铜合金带箔、高精电子压延铜箔
128	烟台万隆真空冶金股份有限公司	铬锆铜铜板、铬锆铜线棒材、动车组牵引电机铬锆铜端环导条、铬锆铜非晶带材冷却辊、新型连铸连轧结晶轮、铜-陶瓷复合材料高炉风口
129	济南市冶金科学研究所有限责任公司	硬质合金
130	潍坊三源铝业有限公司	铝合金复合板带箔
131	淄博包钢灵芝稀土高科技股份有限公司	稀土抛光粉
132	邹平宏发铝业科技有限公司	罐体料、罐盖料
133	威海万丰镁业科技发展有限公司	高强韧轻量化结构件压铸铝合金、汽车用镁合金精密压铸件
134	微山钢研稀土材料有限公司	AB5型储氢材料
135	山东银光钰源轻金属精密成型有限公司	高强韧轻量化结构件压铸铝合金、汽车用镁合金精密压铸件、高品质镁材
136	山东宏泰科技有限公司	Al-In合金、高品质镁材、航空航天用镁合金锻件
137	中稀天马新材料科技股份有限公司	氧化镨钕、氧化钆、氧化铽、氧化镝
138	山东赢耐鑫电子科技有限公司	铜微合金键合线、超微细贵金属键合金丝
139	山东新活新材料科技有限公司	铝压延加工
140	淄博德源金属材料有限公司	高品质镁材、铝压延加工、棒材
141	凯米特新材料科技有限公司	新能源汽车用高强复杂断面铝型材、高耐腐蚀性消光电泳铝型材、超强耐光辐射氟碳漆铝型材
142	日照钢铁控股集团有限公司	钢铁新材料
143	青岛云路先进材料技术股份有限公司	非晶带材、非晶铁芯、纳米晶带材

续表

序号	企业名称	主要产品
144	山东腾达不锈钢制品有限公司	不锈钢焊丝、不锈钢弹簧丝、不锈钢微丝
145	淄博大亚金属科技股份有限公司	微合金化低碳贝氏体金属磨料
146	莱州新忠耀机械有限公司	低温高韧性抗冲击轨道交通用关键零部件
147	山东能源重装集团大族再制造有限公司	激光再制造推广服务
148	山东瑞泰新材料科技有限公司	铸造高温合金、铁镍基耐腐蚀合金
149	山东寿光巨能特钢有限公司	风电螺栓用钢
150	山东汇金股份有限公司	低温、超低温球墨铸铁件-管阀类配件、高强高塑性球墨铸铁件-关键汽车零部件
151	山东易斯特工程工具有限公司	滚刀刀圈
152	山东华民钢球股份有限公司	耐磨钢球
153	山东冠洲股份有限公司	高强度汽车用冷轧板、先进超高强度板
154	海洋化工研究院有限公司	耐碾压耐磨涂料、5 年期效无锡自抛光型防污涂料、防滑涂料
155	山东晶泰星光电科技有限公司	石墨烯复合导热材料(LED 灯丝灯)
156	山东沪鸽口腔材料股份有限公司	合成树脂牙、弹性体印模材料、无托槽隐形正畸矫治器、全瓷义齿用氧化锆瓷块
157	山东利特纳米技术有限公司	石墨烯材料
158	威海南海碳材料有限公司	储能电池双极板
159	威海联桥新材料科技股份有限公司	医用树脂、环保阻燃增强 PBT 系列树脂、环保阻燃 ABS/PC 系列树脂、尼龙(PA)树脂系列材料
160	山东掘色新材料科技有限公司	新型变色墨水材料
161	山东汇丰新材料科技股份有限公司	高分子复合纳米材料
162	山东欧铂新材料有限公司	石墨烯粉体、石墨烯改性活性炭
163	山东东源新材料科技有限公司	无钒稀土基脱硝催化剂、二氧化钛(钛白粉)
164	青岛超瑞纳米新材料科技有限公司	碳纳米管
165	泰安瑞泰纤维素有限公司	羟丙甲纤维素

注：排名不分先后。

附件 2:

2019 年度山东省新材料领军企业 50 强名单

序号	企业名称	主要产品
1	万华化学集团股份有限公司	二苯基甲烷二异氰酸酯(MDI)、脂肪族异氰酸酯(ADI)、聚醚多元醇(PPG)、热塑性聚氨酯弹性体(TPU)
2	东岳氟硅科技集团有限公司	有机氟材料、有机硅材料
3	山东瑞福锂业有限公司	电池级碳酸锂
4	山东凯盛新材料股份有限公司	聚醚酮酮、对苯二甲酰氯、间苯二甲酰氯、氯化亚砜
5	烟台九目化学制品有限公司	OLED 材料
6	山东龙港硅业科技股份有限公司	环保型纺织品用硅系阻燃剂
7	山东泰和水处理科技股份有限公司	环保水处理剂及助剂新材料
8	山东恒联新材料股份有限公司	再生纤维素膜(玻璃纸)
9	山东蓝星东大有限公司	聚醚多元醇
10	威高集团有限公司	输液器用新型 TPE 材料
11	中节能万润股份有限公司	沸石材料
12	莱州联友金浩新型材料有限公司	镍系电池磺化隔膜、高安全锂离子电池隔膜、轨道交通用电池隔膜
13	山东旭锐新材有限公司	甲基八溴醚、溴代三嗪、溴化聚苯乙烯、溴代聚碳酸酯、无卤阻燃母料、六溴环十二烷
14	青岛国恩科技股份有限公司	多功能通用工程聚丙烯材料、功能性环保阻燃 HIPS
15	山东瑞丰高分子材料股份有限公司	超高透明无折白 MBS 树脂 LB-126
16	山东广垠新材料有限公司	长碳链尼龙
17	山东岩海建设资源有限公司	环保增塑剂
18	烟台恒源生物股份有限公司	L-天冬氨酸、L-丙氨酸
19	山东天岳先进材料科技有限公司	碳化硅单晶和单晶片
20	山田研磨材料有限公司	陶瓷轴承、碳化硅陶瓷密封件
21	山东辛化硅胶有限公司	新型硅吸附材料
22	山东奥福环保科技股份有限公司	机动车船排气净化蜂窝陶瓷载体
23	山东国瓷功能材料股份有限公司	MLCC 用钛酸钡及介质材料、齿科氧化锆材料、消费电子陶瓷用氧化锆材料、锂电池隔膜用高纯超细氧化铝
24	山东恒瑞磁电科技有限公司	铁氧体磁芯
25	山东省药用玻璃股份有限公司	药用玻璃材料
26	山东工业陶瓷研究设计院有限公司	环保陶瓷、微波陶瓷
27	烟台核晶陶瓷新材料有限公司	石英陶瓷坩埚
28	山东聊城莱鑫超硬材料有限公司	合成金刚石用结构块、金刚石单晶、合成金刚石用石墨柱

续表

序号	企业名称	主要产品
29	淄博市鲁中耐火材料有限公司	镁铁铝尖晶石砖、低导热镁铝尖晶石砖、低导热抗剥落砖
30	孚日集团有限公司	新型纤维材料
31	山东如意科技集团有限公司	纺织新材料
32	威海拓展纤维有限公司	碳纤维
33	胜利油田新大管业科技发展有限责任公司	碳纤维连续抽油杆、纤维增强复合材料石油管道、复合材料容器
34	山东鲁阳节能材料股份有限公司	氧化物陶瓷纤维
35	山东格瑞德集团有限公司	SMC 系列产品、玻璃钢夹砂管道、风电机舱罩
36	烟台泰和新材料股份有限公司	氨纶、间位芳纶、对位芳纶
37	泰山玻璃纤维邹城有限公司	电子纱
38	山东宏桥新型材料有限公司	轻质高强合金新材料
39	山东南山铝业股份有限公司	航空高端铝材
40	中色奥博特铜铝业有限公司	PCB 用高纯铜箔、集流体用铜带、新型造币铜合金、细径高齿内螺纹铜管
41	莱芜钢铁集团粉末冶金有限公司	高性能粉末材料
42	蓬莱市超硬复合材料有限公司	硬质合金辊环
43	日照钢铁控股集团有限公司	钢铁新材料
44	青岛云路先进材料技术股份有限公司	非晶带材、非晶铁芯、纳米晶带材
45	山东腾达不锈钢制品有限公司	不锈钢焊丝、不锈钢弹簧丝、不锈钢微丝
46	淄博大亚金属科技股份有限公司	微合金化低碳贝氏体金属磨料
47	海洋化工研究院有限公司	耐碾压耐磨涂料、5 年期效无锡自抛光型防污涂料、防滑涂料
48	山东晶泰星光电科技有限公司	石墨烯复合导热材料(LED 灯丝灯)
49	山东沪鸽口腔材料股份有限公司	合成树脂牙、弹性体印模材料、无托槽隐形正畸矫治器、全瓷义齿用氧化锆瓷块
50	山东利特纳米技术有限公司	石墨烯材料

注：排名不分先后。

附　　录

附录一　山东省部分新材料重点科研院所

一、山东大学

（一）总体概况

山东大学始建于1901年，是一所历史悠久、学科齐全、学术实力雄厚、办学特色鲜明，在国内外具有重要影响的教育部直属重点综合性大学，是世界一流大学建设高校。

学校现有中国科学院和工程院院士12人、"长江学者奖励计划"特聘教授37人、青年项目入选者5人；国家杰出青年科学基金获得者41人、优秀青年科学基金获得者29人；"万人计划"领军人才21人、教学名师5人、青年拔尖人才11人；国家百千万人才工程入选者32人；泰山学者攀登计划入选者15人、泰山学者特聘教授（专家）90人、泰山学者青年专家48人。学科门类齐全，涉及哲学、经济学、法学、教育学、文学、历史学、理学、工学、农学、医学、管理学、艺术学等12大学科门类。拥有一级学科博士学位授权点44个，一级学科硕士学位授权点55个，专业学位博士点3个，专业学位硕士点27个，本科专业117个，博士后科研流动站41个，形成了结构完整、实力雄厚、独具特色的人才培养体系。

拥有精良的教学科研平台，有一级学科国家重点学科2个（涵盖8个二级学科）、二级学科国家重点学科14个、二级学科国家重点培育学科3个，省级重点学科70个，覆盖文、理、工、医四大学科领域，实现了各学科的协调发展；有国家重点实验室、国家工程技术研究中心、国家工程实验室、国家工程技术推广中心等国家级科研平台7个，国家级人才培养基地6个，教育部人文社会科学重点研究基地4个，教育部、卫生部重点实验室及工程技术研究中心21个，另有大批省级重点实验室和工程技术研究中心。

涉及材料的研究方向主要有先进包装材料、纳米储能材料、高性能功能陶瓷及复合材料、碳纤维及其复合材料、有机硅材料、高性能金属材料、先进连接工艺与焊接材料、超硬材料、材料塑性成形仿真、材料液态结构及其遗传性研究、宽禁带半导体、生物微纳材料、有机光电材料等。

2019年，学校在二维材料的制备及锌金属电池、锂金属电池和锂离子电池的研究方面，低维纳米材料光学特性研究、有机共晶生长研究、高性能锂离子电池和钠离子存储负极材料研究、传感型土工合成材料研究、光催化固氮研究等材料领域取得突破性进展。

2019 年，材料科学与工程学院科研管理与服务系统立项项目达 103 项，资助金额达 3 948 万元；SCIE、EI、CPCI-S 收录论文 590 篇，其中 SCIE 1 区收录 28 篇；承担 1 项重大的国防科技项目；含金属间相合金体系的脱合金机理研究项目获得山东省科学技术奖自然科学二等奖；实施合同金额 1 000 万元以上的科研成果转化项目 1 项。晶体材料研究所科研管理与服务系统立项项目达 38 项，资助金额达 2 043.8 万元；SCIE、EI、CPCI-S 收录论文 375 篇，其中 SCIE 1 区收录 26 篇；承担 1 项重大的国防科技项目；二氧化钛纳米带表面微观结构调控与界面效应的研究项目获得山东省科学技术奖自然科学一等奖；实施合同额 1 000 万元以上的科研成果转化项目 1 项。

（二）拟转化科技成果（见附表 1-1）

附表 1-1　拟转化科技成果(1)

序号	内　　容
1	一种金属/石墨烯复合材料及其制备方法
2	一种高韧性抗劈裂碳纤维复合材料导线芯棒及其制备方法
3	一种梯度碳化钨基微纳复合刀具材料及其制备方法
4	一种可控温氧化物热电材料及其制备方法
5	一种高效红外激发上转换发光材料及其制备方法
6	一种低温除尘-脱硝双功能复合滤料纤维及制备方法
7	一种复合材料防弹头盔成型模具及应用
8	一种氧化物热电发电模块、系统及制备方法
9	利用转炉钢渣余热协同固废制备铁铝系高活性材料的方法
10	超级镍叠层复合材料与钛合金的过渡液相扩散连接方法

二、山东非金属材料研究所

（一）总体概况

山东非金属材料研究所（中国兵器工业集团第五三研究所）始建于 1960 年，是中国兵器工业集团公司所属的从事国防非金属材料研发与应用的专业研究所。同时也是国防科技工业应用化学一级计量站、全国化工标准物质研究开发中心、兵器工业非金属材料理化检测中心。

研究所现有集团公司首席专家 1 人、集团公司级科技带头人 6 人、正高级技术职称人员 200 余人。另有 7 人被评为山东省突出贡献专家、5 人被评为济南市拔尖人才。所内设有材料学专业硕士点和博士后科研工作站，并创办有《工程塑料应用》和《化学分析计量》两种面向全国发行的科技期刊。拥有两个省级平台“山东省高效抗冲击防护材料与制品工程技术研究中心和山东省高性能复合材料工程实验室”。

主要研究方向包括轻质结构材料、防热隔热材料、特种工程塑料、隐身材料、装甲防护材料、有机信息材料、密封和特种橡胶材料、特种功能材料、材料应用基础与使用性能表征技术、国防化学计量技术等。

近年来,研究所充分利用军品技术优势从事民品开发,主要经营范围涉及特种胶黏剂和高性能胶黏剂的研究、开发与生产,新型、多功能防护材料及防护制品的研究与开发,工程塑料改性、产品设计与开发,金属注射成型工艺技术研究与产品制造等。取得了大批高水平科研成果,获省部级以上成果奖 180 余项,其中国家级奖励 30 余项,省部级奖励 150 余项。现已成为一个专业特色鲜明、技术实力雄厚、人才结构合理、测试手段先进、科研试制能力强的非金属材料应用研究开发机构。

2019 年,研究所获批立项武器装备预先研究、技术基础、型号配套研制等军工科研项目 80 余项;获批立项民品科研项目 7 项,其中省自然科学基金项目 1 项、泉城产业领军人才支持计划项目 1 项、省重点研发计划项目 2 项、省工研院协同创新中心项目 1 项、济南科技计划项目 2 项。获国防科技进步奖 2 项、集团公司科技进步奖 3 项、山东省科技进步奖 1 项。新申请专利 80 余项,获得授权专利 30 余项。

(二)拟转化科技成果(见附表 1-2)

附表 1-2　拟转化科技成果(2)

序号	内　　　容
1	高性能 PBO 纤维工程化制备技术
2	复合材料汽车轻量化部件制备技术
3	高性能复合材料大型双壁储油罐一体化成型技术
4	纤维增强复合材料型材制备技术
5	高强度复合材料道面板制备技术
6	海工 GRE 管道研制与应用技术
7	半浸渗芳纶复合材料预浸料及防弹头盔技术
8	防刺复合材料及防刺防弹服制备技术
9	超厚膜防腐防护弹性涂料技术
10	清水混凝土透明保护涂料技术

三、山东省科学院新材料研究所

(一)总体概况

山东省科学院新材料研究所始建于 1982 年,是公益性科研机构。主要从事新材料领域基础研究、应用基础研究、共性关键技术研究及相关成果转化;开展国内外科技合作交流;建设新材料科技创新平台,面向社会提供公益服务;承担相关专业研究生培养工作。

研究所现有高级职称的人员 50 余人,博士 70 余人,外聘高层次人才 10 余人,其中院士级专家 2 人、国家“青年千计划”入选者人 1 人,有山东省泰山学者岗位 3 个,是山东省科学院博士后工作站新材料分站。建有 1 个院士工作站、2 个省级重点实验室——“山东省轻质高强金属材料重点实验室”和“山东省特种含硅新材料重点实验室”、1 个省级工程实验室——“山东省高强韧轻质合金材料设计与制备工程实验室”、2 个省级工程技术研究中心——“山东省汽车轻量化镁合金材料示范工程技术研究中心”和“山东省市政污泥处置工程技术研究中心”，是国家科技成果重点推广技术依托单位、山东省镁产业技术创新战略联盟理事长单位。

研究所主要在轻质高强金属材料、能源材料、生物材料、柔性微电子材料、气凝胶超材料、功能晶体材料、高性能有机高分子材料、环境工程材料等方向开展研究，先后承担国家和省市各类科研项目 500 余项，获得国家发明奖 4 项、省市奖励 70 余项，获得授权国内外专利 200 余项，发表研究论文、出版专著共计 460 余篇(部)。

2019 年，研究所共立项各级科研项目 40 余项，总项目经费达 3 600 余万元。其中，国家自然科学基金 4 项，山东省自然科学基金 6 项，山东省创新工程 8 项，山东省军民融合项目 1 项，山东省国际科技合作 1 项，山东省重点研发计划(公益类)3 项。发表 SCI 论文 70 余篇，申请发明专利 30 余项，获得授权发明专利 20 余项，出版译著 1 部。与企业签订技术服务合同 20 余项，合同额 500 余万元。组织 15 人次 7 个团组分别赴澳大利亚、美国、白俄罗斯、塞尔维亚、乌克兰等国家开展国际合作与交流、参加国际学术会议。

(二)拟转化科技成果(见附表 1-3)

附表 1-3　拟转化科技成果(3)

序号	内　　容
1	电动客车轻量化用镁合金材料及其制备技术
2	防潮绝缘披覆硅树脂及制备技术
3	新型光转换功能晶体材料及制备技术
4	轻质环保型绝热降噪气凝胶复合材料
5	固体废弃物处理与处置技术

四、济南大学

(一)总体概况

济南大学始建于 1948 年，是山东省人民政府和教育部共建的综合性大学、山东省重点建设大学。

学校现有国家杰出青年科学基金获得者 3 人，国家“万人计划”入选者 2 人，国家百千万人才工程入选者 1 人，国务院学位委员会学科评议组成员 1 人，教育部教学指导委员会委员 10 人，国家优秀青年科学基金获得者 2 人，教育部新世纪优秀人才支持计划入选者 3 人，泰山学者攀登计划人选者 1 人，泰山学者特聘教授、海外特聘专家 17 人，泰山学者青年专家 11 人，国家和省部级突出贡献专家 23 人，享受国务院政府特殊津贴专家 24 人。

设有 23 个学院，学科专业涵盖经济学、法学、教育学、文学、历史学、理学、工学、医学、管理学和艺术学等 10 个门类。拥有 3 个博士后科研流动站、4 个一级学科博士学位授权点、18 个二级学科博士学位授权点、21 个一级学科硕士学位授权点、125 个二级学科硕士学位授权点、18 个硕士专业学位培养类别、99 个本科专业。

建有省部级以上重点学科及研究平台 72 个,其中省部共建协同创新中心 1 个,教育部工程研究中心 1 个,国家“高等学校学科创新引智计划”(“111 计划”)引智基地 1 个,教育部国别与区域研究基地 2 个,国家专利导航项目研究和推广中心 1 个,“山东省一流学科”立项建设学科 4 个、培育建设学科 1 个,省级协同创新中心 6 个,省级重点学科 14 个,“十三五”山东省文化艺术重点学科 3 个,省级重点实验室及省部级科研平台 3 个,“十三五”省高校重点实验室 7 个,省级人文社科研究基地 11 个,省级工程技术研究中心、工程实验室和工业设计中心 17 个。

涉及材料的主要研究方向包括水泥与水泥基复合材料制备及应用,金属熔体及有色合金加工,金属复合材料关键制备技术,非晶合金、铁电、压电与介电薄膜制备技术与性能调控,半导体薄膜、多种无机纳米材料制备及表面改性,氧化锌基固体 LED 材料制备及光电性能调制,电池材料制备新技术及能量转换性能等。

2019 年,材料科学与工程学院获得国家自然科学基金 13 项、国家重点研发计划项目 1 项,获得省自然科学基金 14 项、省重点研发计划 4 项、省优秀青年基金项目 1 项、省农业重大应用技术创新项目 1 项、厅局级项目 2 项、社会服务及成果转化项目 29 项,总合同金额 1 820 万元。

(二)拟转化科技成果(见附表 1-4)

附表 1-4 拟转化科技成果

序号	内容
1	高早强节能型贝利特-硫铝酸钡钙水泥技术
2	水泥基压电智能复合材料
3	植生混凝土技术
4	浓度梯度结构锂离子电池高镍层状正极材料
5	高纯氮化硅纳米陶瓷粉的合成制备新技术
6	四氟乙烯系建筑氟涂料技术
7	高性能、超耐候舰船用防腐氟碳涂料树脂技术
8	真空浇注酚醛树脂体系的关键技术
9	高纯度二氧化硅及二氧化硅微球

附录二　2019 年山东省新材料产业重大技术突破

序号	名　　称
1	典型纳米材料的生物效应及调控方法原理
2	二氧化钛纳米带表面微观结构调控与界面效应的研究
3	刺激响应性聚氨基高分子合成与性质研究
4	氧化应激相关生物活性小分子的荧光成像研究
5	基于纳米材料的光电传感策略及在生化检测中的应用研究
6	TiO_2纳米结构优化调整与可见光催化性能的构效关系研究
7	含金属间相合金体系的脱合金机理研究
8	金属氧(硫)纳米结构的构筑及其电化学能源储存与转换
9	磁性、催化功能分子材料体系的构筑及结构性质研究
10	医用高分子材料改性技术以及临床应用
11	生物基聚酯结构设计及关键增塑技术
12	表面材料水性化的关键树脂及应用解决方案
13	环保型纺织品用硅基阻燃剂的研发与产业化
14	高清洁无浆料医用消毒水刺材料关键技术与应用
15	性能可控的新型聚氨酯弹性体制备关键技术与产业化
16	抗菌性抗污染中空纤维超滤膜制备关键技术研发及产业化应用
17	高性能六方氮化硼粉体关键技术开发及产业化
18	耐刺扎阻燃轮胎关键技术开发及产业化应用
19	高温复合过滤材料关键技术创新与产业化应用
20	生物质硅碳/单甲基丙烯酸锌协同增强氢化丁腈橡胶的制备及产业化
21	磁性特种功能粘弹材料开发与产业化
22	超低温高韧性高寒高铁核心部件制备技术研究与应用
23	基于高强度与高韧性特种焊接材料的技术开发与产业化
24	二氧化钛纳米带表面异质结构的界面调控与宽光谱效应
25	千吨级对位芳纶工程化及其特种防护材料制备关键技术与应用
26	系列海洋功能防腐涂层材料研制及在海洋工程与装备中的应用

注:以上排名不分先后。

附录三　2019年度拟支持的新旧动能转换重大课题攻关项目

产业	序号	地市	申报项目名称	申报项目单位	项目负责人	拟安排资金/万元
新材料产业	1	潍坊	高性能环保无铅压电陶瓷电子器件材料研发及应用	歌尔股份有限公司	王　轲	1 000
	2	威海	干喷湿纺高强型碳纤维高效制备技术	威海拓展纤维有限公司	陈　洞	400
	3	潍坊	万吨级非原纤化 Lyocell 纤维制备关键技术攻关及产业化项目	山东英利实业有限公司	朱　波	400
	4	济南	万吨级长碳链尼龙工程技术研究与产业化	山东东辰瑞森新材料科技有限公司	王朝进	400
	5	烟台	高端新型显示材料的研发及产业化	烟台显华化工科技有限公司	丰佩川	400
	6	青岛	高品质金属粉末制备关键技术研究	青岛云路先进材料技术股份有限公司	李晓雨	400

附录四　部分新材料重点实验室情况

序号	实验室名称	依托单位	备注
1	海洋涂料国家重点实验室	海洋化工研究院有限公司	国家级
2	含氟功能膜材料国家重点实验室	山东东岳化工有限公司	国家级
3	晶体材料国家重点实验室	山东大学	国家级
4	山东省聚氨酯合成与应用技术企业重点实验室	烟台万华聚氨酯股份有限公司	省级
5	山东省透波功能陶瓷材料重点实验室	山东工业陶瓷研究设计院有限公司	省级
6	山东省玻璃纤维制造技术重点实验室	泰山玻璃纤维有限公司	省级
7	山东省碳纤维制备及应用技术重点实验室	威海拓展纤维有限公司	省级
8	山东省轮胎用橡胶新材料及应用技术重点实验室	三角集团有限公司	省级
9	山东省粉末冶金重点实验室	莱芜钢铁集团粉末冶金有限公司	省级
10	山东省纺织服装新材料新技术重点实验室	鲁泰纺织股份有限公司	省级
11	山东省芳纶纤维材料重点实验室	烟台泰和新材料股份有限公司	省级

续表

序号	实验室名称	依托单位	备注
12	山东省高性能热塑性弹性体(TPV)重点实验室	山东道恩高分子材料股份有限公司	省级
13	山东省高性能铝合金结构材料企业重点实验室	丛林集团有限公司	省级
14	山东省高性能子午线轮胎用新材料技术重点实验室	山东玲珑轮胎股份有限公司	省级
15	山东省核电特种金属材料重点实验室	烟台台海玛努尔核电设备股份有限公司	省级
16	山东省水泥助剂重点实验室	山东宏艺科技股份有限公司	省级
17	山东省铜合金新材料重点实验室	中色奥博特铜铝业有限公司	省级
18	山东省荷电高分子膜材料重点实验室	山东天维膜技术有限公司	省级
19	电线电缆绝缘技术重点实验室	特变电工山东鲁能泰山电缆有限公司	省级
20	山东省烯烃催化与聚合重点实验室	黄河三角洲京博化工研究院有限公司、青岛科技大学	省级
21	高分子材料先进制造技术重点实验室	青岛科技大学	省级
22	山东省粘接材料重点实验室	山东省科学院新材料研究所	省级
23	山东省医用高分子材料重点实验室	山东省医疗器械研究所	省级
24	山东省橡塑材料与工程重点实验室	青岛科技大学	省级
25	山东省玻璃与功能陶瓷加工与测试技术重点实验室	齐鲁工业大学	省级
26	山东省微复合材料重点实验室	青岛大学	省级
27	山东省特种纺织品加工技术重点实验室	山东省纺织科学研究院	省级
28	海洋功能纤维新材料重点实验室	青岛大学	省级
29	山东省轻质高强金属材料重点实验室	山东省科学院新材料研究所	省级

附录五　部分新材料产业园区情况

序号	名称	所在地市	级别	重点发展领域
1	济南新材料产业园区	济南	国家级	新材料
2	钢城区经济开发区		省级	粉末冶金
3	青岛高新技术产业开发区	青岛	国家级	新一代光电信息材料及复合材料
4	淄博高新技术产业开发区	淄博	国家级	新材料
5	东岳氟硅材料产业园区		省级	氟硅材料
6	淄博齐鲁化学工业区		省级	化工新材料
7	山东省稀土新材料产业基地		省级	稀土深加工及高端应用
8	滕州市现代玻璃产业基地	枣庄	省级	绿色建筑材料
9	鲁南高科技化工园区		省级	化工新材料
10	山东广饶经济开发区橡胶轮胎产业园区	东营	省级	橡胶轮胎
11	山东利津经济开发区有机化工产业园		省级	化工新材料
12	东营经济技术开发区		国家级	功能陶瓷材料、高性能纤维复合材料、聚酰亚胺薄膜等
13	龙口市工业铝型材产业示范基地	烟台	国家级	铝精深加工
14	招远经济技术开发区		国家级	贵金属及制品
15	潍坊滨海经济技术开发区	潍坊	国家级	海洋无机功能材料、海洋高分子材料
16	济宁新材料产业园区	济宁	省级	化工新材料
17	山东肥城高新技术产业园区	泰安	省级	新型土工合成材料
18	山东宁阳经济开发区		省级	化工新材料
19	山东东平工业园区		省级	化工新材料
20	威海临港经济技术开发区	威海	国家级	碳纤维
21	陵县经济开发区	德州	省级	土工合成材料
22	临邑经济开发区		省级	化工新材料
23	茌平经济开发区	聊城	省级	铝及铝加工
24	山东阳谷祥光生态工业园区		国家级	高性能铜合金材料
25	山东东明工业园区	菏泽	省级	化工新材料

附录六 2019 年山东省新材料产业协会大事记

序号	时 间	大 事 记
1	3 月 19 日	编纂完成《全省新材料重点领域创新突破实施方案》
2	3 月 29 日	组织山东省新材料企业代表团访问韩国成均馆大学
3	4 月 1 日	举办山东省新旧动能转换基金项目推介会新材料产业专场
4	4 月 13 日	举办科创板细则解读暨新材料产业融资对接会
5	4 月 23 日	举办“十强”产业协会(联盟)沙龙
6	4 月 27 日	举办山东省新材料创新突破发展座谈会暨协会一届二次理事会
7	6 月 17 日	举办 2019 山东省创新驱动发展院士恳谈会新材料产业发展论坛
8	6 月 19 日	组织“苏州工业行”活动
9	6 月 28 日	举办 2019 高性能纤维及复合材料产业创新发展会议
10	8 月 9 日	组织赴江苏省新材料产业协会考察学习
11	8 月 30 日	编纂完成《山东省新材料产业人才开发路线图》
12	9 月 19 日	组织“济南研学行”活动
13	9 月 26 日	举办山东省新材料产业高质量发展研讨会
14	9 月 27 日	举办协会成立一周年庆祝大会暨一届二次会员大会
15	10 月 20 日	举行跨国公司领导人青岛峰会重点产业路演
16	10 月 21 日	组织重庆新材料产业联合会山东考察
17	11 月 16 日	举办山东省高端铝合金材料创新发展论坛暨国家铝合金压力加工工程技术研究中心第三届技术委员会会议
18	11 月 22 日	举办山东省氢能用新材料产业发展座谈会

附录七　免责声明

《山东省新材料产业年度发展报告(2019)》(以下简称报告)为公益性报告,报告中所提供的信息仅供参考。本报告不能作为营利性研究决策的依据,不能作为道义的、责任的和法律的依据或者凭证,无论是否已经明示或者暗示。

本报告的版权为山东省工业和信息化厅、山东省新材料产业协会和山东大学共同所有,未经书面许可,任何机构和个人不得以任何形式翻版、复制和发布,如引用发布,需注明出处为《山东省新材料产业年度发展报告(2019)》,且不得对本报告进行有悖原意的引用、删节和修改。

山东省工业和信息化厅、山东省新材料产业协会和山东大学对本免责申明条款具有修改权和最终解释权。